高等院校教师教育公共课教材
重庆市高校精品在线开放课程配套教材
重庆市高校普通本科重点建设教材

现代教育技术应用
（第2版）

主　编：梁兴连　　李金臻
副主编：杨雨浓　　王泽钰
编　者：陈　林　　高　洁　　高　楠
　　　　郭　飞　　江　山　　李金臻
　　　　梁兴连　　牟　琴　　王泽钰
　　　　熊永强　　杨雨浓　　张东秋

电子工业出版社
Publishing House of Electronics Industry
北京·BEIJING

内容简介

本书内容分为4个部分，共20章。第一部分是应用理论篇，包括现代教育技术、现代教育技术与教师专业发展、现代教育技术的理论基础、现代教育技术与教学设计。第二部分是软件应用篇，包括数字文本、图像、音频、视频、动画教学材料的获取与制作方法、数字教育资源、PPT课件设计与制作原理、PPT课件设计与制作实践、微课设计与制作原理、数字动画微课设计与制作实践。第三部分是硬件应用篇，主要讲述现代教学媒体。第四部分是综合应用篇，包括翻转课堂与智慧课堂、人工智能与教育、虚拟现实与教育、现代教育技术与课程融合、未来教育。

本书主要面向高等院校师范生，也可用于中小学、幼儿园教师现代教育技术应用能力培训或教学参考，还可用于教育技术学本专科师范生专业导论课教学。

未经许可，不得以任何方式复制或抄袭本书之部分或全部内容。
版权所有，侵权必究。

图书在版编目（CIP）数据

现代教育技术应用 / 梁兴连，李金臻主编 . -- 2版 . -- 北京：电子工业出版社，2025. 8. -- ISBN 978-7-121-50833-2

Ⅰ．G40-057

中国国家版本馆CIP数据核字第20256L5M25号

责任编辑：仝赛赛
印　　刷：三河市鑫金马印装有限公司
装　　订：三河市鑫金马印装有限公司
出版发行：电子工业出版社
　　　　　北京市海淀区万寿路173信箱　　邮编：100036
开　　本：787×1092　1/16　　印张：20.5　　字数：524.8千字
版　　次：2018年2月第1版
　　　　　2025年8月第2版
印　　次：2025年8月第1次印刷
定　　价：69.80元

凡所购买电子工业出版社图书有缺损问题，请向购买书店调换。若书店售缺，请与本社发行部联系，联系及邮购电话：（010）88254888，88258888。
质量投诉请发邮件至zlts@phei.com.cn，盗版侵权举报请发邮件至dbqq@phei.com.cn。
本书咨询联系方式：（010）88254510，tongss@phei.com.cn。

前言 | FOREWORD

教师教育公共课"现代教育技术应用"以数字技术为核心，旨在培养师范生的数字教育意识与态度、知识与技能、应用与创新、社会责任。通过学习本课程，师范生能够初步具备应用数字技术改善教学绩效、促进教育公平的能力，并形成推动教育教学改革与创新的专业素质。在学校的大力支持下，课程教学团队齐心协力，于2018年成功建成重庆市高校精品在线开放课程，同年出版配套教材《现代教育技术应用》。该教材应用性强，较早地系统整合了翻转课堂、智慧课堂、微课等内容，先后被全国10余所高校采用。2023年，该教材获批重庆市高校普通本科重点建设教材。

随着生成式人工智能的快速迭代及其在教育领域的广泛应用，现代教育技术进入高质量发展与数字化转型的关键阶段，这就要求"现代教育技术应用"这门课程的内容和方法主动求变。生成式人工智能对教育的影响已超过计算机和互联网在教育中的应用，如何发挥其创造性、高效性、定制性等优势，同时降低其不确定性的影响，成为这门课程准确识变的重要课题。现代教育技术要把最先进的和最基本的技术结合起来，在重视前沿工具的同时，更要重视底层思想方法，这样才能构建现代教育技术的韧性体系，这一理念也为课程的科学应变提供了重要视角。因此，《现代教育技术应用》教材亟待修订。

教材修订旨在初步将生成式人工智能融入课程内容与方法体系，主要做法是新增人工智能、虚拟现实等章节，设计生成式人工智能相关课堂研讨活动、分享活动和课程作业。

第2版内容的主要变化：（1）新增或更新"现代教育技术的理论基础""动画教学材料的获取与制作""数字教育资源""微课设计与制作原理""数字动画微课设计与制作实践""人工智能与教育""虚拟现实与教育""现代教育技术与课程融合""未来教育"等章节。（2）删除"数字故事的设计与制作"章节。

第2版体例的主要变化：（1）新增两类适合课堂开展的教学活动。一类是研讨活动，师生围绕特定主题展开思想对话、观点碰撞。另一类是分享活动，学生围绕特定主题分享个人经验。（2）新增适合学生独立完成或小组完成的作业：有教案编制、课件编制、微课编制、使用人工智能生成教学资源等基础性作业，也有软件工具和资源调查、典型案例调查、思维导图绘制等拓展性作业，还有未来教育技术设计、未来教育场景设计等创意性作业，以及有关问题与对策的研究性作业。

本书以软件应用为中心来建构内容体系，分成"应用理论篇""软件应用篇""硬件应用篇"和"综合应用篇"4个部分，完整呈现现代教育技术的硬件、软件、潜件和融件。"应用理论篇"介绍了现代教育技术的基本概念，教师专业发展的信息技术取向、理论基础精要和教学设计精要；"软件应用篇"侧重数字文本、图像、音频、视频和动画教学材料的基础知识、教学应用、获取、处理或制作技术，数字教育资源基础知识、平台、PPT课件设计与制作技术，微课设计与制作技术；"硬件应用篇"侧重现代教学媒体的系统构架；"综合应用篇"关注翻转课堂和智慧课堂、人工智能、虚拟现实、现代教育技术与课程融合、未来教育。

本书具有系统性、应用性和前沿性的特点。注重系统性，理论与实践结合，硬件、软件、潜件和融件结合，建构内容体系。突出应用性，以软件应用为中心，设计56个课堂实践项目、27个课堂研讨活动和分享活动、30个课后作业，提高学生学习动机、参与度和获得感。呈现前沿性，编入生成式人工智能、虚拟现实、数字动画、未来教育、现代教育技术与课程融合等前沿内容。

本书由重庆师范大学教师教育通识课程"现代教育技术应用"教学团队精心打造，团队成员多数拥有教授、副教授职称和教育学（教育技术学）博士学位，编者分工如下：梁兴连编写第1、4、13章，牟琴编写第2、9章，李金臻编写第3、17章，江山编写第5章，陈林编写第6、8、12章，王泽钰编写第7、10章，张东秋编写第11章，杨雨浓编写第14章，熊永强编写第15、20章，郭飞编写第16章，高楠编写第18章，高洁编写第19章。李金臻、杨雨浓、王泽钰完成第一轮统稿，梁兴连负责制定全书修订方案并完成最后统稿。

本书在修订过程中，得到了电子工业出版社、重庆师范大学教育科学学院的大力支持，电子工业出版社基础教育出版分社社长张贵芹、编辑仝赛赛及课程教学团队全体成员在本书出版过程中付出了辛勤工作，在此一并深表感谢！本书在修订过程中参考了同行的大量专著、教材、论文，在此深表感谢！由于时间仓促，并且编者水平有限，书中难免有参考文献遗漏等不足之处，敬请联系我们并给与批评指正！同时欢迎各位教师加入本书教师交流QQ群（1013429626）！

编者
2025年6月25日

目录 | CONTENTS

第一部分 应用理论篇

第 1 章　现代教育技术　002
1.1　现代教育技术的内涵　002
1.2　现代教育技术的发展历史　005
1.3　现代教育技术与教育改革、创新与发展　007
1.4　现代教育技术的热点与前沿　009
1.5　学科教育技术　010

第 2 章　现代教育技术与教师专业发展　013
2.1　教师专业发展的取向　013
2.2　教师专业发展的信息技术取向　015
2.3　教师教育技术能力　019
2.4　职前教师教育技术能力　022

第 3 章　现代教育技术的理论基础　024
3.1　教学理论　024
3.2　学习理论　029
3.3　视听理论　035
3.4　传播理论　038
3.5　系统科学　042

第 4 章　现代教育技术与教学设计　045
4.1　教学设计概述　045
4.2　教学设计的基本过程　047
4.3　教学设计的价值评价　053

第二部分

软件应用篇

第 5 章 数字文本教学材料 — 058
- 5.1 文本概述 — 058
- 5.2 文本教学材料的获取方法 — 059
- 5.3 文本教学材料获取与处理实践 — 060

第 6 章 数字图像教学材料 — 067
- 6.1 图像概述 — 067
- 6.2 图像教学材料的获取方法 — 070
- 6.3 图像教学材料获取与处理实践 — 070

第 7 章 数字音频教学材料 — 084
- 7.1 音频概述 — 084
- 7.2 音频教学材料的获取方法 — 085
- 7.3 音频教学材料获取与处理实践 — 086

第 8 章 数字视频教学材料 — 102
- 8.1 视频概述 — 102
- 8.2 视频教学材料的获取方法 — 103
- 8.3 视频教学材料获取与处理实践 — 104

第 9 章 动画教学材料的获取与制作 — 129
- 9.1 动画概述 — 129
- 9.2 动画教学材料的获取方法 — 132
- 9.3 动画教学材料的获取与处理实践 — 132

第 10 章 数字教育资源 — 154
- 10.1 数字教育资源概述 — 154
- 10.2 国家智慧教育公共服务平台资源 — 158

10.3　地方智慧教育公共服务平台资源　　　161
　　　10.4　数字教育资源常用网站　　　164

第 11 章　PPT 课件设计与制作原理　　　166
　　　11.1　PPT 课件概述　　　166
　　　11.2　PPT 课件结构设计与制作　　　169
　　　11.3　PPT 课件页面设计与制作　　　172

第 12 章　PPT 课件设计与制作实践　　　178
　　　12.1　PPT 课件设计与制作基础实践　　　178
　　　12.2　PPT 课件设计与制作综合实践　　　183

第 13 章　微课设计与制作原理　　　194
　　　13.1　微课概述　　　194
　　　13.2　微课开发方式　　　197
　　　13.3　微课教学设计　　　202
　　　13.4　微课媒体设计　　　207
　　　13.5　微课的教师语言表达　　　208

第 14 章　数字动画微课设计与制作实践　　　211
　　　14.1　万彩动画大师概述　　　211
　　　14.2　万彩动画大师设计与制作数字动画微课片段　　　212

第三部分

硬件应用篇

第 15 章　现代教学媒体　　　232
　　　15.1　教学媒体概述　　　232
　　　15.2　教学媒体应用系统　　　235

第四部分

综合应用篇

第 16 章 翻转课堂与智慧课堂 242
16.1 翻转课堂 242
16.2 智慧课堂 247

第 17 章 人工智能与教育 253
17.1 人工智能 253
17.2 人工智能教育应用 256
17.3 生成式人工智能赋能教与学 260

第 18 章 虚拟现实与教育 276
18.1 虚拟现实 276
18.2 虚拟现实的教育应用 280

第 19 章 现代教育技术与课程融合 286
19.1 现代教育技术与课程融合的内涵和领域 286
19.2 现代教育技术与课程融合的目标、层次和策略 289
19.3 现代教育技术与课程融合的典型教学模式 293

第 20 章 未来教育 299
20.1 未来教育的内涵 299
20.2 未来学习环境 302
20.3 未来教师角色与发展 306
20.4 未来教学与学习模式 309
20.5 未来教育的典型探索 311

参考文献 315

第一部分

应用理论篇

第 1 章 现代教育技术

学习目标

- ※ 了解教育技术的 AECT94 定义、主要形态；
- ※ 了解教育技术与电化教育、信息技术、教育技术学的联系与区别；
- ※ 了解现代教育技术发展的四个历史阶段及每个阶段的特征；
- ※ 了解现代教育技术对教育改革、创新与发展的价值；
- ※ 了解现代教育技术的热点与前沿；
- ※ 了解学科教育技术的发展现状；
- ※ 培养现代教育技术思维（即数字教育思维），形成应用现代教育技术（即数字技术）解决教育问题及改革、创新与发展教育的意识。

1.1 现代教育技术的内涵

1.1.1 教育技术的定义

1994年，美国教育传播与技术协会（Association for Educational Communications and Technology，AECT）提出了教育技术的重要定义，即"教育技术是为了促进学习，对学习过程和学习资源进行设计、开发、应用、管理和评价的理论与实践"，这一定义对教育技术的发展具有重要影响。从 AECT94 定义来看，教育技术是一个理论与实践并重的体系。教育技术的目的是促进学习，促进学习是教育技术的出发点和归宿。教育技术的对象是学习过程与学习资源，学习过程是指学与教的过程，学习资源是指学与教的资源。教育技术的范畴是设计、开发、应用、管理和评价。AECT 于 2005 年和 2017 年发布了教育技术的定义。国内教育技术学界普遍认为，教育技术是在教育过程中所应用的以教育媒体为核心的一切工具手段和方法技能的总和。

1.1.2 教育技术的形态

一般而言，教育技术主要包括实物形态的技术（硬件）、虚拟形态的技术（软件）与智能形态的技术（潜件）。

1. 实物形态的技术

实物形态的技术是指凝固和体现在有形的物质中的工具、手段，它包括黑板、粉笔、图书、实物等传统的教具和教材，也包括广播、电视机、计算机、网络、手机、平板电脑、视频展示台、投影、电子白板等现代电子与信息技术设施和设备。

2. 虚拟形态的技术

虚拟形态的技术是指以数字形态或模拟形态存在的材料、程序或系统，它是软件，既包括文本、图形、图像、音频、视频和动画等材料，也包括网页、课件、课程等多媒体和集成性材料，还包括学习内容管理、学习行为管理、阅读、发表、交互、传输等程序和系统。实物形态的技术和虚拟形态的技术往往是相互依存的。如计算机就是由硬件与软件构成的不可分割的统一整体。

3. 智能形态的技术

智能形态的技术是指那些以抽象形式表现出来的、以功能形式作用于教育实践的科学知识和经验总结，它是潜件，既包括建构主义、人本主义等教育思想，也包括传播理论、系统方法、教学设计、知识管理等基础理论，还包括设计、开发、应用、管理和评价教育技术的一般方法、策略和模式等。

关于教育技术的形态，存在不同观点。有"硬件、软件"说，有"硬件、软件、潜件"说，有"硬件、软件、潜件、人件"说，有"硬件、软件、潜件、融件"说，等等。其中，人件是指人及其具备的教育技术知识、能力和素质，融件是指面向具体教学情境设计、开发和应用技术所形成的有效解决方案。

1.1.3 现代教育技术的内涵

现代教育技术一般是指 20 世纪，特别是五六十年代以来，以计算机和网络技术为硬件基础，以数字形态为软件基础，以建构主义为潜件基础，以师生为人件基础的教育技术。随着现代教育技术的不断发展，智能白板、电子黑板、全息投影、微课、MOOC（Massive Open Online Course，大规模开放在线课程）、移动学习、泛在学习、混合学习、翻转课堂、智慧课堂、联通主义、数字教师、数字教材、数字课程、虚拟现实、教育元宇宙、生成式人工智能（GAI）、教育大模型、智能助教或学伴等新硬件、新软件、新潜件和新人件不断兴起。

1.1.4 相关概念

1. 电化教育与教育技术

电化教育是指利用幻灯、投影器、电影、无线电广播、电视、录音、录像、程序学习机和电子计算机等教学设备，以及相应的教材进行的教育活动。以电为基础的影、音教学是电化教育的显著特征。

二十世纪二三十年代以来，我国一直沿用的是"电化教育"这个概念，而"教育技术"这一概念是在改革开放以后才开始使用的。20世纪初叶，幻灯传入我国，以无声电影和幻灯为代表的教育手段开始应用，这标志着我国电化教育的开端。据史料记载，1915年，金陵大学建立校园电影专用放映场地，在周末组织放映电影，以电影、播音和幻灯等形式开展民众教育，进一步推动了电化教育的实践。

电化教育是教育技术在特定时空下的特定产物，是我国教育技术发展的阶段性的完整描述，是富有中国特色的教育技术的科学称谓。经过百年发展历程，电化教育的内涵和外延不断地扩充，很多时候可以把"电化教育"作为"教育技术"的同义语。南国农教授等人编写的《中国电化教育（教育技术）史》一书指出，尽管教育技术与电化教育具有不同的内涵，但二者是指同一学科，一般情况下可以通用。在很长一段时间内，"电化教育"这一称谓都会继续存在和发挥作用。

2. 信息技术与教育技术

信息技术是指可以扩展人的信息功能的一类技术的总称，是研究信息的获取、存储、加工、传输和再现等的一类技术。信息技术主要包括感知与识别技术、通信与存储技术、计算处理技术和控制与显示技术。从信息技术的发展历程来看，声音、光线、字符和印刷等属于古代信息技术；电报、电话、广播和电视属于近代信息技术；微电子、计算机、万维网、卫星和智能手机等则属于现代信息技术。现在人们常说的信息技术应该称为信息工具或信息媒体更为恰当。

信息技术与教育技术有着密切联系，两者的相同之处在于能够运用科学知识，以可复制的方式来解决问题，而两者的不同之处在于教育技术与信息技术属于不同的学科，各自有着不同的研究对象和研究范畴。信息技术属于技术学科，其研究对象是信息，研究范畴是对信息的获取、存储、加工、传输和再现等。教育技术则属于教育学科，其研究对象是有合适技术支持的教学过程与教学资源，研究范畴则是对教学过程与教学资源的设计、开发、利用、管理与评价。这里所说的"合适技术"在很多情况下是指已有的信息技术，但是不应该仅仅理解为科技领域的信息技术，因为教育领域也开发了许多专门面向教学的信息技术。总之，教育技术不仅借鉴了信息技术，而且发展了信息技术。

3. 教育技术学与教育技术

教育技术学是专门研究教育技术现象及其规律的科学，它是现代教育科学发展的重要成果。具体而言，教育技术学是教育科学体系中的一门分支学科，旨在利用现代科学技术成果，开发人及人以外的一切学习资源，并通过系统设计、实施和评价学习过程，最终实现教育效果的最优化。教育技术学是教育学一级学科下专门研究教育技术的二级学科，是人们长期从事教育技术实践活动经验的理论总结。教育技术学与教育心理学、教育社会学、教育文化学等一样，都是需要教师了解、掌握的教育原理。由于教育技术学是具有技术性、交叉性、实践性和创新性取向的原理，作为通识课程，现代教育技术应用是教育技术学这门原理比较具体的部分。

我国教育技术学蓬勃发展的重要体现是历史悠久和层次完备的专业体系。1936年，江苏省立教育学院创办电影与播音教育专修科（学制两年），标志着我国电化教育专业教育的开端。1983年华南师范大学设立首个电化教育本科专业。1986年，北京师范大学等三校首批设立硕士点；1993年北京师范大学设立首个博士点，至此形成完整的本硕博人才培养体系。1993年后，"电化教育专业"更名为"教育技术学专业"，学科范畴进一步扩展。目前，该专业以高等师范院校为主，部分理工科大学亦参与建设，以适应教育信息化需求。

1.2 现代教育技术的发展历史

教育技术的发展与教育的发展是同步的，语言、文字、符号、图书、粉笔与黑板等都是教育技术。现代教育技术的发展一般追溯到夸美纽斯（J.A.Comenius）和裴斯泰洛齐（J.H.Pestalozzi）等人倡导的直观教学原理，即主要采用图片、实物、标本和模型等直观教具来辅助教学，直观教学的实质是一种传授观察经验的直观技术。直观技术是以哲学认识论为基础的，认为感觉是一切知识的源泉。

1.2.1 视觉教学阶段

19世纪末至20世纪初是科学技术迅速发展的时代，电子与信息科学技术的发展较为突出。幻灯、投影、照相和电影等技术被用作新型的教学媒体，给学生提供生动、直观的视觉形象，让学生获得百闻不如一见的感受，使教学获得不同以往的巨大效果，标志着视觉教学的开始。视觉教学的概念最早由美国宾夕法尼亚州的一家出版公司，在1906年出版的《视觉教学》一书中提出。该书主要介绍如何制作和使用幻灯片、投影片。视觉教学与直观教学在理念上是一致的，区别在于所涉及的媒体种类不同。视觉教学重视视觉教具和教材的选用，强调向学生提供生动、直观的视觉形象，使抽象的概念以具体的形式呈现。

教学电影源自20世纪初期出现的非剧院类电影短片，这些短片展示了日常并不常见的各种景观，显微镜下的微生物、飞行中的昆虫及水下的海洋景观，具有强烈的吸引力。

20世纪20年代之前产生了大量的教学电影，很多个人、公司、非营利性组织及政府部门都积极加入制作队伍中。爱迪生（T.A.Edison）在电影发明初期就发现了电影在课堂教学中的巨大潜力，他制作了历史、自然和物理等一系列的教学电影。爱迪生也曾预言："在学校里，教科书将很快过时。不久，学生将通过视觉来接受教学。使用电影教授人类知识的每一门分支学科都是可能的。十年以后，我们的学校系统将彻底改观。"尽管他的预言至今都没有完全实现，但是使用微视频等新媒体来支持知识的教授已经成为普遍的现实，而且深刻影响着当代教育变革。

1.2.2 视听教学阶段

20世纪20~40年代，随着广播、录音、电视、电影等有声技术的发展，美国的许多学校开始尝试使用广播录音开展播音教学，并大量采用视听教学媒体来传授知识和训练技能，当时人们感到视觉教学这一名称已经概括不了已有的实践，就开始在文章中使用视听教学这个术语。

据史料显示，美国政府在第二次世界大战期间通过其"战争培训视觉教具部"生产工业培训电影457部，政府为军队购买了5.5万部电影放映机，花费在影片上的投资达10亿美元。这次美国利用电影培训技术人员获得了很大成功。在短短6个月中，把1200万缺乏军事知识的老百姓训练成陆、海、空各兵种作战部队，把800万普通青年训练成制造军火、船舶的技术工人。视听设备在战时人员培训方面取得的显著成效，提高了人们战后在学校教育教学中使用视听媒体的热情，推动了视听教学的普及。

1946年，美国教育家戴尔（E.Dale）在其著作《教学中的视听方法》中提出了著名的"经验之塔"视听教学理论，该理论通过塔形图示形象地阐释了不同学习方式的效果差异。戴尔认为，人们在学习时，由直接到间接，由具体到抽象，获得知识与技能比较容易。戴尔的"经验之塔"理论为人们使用教学媒体提供了理论依据。

1.2.3 视听传播阶段

在1955—1965年间，语言实验室、教学电视、教学机器、计算机辅助教学等先后问世，并在教学中得到了应用，有效推动了视听教学的积极发展。但无论是视觉教学，还是视听教学，都把教育技术认为是教学媒体在教学过程中的物理应用，没有成熟的理论指导，教育技术仅仅起辅助教师教学的作用，这两个阶段都还处于教育技术的"媒体论"阶段。

20世纪60年代初，视听教学领域又出现了新的趋势，视听传播的术语在视听教学领域正式出现，它同时受到两个方面的影响：一个是传播理论，另一个是早期的系统理论。信息论引入教育领域，产生了视听传播学，把人们的注意力从"物"引向从信息源（教师或视听材料）到受者（学生）的信息传播过程上来。系统论认为，教育是一个复杂的系统，是由教育目的、内容、媒体、方法、设施，以及教师、学生、管理人员等组成的有机整体。教育系统的整体功能要实现最优发挥，不仅需要各部分各司其职，更依赖于系统内部各要素之间的协调配合与有机统一。传播科学、系统科学使教育技术从静止、有形的"媒体论"向动态、无形的"系统论"方向发展，给视听教学领域注入了大量新鲜的理论观念，拓宽了视听教学理论工作者的视野。人们开始把教学的过程作为一种信息的传播过程和复杂的系统构成，视听教学逐渐演变为视听传播和系统设计活动。

1.2.4 教育技术阶段

20世纪60年代初，教育技术（Educational Technology）一词首先在美国的一些书刊、杂志中出现，并很快在国际上传播开来。由于媒体技术的发展和理论观念的更新，原有"视听教学"的名称已经不能代表该领域的实践和研究范畴。1972年，美国教育传播与技术协会将其实践和研究的领域正式定名为"教育技术"，标志着这一概念作为独立的科学概念和专门术语的确立。

20世纪70年代后期，随着高性能电子计算机技术的迅速发展，人们对教学机器的研究兴趣转向了计算机辅助教学，斯金纳的程序教学理论广泛用于计算机辅助教学（Computer Aided Instruction，CAI），计算机成了实现程序教学思想的高级程序教学机，成为教育技术发展的重要标志。

20世纪80年代末到90年代初，随着现代信息技术的成熟和发展，教育技术空前繁荣，出现了借助卫星通信技术的远距离教学形式、基于计算机技术的多媒体教学形式、基于网络的在线教学形式等。特别是以计算机、网络为核心的现代信息技术用于教育教学所产生的现代教育技术，不仅对教学模式、目标、内容、手段和方法等有深刻影响，而且引发了整个教育领域在思想、理论与实践方面的变革。

1.3 现代教育技术与教育改革、创新与发展

1.3.1 现代教育技术改善教学绩效

在微观层面，现代教育技术开发和应用各种教育媒体、教育方法，有多媒体、投影、扩音、电子白板和电子黑板等技术，也有人工智能（AI）和虚拟现实（VR）等技术，能够提升教学效率，突破教学重难点，吸引学生的注意力，激发学生的学习动

机和兴趣，从而有效改善教学效率、效果和质量。现代教育技术还能推动教育理念的更新，重构教学过程，创新教学模式，重塑教学系统。例如翻转课堂、智慧课堂等新型教学形式，通过构建以技术为支撑的教学系统，增强师生互动、优化评价与反馈机制，实现个性化学习、协同学习、智能记录、精准分析和及时反馈，从而全面提升教学品质。传统教学系统与现代教学系统的特征比较见表1.1。

表 1.1 传统教学系统与现代教学系统的特征比较

维度	类别	
	传统教学系统的特征	现代教学系统的特征
思想理念	基于行为主义、认知主义，以教为中心的观念	强调建构主义、人本主义，以学为中心的观念
教学模式	基于结构化、固定程序的设计	倡导非结构化的弹性活动的设计
目标重点	基于知识、技能、态度预设行为结果的继承，促进职业能力塑造	关注体验性、表现性过程的动态生成，促进综合素养发展
内容形式	基于纸质的、线性的、一致性的教科书材料	广泛使用数字化、非线性、多元化的拓展性资源
方法过程	基于讲授、实验等呈现、讲解知识的预设过程	以讨论、实践、探究、协作为主，注重知识的启发与生成
手段工具	基于固定时间、地点、黑板、粉笔等传统教育媒体的使用	应用多媒体、新媒体等现代教育媒体辅助教学
结果评价	基于事实结果的标准一致的书写、测验等的定量评价	强调过程性评价，采用作品展示、学习档案等多元的定性评价方式
师生地位	学生是接受知识的附属地位； 教师是专家、权威，单向度地控制、传递	学生是知识建构的主体；教师是导师、朋友，强调多向度的互动、指导

1.3.2 现代教育技术促进教育公平

在宏观层面，现代教育技术关注教育资源，通过信息技术扩大优质教育资源的供给与应用，提升教育资源均衡，缩小教育资源差距，助力实现教育机会平等，推动教育公平。"三通两平台""农村中小学现代远程教育工程""教学点数字教育资源全覆盖项目"都是21世纪初期我国运用现代教育技术推动教育公平发展的标志性成果。"三通"是指宽带网络校校通、优质资源班班通、网络学习空间人人通，"两平台"是指教育资源公共服务平台、教育管理公共服务平台。尽管早期的部分网站现已关闭，但目前这些功能和服务已整合至"国家智慧教育公共服务平台"。现代教育技术还注重革新教育方式，借助信息技术创新教育服务的提供模式，增加获取教育服务的机会，进一步促进教育公平的发展。

2001年，教育部发布的《基础教育课程改革纲要（试行）》明确要求："大力推进信息技术在教学过程中的普遍应用，促进信息技术与学科课程的整合，逐步实现教学内容的呈现方式、学生的学习方式、教师的教学方式和师生互动方式的变革，充分发挥信息技术的优势，为学生的学习和发展提供丰富多彩的教育环境和有力的学习工具"。2010年，教育部发布的《国家中长期教育改革和发展规划纲要（2010—2020年）》明确要求："信息技术对教育发展具有革命性影响，必须予以高度重视。"2012年，教育部发布了《教育信息化十年发展规划（2011—2020年）》。2018年教育部发布了《教育信息化2.0行动计划》。2021年教育部等六部门发布了《关于推进教育新型基础设施建设 构建高质量教育支撑体系的指导意见》。2025年教育部等九部门联合发布了《关于加快推进教育数字化的意见》。大力发展现代教育技术，以教育信息化带动教育现代化，破解制约我国教育发展的难题，促进教育的创新与变革，是加快我国从教育大国向教育强国迈进的重大战略抉择。

1.4 现代教育技术的热点与前沿

1.4.1 数字学习资源

数字学习资源是现代教育技术的主要研究对象之一，教育游戏、开放教育资源、微课、MOOC、数字课程、数字教材等数字教育资源的设计、开发和应用是目前学习资源研究与应用的热点领域。

1.4.2 数字学习平台、工具与环境

数字学习平台、学习工具与学习环境是现代教育技术应用的重要支撑，学习空间、智慧校园、智慧教室、全息投影、智能白板、电子黑板、自带设备、具身设备、虚拟现实、教育元宇宙、生成式人工智能、教育大模型、智能助教、智能学伴、智能纸笔、教育App等平台、工具与环境是教学内容呈现方式转变、教学方式转变、学习方式转变、师生互动方式转变、学生管理方式转变与学习评价方式转变的重要支撑。

1.4.3 数字技术支持的学习方式与学习模式

在实践中应用数字学习资源、平台、工具与环境创新了学习方式与学习模式，如在线学习、移动学习、泛在学习、混合式学习、非正式学习、游戏化学习、翻转课

堂、智慧课堂、直播课堂、录播课堂、双师课堂等新方式与新模式。

1.4.4 数字技术支持的学习科学与学习理论

学习科学是在反思认知科学等学科、关于学习方法的研究方法和观点的基础上兴起的一门科学。技术支持的深度学习、个性化学习、自适应学习、学习分析技术都是现代教育技术的前沿领域。

1.4.5 其他领域

创客教育、创客空间、3D打印、体感技术、穿戴技术、教育信息化战略、教育数字化转型、数字鸿沟、数字素养、数字智商、人工智能教育、技术支持的弱势群体教育、技术支持的教师专业发展等也是现代教育技术关注的前沿领域。

1.5 学科教育技术

现代教育技术在学科教学中的长期应用，推动了学科教育技术的不断发展，产生了医学教育技术、军事教育技术、体育教育技术、外语教育技术、数学教育技术、音乐教育技术、美术教育技术、思想政治教育技术、学前教育技术及特殊教育技术等。相比而言，语文、物理、化学、生物、历史、地理等学科教育技术的发展有待进一步深化。学科教育技术是现代教育技术与学科教学有机融合产生的学科，它有自身的独特性，对于改善学科教学的成效具有重要作用。

国内部分学科教育技术起步较早，研究队伍庞大，研究成果也相对丰富，如医学、外语学科分别创办了专业期刊《中国医学教育技术》和《外语电化教学》。随着人工智能、虚拟现实等技术的快速发展，以及其在学科教育教学中的深度融合与创新应用，各学科教育技术将迎来新一轮发展浪潮。

以数学教育技术为例。几何画板是典型的数学教育技术，它是一款专业的作图和实现动画的辅助教学软件，师生可以根据教学需求编制出相关的图形和动态演示过程。该软件作为一款动态几何工具，广泛适用于数学、平面几何、物理的矢量分析、作图及函数作图等教学场景。几何画板是国外开发的软件，国内则有超级画板，如图1.1所示。

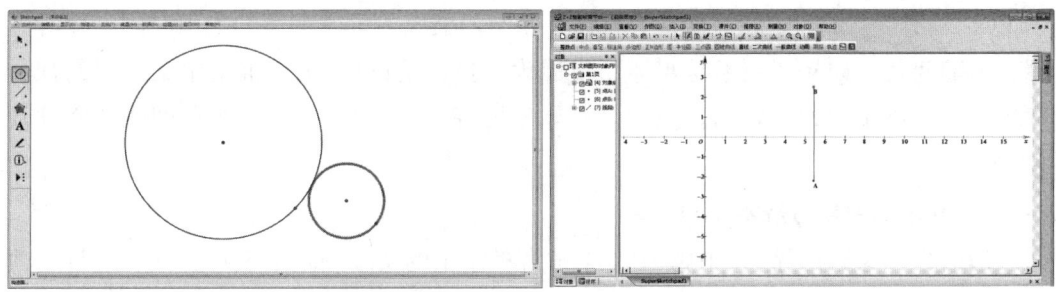

图 1.1　几何画板（左）和超级画板（右）

超级画板是由中国科学院院士张景中教授团队研发的一款教育软件，具有知识性与智能性特征。超级画板是"Z＋Z智能教育平台"系列软件中的一种，主要功能是动态几何、动态测算、曲线作图、逻辑动画、符号代数、统计图表、公式编辑、自动推理、编程环境、课件生成等。超级画板专为我国基础教育设计，以"立足实践、重视传统、自主创新、讲求实效"为设计理念，借鉴了其他动态几何软件的优点，把动态几何作为其基本功能。还根据一线师生的实际需要，整合了符号计算、自动推理、算法编程、课件制作等功能，在操作上更加易学易用。作为数学教育技术领域的杰出专家，张景中院士还出版了《数学教育技术》《超级画板范例教程》《超级画板自由行》等著作，推动了数学教育技术的繁荣发展。

几何画板、超级画板只是数学教育技术发展的冰山一角，而且只是课堂教学教育技术。随着生成式人工智能、元宇宙等新兴技术的快速发展及其课程教学应用，数学教育技术从平面走向空间、从手动走向自动、从机械走向智能、从课内走向课外、从抽象走向具象、从被动接受、枯燥学习走向主动探索、趣味体验。未来，这种多维度融合的发展趋势将成为常态，赋能师生在教、学、管、评、测、研的各个维度深度融合和创新发展，支撑核心素养高效率、高质量达成。

本章作业

1. 学科教育技术调查

根据自己的学科，调查适合中小学师生的教育技术工具，如数学学科可参考"几何画板"等典型教育技术工具。主要调查内容包括学科专用硬件、在线工具、PC 软件、手机 App、微信小程序、教育类游戏、AIGC 大模型等。提交一份调查报告，内容包括教育技术名称、简介、推荐理由、相关网址等。

2. 为教育技术定义演变的时间线编制思维导图

查阅资料，收集教育技术在不同历史阶段的重要定义，应用 XMind、百度脑图等工具，制作一份以时间线为线索的思维导图，呈现各阶段定义的提出时间、核心内容、关键变化（如从"技术是媒体"发展为"技术是过程"）及推动定义演变的社会背景或技术进步（如互联网普及、多媒体发展等）。提交内容：思维导图图片文件及源文件。

3. 设计未来教育技术工具

请结合自身学科背景，围绕中小学教育教学中的实际问题或改革方向，设计一项面向未来的教育技术工具。提交一份设计说明书，内容应包括：技术名称、设计背景与需求分析、核心功能与应用场景等。

第 2 章 现代教育技术与教师专业发展
Chapter 2

学习目标

- ※ 了解教师专业发展的内涵及其发展取向；
- ※ 了解教师专业发展的信息技术取向的内涵、内容；
- ※ 了解 TPACK 的结构、发展方法；
- ※ 了解人工智能作为教师专业发展取向的内容；
- ※ 了解教师教育技术能力的内涵及《教师数字素养》标准的框架；
- ※ 了解职前教师教育技术能力的内涵、要求；
- ※ 培养数字教育思维，形成应用数字技术开展学习与研修、教学研究、改革与创新的专业发展意识。

2.1 教师专业发展的取向

教师专业发展是指教师在整个职业生涯中，通过持续的专业学习、实践反思、同伴互助、专业引领等活动，不断提升自身的专业知识、专业技能、专业态度和专业伦理，以适应教育变革、满足学生发展需求、实现自身职业价值和专业成长的过程。教师专业发展揭示，教师职业是一个不断发展的专业进程，是教师个体内在的知识更新和专业技能的增长过程，是教师在教育、教学实践中走向成熟、发挥更大作用的过程。

教师专业发展的取向是指教师在专业成长过程中所遵循的方向和侧重点，不同的取向反映了教师专业发展的不同理念和路径。当前的教师专业发展主要呈现"理智""实践—反思"和"生态"三类取向。

2.1.1 "理智"取向

"理智"取向是指教师专业发展是接受充分的学科知识和教育科学知识。这是传统的、普遍的观点。"理智"取向强调教师应当掌握系统的、理性的专业知识，这些知识可以通过正规的师范教育课程或专业培训来获得。教师专业发展的重点在于知识的获取。主要表现为注重教育理论、学科知识、教学法等专业知识的学习。师范生在大学期间要系统学习教育学、心理学、学科教学法等课程，通过理论学习掌握教育规律和教学方法。教师也会参加各种专业培训，不断更新和深化自己的专业知识。例如，一位数学教师为了提升自己的教学水平，参加了数学教育理论的培训课程，学习了建构主义学习理论在数学教学中的应用。之后，他将这些理论应用到课堂教学中，设计出更具启发性和互动性的教学活动，学生的数学成绩和思维能力都有了明显提高。

2.1.2 "实践—反思"取向

"实践—反思"取向是指教师专业发展所需要的知识不是通过外在的被动灌输获得的，而是通过教师对教学实践的自我反思获得的。"实践—反思"取向认为教师专业发展主要不是通过外在的培训或知识传授，而是在教育教学实践中不断反思自身的行为和经验，从而实现自我成长和专业提升。教师是反思性实践者，通过对实践的反思，发现问题、解决问题，改进自己的教学行为。主要表现为：养成反思的习惯，如写教学日志、教学反思笔记，对自己的教学过程、教学效果进行回顾和总结；积极参与教学研讨活动，与同事交流自己的教学经验和困惑，共同探讨解决问题的方法。例如，一位语文教师在教学过程中发现，学生对古诗词的理解较浅、兴趣不高。于是，他在课后对自己的教学进行了反思，初步判断问题可能出在教学方法不够生动，或是教学内容缺乏吸引力。经过反思，他尝试采用情境教学法，将古诗词与历史故事、音乐、绘画等相结合，激发了学生的学习兴趣，提高了教学效果。

2.1.3 "生态"取向

"生态"取向是指教师专业发展不仅要通过教师的理智学习、教学实践的自我反思获得，而且要通过在教师群体中形成的"合作的专业发展文化与模式"来获得。简单地说，教师应该积极参加教师共同体组织及其活动。"生态"取向关注教师所处的专业生态环境，认为教师专业发展不仅仅是个人的努力，还受到学校文化、同事关系、教育政策等多种因素的影响。教师专业发展是在与周围环境的互动中实现的，强调教师之间的合作与交流，以及学校对教师专业发展的支持。主要表现为学校营造积极向上的文化氛围，鼓励教师之间的合作与分享。开展教师团队建设活动、建立教师学习共同体，让教师在相互支持、相互学习的环境中共同成长。学校也会为教师提供丰富的教学资源和良好的工作条件，支持教师开展教学研究和创新实践。例如，某学校为了促进教师专业发展，建立了教师学习共同体。在这个共同体中，教师们定期开展教学研讨活动，共同备课、评课，分享教学资源和经验。同时，学校还为教师提供了外出学习、参加学术会议的机会，让教师了解教育领域的最新动态。在这种良好的专业生态环境中，教师们的专业水平得到了显著提升。

2.2 教师专业发展的信息技术取向

教师专业发展不断呈现信息技术取向。该取向有两层含义：一是教师专业发展的内容与信息技术密切相关；二是教师专业发展的途径与信息技术密切相关。因此，当代教师专业发展是全面面向信息技术的。

2.2.1 信息技术作为教师专业发展的内容

技术是教师专业发展的内容之一，它构成了当代教师必备素质中的一部分或一大类，通常是指在教师专业发展中对教师教育技术能力的要求。目前教师正面临着一系列现实问题：如掌握哪些教育技术，如何运用这些教育技术转变内容呈现方式、学生学习方式、教师教学方式、师生互动方式、学生管理方式与学习评价方式，如何进行教育技术与课程深度融合、创新应用，如何进行在线教育、教学等，这些都是教师专业发展中的技术内容，其核心是"学习技术"和"使用技术教学"。TPACK 原理能更好地揭示技术如何作为教师专业发展的内容。

1. TPACK（Technological Pedagogical and Content Knowledge）

整合技术的学科教学法知识原理（TPACK）是科勒与米什拉（Koehler，Mishra）在苏尔曼（Shulman）的学科教学法知识（Pedagogical and Content Knowledge，PCK）原理的基础上提出的。如图 2.1 所示，TPACK 包括三类元知识和四类复合知识。作为崭新的教师知识框架，它还处于起步阶段，目前对这七个部分之间的复杂关系了解还比较少。

（1）学科内容知识（Content Knowledge，CK）。CK 是指教师所教授学科领域的知识，包括该学科的概念、命题、理论、观念、组织框架、证据和证明，以及获得学科发展的实践和途径等。例如，数学教师需要掌握数学学科的概念、定理、公式等知识。

（2）教学法知识（Pedagogical Knowledge，PK）。PK 涉及教学的过程、方法和技术，即如何进行教学的实践或方法，如教学策略、教学方法、教学评估等。比如，教师需要了解如何通过直接指导、小组讨论、辩论等方式来组织教学活动。

（3）技术知识（Technological Knowledge，TK）。TK 是关于技术的知识，包括思考和使用的技术、工具和资源。由于技术在不断发展，它处于一种"流动状态"很难准确制定出独立定义，但涵盖各种技术在教学中的应用。例如，教师需要了解如何使用笔记本电脑、智能白板、多媒体设备等技术工具。

（4）学科教学知识（Pedagogical Content Knowledge，PCK）。PCK 是学科内容知

识和教学法知识的融合，强调教师对如何根据学生的不同兴趣和能力来组织、调整和呈现特定主题的理解。不同内容领域的教学内容知识是不同的。例如，语文教师需要掌握适合语文教学的教学方法和策略。

（5）整合技术的学科内容知识（Technological Content Knowledge，TCK）。TCK 指技术是如何应用于某个学科领域的。教师需要了解如何将技术与学科内容相结合。例如，在科学教学中，教师可以使用模拟软件来展示抽象的科学概念。

（6）整合技术的教学法知识（Technological Pedagogical Knowledge，TPK）。TPK 由技术和一般教学法相互作用产生。新技术不仅可以用于强化原有的教学方法，也可以产生新的教学方法，反之亦然，教师所采用的教学方法也会影响技术的选择与设计。例如，利用在线教学平台开展远程教学，就需要教师掌握相应的教学方法和策略。

（7）整合技术的学科教学知识（Technological Pedagogical Content Knowledge，TPACK）。TPACK 是 TPACK 框架的核心，是指有关技术、教学法和学科内容三者之间复杂关系的知识。教师需要根据具体的教学情景的需要，综合考虑学科知识、教学方法和技术支持，设计恰当的教学方案，将技术转化为解决教学问题的方案。例如，教师能够根据教学目标和学生特点，选择合适的技术工具，并将其融入教学活动，以提高教学效果。

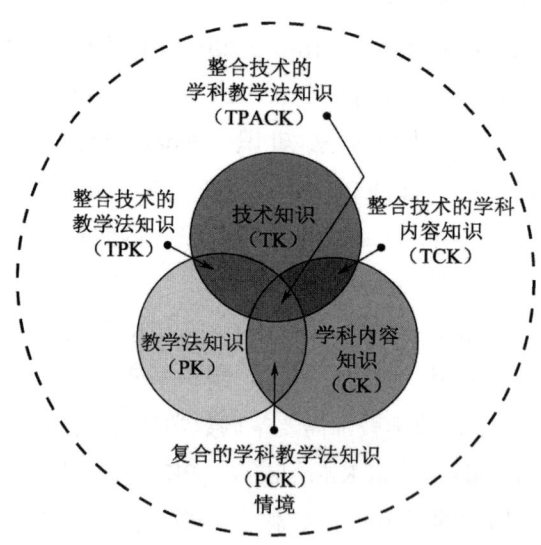

图 2.1　TPACK 框架（Matthew J. Koehler，2011）

在提升教学能力方面，TPACK 强调教师不仅要掌握学科内容知识（CK）和教学法知识（PK），还要具备技术知识（TK），并能将三者有机融合。它促使教师不断学习和探索新的技术与教学方法，以适应不断变化的教育环境和学生需求。教师需要持续更新自己的知识体系，将新技术融入教学，这有助于教师保持专业上的活力和竞争力。在促进教学创新方面，TPACK 鼓励教师打破传统教学模式的束缚，利用技术创造新的教学情境和学习体验。教师可以通过整合技术、教学法和学科内容知识，开发出个性化的教学方案，满足不同学生的学习需求和学习风格，实现因材施教。目前，TPACK 框架已被教师教育领域广泛接受。例如，在新冠疫情期间，一位物理教师为了保障教学效果，积极探索线上教学的新方法。他利用在线教学平台，开展了直播授课、线上实验演示、小组讨论等活动，还为学生提供了丰富的学习资源和学习工具。通过创新教学方式，他不仅顺利完成了教学任务，还提高了学生的学习兴趣和自主学习能力。

2. TPACK 的发展方法

关于如何发展教师的 TPACK，科勒提出的"通过设计学习技术"是最主要的方法。TPACK 是一个生成性的框架，"通过设计学习技术"的目标是富技术人工制品及其设计过程的体验，富技术人工制品是指网页、课件、微课、数字故事等多媒体集成性产品。设计是根据具体教学情境进行教学制品的开发，而非单纯讲授硬件、软件技术或潜件技术。而且，相比教学法知识和学科内容知识，技术的快速更新使技术知识一直处于运动状态，因此，TPACK 也是运动的。目前的重点是超越把技术作为教学附属工具的简单做法，实现技术、教学法与学科内容在具体教学境脉中的联结，设计能解决特定教学问题和适应特定教学情境的教育制品，以使 TPACK 有具体的、可触的形态。目前，微课、数字故事、数字教育游戏、教育 App、元宇宙＋教育教学、人工智能＋教育教学等不仅整合了多样化的技术，而且整合了教学法和学科内容，展现出与"通过设计学习技术"理念的高度契合。

2.2.2 信息技术作为教师专业发展的方式

教师专业发展的方式主要是培训、校本教研和教师个人学习。信息技术的引入，不仅拓展了上述三种方式，而且催生了新式教师专业发展方式，即"使用技术学习"，包括技术支持培训、技术支持校本教研和技术支持教师个人学习。技术支持教师专业发展，是以信息技术为环境、手段、工具、方式和方法，促使教师在专业知识、教学技能和职业态度等方面不断完善的一个动态的复杂过程。技术支持教师专业发展的方式多种多样：MOOC、精品课、公开课和共享课等在线课程可以帮助我们开展"理智"型知识学习；微博、博客等 Web2.0 工具可以帮助我们开展"实践—反思"型能力提升；即时通信、社区论坛、QQ 群、微信群等互动工具可以帮助我们开展"生态"型教师专业发展。

2.2.3 人工智能作为教师专业发展的取向

在数字化、网络化、智能化引领教育变革与创新的背景下，人工智能赋能教师专业发展，成为建设高质量、创新型教师队伍的战略举措。当前教师专业发展主要有外塑和内生两条路径，外塑路径指向"自外而内""自上而下"的外部驱动式发展范式，内生路径指向"自内而外""自下而上"的内生自主式发展范式。"人工智能＋教师"在智能教育环境、智能教学应用、智能研修平台、智能素养提升等方面取得了一定成效。从实践模式看，呈现较强的技术意向性，主要通过群体性专业化外塑实现"人工智能＋教师"。当前"人工智能＋教师"是教师专业发展的信息技术取向的核心，人工智能技术既是教师专业发展的内容，也是教师专业发展的方式。

1. 学习人工智能应用技术

依据2024年联合国教科文组织（UNESCO）发布的面向教师的人工智能能力框架，教师应该掌握人工智能基础与应用，具备人工智能的基础知识，包括定义、工作原理、数据和算法的重要性，以及人工智能技术的主要类别。教师还要会选择合适的人工智能工具辅助教学，并理解各类工具的潜在优势和局限性。此外，教师还需掌握人工智能伦理，理解人工智能伦理的基本问题，包括数据隐私、算法透明度、公平性和可解释性，并能够指导学生理解和实践人工智能伦理。

2. 使用人工智能技术教学

教学设计与资源生成。智能备课系统：能够根据课程标准、学生学情及教师偏好，自动生成教案框架、推荐教学资源和活动设计。资源与工具生成：人工智能在直接创建和定制各种教学资源与交互工具方面展现出强大的能力。无论是生成练习题、制作演示文稿，还是开发简单的模拟场景或改编阅读材料，人工智能都能为教师提供高效支持，极大地丰富教学工具箱。

智能辅助教学工具。智能批改系统：能迅速分析学生的作业或测试题，提供即时反馈和个性化建议，减轻教师的重复性劳动，使教师有更多时间关注学生的个体差异和深层次的学习需求，更好地育人。虚拟助教：支持24小时在线解答学生疑问，辅助教师进行教学管理，增强师生互动。

教学实施能力提升。课堂互动增强：借助雨课堂、钉钉在线课堂等教学平台，教师可通过即时问答、投票、小组讨论等功能，增强师生、生生之间的互动。这些平台能够实时收集并分析学生的反馈，为教师提供动态调整教学策略的依据。同时，人工智能技术还能识别学生的情绪变化，为教师提供情感支持建议，营造更加温馨、积极的学习氛围。学习评估精准化：智能测评系统利用大数据与机器学习算法，对学生的学习成果进行多维度、全过程的评估。不同于传统的纸笔测试，智能测评能够即时生成反馈报告，详细分析学生的知识掌握情况、能力发展水平及潜在问题。这不仅有助于教师快速定位教学难点，还为个性化教学提供了数据支持。此外，系统还能根据评估结果，为学生推荐个性化的学习资源，促进学生自主学习能力的提升。

教学行为分析与优化。通过人工智能技术，可以对教师的教学行为进行精细化分析，包括课堂互动、教学方法、学生反应等多个维度。这种分析不仅能帮助教师自我反思，优化教学策略，还能为教育管理者提供决策支持，促进整体教学质量的提升。

3. 使用人工智能技术学习

个性化发展路径规划。人工智能能够基于教师的个人背景、教学经验、兴趣偏好及职业发展目标,通过算法分析,为教师量身定制个性化的发展计划,并智能推荐相关学习资源。

在线学习空间与知识共享。人工智能促进了教师之间的在线交流与合作,构建了跨地域、跨学科的学习空间。这些空间利用人工智能技术进行智能匹配和推荐,帮助教师快速找到志同道合的伙伴,共同探讨教学难题,分享成功经验。此外,人工智能还能自动整理空间中的优质资源,形成知识库,供教师随时查阅和学习。

教学研究与反思支持。教学反思辅助:教师应将教学反思作为提升教学实施能力的重要途径。通过记录教学日志、观看课堂录像、参与同行评价等方式,对自己的教学行为进行全面、深入的分析与反思。人工智能可以辅助教师进行这些活动,例如自动整理教学日志中的关键信息,提供反思建议等。教学研究支持:教师可以积极参与教学研究活动,探索新技术在教学中的创新应用模式与策略。人工智能可以为教师提供相关领域的研究动态、前沿理论等信息,支持教师的教学研究工作。

【研讨活动】人工智能技术与教育教学的深度融合将对教师职业产生什么影响?给出观点,阐述理由。

2.3 教师教育技术能力

2.3.1 基本内涵

教师教育技术能力的本质是教师利用现代科学技术领域内的一切可以利用的成果,开发人及人以外的一切学习资源,对教学的总体过程进行系统化的设计、实施及评价,以达到最优的教育效果的能力。简单地说,教师教育技术能力就是教师对教育技术的认识态度、知识建构、技能养成,以及对教育技术的运用——以教育技术来提高教育教学效果、效率和质量,探索教育教学改革、创新与发展的能力。教师教育技术能力既是教育的内在发展对教师提出的根本要求，也是科学技术发展对教师提出的基本要求。总之，教师教育技术能力是教师的基本能力之一，是教师专业发展水平的基本标志之一。作为未来教师，师范专业学生具备较强的现代教育技术能力具有重要意义。

我国教育领域使用了教师教育技术能力、教师教育技术应用能力、教师信息技术能力、教师信息技术应用能力、教师信息素养、教师数字素养、教师信息化教学能力、教师数字化教学能力等多个相关概念。

2.3.2 相关标准

1.《中小学教师教育技术能力标准（试行）》

2004年，我国教育部正式颁布了《中小学教师教育技术能力标准（试行）》。该标准旨在引导中小学教师具备应用教育技术的意识与态度，掌握教育技术的基本知识与技能，探索教育技术应用与创新的途径及方法，并明确在应用教育技术过程中的社会责任，这构成了我国中小学教师教育技术能力建设的总体目标。标准的主要内容包括教学人员教育技术能力标准、管理人员教育技术能力标准和技术人员教育技术能力标准三部分。

教学人员教育技术能力标准的内容涉及意识与态度（主要包括重要性的认识、应用意识、评价与反思、终身学习），知识与技能（主要包括基本知识、基本技能），应用与创新（主要包括教学设计与实施、教学支持与管理、科研与发展、合作与交流），社会责任（主要包括公平利用、有效应用、健康使用、规范行为）四个能力维度，每个维度下面又有若干指标。

《中小学教师教育技术能力标准（试行）》是我国首个教师专业能力标准，标志着我国教育在信息化进程中，以教育技术能力为主要特征的教师评价工作逐步走向成熟。标准的颁布与实施，对于构建科学、规范的中小学教师教育技术培训机制、考试认证体系，以及全面提高教师教育技术能力水平具有重要意义。

2.《中小学教师信息技术应用能力标准（试行）》

2014年，教育部下发了《中小学教师信息技术应用能力标准（试行）》，该标准是为了配合2013年启动的"全国中小学教师信息技术应用能力提升工程"，为全面提升中小学教师的信息技术应用能力，促进信息技术与教育教学深度融合而制定。标准是规范与引领中小学教师在教育教学和专业发展中有效应用信息技术的准则，是各地开展教师信息技术应用能力培养、培训和测评等工作的基本依据。

标准考虑到我国中小学信息技术条件的差异，对教师应用信息技术提出了基本要求和发展性要求两个方面：其一，应用信息技术优化课堂教学的能力为基本要求，主要包括教师利用信息技术进行讲解、启发、示范、指导、评价等教学活动应具备的能力；其二，应用信息技术转变学习方式的能力为发展性要求，主要针对教师在学生具备网络学习环境或相应设备的条件下，利用信息技术支持学生开展自主、合作、探究等学习活动所应具有的能力。每个方面根据教师教育教学工作与专业发展主线，将信息技术应用能力区分为技术素养、计划与准备、组织与管理、评估与诊断、学习与发展五个维度。

3. 《教师数字素养》行业标准

2022年，教育部下发了《教师数字素养》行业标准。行业标准给出了教师数字素养框架，规定了数字化意识、数字技术知识与技能、数字化应用、数字社会责任、专业发展五个维度的要求，主要用于对教师数字素养的培训与评价。教师数字素养（Digital Literacy of Teachers）是指教师适当利用数字技术获取、加工、使用、管理和评价数字信息和资源，发现、分析和解决教育教学问题，优化、创新和变革教育教学活动而具有的意识、能力和责任。其中，数字技术资源（Digital Technology Resources）是指在教育教学中使用的通用软件、学科软件、数字教育资源、智慧教育平台、智能分析评价工具、智能教室等数字教育产品的统称。

如图 2.2 所示，教师数字素养框架包括数字化意识、数字技术知识与技能、数字化应用、数字社会责任、专业发展 5 个一级维度及 13 个二级维度和 33 个三级维度。数字化意识是指客观存在的数字化相关活动在教师头脑中的能动反映，包括数字化认识，数字化意愿及数字化意志。数字技术知识与技能是指教师在日常教育教学活动中应了解的数字技术知识与需要掌握的数字技术技能，包括数字技术知识及数字技术技能。数字化应用是指教师应用数字技术资源开展教育教学活动的能力，包括数字化教学设计，数字化教学实施，数字化学业评价，以及数字化协同育人。数字社会责任是指教师在数字化活动中的道德修养和行为规范方面的责任，包括法治道德规范，以及数字安全保护。专业发展是指教师利用数字技术资源促进自身及共同体专业发展的能力，包括数字化学习与研修，以及数字化教学研究与创新。

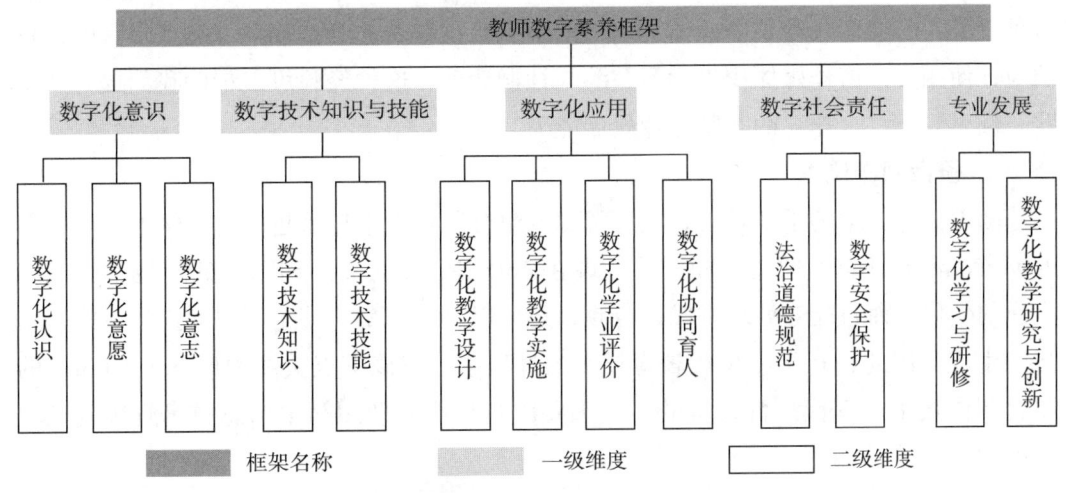

图 2.2 教师数字素养框架（教育部，2022）

2.4 职前教师教育技术能力

职前教师教育技术能力是指师范生入职前应具备的将现代信息技术与教育教学深度融合的能力，是教师专业素养的重要组成部分。随着教育数字化、网络化、智能化进程的纵横推进，这一能力已经成为衡量未来教师胜任力的关键指标。师范专业学生学习现代教育技术，目的在于树立现代教育技术的思想观念，熟悉基本概念和知识，掌握基本方法和技能，为在未来教育教学工作中积极运用现代教育技术，提高教育教学绩效，探索教育教学的改革、创新与发展奠定必要的基础。我们认为师范专业学生应该重点进行六个方面的能力培养。

1. 网络搜索引擎

目前网络教育资源十分丰富，利用网络搜索引擎获取相关材料十分省时、省力，便于解放教师的时间、精力，从而更好地设计教学过程。但是获取网络教育资源并不简单，我们需要掌握搜索、下载具体资源的技术、技巧和经验。

2. 开放教育资源

我们需要知道各类开放教育资源，例如，国家中小学智慧教育平台、国家职业教育智慧教育平台、国家高等教育智慧教育平台、国家终身教育智慧教育平台及省级智慧教育平台。而且，我们应该重视精品课、公开课、共享课和MOOC等高等开放教育资源，这些资源可以帮助我们不断更新专业知识、教育科学知识和技术知识。

3. 交互协作媒体

数字时代人们的生产和生活方式已经发生重大变革，数字化生存成为学生新常态，基于微型化、碎片化的在线学习、移动学习成为流行的学习方式。我们应该了解这种趋势，学会使用各类新媒体，以适应学生日益增长的个性化学习需求。其中，我们应该使用交互协作媒体积极学习、参与社群活动，这种经验可以帮助我们提升"实践—反思"与"合作"的教师专业发展能力。

4. 整合制作技术

随着信息技术的不断发展，教育资源的整合制作技术越来越发达。例如，过去在PowerPoint中只能处理文字和图片，现在PowerPoint的文字和图片处理技术已经产生质的变化，而且能够处理视频、音频，还可以录制屏幕，甚至可以通过生成式人工智能生成。因此，在学习现代教育技术的过程中，应该重点关注类似PowerPoint的整合制作技术。现代教育技术的一项重要原则是优先使用简单信息技术解决复杂教学问题。

5. 设计混合学习

混合学习是现代教育技术发展的重要趋势。混合学习主要是指传统空间学习与网络空间学习的混合，也包括正式学习与非正式学习之间的混合，手机学习、平板电脑学习与计算机学习之间的混合，碎片化学习与系统化学习之间的混合等。由于混合学习被认为是未来教学的最佳形式，因此，我们应该学会设计混合学习。尤其需要关注如何设计基于智能助教、智能学伴的双师、双生混合学习。

6. 人工智能赋能

人工智能技术迅速发展给教育教学带来崭新机遇和巨大挑战，应该积极推进人工智能技术与教育教学的深度融合。这就要求提升教师应用人工智能技术的能力水平，尤其应该掌握应用生成式人工智能提质、增效和创新教、学、管、评、测、研各个领域实践工作的技能，赋能教师实现高效率、高质量育人与专业发展。

本章作业

编制深度融合数字技术资源的中小学教师专业发展框架

根据自己的学科，应用 XMind、百度脑图等工具，编制中小学教师专业发展框架，如小学英语教师专业发展框架等。要求所编制的框架结构合理，内容与专业发展方式深度融合数字技术资源，如外语教学与研究出版社网站、国家中小学智慧教育平台、DeepSeek、《外语教学》期刊等，需提交框架图片及思维导图源文件。

第 3 章 现代教育技术的理论基础

Chapter 3

学习目标

- ※ 了解最近发展区理论、掌握学习理论、程序教学理论的主要观点和实践应用方法；
- ※ 了解行为主义、认知主义、建构主义、联通主义学习理论的主要观点和实践应用方法；
- ※ 了解经验之塔理论、多媒体认知理论的主要观点和实践应用方法；
- ※ 了解传播理论的主要观点和实践应用方法；
- ※ 了解系统科学理论的主要观点和实践应用方法；
- ※ 建立现代教育技术是理论与实践并重的学科观念，形成重视教学理论、学习理论、视听理论、传播理论、系统科学理论的意识。

3.1 教学理论

3.1.1 最近发展区理论

"最近发展区"（Zone of Proximal Development，ZPD），是由苏联心理学家列夫·维果茨基（Lev Vygotsky）提出的重要教育理论，即"由（儿童）独立解决问题确定的实际发展水平与在成人指导下或与更有能力的同龄人合作下解决问题的潜在发展水平之间的距离"。这一理论揭示了儿童在发展过程中所存在的两种不同的发展水平及其之间的差距，强调心理发展的社会性和历史性，他认为人的心理发展是在社会文化环境中进行的，并受到社会历史条件的制约，同时提出了心理发展的文化历史理论，认为人的高级心理机能是在社会历史文化的背景下形成的。

1. 最近发展区的核心概念

（1）实际发展水平。实际发展水平是指儿童在独立解决问题过程中所表现出来的能力水平，即他们当前已经具备的能力。（2）潜在发展水平。潜在发展水平则是指儿童在成人或更有能力的同伴的帮助下，通过模仿、学习等方式能够解决问题的更高水平。这种水平代表了儿童尚未成熟但正在成熟的心理机能，是未来将要成熟但目前仍处于发展过程中的部分。（3）发展距离。最近发展区中的距离就是实际发展水平与潜在发展水平之间的差异，它描述了儿童在独立解决问题和在外界帮助下解决问题之间的能力差距。这种距离也是动态的，随着儿童的发展和学习经验的积累，他们的实际发展水平会不断提高，潜在发展水平也会相应提升。

2. 最近发展区理论的实践应用

（1）个性化教学。教师通过评估学生的现有知识和技能水平，识别每个学生的最近发展区，从而设计个性化的教学计划和活动。这种教学能够确保教学内容既不会过于简单而使学生感到无聊，也不会过于复杂而使学生感到挫败。例如，在数学教学中，教师会根据学生对基础运算的掌握情况，设计适合他们的进阶练习，帮助他们逐步提升解题能力。（2）合作学习。组织合作学习活动，让学生在小组中共同解决问题，通过同伴间的互动和合作，促进彼此的发展。这种方式能够帮助学生跨越自己的最近发展区，达到更高的学习水平。例如，在语文古文教学中，教师可以组织学生进行角色扮演或小组讨论，让学生在实践中运用所学知识，提升译文表达能力和团队合作能力。（3）分层教学。根据学生的不同发展水平，实施分层教学。为不同层次的学生设计不同的教学目标和任务，确保每个学生都能在自己的最近发展区内得到发展。例如，在高中英语教学中，教师可以为不同英语水平的学生设计不同难度的阅读材料和写作任务，以满足他们的个性化需求。（4）动态评估。在教学过程中，教师需要持续评估学生的发展状况，及时调整教学策略，以确保学生能够持续跨越自己的最近发展区。例如，教师可以通过课堂观察、作业反馈和成绩测试等多种方式，全面了解学生的学习情况，为下一步的教学提供依据。（5）情境教学与支架式教学。创设与学生生活紧密相关的情境，激发学生的学习兴趣和动力。同时为学生提供必要的学习支持（即"支架"），帮助他们解决学习中遇到的难题。例如，在物理教学中，教师可以通过模拟实验或实际案例，让学生在实际操作中理解抽象的物理概念；同时为学生提供实验指导和资料支持，帮助他们顺利完成实验任务。

3.1.2 掌握学习理论

掌握学习（Mastery Learning）理论是由美国教育心理学家本杰明·布鲁姆（Benjamin S. Bloom）于20世纪60年代提出的一种教学和学习理论。他认为众多学生未能达到最佳学业表现，并非受限于他们的智力水平，而是因为他们没有得到符合个人特性的针对性教学辅助和足够的学习时间。若能构建出适合的学习环境，挖掘并促进每位学生的内在发展潜能，最终将能实现绝大多数学生"精通学习"的目标。这一理论强调每个学生都有能力学习并掌握学科内容，只要给予足够的时间、适当的教学条件和个别化的帮助。掌握学习理论挑战了传统的"一刀切"教学模式,提倡更加个性化、以学生为中心的教学方法。

1. 掌握学习的核心策略

(1)个别化教学。掌握学习理论强调每个学生都是独一无二的,具有不同的学习风格和速度。因此,教学应该是个别化的,以满足每个学生的独特需求。这要求教师了解学生的学习状况,并根据其需求提供相应的教学支持和资源。(2)明确的学习目标和掌握标准。掌握学习理论强调明确的学习目标和掌握标准的重要性。这些目标和标准应该被清晰地传达给学生,以便他们了解自己的学习方向和期望达到的水平。同时,这些目标和标准也应该被用作评估学生学习成果的依据。(3)足够的学习时间。布鲁姆认为,学生需要足够的时间来掌握新知识和技能。在传统的教学模式中,学生可能因为时间限制而未能充分理解和掌握知识。而在掌握学习理论中,学生可以在需要时延长学习时间,以确保自己真正掌握所学内容。(4)及时的反馈与调整。学生在学习过程中需要及时的反馈,以便了解自己的进步和需要改进的地方。教师应该密切关注学生的学习情况,并根据反馈调整教学策略,以确保每个学生都能跟上学习进度。这种反馈和调整应该是持续、及时并以学生的需求为中心的。(5)积极的学习态度和自我评估。掌握学习理论还强调积极的学习态度和自我评估的重要性。教师应该鼓励学生树立积极的学习态度,相信自己能够成功。同时,培养学生自我评估的能力,以便他们能够自我反思、发现问题并寻求解决方案。

2. 掌握学习理论的实践应用

这一理论强调,让每个学生都具备达到学习目标的能力,关键在于提供适宜的教学条件、个性化的教学策略及持续的支持与反馈。(1)个性化教学。掌握学习理论强调每个学生都有能力达到学习目标,关键在于提供适当的教学条件和个性化指导。因此,在教育实践中,教师可以根据学生的不同需求和特点,制订个性化的教学计划,采用多样化的教学方法和手段,以满足学生的学习需求。例如,在日常教学中,教师可以根据学生的知识水平和兴趣爱好,设计不同难度和类型的学习任务,同时提供充足的学习时间和资源,鼓励学生自主学习和探究。(2)合作学习与团队协作。掌握学习理论鼓励学生之间的合作学习和团队协作。通过小组合作、互相学习、互相帮助,学生可以更好地掌握知识和技能,同时培养团队协作能力和社会交往能力。在具体实践中,教师可以组织学生进行小组讨论、项目合作等活动,让学生在合作中学习和成长。(3)评价与反馈。掌握学习理论强调评价与反馈的重要性。通过及时、准确、具体的评价和反馈,学生可以了解自己的学习进展和存在的问题,从而动态调整学习策略和方法,提高学习效率。在教学实践中,教师可以采用多种评价方式,如自评、互评、师评等,并结合学生的实际情况给予针对性的反馈和指导。(4)提供充足的学习时间和资源。掌握学习理论认为,如果给予学生充足的学习时间和资源,大多数学生都能够掌握所学内容。因此，在教育活动中，教师应确保学生有足够的时间来学习和巩固知识，并提供丰富的学习资源和支持。

3.1.3 程序教学理论

程序教学是由教学机器的发明人普莱西（S. L. Pressey）首创的，早在1924年他就公开过一台教学机器，如图3.1所示。这种机器可以自动测试和记分，但是由于设计上的问题及应用条件的不够成熟，他的自动教学机器对程序教学的发展影响较小。

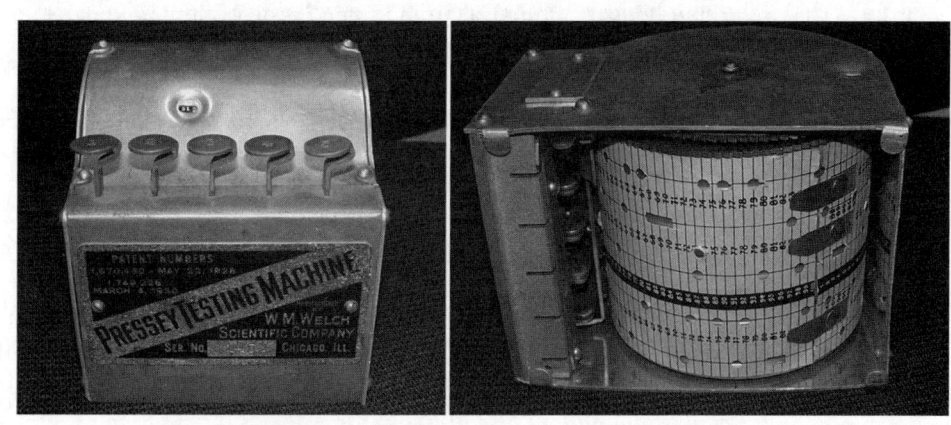

图3.1 普莱西获得专利的教学机器（Audrey Watters，2015）

1. 程序教学的理论阐释

（1）强化理论。新行为主义代表人物斯金纳（B. F. Skinner）通过动物实验，认为行为可以分为由已知刺激引起反应的应答性行为和由有机体自身作用于环境而产生的操作性行为，前者是条件反射的结果，后者是操作反射的结果。应答性行为通常是一种被动的反应，是由长期的刺激引起的（即S-R）。操作性行为通常是一种主动的反应，是由长期的强化引起的（即R-S）。斯金纳认为人类的多数学习都是由有机体自身作用于环境而产生的操作性行为（操作性反应）的结果。在一种反应之后伴随一种强化物，那么在类似环境里发生这种反应的概率就会增加，可以以此来控制反应，即刺激—反应—强化的连续模式。1954年，斯金纳发表了《学习的科学和教学的艺术》一文，他指出传统教学方法的缺点，并提出使用教学机器能解决许多教学问题。基于操作条件反射理论，斯金纳提出了著名的程序教学理论，并改进了自动教学机器。（2）基本原理。程序教学是将教材分割成为若干可分离的小部分，将它们按照一定的逻辑顺序组织起来，并使前面部分是后面部分的基础，从而进行难度逐步加深的顺序教学。在学习过程中，伴随每个部分的学习，程序教学机器都会提出问题，要求学生作答并给予反馈和强化，如果解答正确，就鼓励学生进入下一程序学习，如果解答不正确，就采取补充程序要求学生学习同一内容，直到学生掌握这部分内容为止。因此，精心编制程序教材、开发反馈和强化系统是程序教学成功与否的关键所在。斯金纳改进了自动教学机器，提出了直线式程序教学模式，克劳德（N. A. Crowder）和凯（H. Kay）在此基础上提出了分支式教学模式。（3）基本原则。斯金纳认为程序教学应该遵循以下基本原则：①小步子原则。教材和教学要循序渐进，前一步学习是后一步学习的基础，两步之间的难度差异很小，这样学生才更容易达成目标。②积极反应原则。每一步学习都应要求学生做出积极反应，通过机器提问、学生作答、机器反馈和强化，来确保学生始终处于一种积极的学习状态。③即时强化原则。要让学生立即知道自己的答案是否正确，这是帮助学生树立信心、维持学习行为的有效措施。④自定步调原则。允许学生按照自己的情况以最适宜的速度来确定学习进度。⑤低错误率原则。要求在教学过程中，尽量避免学生出现错误的反应，错误的反应会得到令人反感的刺激，过多的错误会影响学生的情绪和学习的速度，这就是教材和教学要采取小步子的重要原因。

2. 程序教学理论的实践应用

（1）计算机辅助教学。在计算机时代，计算机辅助教学基于单机实施，最常见的应用就是课后巩固练习。教师预先做好课件，让学生通过计算机与这些课件进行互动学习。简单交互规则是课件展示题目，学生回答，课件反馈答案的正确性，并提供相应的强化反馈，接着自动进入下一题，直到学生完成所有题目。复杂交互规则是课件展示题目，学生回答，课件反馈答案的正确性，并给与相应的强化，如果学生回答正确，则直接进入下一题目，如果学生回答错误，则引导学生解答一定数量较低难度或同等难度的题目，以帮助学生巩固知识，直到学生给出正确答案。然后才进入下一题目，直至完成所有题目。（2）大规模开放在线课程。在互联网时代，计算机辅助教学转向网络实施，MOOC成为程序教学理论的重要实践形式之一。早期的可汗学院提供的是比较严格的程序教学实践，今天的中国大学MOOC、学堂在线、智慧树等平台提供的是相对宽松的程序教学实践。MOOC课程会分解为若干章、节、知识点，每个知识点可以包含一个或多个文本、图像、音频、视频等教学材料，学生需要按照一定的顺序学习这些材料，才能达成学习目标。一些MOOC课程还会在视频中嵌入测试题目，当学生观看视频时，题目会在适当的时间点弹出。如果学生回答正确，则可以继续观看视频；如果回答错误，视频会自动跳转到特定的时间节点，要求学生重新观看部分内容并再次作答。使用Camtasia Studio等工具可以创建开展程序教学的视频网页。（3）智慧课堂。在智能时代，随着智能手机、移动互联网、云计算、大数据等信息技术的普及及其在课堂中的广泛应用，智慧课堂已经流行起来，可以提供比较宽松的程序教学。一堂智慧课堂，一般借助雨课堂、课堂派、UMU等智慧教学工具开展教学。教师课前借助这些智慧教学工具设置一系列教学交互活动，如签到、提交作业、回答问题、参与讨论、在线测验、内容分享等，这些交互活动往往按照教学流程依次排列。在课堂中，师生需要一步步解锁、闯关各项交互任务。

3.2 学习理论

3.2.1 行为主义学习理论

行为主义（Behaviorism）学习理论是心理学中一个重要的流派，它主要关注行为及其与环境的相互作用，强调通过外部刺激和反应之间的联结来解释学习过程。行为主义学习理论形成于 20 世纪初期，以美国心理学家华生（John B. Watson）为代表。华生主张心理学应该只研究可观察的行为，而非不可捉摸的意识或心理过程。这一理论得到了桑代克（Thorndike）、斯金纳（Skinner）等学者的进一步发展，形成了经典行为主义、新行为主义等不同分支。

1. 对行为主义学习理论的阐释

行为主义学习理论的核心观点揭示了学习过程的行为本质，其核心在于"刺激-反应"（Stimulus-Response，S-R）联结的构建与强化。这一理论框架将学习视为一种外在行为模式的变化，而非内部心理状态的转变。具体来说，当学生面对一个特定的刺激（Stimulus，S）时，他们会根据过往的经验或即时的情境做出相应的反应（Response，R）。若这种刺激与反应的组合被反复呈现，两者之间的联结就会逐渐加强，直至形成稳固的条件反射。在行为主义看来，这种条件反射的形成是纯粹外塑的，不依赖于学生内部的认知加工、思维活动或情感状态。相反，它完全由外部环境中的刺激所驱动，通过奖励（正强化）或惩罚（负强化）来调控和塑造。这种外塑机制确保了学习行为的高效性和可预测性，因为只要控制了外部刺激和强化条件，就可以在一定程度上预测和控制学生的反应。进一步地，行为主义学习理论强调了学习过程中的"试误"原则。即学生在探索新情境时，会尝试多种可能的反应，并通过观察结果的反馈来调整自己的行为。当某一反应导致积极结果（如奖励）时，学生就会倾向于在未来再次采用该反应；反之，若导致消极结果（如惩罚），则会减少或避免该反应。这种试误过程不仅促进了学生对新环境的适应，还通过不断强化有效反应来优化其行为模式。

2. 行为主义学习理论的主要原理与实验

（1）经典条件反射。经典条件反射是由俄国生理学家伊万·巴甫洛夫（Ivan Pavlov）在狗的实验中发现的。他通过反复将食物（无条件刺激）与铃声（中性刺激）结合呈现给狗，最终使狗在听到铃声时就会分泌唾液（条件反射）。这一实验揭示了条件反射的形成机制，并成为经典行为主义学习理论的重要基础。（2）操作性条件反射。操作性条件反射是由斯金纳（Burrhus Frederic Skinner）提出的。他通过

"斯金纳箱"实验,研究了小白鼠按下杠杆以获得食物奖励的行为。斯金纳认为,学习是通过强化(正强化或负强化)来塑造行为的。当一种行为得到强化时,其发生的频率就会增加;反之,则会减少。

3. 行为主义学习理论的主要特点与应用

(1)强调外部因素。行为主义学习理论强调外部环境中的刺激与强化对学习过程的影响,认为学习是通过外部因素来塑造和改变行为的结果,而非依赖于学生内部的认知过程或心理机制。(2)忽视内部认知。与认知主义学习理论不同,行为主义学习理论忽视了学生内部的认知过程和心理机制,行为是可以独立于心理过程而存在的,因此可以通过观察和控制外部行为来研究学习。(3)应用领域。行为主义学习理论在教育、企业管理、心理咨询等领域有着广泛的应用。例如在教育领域,教师可以通过设计合理的刺激和强化手段来激发学生的学习动机和兴趣;在企业管理领域,领导者可以通过建立有效的奖惩机制来塑造员工的行为和态度。

3.2.2 认知主义学习理论

认知主义(Cognitivism)学习理论是一种与行为主义学习理论明显不同的学习理论,它强调学习过程中个体内部心理过程的重要性,特别是信息处理和知识结构的作用。认知主义学习理论起源于德国格式塔(Gestalt)心理学派的完形理论,这一学派认为学习是人们通过感觉、知觉得到的,是由人脑主体的主观组织作用而实现的。认知主义学习理论经过布鲁纳(Jerome Seymour Bruner)、奥苏贝尔(David Pawl Ausubel)、托尔曼(Edward Chase Tolman)等认知心理学家的推动,在20世纪50年代中期后逐渐占据主导地位。

1. 认知主义的核心概念

(1)认知过程。认知主义学习理论强调学习是通过个体的认知过程来实现的。这一过程包括感觉、知觉、记忆、思维、想象等心理活动,学生通过这些活动对外部信息进行接收、加工、存储和提取。(2)认知结构。认知结构是指学生头脑中的知识组织方式,它是学生全部观念或某一知识领域内观念的内容与组织形式的体现,学习是新旧的材料或经验结为一体,从而形成一个内部的知识结构。(3)主动性与选择性。学生在学习过程中表现出主动性和选择性,不是被动地接收信息,而是主动地选择、加工和整合信息,以形成自己的认知结构。(4)顿悟。顿悟是认知主义学习理论中的一个重要概念,它强调学习是通过突然的领悟或理解来实现的,而不是通过反复尝试和错误来获得的,格式塔心理学派的完形理论就提出了学习是依靠顿悟的观点。(5)认知地图。认知地图是托尔曼提出的一个概念,它指的是学生在达到目的的过程中,所形成的关于环境及其各元素之间关系的心理表征,这种心理表征有助于学生更好地理解和适应环境。(6)发现学习。发现学习是布鲁纳提倡的一种学习方法,强调学生通过主动探索、发现和解决问题来获取知识，学习不在于被动地形成反应，而在于主动地形成认知结构，通过主动发现可以更有效地促进学习。（7）有意义学习。奥苏伯尔提出的有意义学习是指个体获得有逻辑意义的文字符号的本身意义，是以符号为代表的新观念与学生认知结构中原有的观念建立实质性的而非人为的联系，这种学习强调新旧知识之间的联系和整合。

2. 认知主义学习理论的主要观点

（1）学习是个体内部心理过程的结果。学习不是简单的刺激——反应联结，而是个体内部心理过程的结果。强调学生在接收信息后，会经过积极的组织、加工和转化，从而形成和发展自己的认知结构。（2）信息处理和知识结构的重要性。学生通过不断地接收、处理和组织信息，形成自己的知识网络，并以此来理解和解释新的信息。（3）学习的主动性和选择性。学生不是被动地接收信息，而是主动地选择、加工和整合信息，以形成自己的认知结构。（4）认知结构的发展。认知结构是学生头脑中的知识结构，它是学生全部观念或某一知识领域内观念的内容和组织。学习使新材料或新经验和旧的材料或经验结为一体，从而形成一个内部的知识结构，即认知结构。

3. 认知主义学习理论的实践应用

（1）教学设计。推动了教学方法的多样化，鼓励教师采用问题解决、批判性思维训练等策略，以激发学生的内部动机和主动性。这种以学生为中心的教学模式，不仅尊重了学生的主体性，还促进了学生个性的自由发展。同时，通过合作学习营造了一个积极的互动环境，培养了学生的参与意识、协作能力和沟通技巧。（2）学科教育。认知主义强调了学科基本结构的重要性，并提倡使用发现学习的方法。教师根据学生的认知发展水平和已有知识，设计具有挑战性的学习任务，引导学生通过自主探究和发现来掌握知识，这种方法不仅加深了学生对学科内容的理解，还培养了他们的创新思维和解决问题的能力。（3）心理教育。强调通过改变个体的认知结构来解决心理问题，为心理辅导提供了新的视角和方法。认知行为疗法等心理治疗方法就是基于认知主义学习理论发展而来的，它们帮助患者识别和改变不良的思维模式和行为习惯，从而改善心理健康状况。

3.2.3 建构主义学习理论

建构主义（Constructivism）学习理论是教育学和心理学领域中的一个重要理论，该理论强调学习是学生在与环境交互作用的过程中主动地建构内部心理表征的过程，而不是简单地由教师向学生传递知识的过程。建构主义学习理论的发展可以追溯到瑞士心理学家皮亚杰（J. Piaget）的发生认识论，他坚持从内因和外因相互作用的观点来研究儿童的认知发展，其所创立的关于儿童认知发展的学派被人们称为日内瓦学派。其他心理学家如科尔伯格（O. Kernberg）、斯滕伯格（R. J. Sternberg）、卡茨

（D. Katz）、维果斯基（Vogotsgy）等对建构主义学习理论的发展也做出了积极贡献。

1. 建构主义学习理论的基本观点

（1）知识观。建构主义认为，知识不是对现实的纯粹客观的反映，而只是人们对客观世界的一种解释、假设或假说。知识将随着人们认识程度的深入而不断地变革、深化，出现新的解释和假设。（2）学习观。学习是学生主动地建构自己的知识经验的过程，即通过新知识经验与原有知识经验的相互作用，来充实、丰富和改造自己的知识经验。学习是建构内在心理表征的过程，不是把知识从外部世界搬到记忆中，而是以已有的经验为基础，通过与外界的相互作用来建构新的理解。（3）学生观。学生不是一无所知地走进教室的，他们已有一定的生活经验，并在这些经验的基础上形成自己独特的认知图式。学生是信息加工的主体、意义的主动建构者，而不是外部刺激的被动接收者和被灌输的对象。

2. 建构主义学习理论的实践应用

（1）探究学习。探究学习是建构主义学习理论在教学中的直接体现，它强调通过问题解决活动来驱动学生的知识建构过程。在这种模式下，教师不再是知识的灌输者，而是学生探究活动的引导者和促进者。学生被鼓励积极主动地参与学习过程，通过提出问题、设计实验、收集数据、分析结论等一系列步骤，亲身体验知识的形成过程。例如，在科学课上，学生可以围绕"影响植物生长的因素"这一主题，设计并实施自己的实验方案，观察不同条件下植物的生长状况，从而建构起关于植物生长条件的知识体系。这种学习方式不仅提高了学生的探究能力和问题解决能力，还培养了他们的批判性思维和创新能力。（2）支架式教学。支架式教学是一种循序渐进的教学策略，旨在通过教师的外部支持帮助学生逐步达到独立学习的目标。在教学过程中，教师根据学生的实际水平和需求，提供必要的指导和帮助，就像搭建脚手架一样，为学生的学习提供支撑。随着学生能力的增强，教师逐渐减少外部支持，让学生逐渐承担起更多的学习责任。例如，在语文阅读教学中，教师可以先引导学生理解文章的主旨大意，然后逐步放手，让学生自主分析文章的结构、语言特点和作者情感等更深层次的内容。通过这种逐步撤除支架的方式，学生能够在教师的引导下逐步掌握阅读技巧，最终实现独立阅读和理解。（3）情境教学。情境教学强调将学习置于真实或模拟的情境中，让学生在解决实际问题的过程中学习知识和技能。这种教学模式有助于激发学生的学习兴趣和动力，提升他们的学习效率和应用能力。在情境教学中，教师可以根据教学内容和目标，设计具有感染力的真实事件或问题，让学生在真实的任务情境中尝试发现问题、分析问题和解决问题。例如，在历史课上，教师可以模拟一场古代战役的场景，让学生扮演不同的角色（如将领、士兵、民众等），通过角色扮演和互动讨论来深入理解战役的背景、过程和影响。这种教学方式不仅能够让学生更加直观地感受历史事件的复杂性和多样性，还能够培养他们的历史思维能力和跨文化交流能力。(4) 合作学习。合作学习是建构主义学习理论在团队学习方面的应用,它强调通过小组讨论、交流、观点争论等方式来促进学生之间的知识共享和思维碰撞。在合作学习中,学生不再是孤立的学习个体,而是学习共同体中的一员。他们通过相互交流、补充和修正彼此的观点和想法,共同完成对所学知识的意义建构。例如,在数学课上,教师可以组织学生进行小组合作学习,让他们共同解决一道复杂的数学问题。在解题过程中,学生需要分工合作、相互讨论、集思广益,最终达成共识并得出正确答案。这种学习方式不仅能够提高学生的团队协作能力和沟通能力,还能够培养他们的批判性思维和创新能力。

3.2.4 联通主义学习理论

联通主义(Connectivism)学习理论是由加拿大学者乔治·西蒙斯(George Siemens)在2005年提出的,这一理论最初是在他的论文《联通主义:一种数字化时代的学习理论》中详细阐述的。西蒙斯认为,随着信息技术的飞速发展和互联网的普及,学习方式和环境已经发生了深刻变化,传统的学习理论已经无法完全解释和有效指导这种新的学习现象。因此,他提出了联通主义学习理论,旨在解释和指导数字时代下的学习过程。联通主义学习理论将学习视为一个动态的网络形成过程,这个网络由不同的节点和边组成。如图3.2所示,节点代表学生的知识或概念,边则代表学生之间的关系和网络。学生通过探索、交互和反思等过程,不断建立和修改这个网络,从而获取新的知识和技能。

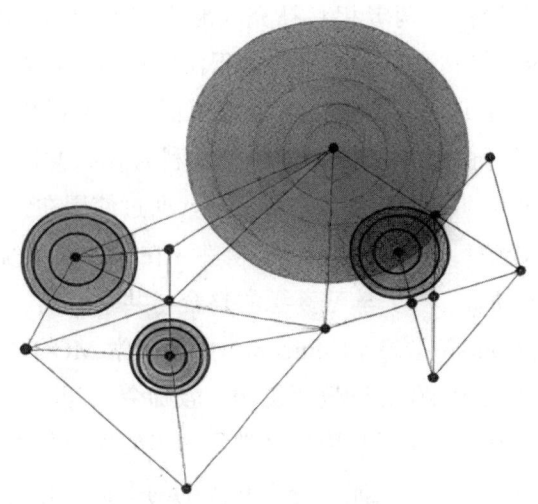

图3.2　联通主义学习示意图(西蒙斯,2009)

1. 联通主义学习理论的核心观点

(1) 网络形成与学习动态性。联通主义学习理论的核心在于将学习视为一个动态的网络形成过程。这一观点突破了传统学习理论对知识的静态理解,强调知识是分散、流动且不断演化的。在这个网络中，学生作为中心节点，通过不断与其他节点（包括其他学生、知识库、信息源等）建立联系，形成复杂的知识网络。这一过程不仅涉及信息的获取和传递，更强调知识的创造、整合和应用。（2）学习的主动性与社会性。联通主义强调学生的主动性，即学生必须积极参与学习过程，通过探索、实验、反思等方式构建自己的知识网络。这种主动性不仅体现在对知识的追求上，还体现在学生如何与其他节点进行互动和协作上。同时，联通主义也突出了学习的社会性，认为学习是一个发生在社会情境中的过程，学生之间的交流和合作对于知识的建构和网络的扩展至关重要。（3）知识的情境性与流动性。联通主义认为，知识是与具体情境和语境紧密联系的。不同情境下的知识具有不同的意义和价值，学生需要根据具体情境来理解和应用知识。此外，知识在联通主义学习网络中也是流动的，它随着学生的活动、网络的变化，以及新信息的加入而不断更新和演变。这种知识的流动性要求学生具备持续学习和适应变化的能力。

2. 联通主义学习理论的实践应用

（1）课程设计与教学模式方面。①个性化学习路径的设计。利用大数据和人工智能技术，根据学生的学习历史、兴趣偏好和能力水平，智能推荐个性化的学习资源和学习路径。这种系统能够动态调整推荐内容，确保学生始终在最适合自己的轨道上前进。将课程内容划分为多个独立但相互关联的模块，学生可以根据自己的需求选择学习模块的顺序和进度。这种设计使得学习更加灵活，能满足不同学生的个性化需求。②混合式学习模式的深化。线上平台提供丰富的学习资源和即时反馈，而线下课堂则注重深度讨论和实践操作。两者相互补充，形成完整的学习闭环。利用虚拟现实（VR）、增强现实（AR）等技术，学生可以获得沉浸式的学习体验。例如，在医学、工程等领域，学生可以在虚拟环境中进行手术模拟、设备操作等，提升实践技能。③项目式学习与协作学习的推广。鼓励学生跨学科合作，共同解决复杂问题。这种学习方式有助于培养学生的综合能力和创新思维。通过使用在线协作平台（如百度百科、腾讯文档等）和交流工具（如即时通信软件、在线会议系统等），学生之间可以实现远程的实时交流和协作。（2）学习资源的整合与共享方面。①开放教育资源的充分利用。如 MIT Open Course Ware、Coursera、中国大学 MOOC 等，为学生提供全球范围内的优质教育资源。鼓励和支持教育机构、教师个人开发适合本土学生的开放教育资源，促进教育资源的共享和再利用。②学习网络的构建与维护。建立或加入相关的学习社群和论坛，为学生提供交流、分享和互助的平台。邀请行业专家、学者和资深教师加入学习网络，为学生提供专业指导和建议。③技术工具的支持与优化。利用学习管理系统（LMS）管理学习资源和学习进度，提供学习分析和反馈功能。利用社交媒体（如微博、微信等）和通信工具（如钉钉、企业微信等），促进学生之间的即时交流和互动。

【分享活动】参考《深度学习能力量表》的相关内容，测试自己的深度学习能力，并结合测评结果规划自己今后的学习路径，向全班同学分享。

3.3 视听理论

3.3.1 经验之塔理论

经验之塔（cone of experience）理论是由美国视听教育家埃德加·戴尔（Edgar Dale）于1946年在其著作《视听教学法》中提出的，如图3.3所示。经验之塔理论是一种形象化的比拟，用来说明学习经验从直接参与到用图像代替、再用抽象符号表示的逐步发展过程。学习经验分类的金字塔模型系统地描述了人类学习经验的来源、层次及其相互关系，以及这些关系如何影响教学效果，为视听教学理论的发展奠定了重要基础。

图3.3 戴尔的"经验之塔"（Dale E., 1969）

1. "经验之塔"的基本结构

戴尔认为，人们学习任何事物，都是从直接经验开始，逐步过渡到间接经验。在"经验之塔"中，各种经验被分为三大类十个层次，从具体到抽象逐渐上升。（1）做的经验。①有目的的直接经验。最底层的是直接的、有目的的经验，即学生通过亲身参与实践活动所获得的经验。②设计的经验。通过模拟或设计类似真实情境的活动，让学生在接近真实的环境中体验和学习。③参与活动。学生直接参与某种活动，如实验、游戏等，从中获得直接经验。（2）观察的经验。①观摩示范。学生通过观看他人的示范或演示来学习，如观看教师操作、实验过程等。②见习旅行。通过实地考察、参观等方式，学生在真实环境中观察和学习。③参观展览。参观各种展览、博物馆等，通过观察和接触展品来学习。（3）抽象的经验。①电影电视。通过观看电影、电视等视听媒体来学习，这些媒体能够呈现较为真实和生动的场景。②广播、录音、照片、幻灯。通过听觉（广播）和视觉（照片、幻灯）的单一或组合方式来传递信息。③视觉符号。如图表、地图、符号等，用于表示和解释抽象概念。④语言符号。最顶层的经验是通过语言符号（文字、口头语言）来传递信息，这是最为抽象和间接的经验形式。

2. "经验之塔"的实践应用

（1）课程设计。①注重直接经验。根据经验之塔理论，课程设计者应注重提供直接经验的学习机会，如实践操作、模拟演练、项目制作等。这些活动能够让学生亲身参与并体验实际的工作环境和任务，从而更深入地理解和掌握所学知识。②结合间接经验。在提供直接经验的同时，课程设计者还应结合间接经验，如利用多媒体和视听材料，让学生通过观察和抽象的方式获取知识。例如，视频教程、动画演示等多媒体资源可以帮助学生更直观地理解复杂的概念和操作流程。（2）教材建设。①分类选择媒体形式。经验之塔理论为视听教材提供了分类的理论依据。教材开发者应根据教学内容的性质和目标受众的特点，选择最合适的媒体形式进行知识呈现。对于涉及实际操作和技能训练的内容，可以采用图片、图表、视频等直观的媒体形式；对于理论性较强的内容，则可以通过文字阐述、案例分析等方式进行深入剖析。②利用先进技术。随着科技的发展，可以利用虚拟现实（VR）、增强现实（AR）等先进技术来制作更具互动性和沉浸感的视听教材，从而为学生提供更加丰富和多样的学习体验。（3）教学技术。①选择适宜的教学媒体。在教学技术方面，经验之塔理论认为教学媒体应该根据其在教学过程中的作用来分类，而不应仅仅以简单的列举方式来进行。教育者需要根据教学内容和目标受众的特点，选择最适合的教学技术和工具，如在线教育平台、交互式电子白板、教育游戏等。②提升教学互动性。通过精心选择和运用这些教学技术和工具，教育者可以为学生创造一个更加高效、有趣且富有挑战性的学习环境。例如，交互式电子白板能够增强课堂的互动性和趣味性，激发学生的学习兴趣；而教育游戏则可以通过寓教于乐的方式帮助学生巩固所学知识、提升实践能力。

（4）课堂教学。①设计有效的教学活动。经验之塔理论有助于教师选择和组合适应特定对象和课题的教学媒体，并将它们有机地结合起来传递教育信息。教师可以通过实物展示、现场演示等方式，使学生更加直观地了解所学知识的实际应用和操作流程。②关注学生的个体差异。每个学生都有自己独特的学习风格和兴趣点，因此教师在设计教学活动时应充分考虑这些因素。例如，可以为不同学习风格的学生提供不同类型的学习资源和活动方式，以满足他们的个性化需求并激发他们的学习潜能。

3.3.2 多媒体学习认知理论

理查德 E. 梅耶（Richard E. Mayer）的多媒体学习认知理论，是教育心理学和多媒体学习领域的一个重要理论框架。他的多媒体学习认知理论在20世纪80年代末期和90年代初期形成，并随着科技的不断发展而逐步完善，集中体现在《多媒体学习》一书中。该理论基于对人类学习过程和认知能力的深入理解，提出了多媒体学习中的关键要素和原则，强调多媒体技术在教育领域的应用，旨在指导人们如何更有效地利用多媒体技术来促进认知学习。

1. 多媒体学习认知理论的基本框架

梅耶多媒体学习认知理论的基本框架包括知识、技能和教学方法三个方面。（1）知识。①陈述性知识：关于事实和概念的知识。②程序性知识：关于如何做某事的知识，涉及技能和操作步骤。③元认知知识：关于认知过程和策略的知识，帮助学生监控和调节自己的学习。（2）技能。①认知技能：涉及信息的处理和问题解决能力。②动作技能：涉及身体动作和操作技能。（3）教学方法。一系列基于多媒体学习认知理论的教学方法，如情境模拟、交互式教学、合作学习等。这些方法强调学生主动参与和合作学习，旨在提高学生的学习效果和兴趣。

2. 多媒体学习认知理论的核心假设

该理论提出了三个核心假设，这些假设构成了理论的基础。（1）双通道假设。假设人们对文本信息和图像信息的加工通过不同的渠道进行，这表明视觉信息和听觉信息在大脑中是分开处理的，视觉通道处理图像信息，听觉通道处理声音和语言信息。（2）容量有限假设。假设人们在每个通道进行信息加工时，信息的数量都是有限制的，意味着在某一时刻，学生只能处理一定量的信息，超出这个限制的信息可能会被忽略或处理得不够充分。（3）主动加工假设。假设有意义的学习是学生积极主动地参加到合适的认知加工过程中，说明学生需要主动地选择、组织和整合新进入的信息，以构建自己的知识体系。

3. 多媒体学习认知理论的认知模型

梅耶提出了多媒体学习认知负荷三元模型，该模型基于与认知需求相对应的三种认知过程。（1）必要的加工。学生理解学习材料是必不可少的认知加工，它取决于学习材料本身所具有的复杂程度。(2)附带的加工。由学习材料设计不当引起的额外认知加工，它并不支持学习目标的达成。(3)生成性加工。学生进行的深层次加工，包括组织和整合材料的过程，它依赖于学生的动机、先验知识和教学中的提示性语言，以及非语言形式的支架。

4. 多媒体学习认知理论的应用原则

梅耶多媒体认知理论提出了一系列教学应用原则，旨在指导学生如何更有效地利用多媒体技术来促进学习。(1)多媒体认知原则。学生在学习结合了语词和画面的信息时，比只学习语词的效果要好。(2)空间接近原则。书页或屏幕上对应的语词与画面邻近呈现比隔开呈现能够使学生学得更好。(3)时间接近原则。相对应的语词与画面同时呈现比继时呈现能够使学生学得更好。(4)一致性原则。当语词、画面和声音相互关联，不包含无关信息时，学生能够学得更好。(5)通道原则。使用动画配合解说的呈现方式，比使用动画配以屏幕文本的呈现方式更能促进学生的学习。(6)冗余原则。学生在学习仅包含动画和解说的材料时，学习效果优于学习同时包含动画、解说和屏幕文本的材料。(7)个体差异原则。多媒体设计对于知识水平较低的学生更为有效；对空间能力较高的学生产生的效果也好于空间能力较低的学生。

3.4 传播理论

传播学深入探讨了人类所有传播行为与过程的本质、演变规律，以及这些活动如何联结个人、社会与整体信息系统的运作。它不仅分析社会信息系统的构成与运作法则，更专注于人类如何借助符号工具进行社会信息的交换与流通。19世纪末期传播学逐渐成形，20世纪30至40年代正式诞生。

3.4.1 拉斯韦尔传播模式

拉斯韦尔传播模式，也被称为"5W模式"或"拉斯韦尔程式"，是传播学领域中的一个重要理论框架，如图3.4所示。这一模式由美国政治学家哈罗德·拉斯韦尔（Harold Lasswell）于1948年在其论文《传播在社会中的结构与功能》中首次提出。

图 3.4 拉斯韦尔传播模式示意图

1. 5W 模式的基本要素

拉斯韦尔认为，描述传播行为的一个简便方法是回答以下五个问题。（1）谁（Who）。传播者，即信息的发出者。在传播过程中，传播者可以是个人（如编辑、导演等），也可以是媒介组织。他们负责搜集、整理、选择、处理、加工与传播信息，是传播活动的起点和中心之一。（2）说什么（Says What）。信息内容，即传播者想要传达的具体信息。这可以是新闻、广告、娱乐内容等各种形式的信息，旨在影响受众的认知、态度或行为。（3）什么渠道（In Which Channel）。传播媒介，即信息传播的载体或途径。它可以是报纸、广播、电视、互联网等，不同的媒介具有不同的特点和传播效果。（4）对谁（To Whom）。受众，即信息的接收者。受众可以是个人或群体，他们的特点、需求、态度等都会影响传播效果。在大众传播中，受众是广泛的、分散的，而在人际传播中，受众则可能是具体的、可识别的。（5）什么效果（With What Effect）。传播效果，即信息对受众产生的影响。这种影响可以是认知上的、情感上的或行为上的，是传播活动的最终目标和检验标准。

2. 5W 模式的主要贡献与不足

拉斯韦尔传播模式是传播学领域的一个重要里程碑，它为我们理解传播过程提供了基本的框架和思路。（1）提出了社会传播的三项基本功能（环境监控、社会协调、文化传承）和著名的"5W"模式（谁传播、传播什么、通过什么渠道传播、向谁传播、传播的效果怎样）。（2）明确了传播学研究的五个主要领域（控制研究、内容分析、媒介研究、受众研究和效果研究），为传播学理论体系的基本框架奠定了基础。（3）提出了传播学研究视角，代表著作包括《世界大战中的宣传技巧》《传播在社会中的结构与功能》等。

拉斯韦尔传播模式也存在一些局限性，如忽略了反馈和互动的重要性，无法完全解释复杂的社会传播现象。

3.4.2 贝罗传播模式

贝罗传播模式，也被称为 SMCR 模式，是由大卫·贝罗（David K. Berlo）提出的，该模式综合了哲学、心理学、语言学、人类学、大众传播学和行为科学等新理论，以解释传播过程中的各个不同要素，如图 3.5 所示。

1. SMCR 模式的基本要素

SMCR 模式将传播过程分解为四

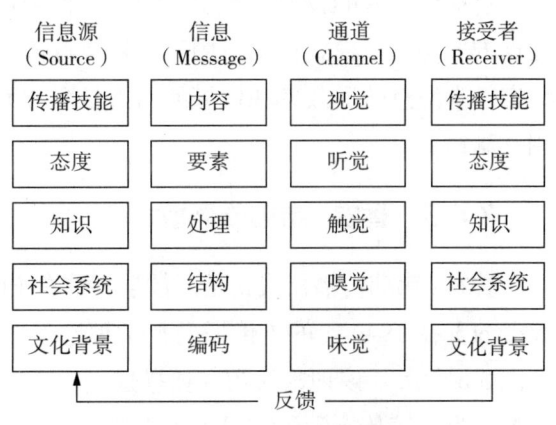

图 3.5　贝罗传播模式示意图

个基本要素。(1)信息源（Source，S）。信息的发送者，也称为传播者或编码者，信息的起点，负责产生和传播信息。(2)信息（Message，M）。传播过程中传递的具体内容，包括信息的符号、内容和处理方式。(3)通道（Channel，C）。信息传播的媒介或工具，如语言、文字、图像、声音、互联网等。(4)接受者（Receiver，R）。信息的接收者，也称为受众或译码者，接收并解读信息，对信息产生反应。

2. SMCR模式的影响因素

（1）信息源和编码者。①传播技术。包括语言（如语言的清晰和说话的技巧）、文字（如写作的技巧）、思想（如思维周密）、手势（如动作自然）及表情（如逼真）等。②态度。传播者是否喜爱传播的主题？是否有明确的传播目的？对受传者是否有足够的了解？③知识。传播者对传播的内容是否完全了解？是否有丰富的知识？④社会背景。传播者在社会中的地位、影响与威信如何？⑤文化。传播者的学历、经历和文化背景怎样？（2）受传者与译码者。在传播过程中，传者可以变为受者，受者亦可以变为传者，故影响受者的因素与传者相同。（3）信息。①符号。包括语言、文字、图像与音乐等。②内容。信息内容是"传播者"为达到其传播目的而选取的材料，它不仅包括信息的成分，还包括信息的结构。③处理。这是"传播者"对选择及安排的符号所做的决定，应注意具有恰当的处理方式。（4）通道。传播信息的各种工具，如各种感觉器官、载送信息的声、光、空气、报纸、播音、电影、电视、电话、图画、图表等。在传播过程中，信息的内容、符码的处理均能影响通道的选择，比如何种信息该用语言传送，何种信息该用视觉方式传送等。

3. SMCR模式的主要贡献

（1）理论创新。SMCR模式综合了哲学、心理学、语言学、人类学、大众传播学、行为科学等新理论，形成了较为全面的传播过程分析框架。该模式将传播过程分解为四个基本要素——信息源、信息、通道和受传者，使得传播过程的分析更加清晰和具体。（2）提升实践传播效果。贝罗传播模式强调了影响信息传播效果的各种因素，包括传播者的技术、态度、知识、社会背景和文化等，以及信息的符号、内容和处理方式等。该模式特别适用于解释教育传播过程，它揭示了在教学活动中，影响和决定教学信息传递效率和效果的因素是多方面的、复杂的，各因素之间既相互联系又相互制约。

3.4.3 香农-韦弗传播模式

香农-韦弗传播模式，是由数学家香农（Claude Elwood Shannon）和韦弗（Warren Weaver）在1949年的《传播的数学理论》一书中系统阐述的重要传播学理论框架，如图3.6所示。该理论最初主要描述电子通信过程，但随后在传播学领域产生了深远影响，为后续传播学研究提供了重要启示。

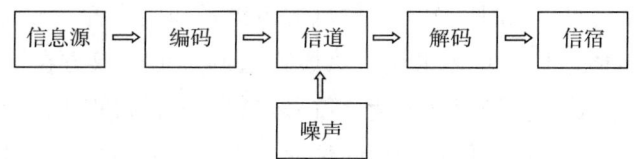

图 3.6　香农 - 韦弗传播模式示意图

1. 香农 - 韦弗传播模式的基本要素

香农 - 韦弗传播模式主要包括以下五个核心环节和一个干扰因素。（1）信息源。信息的发出者，负责产生并发送初始信息。（2）编码。发射器将信息源发出的信息转换为适合传输的信号形式，这一过程涉及信息的符号化与标准化。（3）信道。信息传输的媒介或路径，如电缆、光纤、无线电波等。（4）解码。接收器将接收到的信号还原为原始信息，这一过程需与编码过程在逻辑上保持一致。（5）信宿。信息的最终接收者，负责对解码后的信息进行理解和处理。（6）噪声。贯穿传播过程的干扰因素，包括物理噪声（如电磁干扰）、语义噪声（如语言歧义）和心理噪声（如接收者偏见），可能导致信息衰减或失真。

2. 香农 - 韦弗传播模式的主要贡献与不足

（1）方法论创新。将信息论引入传播学研究，开创以数学模型解析传播过程的先河。（2）实践应用拓展。在通信工程、教育等领域建立信息传输框架，如教育传播中的信号编码与译码机制。（3）社会性缺失。忽略传播主体间的文化、心理互动，未能反映人类传播的复杂性。（4）反馈机制缺位。单向传播模型无法解释双向互动场景，如大众传播中的受众反馈。

3.4.4　奥斯古德 - 施拉姆循环模式

奥斯古德（Charles E. Osgood）认为，香农（Claude Shannon）和韦弗（Warren Weaver）的传播过程模式主要描述了机械传播技术下的直线形态，这不符合人际传播的实际情况。在人际传播中，参与者既是信息的发送者，又是接收者，传播过程呈现出高度的循环性和互动性。施拉姆（Wilbur Schramm）在此基础上，提出了奥斯古德 - 施拉姆循环模式，如图 3.7 所示。此外，施拉姆还创立了传播学学科，编撰了第一本传播学教科书《大众传播学》，并建立了大学传播学研究机构。

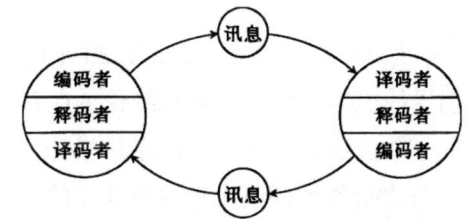

图 3.7　奥斯古德 - 施拉姆循环模式示意图

奥斯古德 - 施拉姆循环模式是一个高度循环和互动的模式，它打破了传统的单向直线型传播模式，将传播看作行为者双方对等的过程。在这个模式中，传播者和接收者的角色是不断转换的，他们依次担当信息的传播者和接收者，形成了信息的往复循环和持续不断的传播过程。具体来说，该模式强调了传受双方在译码、释码、编码时（即符号理解及接受、符号意义解读、符号组织和发送过程）的相互作用和相互影响。这意味着，传播不仅仅是信息的单向传递，更是双方通过信息的交换和反馈，不断构建和共享意义的过程。

1. 循环模式的基本要素

（1）信息源（Source）。信息的来源，可以是个人、组织或媒体等。（2）讯息（Message）。传播的内容，包括文字、图像、声音等多种形式的信息。讯息是信息的一种具体表现形式。（3）媒介（Media）。信息传递的渠道或工具，如语言、文字、电子设备等。（4）编码（Encoding）与解码（Decoding）。传播者将信息编码成符号形式进行传递，接收者则对接收到的符号进行解码以理解其意义。（5）反馈（Feedback）。接收者对接收到的信息做出的反应或回应，这种反馈又成为新的传播过程的起点。

2. 奥斯古德-施拉姆循环模式的主要贡献与不足

（1）理论框架的创新。施拉姆在奥斯古德的基础上，构建了传播过程的循环模式，这一创新模式从根本上质疑了传统的直线型传播观念。（2）传播学研究的拓展。它不仅引导学者们将焦点转向传播过程中的互动性探讨，还强调了情感因素在其中的关键作用，从而极大地促进了人际传播研究的深化与拓展。（3）忽视传播的不平等性。该模式将传播双方放在完全对等或平等的关系中，这与社会传播的现实情况不完全符合。在实际生活中，由于地位、能力、信息资源等因素的差异，传播过程往往是相当不平衡的。

3.5 系统科学

系统科学发端于20世纪20年代，奥地利生物学家贝塔朗菲（L.Von Bertalanffy）倡导的机体论就是一般系统论的萌芽。随后，在数学、物理、生物、化学等学科基础上，结合运筹、控制、信息科学等技术科学逐渐发展起来。系统科学是研究系统的结构与功能关系、演化和调控规律的科学。

3.5.1 系统科学的主要内容

系统科学理论主要包括系统论、控制论和信息论。系统论是系统科学的基础理论，它阐述了系统的内涵、特征及系统形成的必要条件。认为任何系统都是由相互联系、相互作用的若干要素组成的具有特定功能的整体。系统论强调从整体出发，研究系统内部各要素之间的关系，以及系统与外部环境之间的相互作用。控制论是一门研究系统规律和控制与调节的科学，主要研究各个系统的通信与控制过程。认为任何系统只有通过反馈信息才能实现有效的控制，关注如何通过设计适当的控制策略，使系统达到预定的目标或状态。信息论是研究信息的本质、传递、变换、存储和处理的科学。阐述了信息的内涵、信息传递的方式，以及系统结构变化与信息传递之间的关系，强调信息在系统中的重要作用，以及如何通过优化信息传递过程来提高系统的效率和性能。

3.5.2　系统科学的基本原理

系统科学的基本原理主要包括反馈原理、有序原理和整体原理。（1）反馈原理。任何系统只有通过反馈信息才能实现控制，反馈是系统自我调节和优化的重要机制。（2）有序原理。任何系统只有开放，与外界有信息交换才能保持有序状态，开放性和信息交换是系统有序发展的必要条件。（3）整体原理。任何系统都有结构，系统的整体功能不仅是各组成部分的功能之和，而且应再加上各部分因相互作用而形成结构所产生的新增功能，整体大于部分之和是系统科学的重要观点。

3.5.3　系统科学的实践应用

1. 教学方法的改革

（1）案例教学。应用背景：系统科学强调整体性和反馈性，案例教学正是这一理念的体现。通过具体案例的分析和讨论，学生能够更全面地理解知识，并在实践中运用所学知识。实践案例：在临床医学等专业中，案例教学被广泛应用于内科学等课程的教学中。教师根据疾病种类编写典型案例，提出问题，引导学生在小组内进行讨论和分析。这种方法不仅提高了学生的学习兴趣和主动性，还锻炼了学生的临床思维能力和创新能力。

（2）反馈教学。原理：反馈是系统科学中的一个重要原理，它强调在教学过程中及时获取学生的反馈信息，以调整教学策略和方法。应用：在实际课堂教学中，教师可以通过提问、板演、课堂练习、观察学生情绪等方式获取反馈信息，并根据这些信息及时调整教学计划。同时，教师还可以利用现代教育技术手段，如在线教学平台、智能教学系统等，实现教学信息的及时反馈和量化分析。反馈教学有助于提高教学效率和质量，确保教学目标的实现。

2. 教学设计的优化

（1）整体性原则。原理：系统科学认为世界上的各种事物和过程都是合乎规律的、由各种要素组成的整体，只有通过整体结构的协调运作，才能实现系统的整体功能。应用：在教学设计中，教师应从整体出发，考虑各教学要素之间的相互作用和联系。例如，在制订教学计划时，要综合考虑教学目标、教学内容、教学方法、教学资源等多个方面，确保它们之间协调一致。整体性原则的应用有助于实现教学设计的最优化，提高教学效果。（2）复杂性视角。原理：教育系统是一个复杂的系统，具有非线性、混沌、突现等特性。应用：在教学设计中，教师应从复杂性视角出发，关注教学系统的动态变化和非线性关系。例如，在课程设计时，要注重培养学生的创新思维和批判性思维能力；在教学实施过程中，要关注学生的个体差异和学习需求变化等。复杂性视角的应用有助于更好地理解和应对教学系统的复杂性挑战，提高教学的针对性和有效性。

3. 教育管理水平的提升

（1）系统思维。原理：系统科学强调系统思维的重要性，即从整体和全局出发思考问题。应用：在教育管理中，学校和教育行政部门应运用系统思维来制定教育政策、规划教育发展方向等。例如，在制定教育政策时，要综合考虑经济、社会、文化等多个方面的因素；在规划教育发展方向时，要注重与国家发展战略和人才培养目标的衔接等。系统思维的应用有助于提升教育管理的科学性和有效性，促进教育事业的持续健康发展。（2）数据驱动决策。原理：系统科学强调数据的重要性，认为数据是决策的基础。应用：在教育管理中，学校和教育行政部门应利用现代教育技术手段收集和分析教学数据、学生数据等，为决策提供科学依据。例如，通过大数据分析学生的学习行为和成绩变化等信息来评估教学效果；通过问卷调查等方式收集学生和家长的意见和建议来改进教育服务等。数据驱动决策的应用有助于实现教育管理的精准化，促进个性化服务水平的提升。

本章作业

MOOC 深度学习的阻碍因素及其促进策略研究

查阅资料，界定深度学习和 MOOC 深度学习，结合自己的 MOOC 学习经历，综合运用教学理论、学习理论、视听理论、传播理论、系统科学理论中的一种或多种理论，分析阻碍 MOOC 深度学习的主要因素，提出对策并给出理论依据。提交研究报告。

第 4 章 现代教育技术与教学设计

学习目标

※ 了解教学设计在教育技术中的地位，以及教学设计的产生、概念、类型、典型模型和基本过程；
※ 了解学习需要分析、学习内容分析、学生分析、教学目标的阐明、教学策略（教学程序、教学方法、教学组织形式和教学媒体）的制定、教学评价设计与教学设计反思的概念、基本内容和一般方法；
※ 能够独立编制中小学学科教学教案；
※ 认识教学设计是现代教育技术解决教育教学问题的关键方法之一，形成不断提升自身教学设计能力水平的意识。

4.1 教学设计概述

4.1.1 教学设计在现代教育技术中的地位

在现代教育技术中，硬件、软件和潜件密不可分，潜件是联结硬件、软件并指导应用的理论，其中，最核心的潜件便是教学设计方法。硬件和软件在本质上都是媒体，教学设计从最初的媒体设计到现在对整个教学过程的设计，已经形成了成熟的理论体系。因此，教学设计是现代教育技术的核心理论，它的最大贡献在于提供了可供参考的解决教学普遍问题的系统方法及一般模式，在教育及培训领域得到广泛应用，因此教师都应具备基本的教学设计能力，成为合格的教学设计者。

4.1.2 教学设计的产生

教学设计的产生是从第二次世界大战开始的，美国大量的心理学家和教学研究专家应征入伍，他们充分利用心理学与视听媒体，成功培训出了大量战时急需的工人、军人和医生等人才。第二次世界大战后，教育领域发生了显著变化。一方面，学校开始广泛使用视听媒体开展教学，催生了相关从业人员；另一方面，新行为主义心理学及系统科学迅速发展，尤其是程序教学开始风靡。因此，教学设计人员开始从媒体设计与开发人员中分化出来，教学设计逐渐形成一个新的从业领域，程序教学理论也被认为是最早的教学设计理论。如今教学设计已经从行为主义、认知主义主导的阶段发展到了多元理论主导的阶段。

4.1.3 教学设计的概念

教学设计是指运用系统方法分析教学问题、确定教学目标，制定解决教学问题的策略及方案，试行这些方案，随后评价试行结果并对这些方案进行修改的过程。简单地说，教学设计就是教学过程规划活动。

教学设计是建立在教学和学习规律之上的教学过程规划活动，该项活动以系统方法为指导，研究教学系统的构成要素、结构、功能及相互关系。研究结果是方案、计划、规划等，它是以达到最优教学效果和提高教学绩效为目的的系统化过程。完整的教学设计活动通常包括学习需要分析、学习内容分析、学生分析、教学目标的阐明、教学策略的制定、教学评价的设计、教学设计的反思。因此，教学设计具有科学性、系统性、程序性、开放性、经验性和实践性等特征。

4.1.4 教学设计的类型

以教为中心的教学设计也称为以教师为中心的教学设计，强调教师的教学，注重教师主体地位、主导作用，具有设计精密、组织严密、循序渐进和易于控制等特点。

以学为中心的教学设计也称为以学生为中心的教学设计，强调学生的学习，注重体现学生的主体地位，重视发挥学生的积极性、主动性，积极发挥情境、协作的作用，培养学生的创造能力和实践能力，而教师则充当组织者、指导者的角色。

以资源为中心的教学设计主要针对媒体进行设计，强调遵循一定的教学原则、技术原则、艺术原则，如课件设计、微课设计、数字故事设计和网络课程设计等。

4.1.5 教学设计的经典模型

教学设计领域产生了很多操作模型，其中最著名的是迪克-凯瑞（Dick & Carey）模型，如图4.1所示，该模型的一个更为通用的名称是教学系统设计。这个模型的特点是建议在开发教学策略之前就确定评估措施。该模型认为，如果开发者能够明确评估的内容和方法，那么他们就会更清楚什么样的教学将会成功，也就是说该模型是评估导向的。通过迪克-凯瑞模型基本可以认识教学设计过程的全貌。

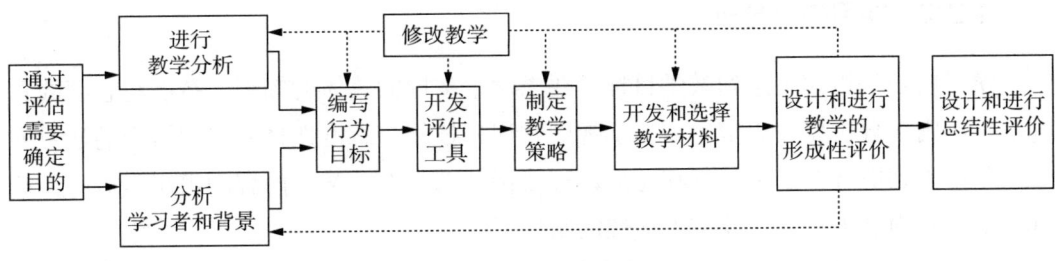

图 4.1 迪克－凯瑞模型

【研讨活动】查找一个其他的经典教学设计模型，例如 ADDIE、史密斯—雷根模型等，比较该模型与迪克-凯瑞模型的异同。

4.2 教学设计的基本过程

4.2.1 学习需要分析

学习需要是指学生已经具备的水平与期望达到的水平之间的距离。期望达到的水平是指学生应该达到什么样的能力素质标准，它包含社会、学校、家庭及学生个体对自身在知识、技能、情感等各个方面的基本要求。已经具备的水平则是指学生在能力素质方面已经达到的要求。差距是学生能力素质方面的不足，是教学要着手解决的问题。

学习需要分析就是揭示学习需要，陈述总体目标，这个总体目标是教学设计后续工作的主要依据。学习需要分析的方法可以是观察、测量、访谈、座谈等。首先把期望水平形成一个具体的指标体系，然后根据这个指标体系对学生的已有水平进行调查，最后根据调查结果找出两者的差距，并用学生的行为结果来表示，从而揭示学习需要。通过分析、综合学习需要，概括总体目标。在中小学，学段和课程的学习需要基本都是统一的，是通过规定教育目的、课程目标来揭示的。

4.2.2 学习内容分析

学习内容是指为了达到教学目标而要求学生掌握的具体的知识、技能与态度的总和。学习内容分析旨在为学生需要掌握的知识、技能与态度选择并组织恰当的学习内容。学习内容的选择必须建立在总的课程目标基础之上。学习内容的组织是对已经选择好的学习内容进行系统性与整体性的编排。

比较有影响的学习内容的编排主张包括奥苏贝尔提出的渐进分化和综合贯通原则、加涅提出的线性原则、布鲁纳提出的螺旋式原则。因此，学习内容的组织应该由已知到未知；由简单到复杂；由具体到抽象；由一般到个别，进行渐进分化，再由部分到整体，进行综合贯通；遵循事物的发展规律；加强内容的横向联系。在中小学，学段和课程的学习内容基本都是统一的。

在学科教学设计中，一般使用教材分析的提法。教材分析一般需要分析课程标准对教学内容的相关要求，分析教学内容在整个教材中的地位和作用，以及教学内容在整个学段、学科中的地位和作用，还要分析教学内容的重点、难点及特点等，以便后续制定针对性的教学目标、教学策略、教学活动和教学评价。

4.2.3 学生分析

学生分析是指了解学生的学习风格、学习准备状态及一般特征等方面的情况。在学科教学设计中，一般使用学情分析的提法。通过学情分析，可以全面把握学生已有的知识基础、能力水平及可能存在的学习障碍，从而为教学目标的制定、教学策略的选择、教学活动的安排、教学评价的设计等提供科学依据。

1. 学习风格分析

学习风格分析是学生持续一贯的带有个性特征的学习方式，是学习策略和学习倾向的总和。学习策略是指学生为达到学习目标或完成学习任务所采取的一系列步骤、方法。学习倾向是指学生在态度、动机、学习环境、学习内容等方面的偏好。学习风格直接影响学习方式。学习风格是在学生的生理、心理及社会背景的基础上建立起来的，在心理层面上主要包括认知风格、成就动机、学习归因、焦虑水平和学习坚持性等因素。

（1）认知风格。是指学生对外界信息刺激的感知、注意、思维、记忆和解决问题的一贯方式，包括知觉风格、记忆风格、思维风格、问题解决风格等。知觉风格可分为场独立型与场依存型，场独立型学生自主性高，不易受环境的干扰。记忆风格可分为趋异型与趋同型，趋异型学生善于精细加工材料，准确记忆和回忆。思维风格可分为分析型与综合型。问题解决风格分为沉思型与冲动型，沉思型学生反应沉着，考虑问题周全而不易冲动。加德纳的多元智力理论揭示，不是所有人都具有相同的智力风格,因此,不是所有人都具有相同的学习方法,教师要意识到学生存在着不同的学习风格。(2)成就动机。是指个体力求获得成就的心理倾向,对个体的学习、工作起到定向和推动作用。奥苏贝尔等人通过研究,将成就动机的结构分为三个部分:满足自己需要的认知内驱力、满足目标达成的自我提升内驱力,以及满足他人需要的附属内驱力。这三个部分在成就动机结构中所占的比例受年龄、性别、环境、经历和人格等诸多因素的影响。(3)学习归因。是指学生对于自己学习行为成败原因的分析与认识。有的学生习惯于把学习的成败归结为个人主观的内部原因,如个人的勤奋、刻苦等。有的学生则倾向于寻找外部原因,如教师水平、学习任务等。前者称为内归因,后者称为外归因。(4)焦虑水平。是指个体在一定压力情境中所产生的包含担忧、紧张、害怕、恐惧等成分的复合型情绪。在实际的教学过程中,不同的学生会产生不同的学习焦虑水平,从而构成了学生在学习风格上的情绪特征。可以把学生划分为高焦虑学生、中度焦虑学生和低焦虑学生。学生具有中度焦虑水平,将有利于其学习成效的提高,过高或过低的学习焦虑水平都会对学习产生不利的影响。(5)学习坚持性。是指学生为了完成学习任务而持续地克服困难的能力,通常以学生每次学习活动所持续的时间长短为标志,这是学生学习风格的意志特征。学生的学习坚持性受到学习目标、任务、动机、兴趣,以及学生年龄、性格、意志发展水平等因素的影响。高坚持性学生,在学习行为方面表现为自觉性强,学习较有耐心,富有探索精神,喜欢具有挑战性的学习任务,尤其是在学习遇到困难或挫折时,能够坚持不懈,勇往直前,直到完成学习任务。

2. 学习准备分析

学习准备分析是指学生在开始新的学习任务时,其原有的知识基础、技能水平及心理发展状态对新学习内容的适应程度,也被称为学习起点。学习准备分析的目的是确定学生的学习起点和教师的教学起点。如果学习与教学起点定得过高,会使学生面临较难的学习任务,反之,会使学生浪费较多的学习时间和精力。一方面,学习准备分析要明确学生是否已经具备了学习新内容的知识、技能和态度基础;另一方面,学习准备分析还要判断学生是否已经掌握或部分掌握了目标知识、技能和态度。知识与技能的分析可以利用加涅等人提出的技能先决条件分析方法来开展。态度的分析是比较困难的,最常用的方法是使用态度量表,还可以通过观察、会谈、问卷调查等方式进行。

3. 一般特征分析

一般特征分析是指学生具有的与具体学科内容无关,但影响其学习的生理、心理和社会特征,包括年龄、性别、健康、认知成熟度、智商、生活经验、文化和社会经济背景等。学生的一般特征具有较为明显的阶段性。因此,教师应把握学生在一般特征方面的相同点,并以此作为集中教学时制定教学目标、选择教学内容、制定教学策略和设计教学评价的依据，同时充分重视学生在一般特征方面的差异，并以此制定个别化学习策略。教师可以通过查阅学生档案、观察、会谈、问卷调查、文献调研和专家咨询等途径获得学生的一般特征。

4.2.4　教学目标的阐明

教学目标也称为学习目标，是指通过教学以后学生能够做什么的明确的、具体的表述。教学目标是整个教学活动的出发点和归宿。在学校中，教育目标可以分为培养目标、课程目标和课堂目标三个主要的层次。培养目标是抽象层次较高、陈述较为宏观的目标，这是学校教育的总目标，同时是开设各类课程的依据。课程目标是某门具体的课程所要实现或者达到的目标。课堂目标即教学目标中操作程度最高的目标，一般是对学生的学习结果或行为的描述，具有明确、具体、可观察、可测量等特征。

教学目标有多种分类方法。布鲁姆等人将教学目标按照学习之后发生的变化划分为认知、情感及动作三大领域。每个领域分为若干层次，例如，认知领域的教学目标分为知道、领会、运用、分析、综合、评价六个层次。加涅根据学习结果的不同特点概括出五种学习结果：言语信息、智力技能、认知策略、态度和动作技能。2001年，《基础教育课程改革纲要（试行）》指出，国家课程标准应体现国家对不同阶段的学生在知识与技能、过程与方法、情感态度与价值观等方面的基本要求。基础教育课程改革从知识与技能、过程与方法、情感态度与价值观三个维度对课程的教学目标进行划分，也称为结果性目标、体验性目标、表现性目标。每个维度分为若干层次。例如，在结果性目标中，知识领域分为了解、理解和应用三个层次；技能领域分为模仿、独立操作和迁移三个层次。教学目标的层次划分使学习结果容易鉴别和测量。2022年，《义务教育课程方案和课程标准（2022年版）》将传统的知识与技能、过程与方法、情感态度与价值观"三维目标"升级为"核心素养"。例如，语文课标中的核心素养分为文化自信、语言运用、思维能力和审美创造四大维度。数学课标中的核心素养分为会用数学的眼光观察现实世界、会用数学的思维思考现实世界、会用数学的语言表达现实世界三大维度。小学数学和初中数学的具体核心素养不同。小学阶段，核心素养主要表现为数感、量感、符号意识、运算能力、几何直观、空间观念、推理意识、数据意识、模型意识、应用意识、创新意识。初中阶段，核心素养主要表现为抽象能力、运算能力、几何直观、空间观念、推理能力、数据观念、模型观念、应用意识、创新意识。

四因素法是一种操作性强的教学目标编写方法。这一方法主要涉及四个要素，主体（Audience）、行为（Behavior）、条件（Conditions）和标准（Degree），也称为ABCD法。主体是学生；行为是做什么，一般可以用一个动宾结构的短语来陈述，行为动词说明学习的类型，宾语说明学习的具体内容；条件是学生表现出规定目标行为的环境因素；标准是达到什么程度，是可以接受的最低衡量标准。行为一般是不可以省略的，主体、条件和标准并不是必需的。认知和动作技能的教学目标可以用可观察、可测量的行为来进行具体的描述。对于情感目标，可以先用能够描述内部心理过程的抽象术语陈述总的教学目标，然后用可观察、可测量的能够体现这个内部心理过程的具体的外在行为或结果，作为例子来描述这个教学目标。例如，把"树立集体主义精神"作为总体教学目标，可以通过"学生积极参加班集体活动""学生主动承担寝室清洁工作"等多种外显行为来具体体现。当前基础教育领域教学目标强调核心素养，但不否定三维目标，核心素养是三维目标的深化。因此，教学目标的编写应该以核心素养为导向，整合三维目标。在教学目标编写中，一般并不直接罗列核心素养或三维目标标签，而是将核心素养、三维目标融合到目标描述中，突出学科特性。而且需要灵活调整核心素养和三维目标，不能强行覆盖核心素养的全部维度和三维目标的全部维度。

4.2.5 教学策略的制定

教学策略是指为了达到教学目标、完成教学任务而对教学程序、教学方法、教学组织形式及教学媒体等因素进行总体考虑。加涅将学习结果分为言语信息、智力技能、认知策略、动作技能及态度五类，教学策略也可以划分为教学言语信息的策略、教学智力技能的策略、教学认知策略的策略、教学动作技能的策略、教学态度的策略。不同学习结果一般具有相对固定的教学策略，这就为教学策略的选择提供了大致的框架。例如，关于态度的教学一般使用榜样激励、角色扮演或正面强化等教学策略。

1. 设计教学程序

教学程序是对教学活动进行有序安排或结构化组织的方式。斯金纳的直线式教学程序、班杜拉的社会学习程序、加涅的九段式教学程序、建构主义的支架式教学程序、抛锚式教学程序和随机进入教学程序，以及四段式、五段式教学程序，对当今教育领域有着深刻的影响。例如五段式教学程序：复习、引入、讲解、总结和练习。该教学程序在我国比较流行，其优点是容易发挥教师的主导作用，提高课堂教学传授知识的效率，主要缺点是不利于调动学生的学习积极性。

2. 选择教学方法

教学方法是指为了实现既定的教学目标、完成教学任务，教师与学生在教学过程中相互联系的活动方式，这里的教法与学法是统一的。关于教学方法的分类有很多，根据教学方法中主体因素的构成，教学方法可分为以教为主的教学方法、以学为主的教学方法和教与学并重的教学方法三大类。以教为主的教学方法包括讲述法、演示法、练习法和任务驱动法等；以学为主的教学方法包括项目学习、自主学习、合作学习和探究学习等；教与学并重的教学方法包括角色扮演法、讨论法和问题法等。在具体选择教学方法时，教师一般需要考虑多种教学因素，通常需要综合选择多种教学方法并灵活运用。

3. 设计教学组织形式

教学组织形式是指根据教学的主观和客观条件，从时间、空间、人员组成等方面考虑而安排的教学活动的组织方式，一般有集体授课、小组学习和个别学习三种形式。

4. 选择教学媒体

教学媒体的选择要依据教学目标、教学内容、教学对象和教学条件等因素，并遵循三个原则。第一，最小代价原则。应同时在代价和功效两个方面精打细算，力求做到以较小的代价，取得较大的功效。第二，有效信息原则。依据"经验之塔"理论，所选择的教学媒体与学生的认知结构及教学内容具有一定的契合度时，教学媒体才能发挥有效的作用。第三，优化组合原则。各种教学媒体都有各自的优缺点，没有"超级媒体"，媒体的组合要以取得最佳的教学效果为出发点，而不只是形式上的相加。

【分享活动】结合自己的小学、中学和大学的学习经历，谈谈你最喜欢的教学方法，阐明理由，向全班同学分享。

_____

_____

_____

4.2.6 教学评价的设计

教学评价的设计是指按照一定的指标体系，运用科学可行的方法，对教学活动的过程及其结果进行测量和价值判断的过程。教学评价的本质是一种针对教学活动过程及其结果的价值判断活动，具有诊断、导向、激励、调节等功能。教学评价是指对教学活动满足学生预期需求程度的评估。教学评价有相对评价、绝对评价之分，有诊断性评价、形成性评价、总结性评价之分，有定性评价、定量评价之分，需要灵活应用。

教学评价是多方面的，包括对学生学业的评价、对教师教学的评价、对课程教材的评价等，设计对学生学业的评价是教学评价的主要活动。做教学评价时会借助各种评价工具，如测验题、观察表等。

4.2.7 教学设计的反思

教学设计是预设方案，容易受到教师自身能力、学生情况、教学目标与内容、教学环境等各种条件的制约。在实施前，教学设计是需要不断进行评估、修改的，设计者的自我反思就是一种有效的途径。教学设计反思是指设计者对自身设计方案的评估、修改和完善的过程，既包括外在的实践改进，也包含内在的心理思考。反思应从整体出发，分析教学设计在实现教学目标、完成教学任务方面的优势与不足，评估其可行性与潜在突破，同时要从微观上不断思考教学目标、教学内容、教学方法、教学媒体、教学组织形式、教学过程安排及教学评价的设计是否合理，以不断完善教学设计。

4.3 教学设计的价值评价

教学设计是在行为主义心理科学及其应用中产生的，所形成的教学设计模式依然带有大量的行为主义色彩。近年来面临的批评主要来自两个方面：第一，来自企业的培训专家，他们认为教学设计过于消耗时间和人力；第二，来自持有建构主义教学观的学者，他们认为教学设计产品往往是方案，教学逻辑就是以这个预设方案去"刻画"（塑造）人，采用这种工程化的模式有固化人发展的嫌疑。

教育的目的是发展人，如果以显在成就（学业成绩）和潜在成就两个维度来评估人的发展，那么行为主义对于显在成就这个维度的支持是合乎逻辑的。建构主义从更为宽泛的哲学层面对教学设计构成了挑战，实质是对教育评价、教育目的的挑战。然而，多数教学活动并不是单纯的行为塑造、认知能力培养或情感发展，而是统合的。教学设计要注重教育目标的横向联系和综合建构，灵活运用各种教学思想和方法，目的就是达到教学目标。

实践项目 4-1　编制教案

任务：由教师指定或自选一个中小学某学科的教学课题，设计一个教学方案。

步骤 1：制表

如表 4.1 所示，制作一张教案表格，可以根据实际情况增减项目和修改样式。

步骤 2：完善课题信息

完善学科、教材版本、年级、课题、设计者、课时信息。

步骤 3：分析教材内容

分析教材内容及其特点，为教学策略的设计提供依据。

步骤 4：分析学情

分析学生的一般特点，即特定年龄阶段的一般心理、生理的特点；分析学生的学习风格；分析学生的学习准备，即与学习目标相关的已有知识、技能和态度情况。分析学生的目的也是为教学策略的设计提供依据。

步骤 5：分析教学目标

结合教学内容与学情分析，编写教学目标。教学目标的表述要明确、具体，以核心素养为导向，融合三维目标。

步骤 6：分析重难点

分析重点、难点，为教学策略的设计提供依据。

表 4.1 教案表格

学科		教材版本	
年级		课题	
设计者		课时	
教材分析			
学情分析			
学习目标			
重难点			
策略设计			
过程设计	教学环节	教学内容	教师活动	学生活动	设计意图
教学反思			

步骤 7：设计教学策略

根据教材内容、学情、教学目标和重难点的具体情况，制定恰当的教学策略。教学策略应该有利于学生进行高效、积极、主动、深度学习，顺利达成教学目标。在教学策略中，应简要指明问题解决的关键教学程序、教学方法、教学手段、教学活动等。

步骤 8：设计教学过程

根据教学内容、学情、教学目标和重难点的实际情况，融合教学策略，设计教师主导、学生主体的教学过程。教学过程要提炼出教学环节。每个教学环节的教师活动、学生活动要具体，意图明确、富有时间逻辑，具有可操作性。在教学环节中还要体现教学内容，内容应简洁明了。

步骤9：反思教学（设计）

从宏观上评估教学设计在实现教学目标、完成教学任务方面的优势与不足，从微观上思考教学目标、内容、方法、媒体、组织形式、过程安排的优缺点。还可以提出改进办法。教学反思要重点突出，避免面面俱到，一般反映本教学中所遇到的重要问题即可。

本章作业

编制教案（教学设计）

结合自己的学科，自选中小学教学课题，参考教学设计的相关评价标准，设计教案。教学设计既要体现系统性，还要体现预成性与生成性相结合，鼓励在此基础上进行创新探索。提交一份教案，字数在 2500 字以上。

第 5 章 数字文本教学材料

Chapter 5

学习目标

* 了解文本的类型、格式及其教学应用类型；
* 了解文本教学材料的获取方法；
* 掌握语音输入法，扫描获取法，字体的获取、安装与使用技能；
* 了解文本教学材料获取与处理的常用工具，搭建个人的文本工具箱；
* 培养应用数字文本工具辅助个人获取与处理数字文本教学材料的意识和信息伦理观念。

5.1 文本概述

5.1.1 文本的类型

文本是以文字和符号表达信息的形式，是生活中使用最多的一种信息形式，广泛应用于纸质材料、网页和计算机文件中。文本可以分为纯文本、富文本。纯文本仅包含文本内容，没有格式和样式，通常用于存储简单文本数据，如计算机网络的日志文件和配置文件等。富文本具有丰富的格式和样式，广泛用于生产生活的各个领域，用于存储各类文件，如高校人才培养方案、教案和科研论文等。

5.1.2 文本的格式

文本主要是以文本文件的形式存储在计算机中的，常见的文本文件格式有 TXT、DOC、DOCX、PDF 等。其中，TXT 是纯文本文件格式，DOC、DOCX、PDF 是富文本文件格式。doc 和 docx 是常见的文件扩展名。DOC 文件格式是微软公司早期版本的 Word 软件所使用的默认文件格式，特别是在 Microsoft Word 97-2003 版本中，而 DOCX 则是 Word 2007 及以上版本的默认文档文件格式。PDF 是 Adobe 公司开发的数字文本格式，它与操作系统无关，即不依赖操作系统的语言、字体及其显示设备，是互联网上传播文本的理想格式。pdf 文本文件可以在 Adobe Acrobat 等软件中打开并编辑。使用专门的格式转换软件或 Microsoft Office、WPS Office 等办公软件可以实现不同文件格式之间的转换，以满足不同的需求。

5.1.3 文本的教学应用

文本是课件和微课制作中最基础的组成要素。其通常会用于课件和微课的标题、副标题、正文和页码等。在正文中，文本可以分为解释说明文本、案例分析文本、问题提示文本等类型。解释说明文本可用于解释复杂概念、定义术语或提供背景信息。这些解释说明文字通常简洁明了，能帮助学生快速理解关键内容。也可以将教学文本与图片、图表等多媒体元素相结合，以更直观、生动的方式展示教学内容。案例分析文本是将教学文本融入案例分析，通过具体实例展示理论知识的应用，促进学生的思考和讨论。问题提示文本在课件中设置问题提示，引导学生思考并回顾所学内容。这些问题可以基于教学文本中的关键信息，帮助学生巩固知识。

【分享活动】数字文本有哪些教学作用？结合自己的学科专业，列举中小学教育教学应用数字文本教学材料的一个典型场景，说明数字文本教学材料的作用。

5.2 文本教学材料的获取方法

获取文本教学材料的方法主要包括以下几种：
（1）利用各种输入法自行输入，如拼音、五笔、语音、手写、扫描等。
（2）在搜索引擎中搜索网页内容，如百度等。
（3）在各大文库中搜索、下载，如百度文库、豆丁网、道客巴巴等。
（4）在各大教育资源网、教育资源库、教育资源公共服务平台搜索、下载。
（5）在各大知识数据库搜索、下载，如中国知网、万方数据等。
（6）利用知识百科、辞书工具获取，如百度百科、在线辞海等。

（7）使用生成式人工智能生成，如 DeepSeek、文心一言、Kimi、豆包、腾讯混元等。

（8）在电商平台付费购买、定制。

需要注意的是，教学文本材料需要满足信息准确、内容规范、逻辑清晰、有针对性等要求。为了满足以上要求，教学文本材料一般需要通过文本获取、修改、样式编辑等技术处理。比如，在选择 AI 文本生成工具后，需要明确文本生成的需求和参数。这包括需要的文本主题、类型、结构（如标题、副标题、正文、解释说明文字、案例分析文本、问题提示文本等）、长度、格式、风格要求等。输入相应的指令生成文本后，可能需要进行一定的编辑和优化以确保其符合一定的质量标准。这包括审查文本内容的思想性、科学性，语法和拼写检查等，以确保文本内容准确无误并与需求保持一致。此外，还要调整文本的格式，如字体大小、行距、段落结构等。经过编辑和优化后的文本可以按需应用于课件和微课中。

5.3 文本教学材料获取与处理实践

在计算机文件中，文本的主要处理活动是输入和编辑。常见的文本输入法有拼音输入法、五笔输入法、语音输入法、手写输入法、扫描输入法等。常见的编辑工具有 Windows 记事本或写字板、Microsoft Office 和 WPS Office 等。pdf 常见的编辑、阅读工具有 Adobe Acrobat、Adobe pdf reader、福昕 pdf 编辑器、福昕 pdf 阅读器等。Microsoft Office 与 WPS Office 是最流行的办公套件，主要用于文字、演示与表格处理。Microsoft Office 包括 Word、PowerPoint 和 Excel 等组件，WPS 的文档、演示与表格分别与之对应。Microsoft Office 与 WPS Office 的绝大多数功能是相互兼容的。Microsoft Office Word 与 WPS 文档都是专门的文字处理软件，它们擅长字体、段落、样式、排版、布局处理，同时还有一定的图像、表格处理能力。选择何种文字处理软件可依据个人习惯而定。

5.3.1 讯飞语音输入法

讯飞输入法是我国知名企业科大讯飞推出的重要的输入法软件。2025 年发布的讯飞输入法版本进一步融合了智能语音、手写、拍照与拼音等混合输入技术。讯飞输入法能够达到语音输入 1 分钟 400 字，通用语音识别率高达 98%，而且支持粤语、四川话等 26 种方言。

实践项目 5-1　体验讯飞输入法

任务：在智能手机上下载、安装和体验讯飞输入法。

步骤 1：在智能手机上下载、安装讯飞输入法 App

在智能手机的 App 下载平台中搜索"讯飞输入法手机版"，下载并安装，并将其设为默认输入法。

步骤 2：体验讯飞语音输入法

打开短信编辑窗口，调出讯飞语音输入法，如图 5.1 所示。边说话、边识别，体验讯飞语音输入法的快捷性、准确率。据统计，讯飞语音输入法可达 1 分钟 400 字的速度，平均准确率为 98%，支持各种方言，而且支持手写输入，但讯飞语音输入法需要网络的支持。

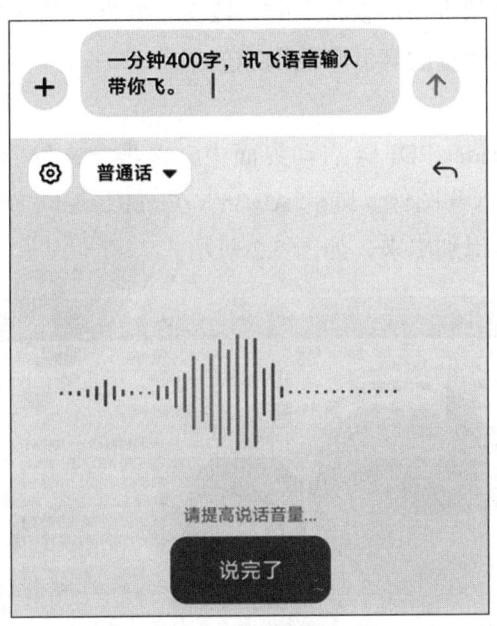

图 5.1　讯飞语音输入法

5.3.2　ABBYY FineReader PDF 扫描获取法

光学字符识别（Optical Character Recognition，OCR）是通过扫描等光学输入方式将各种票据、报刊、书籍、文稿及其他印刷品转化为图像信息，再利用文字识别技术将图像信息转化为可以使用的计算机文本。早期的 OCR 技术通常需要相应的扫描仪及其配套软件才能保证较高的识别率。由于照相设备已经普及，而且图像、pdf 文档多存放于网络，现在只需相关软件即可。光学字符识别工具有 ABBYY FineReader PDF、迅捷 OCR 文字识别软件、腾讯 QQ 和微信内置的文字识别功能等，注意检查使用以上工具识别文本内容的准确性。

实践项目 5-2　体验 ABBYY FineReader PDF 扫描获取法

任务：在计算机上下载、安装 ABBYY FineReader PDF 14，体验扫描获取法。

步骤 1：认识 ABBYY FineReader PDF

ABBYY FineReader PDF 是文字识别软件，它通过强大的 OCR 技术扫描图像、PDF，能将其中的文字识别出来，并保存为常见的文本文件格式。它是将图像、PDF 文档转成 Word 文档的常用软件。

步骤 2：下载、安装并启动 ABBYY FineReader PDF

登录 ABBYY FineReader PDF 官方网站，下载、安装并启动 ABBYY FineReader PDF14 试用版。

步骤 3：拍摄图像

利用智能手机或照相机拍摄教材上的一段文字并保存为图像，然后将图像传输到计算机以备使用。图像质量的高低影响识别效果。

步骤 4：识别

在 ABBYY FineReader PDF14 启动界面中，单击"文件"→"在 OCR 文件编辑器中打开"，按照提示打开图像。随后 ABBYY FineReader PDF14 打开编辑器，自动开始扫描图像并将文本识别出来，如图 5.2 所示。

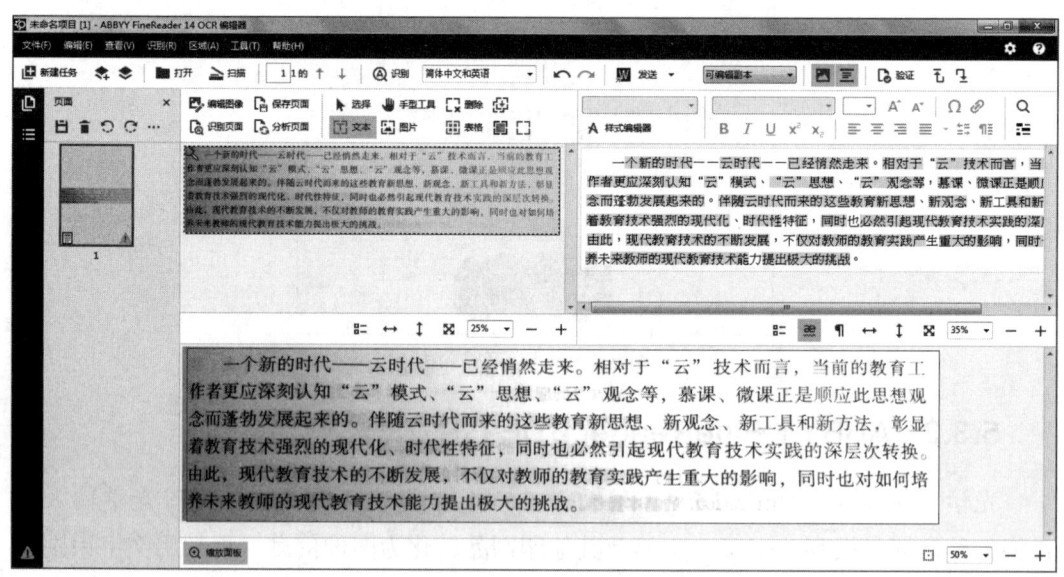

图 5.2　ABBYY FineReader PDF14 的工作界面

步骤 5：校正

对于不同质量的图像，会得到不同质量的识别结果。在图 5.2 右侧的文本编辑窗口中，可以手动校正文本。

步骤 6：保存

校正完后，在编辑器中单击"文件"→"另存为"→"Microsoft Word 文档"，按照提示保存文本文件。

5.3.3 字体的获取、安装与使用

不同的教学内容可能需要使用不同类型的字体。例如，文科类课件有时需要使用优雅、有文化底蕴的字体，如楷体、行书等，以增强感染力。理工科类课件则可能更倾向于使用简洁明了、易于识别的字体，如宋体、黑体等，以确保信息的准确传达。为了适应不同教学对象的读屏习惯，有时也需要匹配不同的字体。

实践项目 5-3　字体的获取、安装与使用

任务：在互联网上搜索并下载字体，在本机安装并使用字体。

步骤 1：搜索字体素材网站

在浏览器中打开百度搜索引擎，使用"字体"作为关键字进行搜索，可以搜索到许多字体素材网站。下面以站长字体素材网站为例，如图 5.3 所示。

图 5.3　站长字体素材网站

步骤 2：搜索字体、下载字体

在打开的网页中，可以通过"品牌""风格"和字体缩略图列表，快速定位具体字体。

还可以搜索字体：在网页顶部的搜索框中，输入"田相岳六朝"，单击搜索按钮开始搜索，网页返回"田相岳六朝小楷字体"列表，如图 5.4 所示。

单击"点击下载"按钮，按照提示下载字体即可。

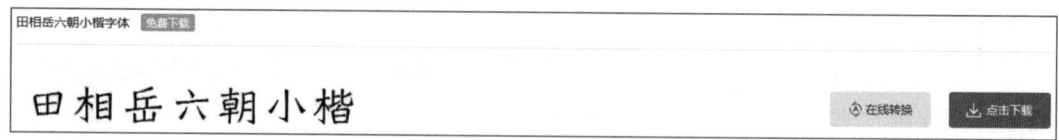

图 5.4 字体搜索结果列表

步骤 3：安装字体

字体安装的方法有两种：一种是鼠标右键单击字体包，执行"安装"命令即可安装字体；另一种是将字体包复制到系统字体文件夹下。系统字体文件夹：Windows 开始菜单→"控制面板"→"字体"。

解压下载文件，得到字体包。如图 5.5 所示，右键单击字体包，执行"安装"命令，安装字体"田相岳六朝小楷 .ttf"。

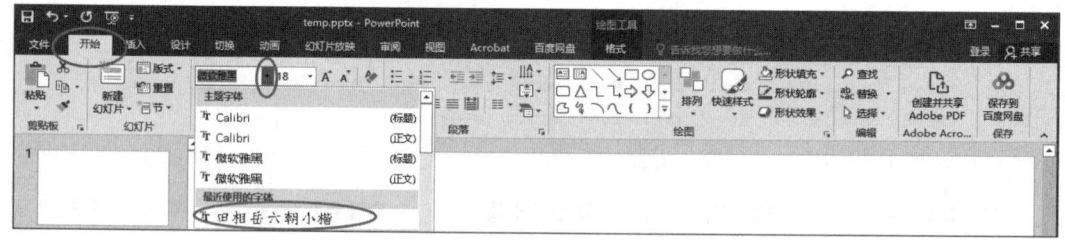

图 5.5 安装字体

步骤 4：使用字体

安装好字体后，在 Word 或 PowerPoint 中就可以使用这种字体了。这里以 PowerPoint 为例，在桌面上新建一个 PowerPoint 文档并打开，新建一张幻灯片，在标题栏中输入一行字，选中标题栏。如图 5.6 所示，单击"开始"选项卡→"字体"栏中的字体选框的下拉按钮，在字体列表中选择"田相岳六朝小楷"即可。

图 5.6 使用字体

从网上搜索并下载的许多字体都有版权，在很多情况下需要付费使用，否则可能构成侵权。个性化字体安装以后，通常只能在本机使用，如果要在新的计算机上使用，有两种解决方案：一种方案是在新的计算机上重新安装字体；另一种方案是在保存 PowerPoint 时将字体嵌入文档。以 PowerPoint 为例，执行"文件"→"选项"→"保存"命令，调出"PowerPoint 选项"窗口，如图 5.7 所示，勾选"将字体嵌入文件"即可。

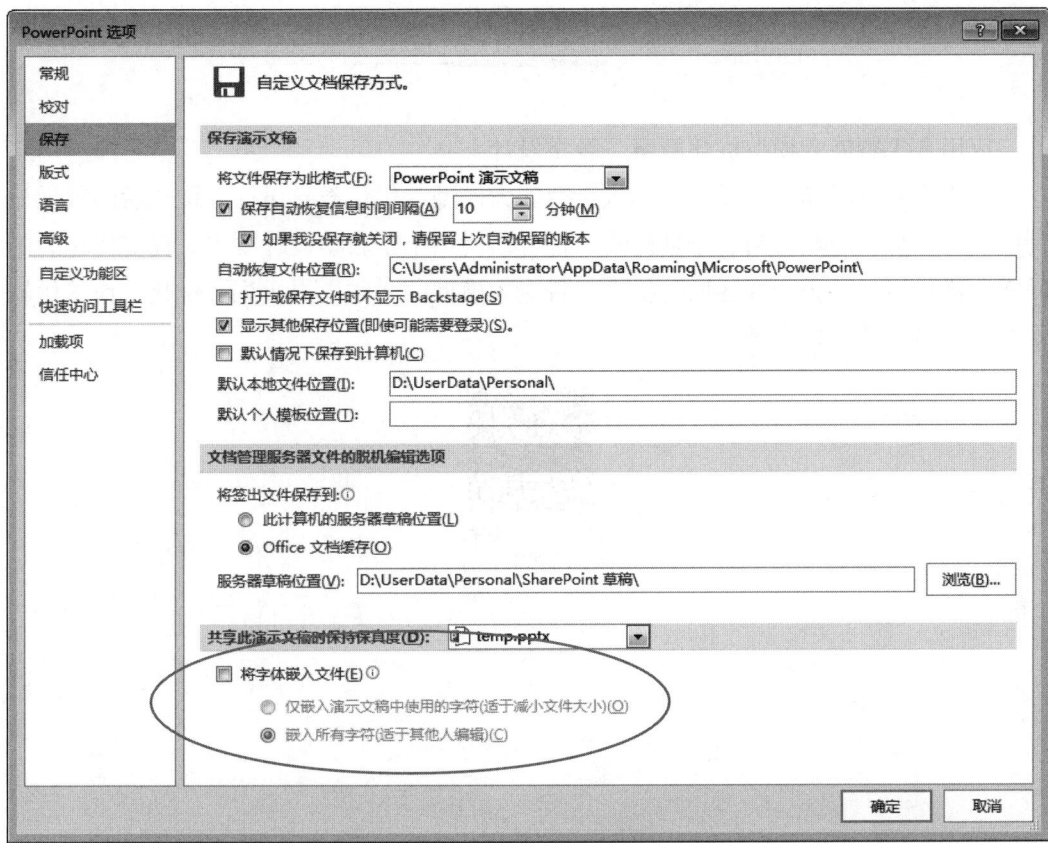

图 5.7 在 PowerPoint 中将字体嵌入文件

【分享活动】除了本章提及的工具,你还知道哪些优秀的文本教学材料获取与处理工具?列表分享工具名称、功能。工具包括但不限于各类专用硬件设备、在线平台、在线网站、在线工具、PC 软件、手机 App、微信小程序、AIGC 大模型等。

_____

_____

_____

本章作业

应用人工智能大模型优化教案（教学设计）

针对第 4 章的作业，任选一款人工智能大模型，优化教学设计。优化后的教学设计应结构完整、详略得当、条理清晰，符合当代中小学教学设计要求。提交优化后的教案、优化报告，报告内容应包括人工智能大模型的名称、提示词、优化工作的优缺点及应该遵守的伦理道德。

扫码查看本章
网络资源

第 6 章 数字图像教学材料
Chapter 6

学习目标

- ※ 了解图像的类型及其教学应用类型；
- ※ 了解图像教学材料的获取方法；
- ※ 掌握原图搜索、屏幕截图技能；
- ※ 掌握应用 Photoshop 缩放图像、裁剪图像、调整图像色彩与明暗、修复图像、简单抠图等技能；
- ※ 了解图像教学材料获取与处理的常用工具，搭建个人的图像工具箱；
- ※ 培养应用数字图像工具辅助个人获取与处理数字图像教学材料的意识和伦理。

6.1 图像概述

"教学图像"或"图像教学材料"中的"图像"具体是指图形和图像，图形和图像是两个不同的对象。图像是客观世界的真实反映，人们可以通过拍摄、绘制等手段生成图像，照片、绘画等都是图像。图形是对于客观世界或主观世界的联想、想象或抽象，人们可以通过绘制等手段生成图形，微信、QQ 等即时通信软件中常用的表情、手势等符号都是图形。图形和图像在计算机中以二进制代码的形式保存。图形和图像可以划分为像素图和矢量图两种类型。像素图主要用于存储图像，也可以存储图形，但在表现图形的精确性和可缩放性方面不如矢量图专业。矢量图主要用于存储图形，也可以存储图像，但在呈现复杂色彩和细节方面不如像素图精细。图形和图像还可以划分为静态图和动态图两种类型，动态图主要用于存储动画。

6.1.1 图像的类型

1. 像素图

像素图也叫点阵图、栅格图、位图，常见的图像大多是像素图。简单地说，像素图就是由像素构成的图像。像素（pixel）是一个单一颜色的小方块，它是图像构成的最小单位。把图像放大到足够大，就会观察到这些小方块，且相邻小方块的颜色一般相近或相同。图像像素的大小并不固定，它与图像自身的分辨率有关，分辨率越高，像素就越小。像素图的优点是色彩变化丰富，记录的影像比较细腻、真实。像素图的缺点是放大后会失真，产生马赛克效果，而且文件需要相对较大的存储空间。

像素图的常用属性主要涉及分辨率、位深度、尺寸、大小等。图像分辨率是指图像单位面积内水平方向与垂直方向上的像素数，通常以像素数/英寸（pixels per inch，PPI）为单位。例如，图像分辨率为72PPI代表图像水平方向和垂直方向每英寸都有72个像素。分辨率越高，像素就越小，图像文件需要的磁盘存储空间就越大。图像位深度是指图像记录颜色所采用的计算机二进制存储位数，通常用1、2、4、8、16、32等整数来表示。例如，4位深度表示能够记录2^4即16种颜色，8位深度表示能够记录2^8即256种颜色。位深度越大，像素能够记录的颜色种类就越丰富，图像文件需要的磁盘存储空间就越大。图像尺寸是指图像实际的宽、高，通常以英寸（inch）、厘米（cm）等为单位。例如，图像宽16inch、高9inch就是指图像尺寸。尺寸越大，图像文件需要的磁盘存储空间就越大。图像大小是指图像的实际字节数，通常以字节（Byte）、千字节（Kilobyte，KB）、兆字节（Megabyte，MB）、吉字节（Gigabyte，GB）等为单位。例如，使用智能手机随手拍摄一幅图像，图像大小可能为2.54MB。图像的分辨率、位深度、尺寸共同决定图像大小。分辨率越高、位深度越大、尺寸越大，图像文件需要的磁盘存储空间就越大。

图像是记录客观世界影像的数据，通常需要的磁盘存储空间较大。计算机早期发展阶段，磁盘存储空间较小而且价格昂贵。为了降低图像大小、节约磁盘存储空间并且维持图像较好的清晰度、色调、饱和度、亮度和对比度等特性，图像数据的压缩算法及封装格式应运而生。图像数据的压缩算法是指以减少图像数据为目的的图像编码技术。压缩算法主要包括有损压缩、无损压缩、不压缩三种类型，每种类型包括不同的算法。常见的压缩算法包括霍夫曼、行程、预测、算术、变换等。需要注意的是，这里的"压缩"与"360压缩"软件中的"压缩"是两个不同的概念。图像数据的封装格式是指图像的文件格式。常见的图像文件格式有WEBP、JPEG、BMP、PNG、GIF等，它们的压缩算法不尽相同。

JPEG是最流行的图像格式。它基于一种能够提供优质图像质量的压缩算法，这种算法也被称为JPEG压缩技术。JPEG压缩技术是静态图像领域建立的第一个国际数字图像压缩标准，也是至今一直在使用的、应用最广泛的图像压缩标准。JPEG压缩技术提供有损压缩，通过去除冗余数据来减小图像文件的存储体积，但在压缩过程中丢失的原始图像信息无法恢复，因此这种压缩是不可逆的。JPEG文件的压缩比可以达到其他压缩算法无法比拟的程度，通常压缩比在10∶1~40∶1。JPEG文件可以用于摄影作品或写实作品的高级压缩，利用可变的压缩比来控制文件大小，特别适合在互联网上传输。JPEG 文件对色彩信息的保留效果较好，支持 24 位真彩色，即色彩种类达到 224 种。支持图像交错，交错是互联网发送图像的一种方式，使用户最先看到模糊的图像，随后逐步变得清晰，最终呈现完整的高质量图像。

2. 矢量图

矢量图也称为向量图。简单地说，矢量图是由点、线、几何形状等对象构成的图形。矢量图是通过多个对象的组合生成的，对其中每一个对象的记录方式，都是以数学函数的计算来实现的。也就是说，矢量图实际上并不像位图那样记录画面上每一点的信息，而是记录了构成矢量图的对象的形状及颜色等的数据与算法。打开一幅矢量图时，使用软件对图形对应的函数进行运算，将运算结果即图形的形状和颜色显示出来。因此，矢量图的优势是轮廓的形状更容易修改和控制，放大后不容易失真，存储容量也比较小。但是矢量图在表现色彩变化方面远不如位图那样细腻、真实，色彩层次也比较单一。

6.1.2 图像的教学应用

教学图像是指在教学中使用的图像。既包括在教学中直接使用的教学图像，也包括在教学中间接使用的教学图像，如课件、微课、网页等多媒体教学材料中使用的教学图像。图像是一种重要的媒体形式，相比文本、音频媒体直接使用语言文字传递信息，图像媒体本身就包含着丰富的信息，可谓"一图胜千言"。语言文字也可以制作成图像媒体的形式。在实践中，教学图像往往被整合到课件、微课、网页等多媒体教学材料中使用。在这些多媒体教学材料中，图像可以分为内容图像、设计图像，设计图像可以分为背景图像、修饰图像。内容图像是指呈现教学内容直接相关信息的图像。设计图像是指用于辅助设计的图像，不呈现与教学内容直接相关的信息。背景图像是设计图像的一类，是指用于背景设计的图像。修饰图像是设计图像的一类，是指用于修饰、指示或提示的图像，又称图标。例如，问号图标经常用于提示问题，箭头图标经常用于指示翻页。

【分享活动】数字图像有哪些教学作用？结合自己的学科专业，列举中小学教育教学应用数字图像教学材料的一个典型场景，说明数字图像教学材料的作用。

_____

_____

_____

6.2 图像教学材料的获取方法

获取图像教学材料的方法主要包括以下几种：

（1）利用手机或照相机等自行拍摄。

（2）使用截屏软件截屏。

比较著名的计算机截屏软件有 Snagit、HyperSnap 等。其中，Snagit 可以捕获各种屏幕对象，包括程序的下拉菜单，超过屏幕高度的 Web 页面，结果可以被保存为多种图像格式。使用其自带的编辑器 Snagit Editor 可以对抓取的图像进行多种处理，如裁剪、擦除、添加文本或图形标注、颜色填充等。Snagit 还可以录屏并保存为视频。微信、QQ 等即时通信工具具备一定的截屏功能，但是功能不及 Snagit、HyperSnap 等专业工具。

（3）在搜索引擎中搜索、下载（包括专用搜索引擎），如百度等。

在教学中经常需要准备图像教学材料，由于来源不同，可能存在图像质量问题，这就需要寻找大尺寸、高清晰度的原图，百度搜索引擎的识图功能可以帮助搜索原图。但是并非所有的图像都能在百度搜索引擎中找到原图。

（4）在图像专业素材网站获取，如视觉中国、全景网、阿里巴巴矢量图标库等。

（5）在综合素材网站获取，如爱给网、站长之家素材。

（6）在各大教育资源网、教育资源库、教育资源公共服务平台获取，如国家中小学智慧教育平台等。

（7）使用生成式人工智能生成，如文心一格、豆包、可灵、即梦、通义万相等。

（8）在电商平台付费购买、定制。

6.3 图像教学材料获取与处理实践

图像教学材料需要满足大尺寸、高清晰度、低信息噪声、样式简单、重点突出等高质量要求。图像教学材料一般需要进行基础处理，这些处理包括转换格式、裁剪、缩放、旋转、压缩、色彩处理、明暗处理、修复、抠图、绘图、滤镜特效、合成、制作透明图片等。有时需要进行高级处理，这些高级处理涉及多张图像的综合设计，如 PPT 背景图像的设计、教学海报的设计等。图像处理的软件有很多，专业级工具有 Adobe Photoshop、Adobe Fireworks 等，家用级工具有光影魔术手、美图秀秀等，轻便级工具有 QQ、微信、2345pic 等。其中，专业级工具使用最广泛的是 Adobe Photoshop。Adobe Photoshop 简称"PS"，是 Adobe 公司开发和发行的图像处理软件，它有十分丰富的图像编辑和绘图功能，在多媒体领域被广泛应用。悟空图像（PhotoSir）是近年来迅速崛起的国产图像处理软件，可以替代 Adobe Photoshop 的大部分操作，而且提供海量素材与模板，让你的创作不再从"0"开始。

6.3.1　使用百度检索图像教学材料

实践项目 6-1　在百度中搜索原图

任务：给定一张图像，利用百度搜索引擎的识图功能，搜索大尺寸、高清晰度的原图。

步骤 1：准备一张图像

准备需要重新获取的图像，如图 6.1 所示。

图 6.1　待搜索的原图

步骤 2：在百度搜索引擎中打开识图窗口

打开百度搜索引擎，单击搜索框中的"识图"按钮，打开识图窗口，如图 6.2 所示。

图 6.2　百度识图窗口

步骤3：搜索原图

在识图窗口中，单击"上传图片"按钮，按照提示上传事先准备好的图像，搜索引擎开始自动搜索相似图像并返回搜索结果，如图6.3所示。

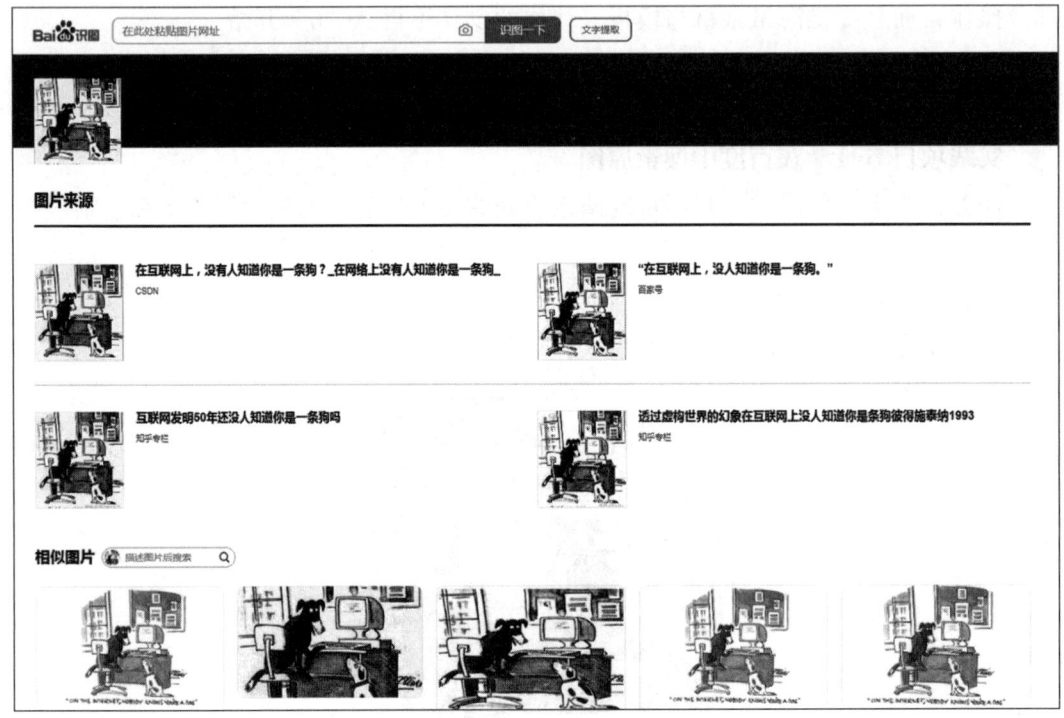

图6.3　识图结果

步骤4：浏览并下载图像

搜索引擎返回"图像来源"列表及"相似图像"列表。单击"图像来源"列表中的图像，可以打开图像所在的原始网页。单击"相似图像"列表中的图像，可以预览图像。按需浏览，选择高质量的图像，在图像上单击鼠标右键，调出右键菜单，执行"图片另存为"命令，按照提示保存图像即可。

6.3.2　使用Snagit抓取图像教学材料

实践项目6-2　使用Snagit截屏

任务：下载、安装Snagit，体验典型截屏方案（捕捉延时菜单）。

步骤1：下载、安装并启动Snagit 9.0

步骤2：设置截屏方案

如图6.4所示，在Snagit 9.0的"方案"中，选择"其它捕获方案"中的"带时间延迟的菜单"方案。

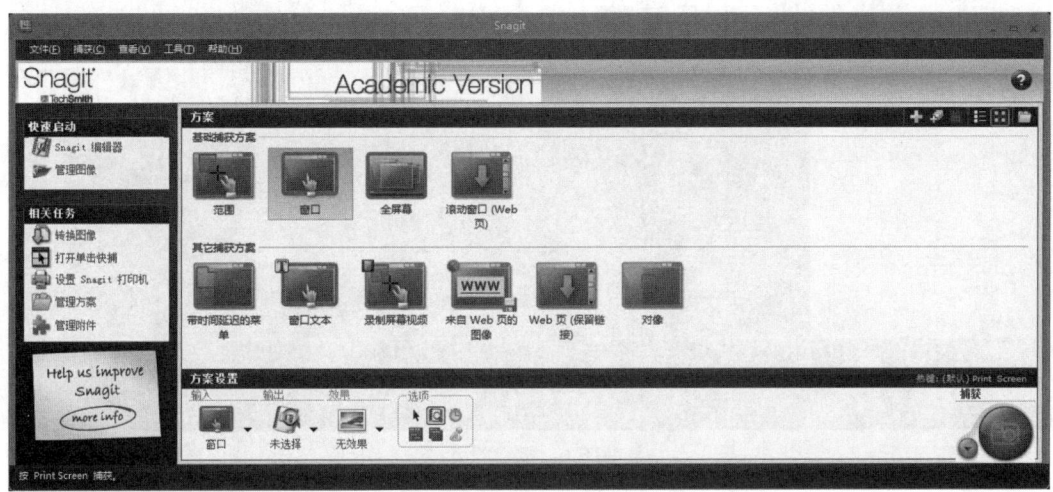

图 6.4　Snagit 9.0 的工作界面

步骤 3：打开 MS PowerPoint

打开 MS PowerPoint，找到"插入"选项卡下的"形状"按钮，如图 6.5 所示。

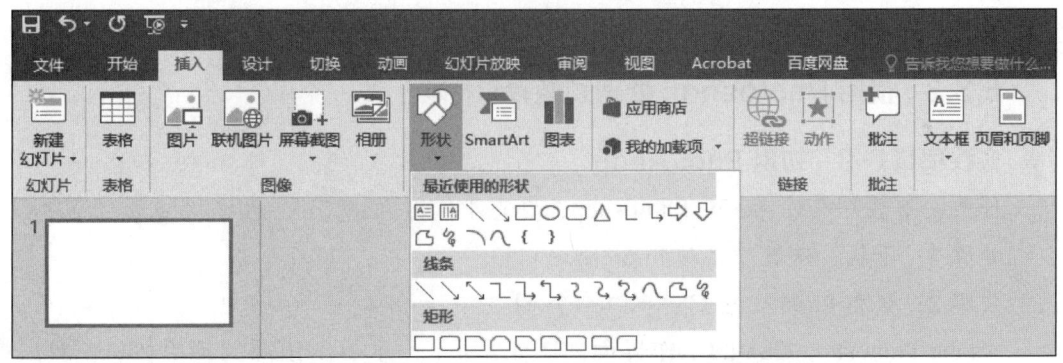

图 6.5　MS PowerPoint"形状"按钮（左）及其下拉菜单局部（右）

步骤 4：捕捉

按键盘上的"PrtSc"键，或者单击 Snagit 工作界面右下角的红色圆形捕获按钮，Snagit 自动开始捕捉。同时，屏幕右下角出现了倒计时小窗口，默认倒计时 10 秒。倒计时结束前，单击"形状"按钮，保持下拉菜单弹出。倒计时结束时，Snagit 自动捕捉下拉菜单，并且自动在 Snagit 编辑器中打开捕捉结果，如图 6.6 所示。

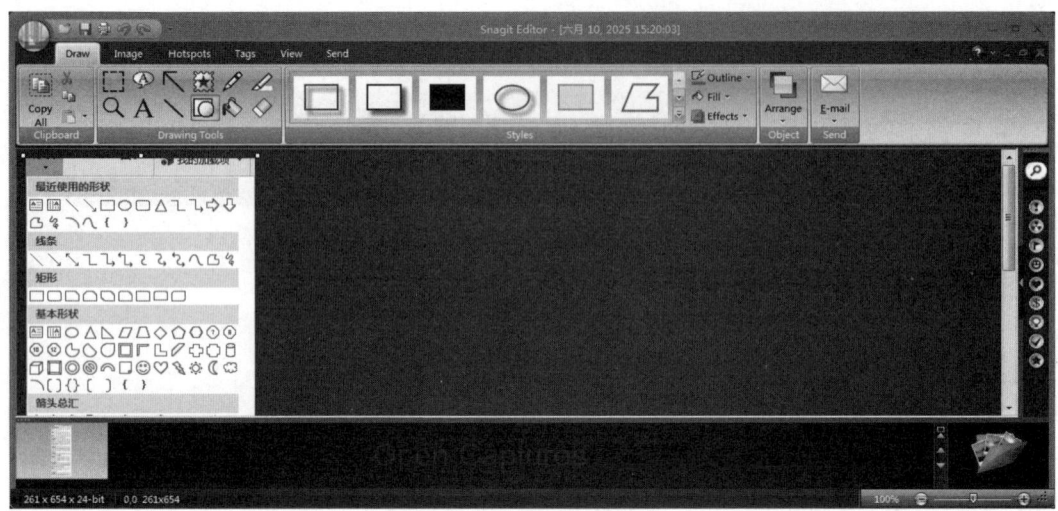

图 6.6 捕捉网页

步骤 5：编辑

在 Snagit 编辑器中，可以裁剪图片、添加标注和样式等。

步骤 6：保存

单击 Snagit 编辑器中的保存按钮或按住"Ctrl+S"组合键，按照提示保存图片即可。捕捉结果还可以被保存为 PDF 等格式。

6.3.3 使用 Photoshop 处理图像教学材料

实践项目 6-3　初识 Photoshop

任务：下载并安装 Adobe Photoshop，熟悉工作界面。

步骤 1：下载、安装并启动 Photoshop CS3

步骤 2：熟悉 Photoshop CS3 的工作界面

Adobe Photoshop CS3 的工作界面如图 6.7 所示，主要由顶部的菜单栏、工具属性栏，左侧的工具面板，中间的工作区，右侧的导航器面板、颜色面板、图层面板等浮动面板构成。浮动面板可以关闭、移动。单击"窗口"→"工作区"→"默认工作区"，可以恢复浮动面板的默认布局。虽然 Adobe Photoshop 已经迭代到 Adobe Photoshop 2025 版本，但是稍早的 Adobe Photoshop CS 系列、CC 系列版本，小巧、操作快捷，仍然非常适用于制作图像教学材料。

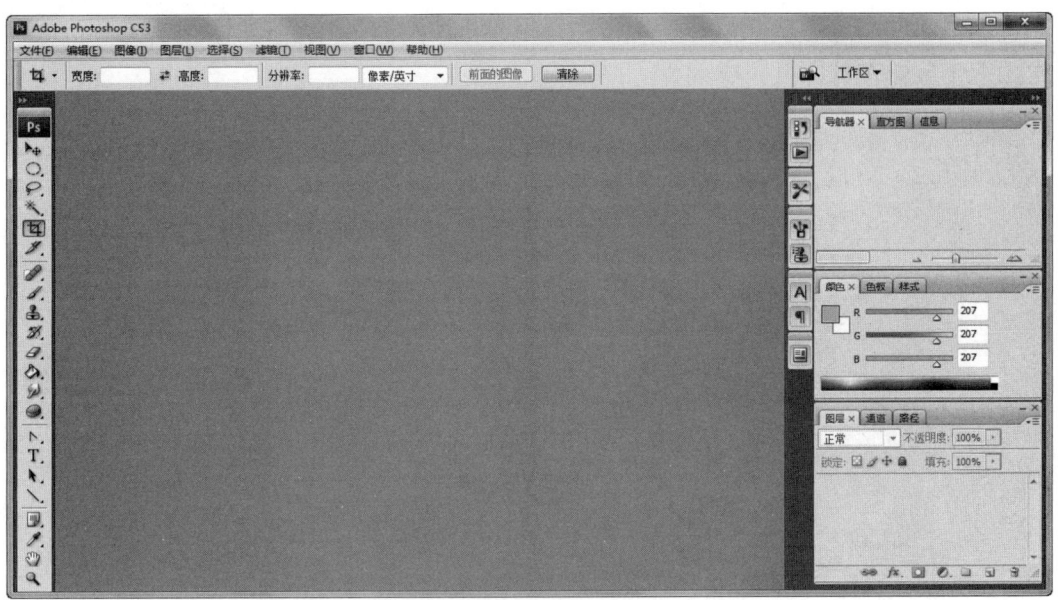

图 6.7　Adobe Photoshop CS3 的工作界面

实践项目 6-4　裁剪与缩放图像

任务：使用裁剪工具裁掉干扰信息部分，并将图像的尺寸调至合适大小。

步骤 1：打开原图

单击"文件"→"打开"，按照提示打开原图，如图 6.8 所示。

图 6.8　打开原图

步骤 2：裁剪

单击工具面板上的裁剪工具，此时鼠标指针变为"+"形状。按住鼠标左键，从图像左上角向右下角绘制裁剪框，将干扰信息置于裁剪框外，如图 6.9 所示。在裁剪框内双击鼠标左键即可完成裁剪。

图 6.9　裁剪图片

步骤 3：缩放

单击"图像"→"图像大小"，调出"图像大小"窗口，如图 6.10 所示。将"宽度"设定为合适值即可。由于勾选了约束比例，高度会自动设置。

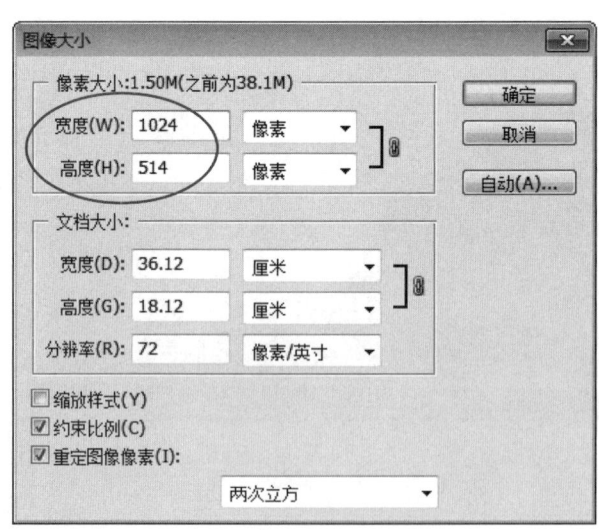

图 6.10　图像大小窗口

步骤 4：另存图像

单击"文件"→"存储为"，在格式栏中选择"JPEG"，按照提示保存文件即可。

Photoshop 的源文件扩展名是 .psd，这种格式的图像文件一般只用于保存 Photoshop 的项目文件，尤其是包含图层的项目文件，以便重新打开，进行编辑。

实践项目 6-5　调整图像的色彩与明暗

任务：调整图像色彩平衡、亮度和对比度。

步骤 1：打开原图

单击"文件"→"打开"，按照提示打开原图，在"导航器"面板中将图像调到合适大小，如图 6.11 所示。

图 6.11　打开原图

步骤 2：调整色彩平衡

单击"图像"→"调整"→"色彩平衡"，打开"色彩平衡"设置窗口，如图 6.12 所示。由于原图色彩失真，将绿色滑块向右拖动以增强图像的绿色成分，边调整，边查看，直到满意为止。注意，色彩显示与显示器性能、设置密切相关。

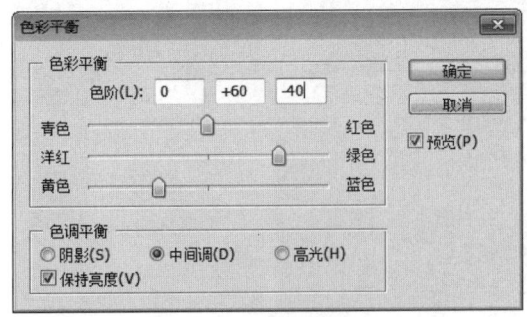

图 6.12　色彩平衡窗口

步骤 3：调整亮度 / 对比度

单击"图像"→"调整"→"亮度 / 对比度",打开"亮度 / 对比度"设置窗口,如图 6.13 所示。将对比度滑块向右拖动以增强图像的明暗对比,边调整,边查看,直到满意为止。

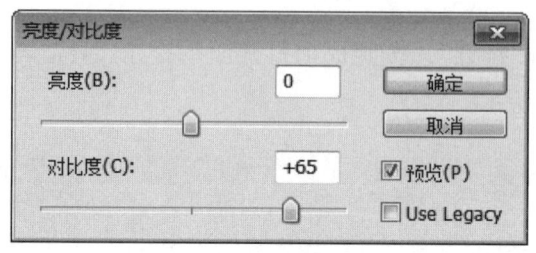

图 6.13　亮度 / 对比度窗口

步骤 4：另存图像

单击"文件"→"存储为"命令,在格式栏中选择"JPEG",按照提示保存文件即可。如图 6.14 所示,调整前（左图）和调整后（右图）的图像有明显的差别。

图 6.14　调整前后对比

实践项目 6-6　修复图像

任务：综合使用污点修复画笔工具、仿制图章工具修复受损图像,修复前后效果对比如图 6.15 所示。

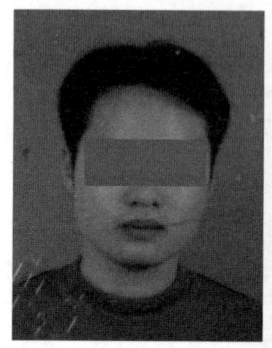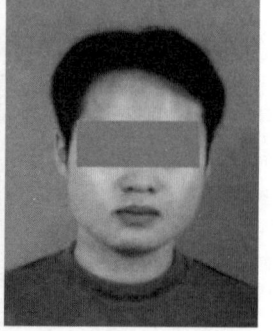

图 6.15　修复前后效果对比

步骤 1：打开原图

单击"文件"→"打开"，按照提示打开原图。在"导航器"面板中将图像调至合适大小，如图 6.16 所示。

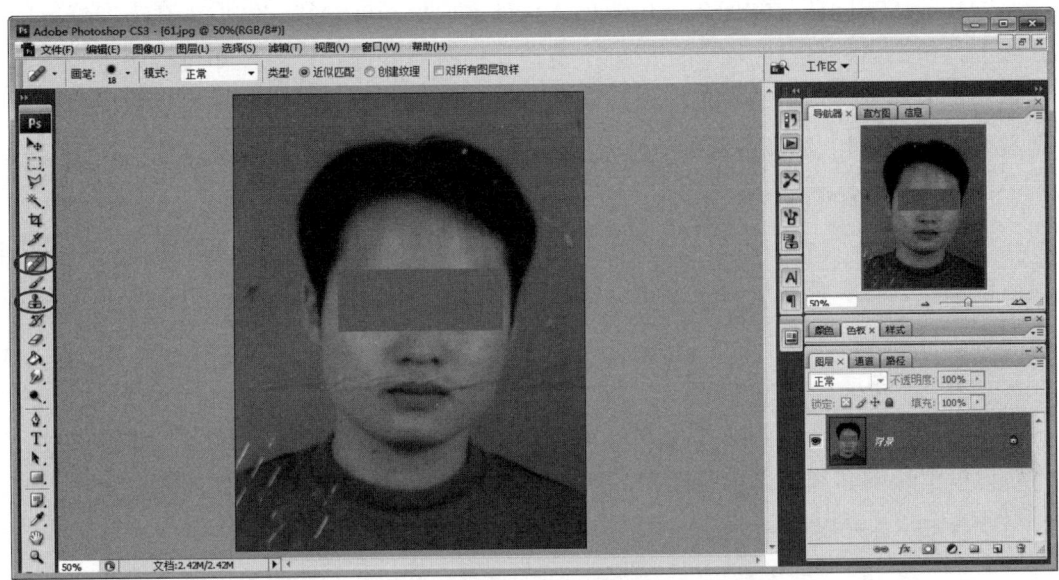

图 6.16　打开原图

步骤 2：使用污点修复画笔工具修复

单击工具面板上的污点画笔修复工具，此时鼠标指针变为"○"形状。在工具属性栏中设置画笔的直径、硬度。如图 6.17 所示，将画笔的直径和硬度调整到合适位置。

图 6.17　污点画笔修复工具属性栏

在脸内部相对靠里的区域，在污点上单击鼠标左键，污点自动消失。重复这一操作，直到脸内部相对靠里的区域中的污点被清除完毕。以同样的方法，清除头发、衣服和背景上的污点，直到满意为止。清除污点的同时还可以重新设置画笔大小以适应不同大小的污点。污点修复画笔工具适合在同一色彩区域内使用。

步骤 3：使用仿制图章工具修复

单击工具面板上的仿制图章工具，此时鼠标指针变为"○"形状。在工具属性栏中设置画笔的直径、硬度。如图 6.18 所示，将画笔的直径和硬度调整到合适位置。

图 6.18　仿制图章工具属性栏

在图像上存在折痕和不同颜色接壤区域时，适合使用仿制图章工具进行修复。仿制图章的功能是使用相邻区域的图像来覆盖受损区域的图像。首先，在需要修复的区域附近，按住"Alt"键并单击鼠标左键一次，完成一次提取相邻区域图像的操作，提取的相邻区域图像与受损区域在颜色、特征上应该高度一致。然后，在需要修复的区域上，单击鼠标左键一次，完成一次覆盖受损区域的操作。在操作过程中，往往需要多次提取相邻区域图像，每次提取的相邻区域图像可以多次用于覆盖受损区域，直到需要重新提取相邻区域图像为止。仿制图章工具也可用于污点修复。

步骤 4：色彩修复

单击"图像"→"调整"→"色彩平衡"，打开"色彩平衡"设置窗口。由于人脸应该偏黄，将黄色滑块向左拖动以增加图像的黄色成分，边调整，边查看，直到满意为止。

步骤 5：亮度和对比度修复

单击"图像"→"调整"→"亮度/对比度"，打开"亮度/对比度"设置窗口。将对比度滑块向右拖动以增强图像的明暗对比，边调整，边观看，直到满意为止。

步骤 6：另存图像

单击"文件"→"存储为"，在格式栏中选择"JPEG"，按照提示保存文件即可。

实践项目 6-7　简单抠图

任务：使用快速选择工具、魔棒工具、橡皮擦工具将图像的主体部分抠取出来。

步骤 1：打开原图

单击"文件"→"打开"，按照提示打开原图。在"导航器"面板中将图像调至合适大小，如图 6.19 所示。

图 6.19　打开原图

步骤 2：使用快速选择工具

单击工具面板上的快速选择工具，此时鼠标指针变为"+"形状。在画面背景上单击鼠标左键选择待清除部分，按"Delete"键来清除选择部分。在操作过程中，可以放大图像进行操作。快速选择工具不能完整地去除背景，需要与其他工具配合使用。

步骤 3：使用魔棒工具

单击工具面板上的魔棒工具，此时鼠标指针变为魔棒形。在画面背景上单击鼠标左键选择待清除部分，按"Delete"键来清除选择部分。在操作过程中，可以放大图像进行操作。魔棒工具不能完整地去除背景，需要与其他工具配合使用。

步骤 4：使用橡皮擦工具

单击工具面板上的橡皮擦工具，此时鼠标指针变为橡皮擦形。在待清除区域拖动鼠标左键进行擦除。在操作过程中，可以放大图像进行操作。重复擦除操作，直到满意为止，如图 6.20 所示。

图 6.20　擦除后的效果

步骤 5：另存不透明图像

单击"文件"→"存储为"，在格式栏中选择"JPEG"，按照提示保存文件即可。

步骤 6：清除背景

在图层面板上，双击"背景"图层，在弹出的对话框中，单击"确定"按钮，解锁图层。在工具面板上，选择魔棒工具，此时鼠标指针变为魔术棒形。在画布中，单击白色背景任意一处，全部选中白色背景。如未全部选中，执行"选择"→"选取相似"，全部选中白色背景。按"Delete"键来清除白色背景。单击白色背景选区任意一处，释放选区。透明效果如图 6.21 所示。

图 6.21　透明效果

步骤 7：另存透明图像

单击"文件"→"存储为"，在格式栏中选择"PNG"格式，按照提示保存文件即可。PNG 是一种采用无损压缩算法的便携式网络位图格式，支持图像 Alpha 通道，即透明特性。

【分享活动】除了本章提及的工具，你还知道哪些优秀的图像教学材料获取与处理工具？列表分享工具名称、功能。工具包括但不限于各类专用硬件设备、在线平台、在线网站、在线工具、PC 软件、手机 App、微信小程序、AIGC 大模型等。

本章作业

1. 应用人工智能大模型生成图像教学材料

结合自己的学科，任选教学主题和人工智能大模型，生成图像教学材料。提交图像教学材料、生成报告，报告内容应包括人工智能大模型的名称、提示词、生成工具的优缺点，以及应该遵守的伦理道德。

2. Photoshop 图像处理技巧迁移实践

使用 WPS 演示文稿或 MS Office Powerpoint 完成本章 Photoshop 教学图像处理实践项目，比较处理效果。提交实践报告，报告内容应包括 Photoshop 与 WPS 演示文稿或 MS Office PowerPoint 的图像处理效果比较，WPS 演示文稿或 MS Office PowerPoint 的图像处理操作步骤。

扫码查看本章
网络资源

第 7 章 数字音频教学材料

Chapter 7

学习目标

※ 了解音频的编码格式、文件格式、教学应用类型；
※ 了解音频教学材料的获取方法；
※ 掌握下载、录制音频教学材料的技能；
※ 掌握应用 Audition 提取视频中的音频、转换音频格式、截取音频、添加淡入淡出效果、调整音量、单轨录音、降噪、多轨录音、混音、消除人声（重混音）等技能；
※ 了解获取与处理音频教学材料的常用工具，搭建个人的音频工具箱；
※ 培养应用数字音频工具辅助个人获取与处理数字音频教学材料的意识和伦理。

7.1 音频概述

7.1.1 音频的格式

音频编码格式与音频文件格式是两种截然不同的概念。音频编码格式是指音频的压缩算法，压缩是为了减小音频文件的体积。常用的编码格式有 MP3、AAC、WMA、PCM 等，每种编码格式都有自己的特点。音频文件格式是指对音频数据、音频信息封装后的基础文件格式，主要通过文件的扩展名体现出来。常用的音频文件格式有 MP3、WMA、WAV、AAC、OGG、FLAC、APE、MIDI 等。同样的音频文件格式，其编码格式可能相同，也可能不同。

MP3 是使用最多的一种音频格式。MP3 全称是 MPEG AudioLayer 3，是指 MPEG 标准中的音频部分，诞生于 20 世纪 80 年代的德国。MPEG 音频文件的压缩是有损压缩，具有 10∶1～12∶1 的高压缩率，基本保持低频部分不失真，但牺牲 12～16kHz 高频部分的质量来换取文件的大小。换句话说，音频文件（主要是大型文件，如 WAV 文件）能够在音质丢失很少的情况下转成 MP3 文件，可以把文件压缩到更小的程度。相同长度的音频文件，用 MP3 储存，每分钟约 1MB，只有 WAV 的 1/10 左右，音质仅次于 CD 或 WAV 文件，但这对于普通用户而言已经足够了。由于 MP3 文件尺寸小，音质好，其主流音频格式的地位难以被撼动。但是，MP3 音乐的版权保护问题一直找不到解决办法，因为 MP3 文件没有版权保护技术。

7.1.2 音频的教学应用

在课件、微课、在线课程等多媒体设计中的音频可以分为三种类型。第一种是效果音乐或音效，通过真实世界的声音或者具有某种意义的声音，提示观众屏幕正在发生某些变化，从而吸引观众的注意力，如屏幕元素进入、退出、答案正确、错误、屏幕转场等音效。第二种是背景音乐，主要用于增强叙事、营造氛围，以及引导观众的情感反应、产生共鸣，如诗词朗诵、讲故事、做讲演的背景音乐。第三种是内容音频，主要用于呈现知识内容、数据、信息、案例材料，如课文朗读、内容解说、问题解答等。音频教学材料主要指的就是音频内容。

【分享活动】数字音频有哪些教学作用？结合自己的学科专业，列举中小学教育教学应用数字音频教学材料的一个典型场景，说明数字音频教学材料的作用。

_____

_____

_____

7.2 音频教学材料的获取方法

获取音频教学材料的方法主要包括以下几种：
（1）利用手机、平板电脑或计算机等设备自行录制。
（2）利用录屏软件录屏，如 Camtasia studio，输出音频。
（3）在搜索引擎中搜索、下载（包括专用搜索引擎），如百度等。
（4）在各大音频服务平台获取，如网易音乐、QQ 音乐等。
（5）在音频专业素材网站获取，如音效网、音频网等。

（6）在综合素材网站获取，如爱给网、站长之家素材等。

（7）在各大教育资源网、教育资源库、教育资源公共服务平台获取，如国家中小学智慧教育平台等。

（8）使用生成式人工智能生成，如腾讯混元、Kimi、海绵音乐、通义听悟、网易天音、天工 SkyMusic 等。

（9）在电商平台付费购买、定制。

通过网络获取音频材料的关键技术在于下载，主要包括以下三种下载方法：

（1）通过下载链接直接下载。

多数网页提供了下载链接，使用鼠标左键单击下载链接，按照提示下载音频材料，或者使用鼠标右键单击下载链接，执行"链接另存为"命令，按照提示保存即可。

（2）通过查找音频地址下载。

在网页没有提供下载链接的情况下，通过网页源代码找到音频地址，在浏览器中直接下载或者借助迅雷等工具下载。

（3）借助网络音频专用下载工具自动下载。

在网页没有提供下载链接并且通过网页源代码无法找到音频地址的情况下，可以采用 VSO Downloader、uDownloader、GetHemall 等万能音视频下载工具自动下载。但是并不是任何网站的音视频都可以被下载，具体尝试才能知道哪些工具支持哪些网站。目前推荐 GetHemall 浏览器插件。作为一款功能强大的下载管理软件，它特别适用于下载 PDF 文件、HTML、图像、音频、视频和 Flash 动画等。通过内置的过滤器分析网页，它可以使用户能够方便地下载所需内容。

7.3 音频教学材料获取与处理实践

处理音频教学材料的工具有很多，专业级工具有 Adobe Audition（其前身是 Cool Edit）等，家用级工具有 GoldWave 等，轻便级工具有 Camtasia studio、会声会影、狸窝视频转换器、格式工厂等。视频一般配有音频，因此视频处理工具一般附带轻便级音频处理功能。推荐 Adobe Audition 和 Camtasia studio 搭配使用。其中，Adobe Audition 支持的文件格式多如 MP3、WAV 等；处理功能多，如录制、剪切、降噪、调整音量、淡入淡出、串联、混缩（多轨合成）、重混缩（消除人声、制作伴奏）、变速、变声、从视频中提取音频、从 CD 中提取音频、转换格式、批量转换格式等。Camtasia studio 支持格式少，目前支持 M4A、WAV；处理功能少，如录制、剪切、降噪、调整音量、淡入淡出、串联、混缩（多轨合成）、变速、从视频中提取音频、转换格式等。

7.3.1 使用网页代码或专用工具下载音频教学材料

实践项目 7-1　通过网页源代码找到音频地址，在浏览器中直接下载

任务：通过网页源代码找到音频的绝对地址，下载音频。

步骤 1：打开网页

打开地址"http://www.xscbs.com/public/uploads/quanfugai2/kczyyw1s.html"。

步骤 2：打开音频所在的网页

在"课程资源"栏目中，打开"音乐—二年级上册—第一单元—七个好朋友"页面。如图 7.1 所示，继续打开"教师教学"栏目中的"聆听感知"页面。该网页中没有提供下载链接。

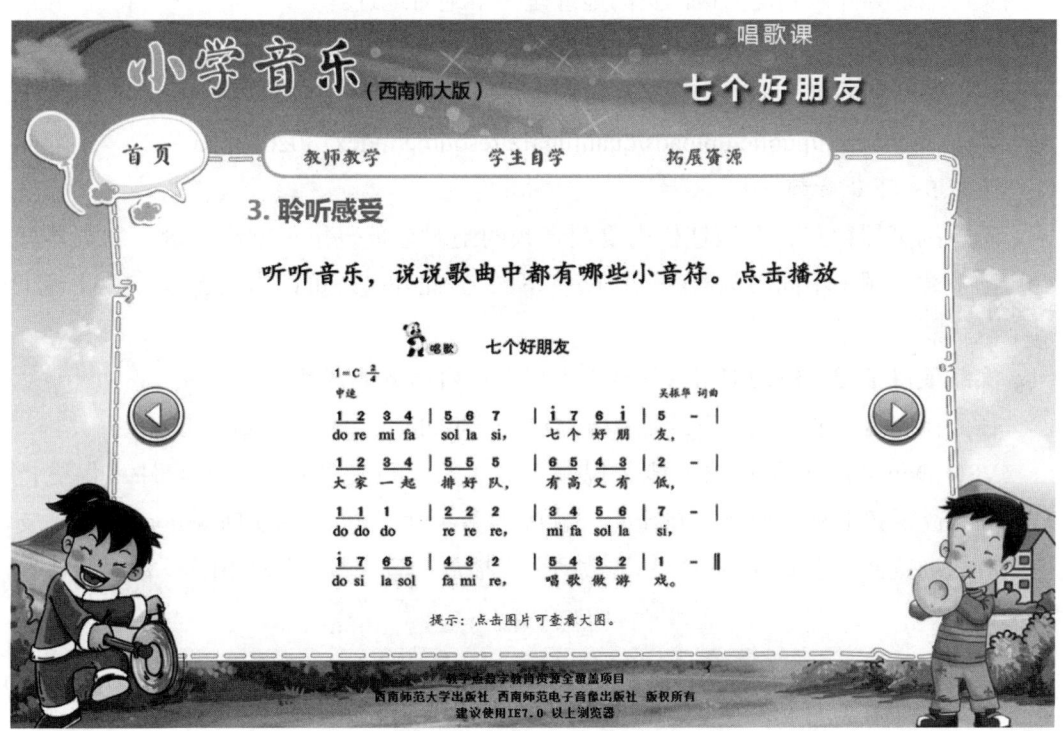

图 7.1　打开音频所在的网页

步骤 3：确定音频的相对地址

在屏幕上单击鼠标右键，执行"查看网页源代码"命令，打开网页源代码。找到音频材料的地址所在的代码块，如图 7.2 所示。这段代码提示我们，该音频的文件格式是 MP3，音频地址是"resource/index130201.mp3"，它是一个相对地址，不是绝对地址。绝对地址是指形如"http://www.xscbs.com……/index130201.mp3"或者形如"www.xscbs.com……/index130201.mp3"的地址。绝对地址才是该音频材料的真实地址。有的网页源代码会直接提供音频的绝对地址。

```
<tr>
    <td height="500" colspan="2" valign="top">
<p class="content-zw">唱一唱。
    <span id="audioplayer_1" align="center">点击播放</span>
        <script type="text/javascript">
        AudioPlayer.embed("audioplayer_1", {soundFile: "resource/index130201.mp3"});
        </script></p>
    <p align="center"><a href="resource/index130101.jpg" target="_blank"><img src="resource/index130101s.jpg"
    <p class="tishi">提示：点击图片可查看大图。</p>
    </td>
</tr>
```

图 7.2　音频地址

步骤 4：确定音频的绝对地址

由于"resource/index130201.mp3"是相对地址，它是相对于该音频所在网页而言的。因此，音频的绝对地址应该由相对地址"resource/index130201.mp3"和该音频所在网页的地址共同来确定。该网页的地址是一个绝对地址：

www.xscbs.com/public/uploads/quanfugai2/kczyyw1s.html。

因此，音频的绝对地址、真实地址理论上是：

www.xscbs.com/public/uploads/quanfugai2/resource/index130201.mp3。

步骤 5：下载音频

新建浏览器窗口，在地址栏内复制音频的绝对地址，按"Enter"键，浏览器开始自动下载音频（不同浏览器的反应略有不同）。此外，还可以借助迅雷、IDM 等工具下载音频。

实践项目 7-2　借助网络音频专用下载工具自动下载音频

任务：安装万能音视频下载工具 VSO Downloader，借助它下载音频。

VSO Downloader 是一款万能音视频下载工具，可免费使用。该软件不仅支持 YouTube 音视频下载，而且支持土豆、优酷的音视频下载。VSO Downloader 几乎支持所有的浏览器。它能自动侦测和下载网页中播放的音视频，无需用户手动寻找或复制地址。

步骤 1：下载、安装并启动 VSO Downloader 5.0

在百度中搜索"VSO Downloader 5.0"，打开官方网站（http://www.vso-software.fr）。下载软件，然后安装、启动。

步骤 2：打开网页，播放音频

打开百度音乐（http://music.baidu.com），播放一首歌曲。

步骤 3：下载音频

在播放歌曲的同时，VSO Downloader 5.0 立刻感知音频并自动下载，如图 7.3 所示。单击"文件夹"按钮打开音频所在位置，查看音频文件。

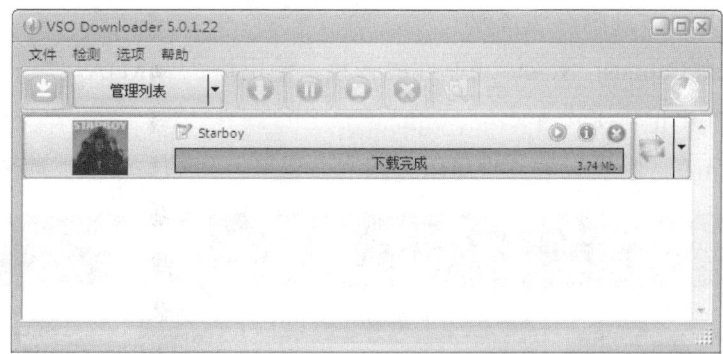

图 7.3　VSO Downloader 5.0 的工作界面

7.3.2　使用 Camtasia Studio 录制音频教学材料

实践项目 7-3　初识 Camtasia Studio

任务：下载、安装并启动 Camtasia Studio，熟悉其工作界面。

步骤 1：下载、安装并启动 Camtasia Studio 2018

步骤 2：熟悉编辑界面

启动 Camtasia Studio 2018，新建项目，进入工作界面，如图 7.4 所示。Camtasia Studio 是一款录像编辑软件，在工作界面中从上到下、从左到右依次是顶部菜单栏、左中部工具栏、正中画布预览栏、右中部属性栏、底部时间线五个板块。其中，左中部工具栏由一系列折叠面板构成。不难发现，Camtasia Studio 的工作界面与绝大多数视频编辑软件的工作界面相似，用户只要会用其他视频编辑软件，如会声会影、Premier 等，一般就能快速掌握 Camtasia Studio 的操作方法。

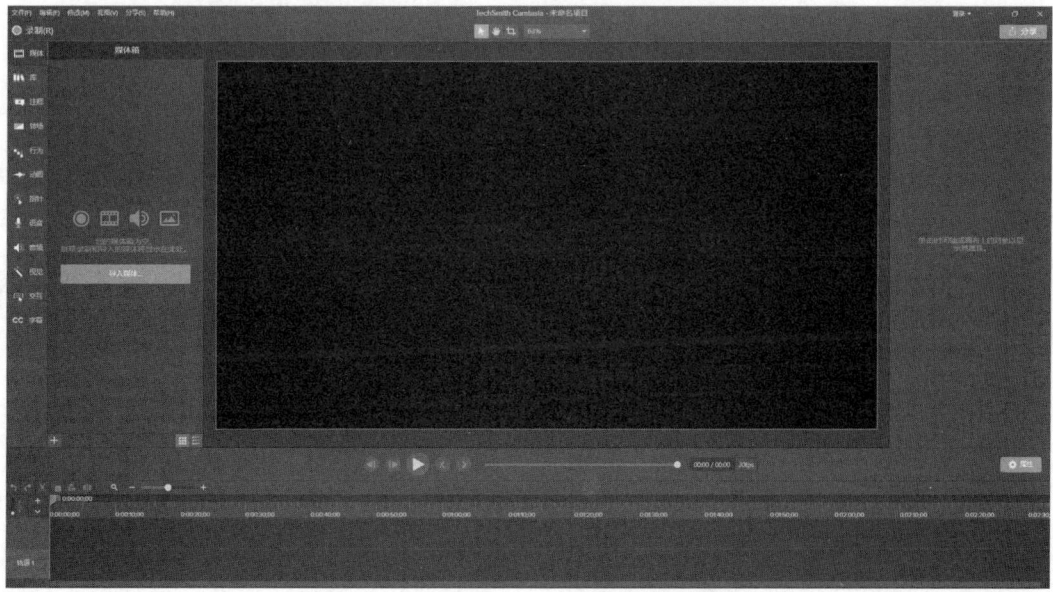

图 7.4　Camtasia Studio 2018 的工作界面

实践项目 7-4　录制在线音频

任务：使用 Camtasia Studio 录制在线音频，输出格式为 M4A。

步骤 1：打开音频播放网页

如图 7.5 所示，以网易云音乐歌曲"明天会更好"为例，打开歌曲播放网页。

图 7.5　歌曲播放网页

步骤 2：启动 Camtasia Studio 2018，新建项目，进入工作界面

步骤 3：声音选项设置

单击左上角红色"录制（R）"按钮，调出录制设置工具栏，如图 7.6 所示。"选择区域"下保持默认选项。单击"录制输入"下"音频"右侧的下拉按钮，勾选"不录制麦克风"，再次单击"录制输入"下"音频"右侧的下拉按钮，勾选"录制系统音频"，确保"不录制麦克风"和"录制系统音频"都被选中。

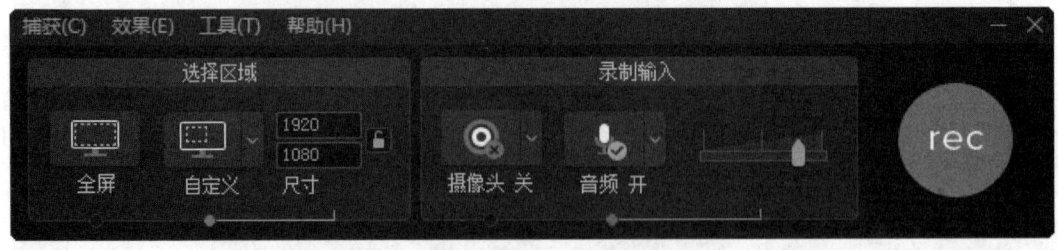

图 7.6　Camtasia Studio 2018 的录制设置工具栏

步骤 4：启动录制

单击录制设置工具栏右侧的红色"rec"按钮，Camtasia Studio 启动录制倒计时，3 秒后开始录制屏幕。录制设置工具栏消失，录制工具栏调出，如图 7.7 所示。

图 7.7　Camtasia Studio 2018 的录制工具栏

步骤 5：持续录制

回到歌曲播放网页，单击网页下方的播放按钮，开始播放歌曲。Camtasia Studio 一直处于录屏工作状态，直到歌曲播放结束。

步骤 6：结束录制

单击录制工具栏右侧的"停止"按钮，Camtasia Studio 结束录屏。随后 Camtasia Studio 工作界面自动加载录制好的视频，如图 7.8 所示，包括桌面视频和系统音频。桌面视频在画布中显示，系统音频在轨道上呈现波形，主要记录的是歌曲播放的声音。

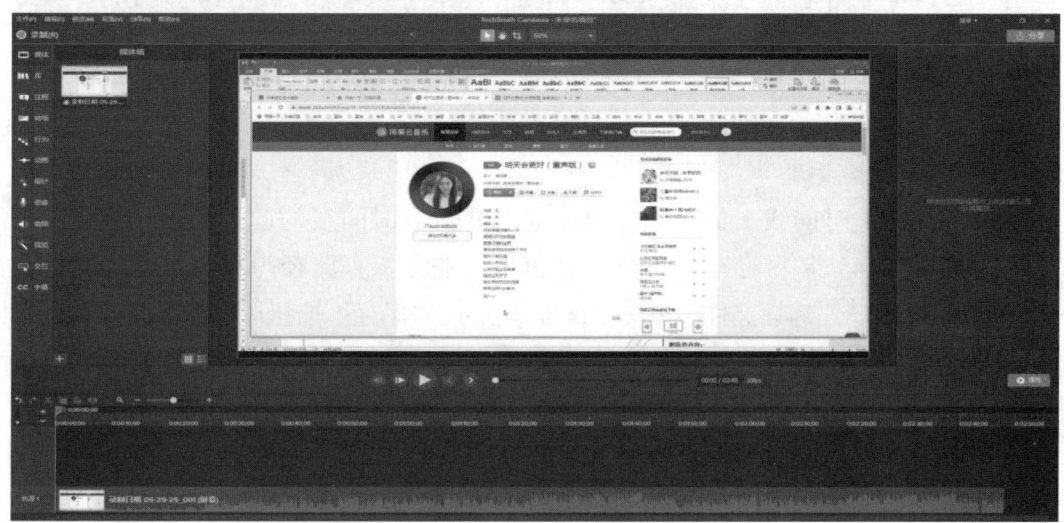

图 7.8　Camtasia Studio 2018 自动加载录制好的屏幕视频

步骤 7：剪辑录制

单击画布下的播放按钮，一边监听歌曲，一边观察播放头的位置，找到歌曲的开始点，单击停止按钮。

在时间线上，移动并确保播放头在歌曲的开始点，即剪辑入点。单击并选中时间线上的视频。单击时间线左上方的分割按钮，分割视频。单击并选中时间线左边的视频。单击键盘上的 Delete 键，删除左边的视频。效果如图 7.9（左）所示。即删除步骤 4 和步骤 5 之间的时间录制的视频部分。

在时间线上，移动并确保播放头在歌曲的结束点，即剪辑出点。单击并选中时间线上的视频。单击时间线左上方的分割按钮，分割视频。单击并选中时间线右边的视频。单击键盘上的 Delete 键，删除右边的视频。效果如图 7.9（右）所示。即删除步骤 5 和步骤 6 之间的时间录制的视频部分。经过以上剪辑，最终效果如图 7.10 所示。

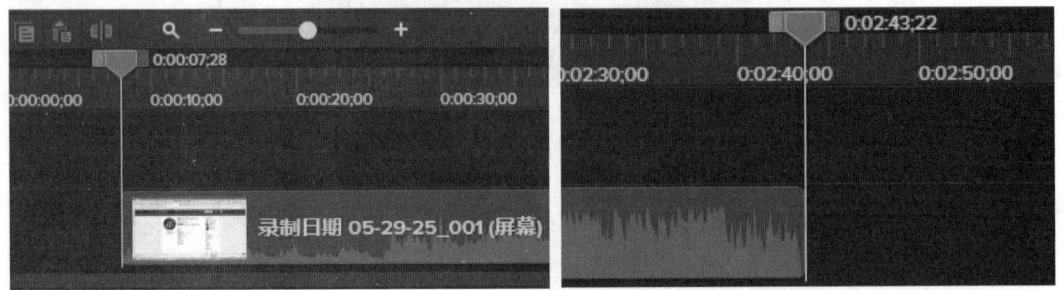

图 7.9　视频剪辑的入点和出点效果

图 7.10　视频剪辑的最终效果

步骤 8：导出音频

单击并选中时间线上的视频，向左拖动并对齐时间线的起点位置。执行"分享"→"仅导出音频"命令，打开保存窗口。选择保存路径为桌面，输入文件名为"明天会更好"，选择文件类型为"m4a"，单击"保存"按钮即可将歌曲保存到桌面。录制的音频几乎无损。录制的音频仅供自己教学使用，不得在网络上传播。有条件的可以付费下载。

步骤 9：保存项目文件

执行"文件"→"保存"命令，打开保存窗口。选择保存路径为桌面，输入文件名为"明天会更好"，默认文件类型为"*.tscproj"，单击"保存"按钮即可将项目文件保存到桌面。项目文件可供下次编辑。

7.3.3　使用 Audition 处理音频教学材料

Adobe Audition（其前身是 Cool Edit）是 Adobe 公司开发的一款功能强大、效果出色的多轨录音和音频处理软件。它是一个非常出色的数字音乐录制、编辑和制作软件，不少人把它形容为音频"绘画"程序。Audition 可提供先进的音频混合、编辑、控制和效果处理功能。它最多可以混合 128 个声道，可编辑单个音频、创建回路并可使用 45 种以上的数字信号处理效果。Audition 是一个功能完善的多声道"录音室"，可提供灵活的工作流程并且使用简便。无论是录制音乐、无线电广播，还是为录像配音等，Audition 中的工具都能提供强大支持，以创造最高质量的音响效果。

实践项目 7-5　初识 Adobe Audition

任务：下载、安装并启动 Adobe Audition，熟悉编辑界面和多轨界面。

步骤 1：下载、安装并启动 Adobe Audition 3.0

步骤 2：熟悉编辑界面

执行"文件"→"打开"命令，按照提示打开一个音频文件（波形）。Adobe Audition 3.0 的编辑界面如图 7.11 所示，主要是由左侧文件（素材）面板、右侧主群组（波形）面板、左下角传送器（播放控制）面板等面板组成，面板可以关闭、移动。执行"窗口"→"工作区"→"重置当前工作区"命令可以恢复面板的默认布局。在编辑界面，可以进行音频（波形）的剪切、复制、粘贴等处理，也可以进行波形变速、变调、放大、缩小、淡入、淡出、降噪等特效处理，还可以录音等。

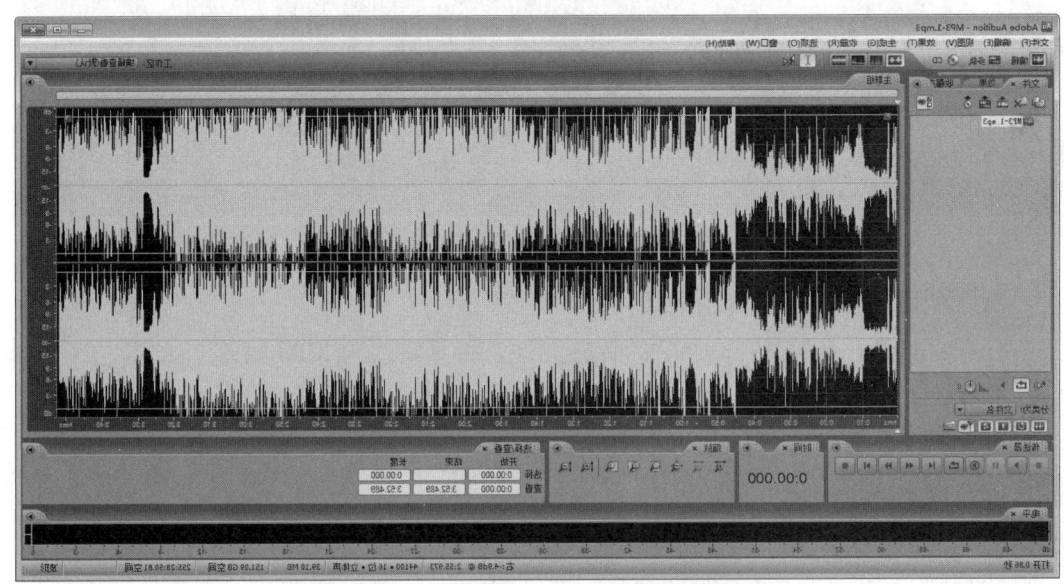

图 7.11　Adobe Audition 3.0 的单轨工作界面

步骤 3：熟悉多轨界面

如图 7.12 所示，单击"多轨"按钮，切换到 Adobe Audition 3.0 的多轨界面。在多轨界面，可以进行录音、多个音频的混合等操作。

实践项目 7-6　提取视频中的音频

任务：在 Adobe Audition 3.0 中提取视频中的音频，保存为 MP3 格式音频文件。

步骤 1：提取音频

启动 Adobe Audition 3.0，执行"文件"→"打开视频中的音频文件"命令，按照提示打开一个视频文件。系统自动生成一个音频文件并自动打开波形，完成音频提取。

对于音频提取，Audition 3.0 目前支持部分视频文件格式，包括 AVI、MPG、MP3、MPEG、M2T、WMV、ASF、MOV 等。

步骤 2：保存音频

执行"文件"→"另存为"命令，在"另存为"窗口的"保存类型"中选择 MP3 格式，按照提示保存音频文件即可。

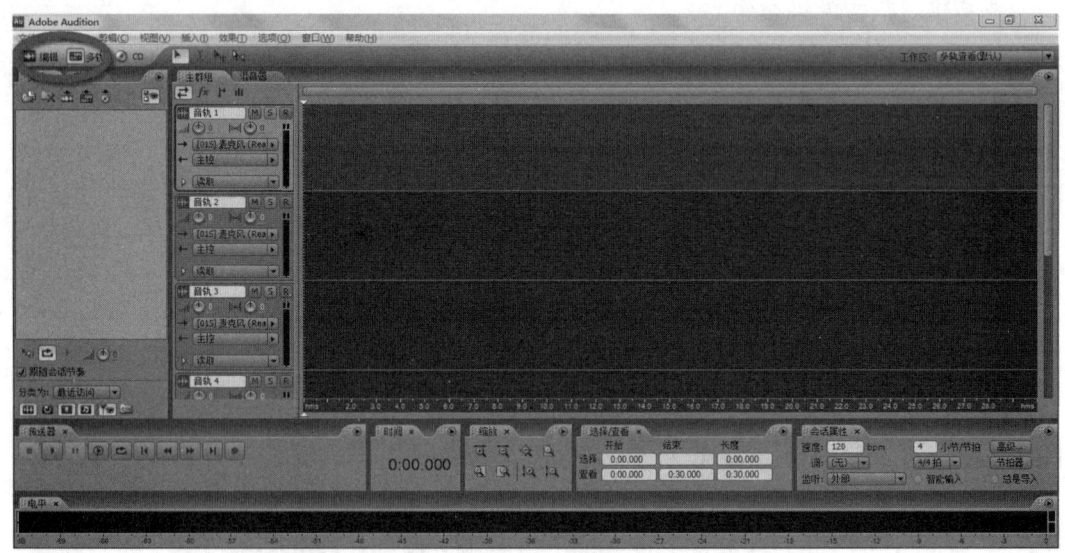

图 7.12　Adobe Audition 3.0 的多轨工作界面

实践项目 7-7　转换音频格式

任务：打开一个格式为 WAV 的音频文件，将其转换为 MP3 格式。

步骤 1：打开音频

启动 Adobe Audition 3.0，执行"文件"→"打开"命令，按照提示打开 WAV 格式音频文件。

步骤 2：保存音频

执行"文件"→"另存为"命令，在"另存为"窗口中的"保存类型"中选择 MP3 格式，按照提示保存音频即可。

实践项目 7-8　从音频文件中截取一段

任务：从一个音频文件中截取一段音频，保存为 MP3 格式文件。

步骤 1：打开一个音频文件

启动 Adobe Audition 3.0，执行"文件"→"打开"命令，按照提示打开音频文件。

步骤 2：选中一段波形

单击"播放"按钮播放音频文件，监听并观察播放头的位置变化，确认所要截取波形的大致范围。拖动鼠标左键，选中这段波形。如图 7.13 所示，此时播放头已经由"▼"形分割成"▶"形和"◀"形，"▶"和"◀"之间的部分就是选中的波形。

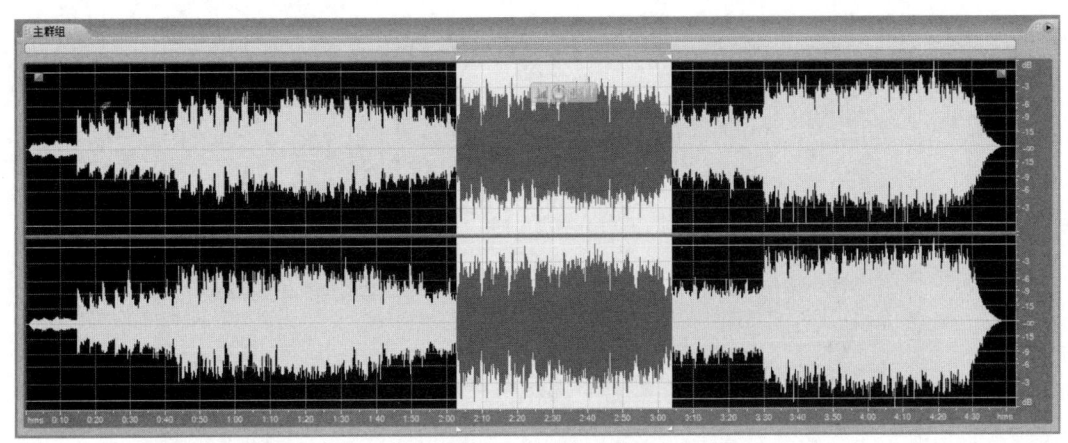

图 7.13　选中波形

步骤 3：调整截取入点和出点

单击"循环播放"按钮循环播放所选波形并监听。根据监听情况，拖动"▼"或"▼"，调整所要截取波形的入点（起始点）、出点（结束点），直至满意为止。单击"停止播放"按钮，停止播放所选波形。

步骤 4：新建波形

在所选波形上单击鼠标右键，执行右键菜单命令"复制到新的"，系统自动生成一个音频文件并自动打开波形，这个音频文件的波形就是所选波形。

步骤 5：保存文件

执行"文件"→"另存为"命令，按照提示保存音频文件即可。通过这种截取操作，可以为手机定制个性化铃声。

实践项目 7-9　添加淡入淡出效果

任务：为音频添加淡入淡出效果。

步骤 1：打开一个音频文件

启动 Adobe Audition 3.0，执行"文件"→"打开"命令，按照提示打开音频文件。

步骤 2：添加淡入效果

选中波形开始约 5s 的部分，执行"效果"→"振幅和压限"→"振幅/淡化"命令，调出设置窗口。如图 7.14 所示，在"预设"中选择"淡入"。

单击"确定"按钮后，所选波形产生淡入效果，如图 7.15 所示。

步骤 3：添加淡出效果

选中波形末尾约 5s 的部分，参考步骤 2，为所选波形添加淡出效果。

步骤 4：保存文件

执行"文件"→"另存为"命令，按照提示保存音频文件。

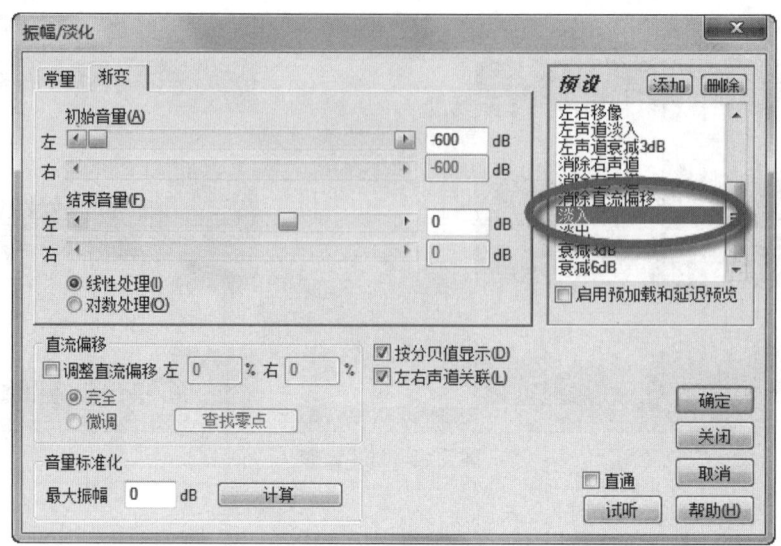

图 7.14 添加淡入效果

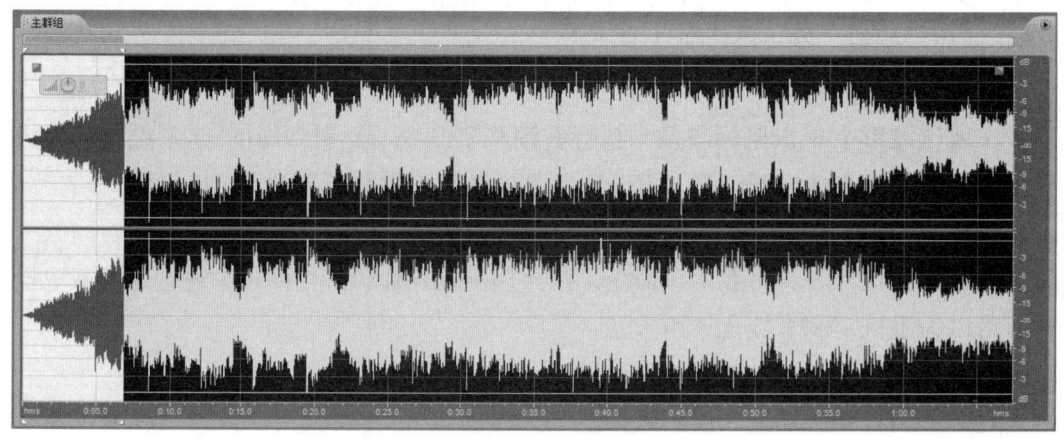

图 7.15 淡入效果

实践项目 7-10　调整音量

任务：将音频的音量调大或调小。

步骤 1：打开音频

启动 Adobe Audition 3.0，执行"文件"→"打开"命令，按照提示打开音频文件。

步骤 2：调整音量

执行"效果"→"振幅和压限"→"放大"命令，调出放大设置窗口，如图 7.16 所示。拖动左声道增益调整滑块向右或向左滑动，以降低或放大音量。可以单击放大设置窗口左下角的"▶"按钮进行监听，同时可以继续调整增益，直到效果满意为止。单击"确定"按钮，完成音量调整。

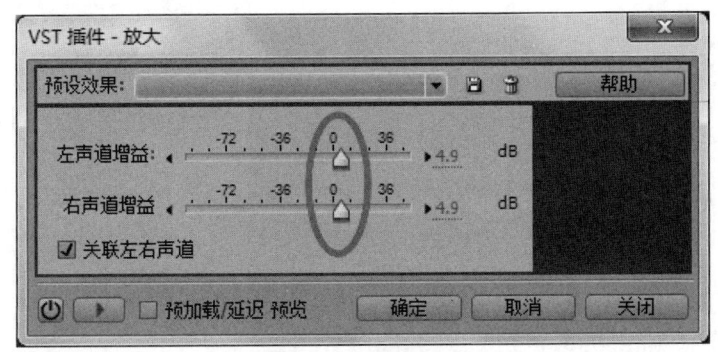

图 7.16　调整增益

步骤 3：保存文件

执行"文件"→"另存为"命令，按照提示保存音频文件。音量只能适当放大，不能过于放大，否则会损伤音质。

实践项目 7-11　单轨录音

任务：在编辑界面下录制诗词朗诵。

步骤 1：准备一首诗词以备朗诵

步骤 2：启动 Adobe Audition 3.0，进入编辑界面

步骤 3：调试好麦克风

步骤 4：录音

单击播放控制面板上的红色录音按钮，在打开的新建波形设置窗口中保持默认设置，单击"确定"按钮后系统自动开始录音，此时朗诵诗词，人声就会被记录成波形。单击"停止"按钮停止录音。

步骤 5：保存

执行"文件"→"另存为"命令，按提示保存音频。

实践项目 7-12　降噪

任务：消除音频中的背景噪声。

步骤 1：在 Adobe Audition 3.0 中打开有背景噪声的音频

步骤 2：降噪

执行"效果"→"修复"→"降噪器"命令，打开降噪器窗口，如图 7.17 所示。在降噪器窗口中单击"获取特性"按钮，然后单击"试听"按钮。在试听的同时左右拖动"降噪级别"下的滑块调整降噪级别，直到降噪效果满意为止。单击"确定"按钮完成降噪。

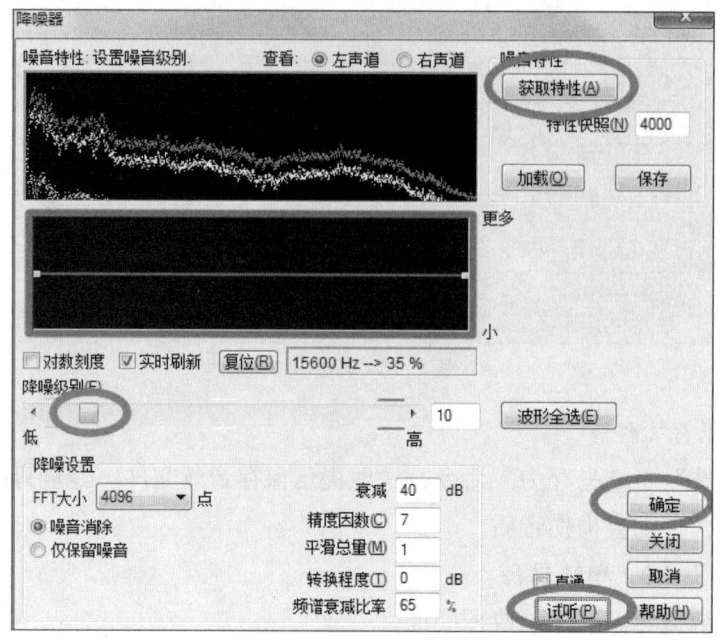

图 7.17　降噪

步骤 3：保存

执行"文件"→"另存为"命令，按提示保存音频。

实践项目 7-13　多轨录音与混缩

任务：在多轨界面中录制配乐诗朗诵。

步骤 1：准备一首诗、一首背景音乐，调试好耳机和麦克风

步骤 2：启动 Adobe Audition 3.0，进入多轨界面

步骤 3：导入背景音乐

执行"文件"→"导入"命令，依据向导导入背景音乐。在素材面板中，按住鼠标左键将背景音乐拖入"音轨 1"，如图 7.18 所示。在波形上按住鼠标右键可以左右移动波形。

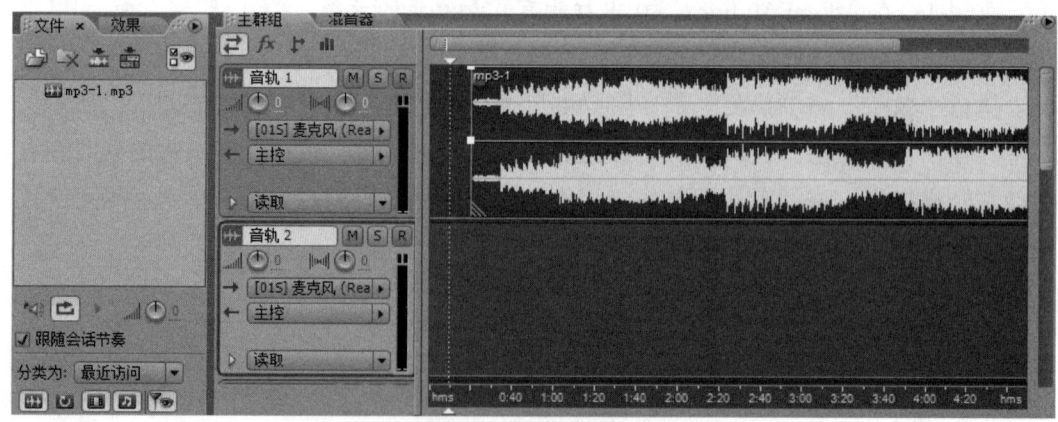

图 7.18　导入背景音乐

步骤 4：保存会话

单击"音轨 2"中的录制按钮 R，按照提示保存多轨会话。多轨会话是扩展名为 .ses 的项目文件，关闭以后可以打开并重新编辑。保存以后，录制按钮 R 变成红色，表示可以开始录音。

步骤 5：录音

将播放头移到适当的位置，单击播放控制面板上的红色录音按钮，系统自动开始录音，并在素材面板立刻自动生成一个音频文件。边听音乐，边朗诵诗词，人声就会被记录成波形，如图 7.19 所示。单击"停止"按钮停止录音。

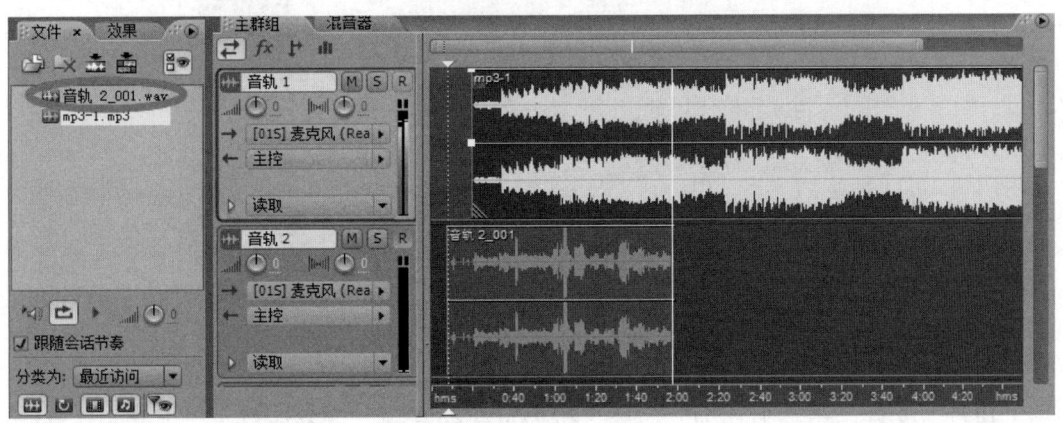

图 7.19　录音

步骤 6：混缩

执行"编辑"→"混缩到新文件"→"会话中的主控输出"命令，开始自动将"音轨 1"的背景音乐和"音轨 2"的诗词朗诵进行混缩。混缩就是混音，就是把两路或多路音轨合成一路音轨的操作。混缩以后，在素材面板上会自动生成一个名为"混缩*"的文件。

步骤 7：保存

执行"文件"→"另存为"命令，按提示保存音频。

实践项目 7-14　重混缩（消除人声）

任务：为音频消除人声，制作伴奏。

步骤 1：打开一个音频文件

启动 Adobe Audition 3.0，执行"文件"→"打开"命令，按照提示打开音频文件。

步骤 2：声道重混缩

执行"效果"→"立体声声像"→"声道重混缩"命令，调出设置窗口。如图 7.20 所示，在"预设效果"中选择"Vocal Cut"，即人声消除，其他保持默认。单击

"试听"按钮试听。在试听的同时调整左右声道参数，直到人声消除效果令人满意为止。单击"确定"按钮完成声道重混缩。

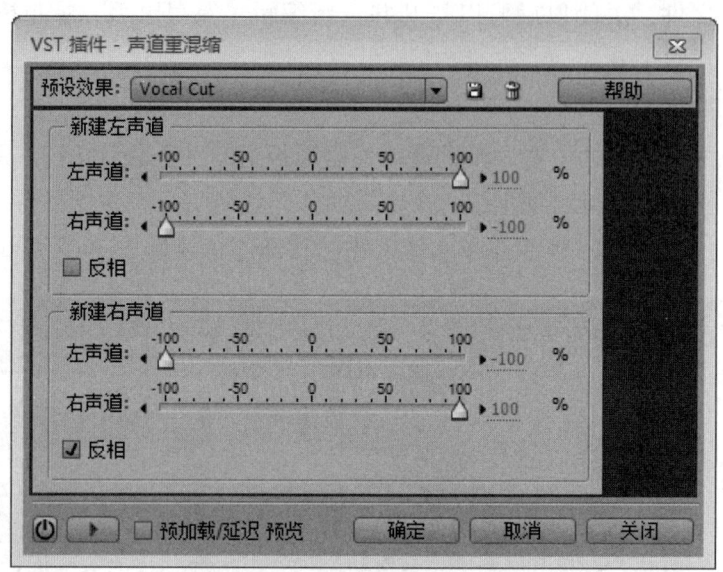

图 7.20　设置重混缩参数

步骤3：保存

执行"文件"→"另存为"命令，按提示保存音频。需要注意，以上是一次性消除人声的操作，在实践中往往需要分段消除、多次消除，以达到更好的效果。

【分享活动】除了本章提及的工具，你还知道哪些优秀的音频教学材料获取与处理工具？列表分享工具名称、功能。工具包括但不限于各类专用硬件设备、在线平台、在线网站、在线工具、PC软件、手机App、微信小程序、AIGC大模型等。

本章作业

应用人工智能大模型生成音频教学材料

结合自己的学科,任选教学主题和人工智能大模型,生成音频教学材料。提交音频教学材料、生成报告,报告内容应包括人工智能大模型的名称、提示词、生成工具的优缺点,以及应该遵守的伦理道德。

扫码查看本章
网络资源

第 8 章 数字视频教学材料

Chapter 8

学习目标

- ※ 了解视频原理、编码格式、文件格式、教学应用类型;
- ※ 了解视频教学材料的获取方法;
- ※ 掌握下载、录制视频教学材料的技能;
- ※ 掌握应用狸窝全能视频转换器截取视频、裁剪视频、转换视频等技能;
- ※ 掌握应用会声会影截取视频、裁剪视频、转换视频、添加片头和片尾、添加视频特效、添加转场特效、添加字幕、添加背景音乐、创作 MV、录制屏幕等技能;
- ※ 了解视频教学材料获取与处理的常用工具,搭建个人的视频工具箱;
- ※ 培养应用数字视频工具辅助个人获取与处理数字视频教学材料的意识和伦理。

8.1 视频概述

8.1.1 视频的原理

随着计算机、网络、手机和平板电脑的性能不断提升,视频的用处越来越大。在教学中视频主要用作教学材料。视频本质上是一种动画,是由连续图像的运动形成的。连续图像是一组图像,相邻图像之间有差别,但是差别不大。连续图像的运动之所以可以形成动画,是由于人眼的视觉暂留原理。视觉暂留原理揭示,当人眼看到的影像消失后,视觉仍能保留约 0.1 ~ 0.4 秒的影像记忆。只要连续图像切换的速度足够快,人眼就无法察觉,从而形成连续的动画。

8.1.2 视频的格式

视频编码格式是视频的压缩算法,是将某种视频文件格式转换成另一种视频文件格式的方式，如从 MP4 格式转换成 AVI 格式。常见的视频编码格式有 H.264、MPEG1、MPEG2、MPEG4、XVID 等，每种编码格式都有自己的特点。

视频文件格式即视频格式，是一种封装数据的文件格式，类似 *.doc、*.txt 等文件格式。由于视频文件通常包括视频、音频两大部分，需要采用不同的方式将其封装起来，打包成为一个完整的、独立的文件，所以各种视频文件格式应运而生。视频文件格式实际上是不同的视频数据、音频数据的打包容器。常见的视频文件格式有 MP4、AVI、MOV、RMVB、FLV、F4V、WMV、ASF、VOB、MPG、DAT、MKV、3GP 等。

虽然视频编码格式和视频文件格式是两种截然不同的概念，但是不同的视频文件格式可以使用相同的视频编码格式进行封装。例如，一个扩展名为 .avi 的视频格式文件，可能是由 XVID 编码格式封装的，也有可能是由 H.264 编码格式封装的。

8.1.3　视频的教学应用

在教学中，视频的主要类型是内容视频，用于动态呈现知识内容、数据、信息、案例材料、活动过程、演示操作、动作技能等。教学视频的主要作用是通过动态呈现，降低理解难度、提高教学效率、激发学习兴趣，以及创设情境、提出问题等。

【分享活动】数字视频有哪些教学作用？结合自己的学科专业，列举中小学教育教学应用数字视频教学材料的一个典型场景，说明数字视频教学材料的作用。

8.2　视频教学材料的获取方法

获取视频材料的方法主要包括以下几种：
（1）利用手机、平板电脑或摄像机等设备自行拍摄。
（2）利用录屏软件录屏，如 Camtasia studio，输出视频。
（3）在搜索引擎中搜索、下载（包括专用搜索引擎），如百度等。

（4）在各大视频服务平台获取，如哔哩哔哩、好看视频、抖音、快手等。

（5）在视频专业素材网站获取，如新片场、光厂等。

（6）在综合素材网站获取，如爱给网、站长之家素材等。

（7）在各大教育资源网、教育资源库、教育资源公共服务平台获取。

（8）使用生成式人工智能生成，如通义万相、即梦AI、可灵、寻光、网易见外等。

（9）在电商平台付费购买、定制。

通过网络获取视频材料的关键技术在于下载，主要包括以下几种下载方法：

（1）通过下载链接直接下载。多数网页提供了下载链接，使用鼠标左键单击下载链接，按照提示即可下载视频材料。或者使用鼠标右键单击下载链接，执行"链接另存为"命令，按照提示即可下载。

（2）通过查找视频地址下载。在网页没有提供下载链接的情况下，通过网页源代码找到视频地址，在浏览器中直接下载或者借助迅雷等工具下载。

（3）借助网络视频专用下载工具自动下载。在网页没有提供下载链接，并且通过网页源代码也无法找到视频地址的情况下，可以采用uDownloader、VSO Downloader、GetHemall等万能音视频下载工具自动下载。

8.3 视频教学材料获取与处理实践

8.3.1 使用网页代码或专用工具下载视频教学材料

实践项目8-1 通过网页源代码找到视频地址，在浏览器中直接下载

任务：通过网页源代码找到视频地址，下载视频。

步骤1：打开网站

打开地址"http://www.xscbs.com/public/uploads/quanfugai2/kczyyw1s.html"。

步骤2：找到视频网页

在"课程资源"栏目中，打开"音乐—二年级上册—第一单元—七个好朋友"页面，继续打开"学生自学"栏目中的"跟我学"所在网页。如图8.1所示，没有提供下载链接。

步骤3：找到视频的相对地址

在屏幕上单击鼠标右键，执行"查看网页源代码"命令，打开网页源代码。找到视频材料的地址所在的代码块，如图8.2所示。这段代码提示我们，该视频的文件格式为FLV，视频地址是"resource/index210101.flv"，它是一个相对地址，不是绝对地址。绝对地址才是该视频材料的真实地址。有的网页源代码会直接提供视频的绝对地址。

图 8.1　打开视频网页

```
<td align="center"><div id="flvplayer"></div>
    <script type="text/javascript">
var so = new SWFObject("mpw_player_swf", "swfplayer", "456", "362", "9", "#000000");
so.addVariable("flv", "resource/index210101.flv");
so.addVariable("jpg", "resource/index210101.jpg");
//so.addVariable("autoplay", "true");
so.addParam("allowFullScreen", "true");
so.write("flvplayer");
    </script></td>
```

图 8.2　视频地址

步骤 4：确定视频的绝对地址

由于"resource/index210101.flv"是一个相对地址，它是相对于该视频所在网页而言的。因此，视频的绝对地址应该由相对地址"resource/index210101.flv"和该视频所在网页的地址共同确定。该网页的地址是一个绝对地址：

www.xscbs.com/public/uploads/quanfugai2/yinyue/2shang/1-1-1/index2101.html。

因此，视频的绝对地址、真实地址是：

www.xscbs.com/public/uploads/quanfugai2/yinyue/2shang/1-1-1/resource/index210101.flv。

步骤 5：下载视频

新建浏览器窗口，在地址栏内输入视频的绝对地址，按"Enter"键，浏览器开始自动下载视频（不同的浏览器略有不同）。

实践项目 8-2　借助网络音频专用下载工具自动下载视频

任务：借助万能音视频下载工具 uDownloader 下载视频。

uDownloader 可用于所有 Web 流媒体文件的下载，支持国内外各大网站。使用 uDownloader，只需在 URL 框中输入音视频材料所在的网页地址，按"Enter"键即可。它自动嗅探、下载网页中的音视频文件，允许下载后的音视频文件自动转码（转化格式）。

步骤 1：安装 uDownloader 并启动程序

步骤 2：复制视频所在网页地址

打开实践项目 8-1 中的网页，复制地址栏中的网页地址。

步骤 3：下载视频

在 uDownloader 的地址栏中粘贴网页地址，按"Enter"键，打开网页。单击"视频播放"按钮，uDownloader 立刻感知视频并自动下载，如图 8.3 所示。

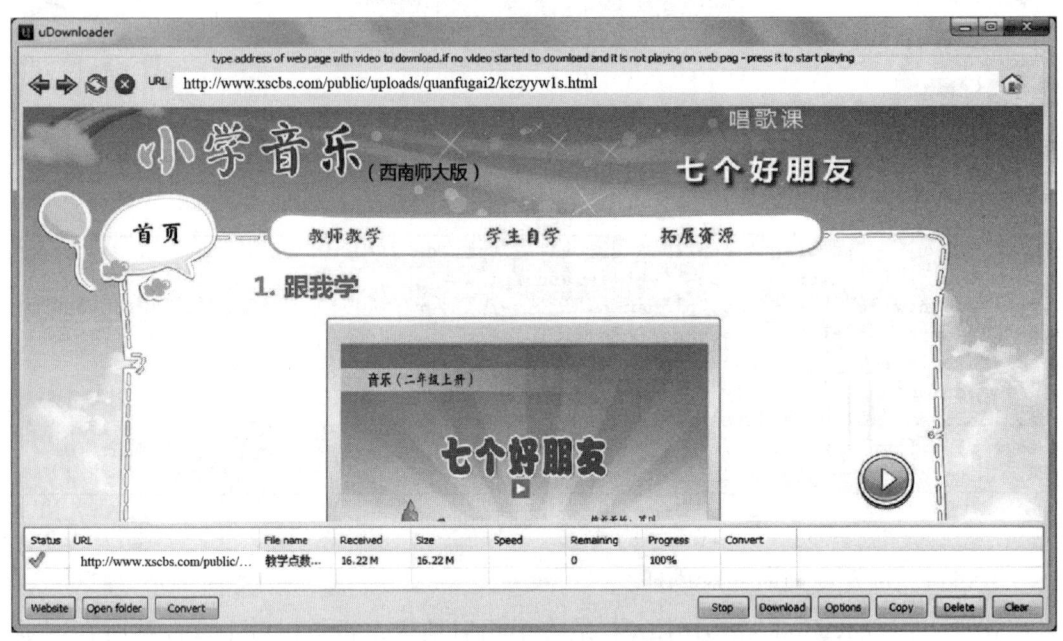

图 8.3　uDownloader 的工作界面

8.3.2　使用 Camtasia Studio 录制视频教学材料

实践项目 8-3　录制在线视频

任务：使用 Camtasia Studio 录制在线视频，输出 MP4 格式。

步骤 1：打开视频播放网页

如图 8.4 所示，以中国科普网科普视频"发生地震时，最先应该做什么？"为例，打开视频播放网页。

图 8.4　视频播放网页

步骤 2：启动 Camtasia Studio 2018，新建项目，进入工作界面

步骤 3：画面选项设置

单击左上角红色"录制（R）"按钮，调出录制设置工具栏，如图 8.5 所示。"选择区域"有"全屏"和"自定义"两种模式。如果选择"全屏"模式，将会录制整个屏幕，视频需要全屏播放，录制的视频文件较大。如果选择"自定义"模式，可以自定义录制屏幕区域，录制的视频文件较小。单击"自定义"右侧的下拉按钮，在弹出的下拉菜单中选择"选择要录制的区域"。此时，鼠标指针变为"十"字形，旁边伴有两条红线，以便建立选区。按下鼠标左键，拖动鼠标绘制要录制的区域，即视频播放窗口，释放鼠标左键，从而建立选区，确保选区与视频播放窗口重叠即可。拖动选区中心位置的移动按钮，可以移动选区的位置。拖动选区四边的八个调整按钮，可以减小选区的宽高。

图 8.5　Camtasia Studio 2018 的录制设置工具栏

步骤 4：声音选项设置

单击"录制输入"下"音频"右侧的下拉按钮，勾选"不录制麦克风"，再次单

击"录制输入"下"音频"右侧的下拉按钮,勾选"录制系统音频",确保"不录制麦克风"和"录制系统音频"都被选中。

步骤5:启动录制

单击录制设置工具栏右侧的红色按钮"rec",Camtasia Studio 启动录制倒计时,3秒后开始录制屏幕。录制设置工具栏消失,录制工具栏调出,如图8.6所示。

图 8.6　Camtasia Studio 2018 的录制工具栏

步骤6:持续录制

回到视频播放网页,单击网页下方的播放按钮,开始播放视频。Camtasia Studio 一直处于录屏工作状态。等待视频播放结束。

步骤7:结束录制

单击录制工具栏右侧的"停止"按钮,结束录屏。随后 Camtasia Studio 工作界面自动加载录制好的视频,如图8.7所示,包括桌面视频和系统音频。桌面视频在画布中显示,系统音频在轨道上呈现波形,主要是视频播放的声音。

图 8.7　Camtasia Studio 2018 自动加载录制好的屏幕视频

步骤8:剪辑录制

单击画布下的播放按钮,一边观看视频,一边观察播放头的位置,找到视频的开始点，单击停止按钮。

在时间线上，移动并确保播放头在视频的开始点，即剪辑入点。单击并选中时间线上的视频。单击时间线左上方的分割按钮，分割视频。单击并选中时间线左边的视频。单击键盘上的 Delete 键，删除左边的视频，如图 8.8（左）所示，即删除步骤 5 和步骤 6 之间的时间录制的视频部分。

在时间线上，移动并确保播放头在视频的结束点，即剪辑出点。单击并选中时间线上的视频。单击时间线左上方的分割按钮，分割视频。单击并选中时间线右边的视频。单击键盘上的 Delete 键，删除右边的视频，如图 8.8（右）所示，即删除步骤 6 和步骤 7 之间的时间录制的视频部分。经过以上剪辑，最终效果如图 8.9 所示。

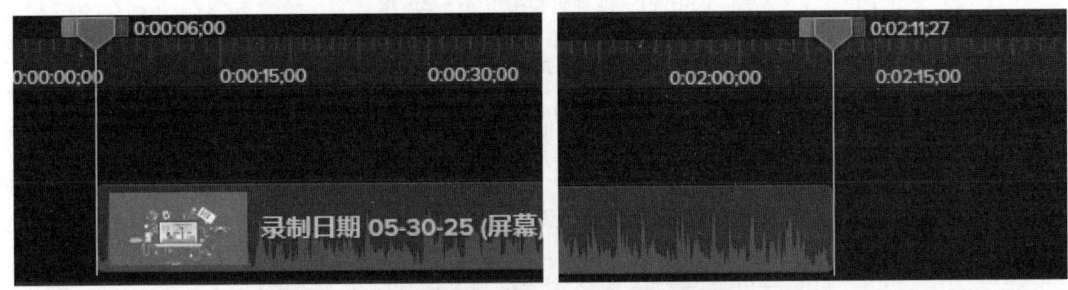

图 8.8 视频剪辑的入点和出点效果

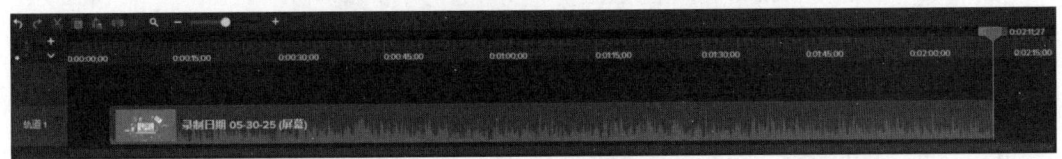

图 8.9 视频剪辑的最终效果

步骤 9：导出视频

单击并选中时间线上的视频，向左拖动并对齐时间线的起点位置。执行"分享"→"本地文件"命令，打开视频生成向导窗口，进入输出模式设置。保持"自定义生成设置"，单击"下一步"按钮，进入输出格式设置。保持推荐 MP4 格式，单击"下一步"按钮，进入输出尺寸设置。在"控制条"选项卡，取消任何选项。切换至"大小"选项卡，如图 8.10 所示设置。宽度、高度值设置得越大，视频文件越大。

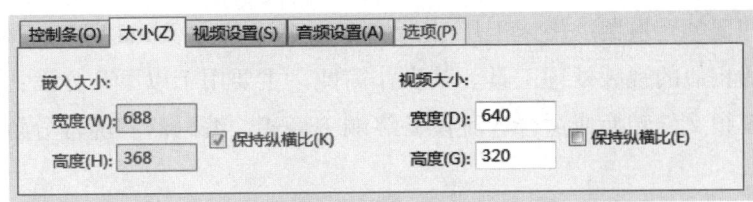

图 8.10 视频尺寸设置

切换至"视频"选项卡，将编码模式下的比特率设置为1000，如图8.11（左）所示，将编码模式下的质量比率设置为45%，如图8.11（右）所示。比特率即码率，一般不低于1000，码率越大，视频文件越大。质量比率一般不高于75%，质量比率越大，视频文件越大。通过减小视频宽度和高度、码率、质量比率，可以达到压缩视频文件大小的目的。在压缩视频文件大小方面，Camtasia Studio 表现优秀。

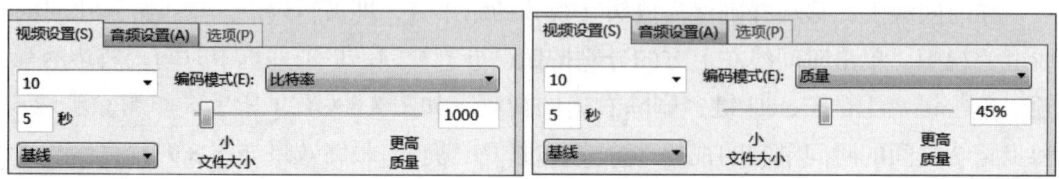

图 8.11　视频码率和质量比率设置

单击"下一步"按钮，进入视频水印设置。取消任何选项，单击"下一步"按钮，进入保存信息设置。输入项目名称为"科普视频"，选择文件夹为桌面，其余取消选择任何选项，单击"完成"按钮，进入视频渲染界面，如图8.12所示。

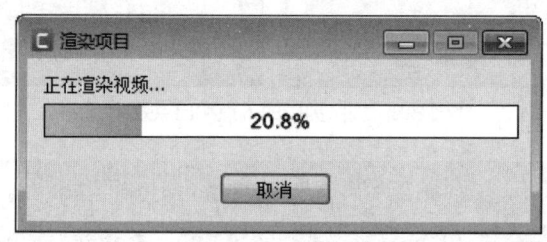

图 8.12　视频渲染

渲染进度完成以后，视频输出完成。需要注意，录制的视频仅供自己教学使用，不得在网络上传播。有条件的可以付费下载。

步骤10：保存项目文件

执行"文件"→"保存"命令，打开保存窗口。选择保存路径为桌面，输入文件名为"科普视频"，默认文件类型为.tscproj，单击"保存"按钮即可将项目文件保存到桌面。项目文件可供下次编辑。

8.3.3　使用狸窝全能视频转换器处理视频教学材料

狸窝全能视频转换器、格式工厂、Ultra Video Converter、Total Video Converter 等，都是大众化的相似的视频处理工具。其操作简便，主要用于以下几方面：

（1）将视频文件转换成适合各种设备终端（格式、编码器和屏幕分辨率）的视频文件。

（2）从视频中截取一部分视频。

（3）对视频的尺寸进行裁剪、旋转。

（4）通过降低比特率、质量等级、尺寸，进而压缩视频。

（5）合并多个视频。

（6）调整视频的亮度、对比度、饱和度及音量。

（7）音频格式转换、截取、压缩、合并。

（8）添加个性化的图像或文字水印。

实践项目 8-4　初识狸窝全能视频转换器

任务：安装、启动狸窝全能视频转换器，打开视频，熟悉软件界面。

步骤 1：下载、安装并启动程序

在百度中搜索狸窝全能视频转换器，打开官方网站。下载狸窝全能视频转换器，然后安装并启动程序。

步骤 2：熟悉软件界面

在启动界面中，单击界面左上角的"添加视频"按钮，按照提示导入一个视频文件。狸窝全能视频转换器的工作界面如图 8.13 所示。

图 8.13　狸窝全能视频转换器的工作界面

实践项目 8-5　使用狸窝全能视频转换器转换视频格式

任务：在狸窝全能视频转换器中，将一个 FLV 格式的视频转换成 MP4 格式。

步骤 1：打开视频

启动程序，单击界面左上角的"添加视频"按钮，按照提示导入一个视频文件。

步骤 2：转换设置

单击"预置方案"右侧的高级设置按钮，打开"高级设置"窗口，如图 8.14 所示。在"高级设置"窗口中，选择编码器为 MPEG-4 的 MP4 视频文件格式，单击"确定"按钮即可。

预置方案：选择视频文件格式及其编码器，即选择哪种编码器（如 MPEG4、H.264、XVID 等）压缩，然后封装成哪种视频文件格式（如 MP4、FLV 等）。

视频编码器：视频编码器是指视频的压缩算法。

视频质量：即视频各种技术指标的一个综合等级。

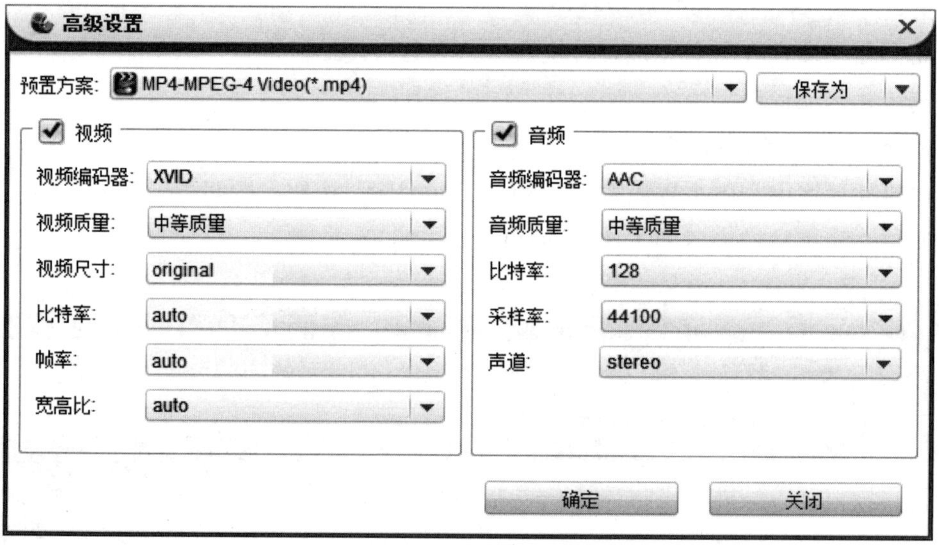

图 8.14 高级设置窗口

视频尺寸：即视频大小，是指视频自身的尺寸。

比特率：即码率，是指每秒传送的比特数，单位为 bps（bit per second）。比特率是模拟格式转换成数字格式的采样率。比特率越高，还原后的画质就越好，视频所占的传输带宽、存储空间就越大。当比特率超过一定的数值后，人眼就难以觉察到画质的变化，因此，比特率并不是越高越好。音频的比特率与视频的比特率的概念相似。

帧率：即每秒显示的帧数，单位为 fps（frames per second）。由于人眼存在"视觉暂留"现象，在记录和还原视频时，帧率不能低于某个数值，否则视频无法流畅显示，如同比特率一样，帧率不是越高越好。

宽高比：即视频水平方向与垂直方向的比例（如 16∶9、4∶3 等）。

步骤 3：转换视频

单击右下角的"转换"按钮，进入转换界面，如图 8.15 所示。等待转换完成，单击转换列表右侧的文件夹按钮，打开视频所在文件夹，即可找到转换后的视频。

图 8.15　狸窝全能视频转换器的转换界面

实践项目 8-6　使用狸窝全能视频转换器截取视频

任务：使用狸窝全能视频转换器从视频中截取一段并保存下来。

步骤 1：打开视频

启动程序，单击界面左上角的"添加视频"按钮，按照提示导入一个视频文件。

步骤 2：截取视频

单击界面左上角的"视频编辑"按钮，打开"视频编辑"窗口，如图 8.16 所示。截取时，在播放控制栏上通过单击鼠标来设置截取的入点（开始时间）"["和出点（结束时间）"]"。也可以在"截取"选项卡中通过输入数值来设置截取的入点和出点，入点和出点之间就是需要保存下来的部分。

图 8.16　视频编辑窗口

步骤 3：执行截取

单击"确定"按钮，返回工作界面。单击右下角的转换按钮，进入转换界面。等待转换完成，单击转换列表右侧的文件夹按钮，打开视频所在文件夹，即可找到转换后的视频。

实践项目 8-7　使用狸窝全能视频转换器裁剪视频

任务：使用狸窝全能视频转换器将一个视频进行裁剪。

步骤 1：打开视频

启动程序，单击界面左上角的"添加视频"按钮，按照提示导入一个视频文件。

步骤 2：裁剪视频

单击界面左上角的"视频编辑"按钮，打开"视频编辑"窗口，如图 8.17 所示。在裁剪时，首先拖动"原始视图"中的八个白色控制手柄，设置裁剪区域的大小。然后在"剪切"选项卡中设置"剪切大小"为"1024×768"。

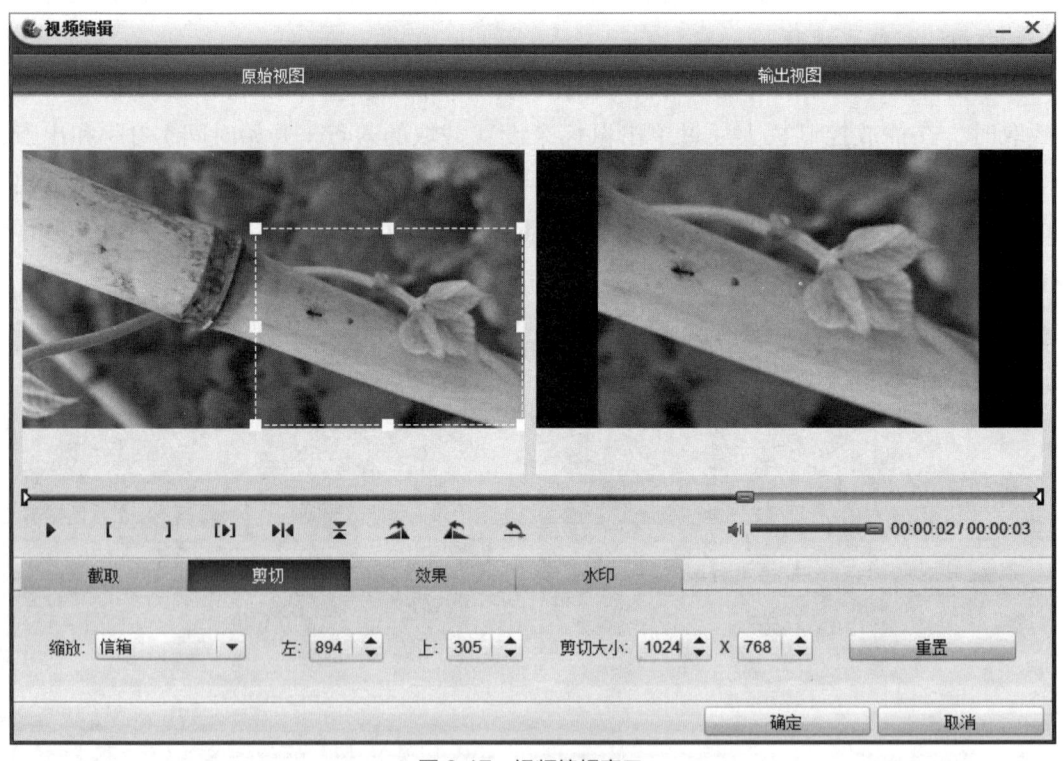

图 8.17　视频编辑窗口

步骤 3：执行裁剪

单击"确定"按钮，返回工作界面。单击界面右下角的"转换"按钮，进入转换界面。等待转换完成，单击转换列表右侧的"文件夹"按钮，打开视频所在文件夹，即可找到转换后的视频。

8.3.4 使用会声会影处理视频教学材料

会声会影是 Corel 公司开发的一款功能强大、操作简单的 DV、HDV 视频编辑软件。会声会影拥有上百种视频转场特效、滤镜覆叠效果，支持主流视频格式，可制作炫酷视频，甚至可以挑战专业级的影片剪辑软件。其操作简单、易懂，界面简洁、明快，适合普通大众使用。会声会影虽然无法与 EDIUS、Adobe Premiere、Adobe After Effects 和 Sony Vegas 等专业视频处理软件相媲美，但以简单易用、功能丰富的特点赢得了良好的口碑，在国内的普及度较高。

会声会影的编辑流程非常简单。首先是导入素材，导入相片、视频、音频、动画或者模板，在时间轴或者故事版模式下编辑；其次是创建视频，任意拖放滤镜、转场，嵌入标题，自定义设置效果，自由发挥创意；最后是即刻分享，将视频直接上传到社交媒体，即刻与好友分享。会声会影的编辑流程具体为添加素材、创建故事、编辑素材、应用滤镜、应用转场、添加字幕、添加音乐、保存项目和渲染视频等。

实践项目 8-8　认识会声会影

任务：下载、安装会声会影 X10，熟悉工作界面。

步骤 1：下载、安装并启动会声会影 X10

在百度中搜索会声会影，打开官方网站。下载会声会影 X10，安装并启动程序。

步骤 2：熟悉工作界面

如图 8.18 所示，会声会影 X10 的工作界面十分简洁，主要由捕获、编辑、共享三个界面构成。使用最多的是编辑界面，包括顶部的菜单区、左侧的预览区、右侧的设置区、底部的轨道区。设置区又分成若干选项卡，包括媒体（素材）、即时项目（模板）、转场（特效）、标题（字幕）、图形（素材）、滤镜（特效）、路径。轨道区又有时间轴和故事板两种视图模式，单击轨道区左上角的"时间轴视图"按钮或"故事板视图"按钮可以切换视图模式。时间轴视图又包括视频轨、覆叠轨、标题轨、声音轨、音乐轨五个默认轨道。会声会影的常用工具如图 8.19 所示。

图 8.18　会声会影 X10 的工作界面

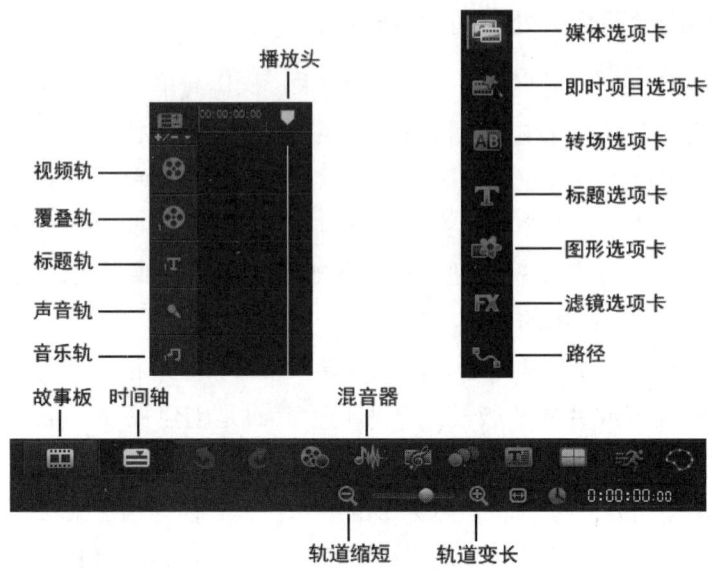

图 8.19　会声会影的常用工具

实践项目 8-9　编辑视频

任务：对视频进行截取、变速及压缩尺寸等处理。

步骤 1：启动会声会影 X10，进入编辑界面和时间轴视图

步骤 2：导入视频

如图 8.20 所示，进入设置区的"媒体"选项卡，单击"媒体"选项卡中的"导入媒体文件"按钮，按照提示导入视频，视频就出现在媒体列表中。然后将视频拖入视频轨，以备编辑。导入视频并不是将视频复制过来，而是建立视频链接和预览，删除媒体列表中的视频不会删除视频素材文件本身。

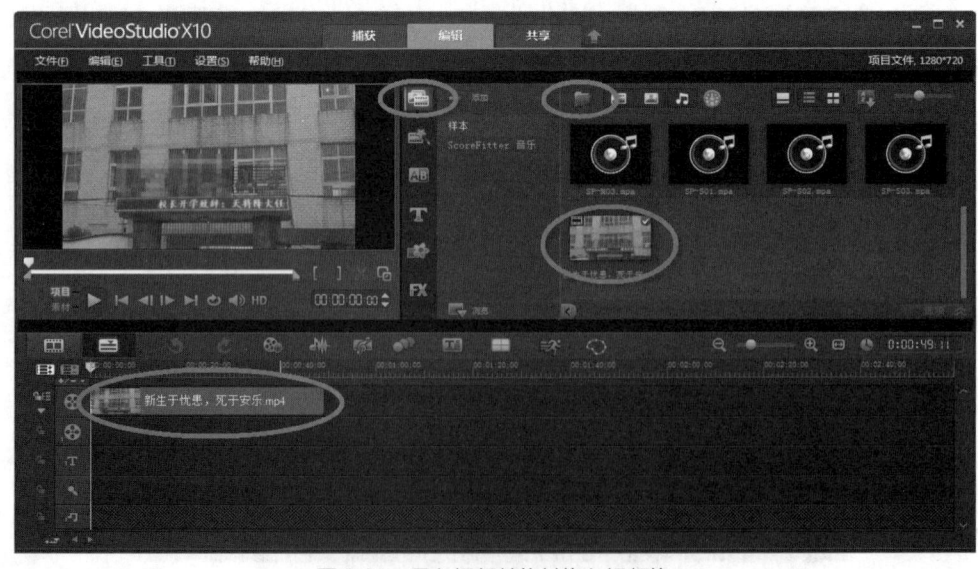

图 8.20　导入视频并将其拖入视频轨

步骤 3：截取

单击视频轨上的视频，选中视频。如图 8.21 所示，在预览区中，单击"播放按钮"播放视频。根据需要，在视频开始的某个时刻单击开始标记"◢"，在视频结尾的某个时刻单击结束标记"◣"，设置截取的入点和出点。

图 8.21　截取视频

步骤 4：变速

双击视频轨上的视频，选中视频并打开"视频"编辑和"属性"面板，如图 8.22 所示。在"视频"编辑面板上，可以调整视频音量、旋转视频、校正视频色彩、变速、分割音频等。在"属性"面板上还可以进行视频变形、音频修改和视频滤镜添加等操作。

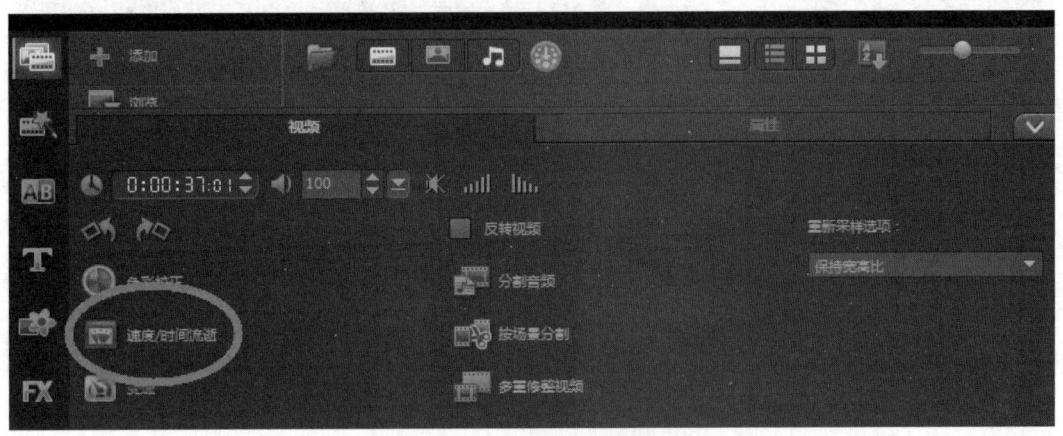

图 8.22　"视频"编辑面板

单击"速度/时间流逝"按钮，调出变速窗口。如图 8.23 所示，填入数值或拖动滑块可以调整视频的播放速度。将视频的"速度"设置为正常速度的 75%，进行降速处理，单击"确定"按钮即可。

步骤 5：保存项目文件

执行"文件"菜单下的"保存"命令，按照提示保存即可。

会声会影的项目文件扩展名是 .vsp，这种格式一般仅在会声会影中打开和编辑。保存项目文件的好处在于方便再次编

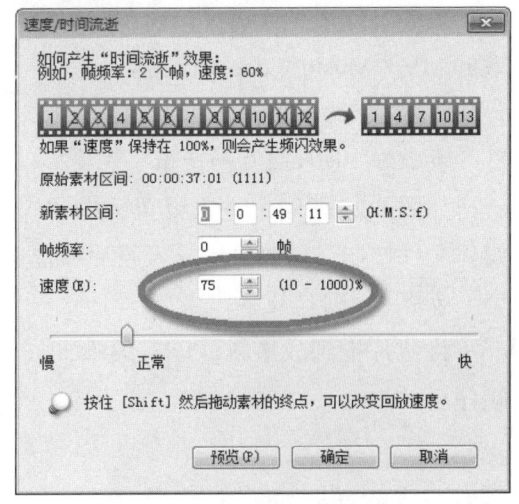

图 8.23　速度/时间流逝窗口

辑。项目文件只保存了素材、滤镜、转场的链接关系和字幕信息等，通常需要与素材存放到一起，以免素材链接丢失。

步骤 6：导出视频

单击"共享"选项卡，进入共享工作界面。如图 8.24 所示，选择"MPEG-4"格式，在"配置文件"中选择"MPEG-4 AVC（1280×720，25P，10Mbps）"，输入文件名并选择文件位置，单击"开始"按钮，开始渲染视频。渲染视频是将素材、滤镜、转场和字幕等合成帧帧动画，并生成一个视频文件的过程，渲染时间的长短与项目大小、计算机性能等有关。

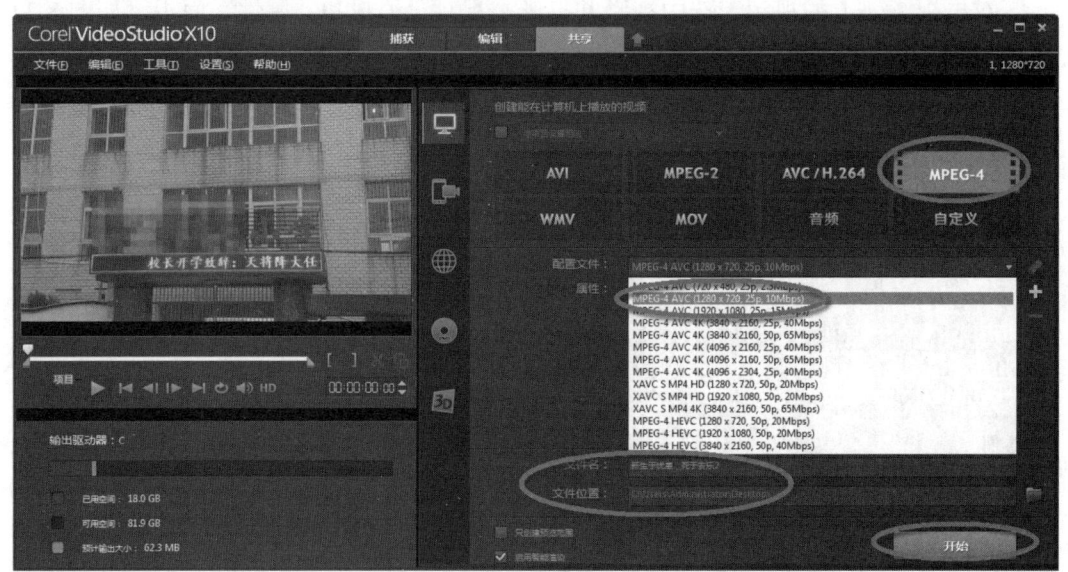

图 8.24 导出设置

实践项目 8-10　创作 MV 作品

任务：使用照片素材，创作有片头、片尾、字幕、背景音乐、视频特效和转场特效的 MV（Music Video）作品。

步骤 1：启动会声会影 X10，进入编辑界面和故事板视图

步骤 2：导入照片和音乐

如图 8.25 所示，进入设置区的"媒体"选项卡，单击"媒体"选项卡中的导入媒体文件按钮，按照提示导入照片和音乐，照片和音乐就出现在媒体列表中。

步骤 3：创建故事

将照片拖到故事轨，以备编辑，如图 8.26 所示。拖动照片可以调整照片之间的顺序。

图 8.25 导入素材

图 8.26 创建故事

步骤 4：修整素材

双击故事轨上的第一张照片，选中照片并打开"照片"编辑和"属性"面板。如图 8.27 所示，将照片的播放时间调整为 9s，按照同样的方法将所有照片的播放时间均调整为 9s。在"照片"编辑面板上，可以调整照片播放时间、旋转照片、校正照片色彩、摇动和缩放照片等。在"属性"面板上可以进行照片变形的操作。

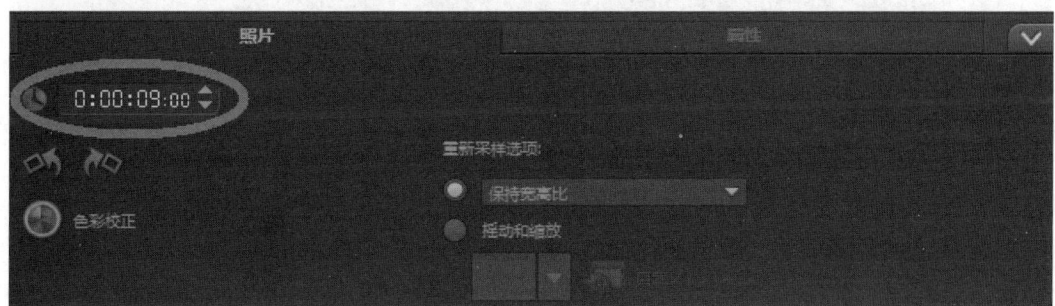

图 8.27 照片编辑面板

步骤5：添加片头、片尾

进入设置区的即时项目选项卡。即时项目是会声会影自带的模板，模板一般已经设计好了素材、滤镜、标题和音乐，可以减少用户的工作量。即时项目又分成"开始""当中""结尾""完成"等不同系列，"完成"系列是完整的模板，其他系列都是局部模板。如图8.28所示，在"开始"模板中，将片头模板"IP-03"拖到故事板的开始位置，在"结尾"模板中，将片尾模板"IP-03"拖到故事板的结束位置，两个模板是配套的，效果如图8.29所示。

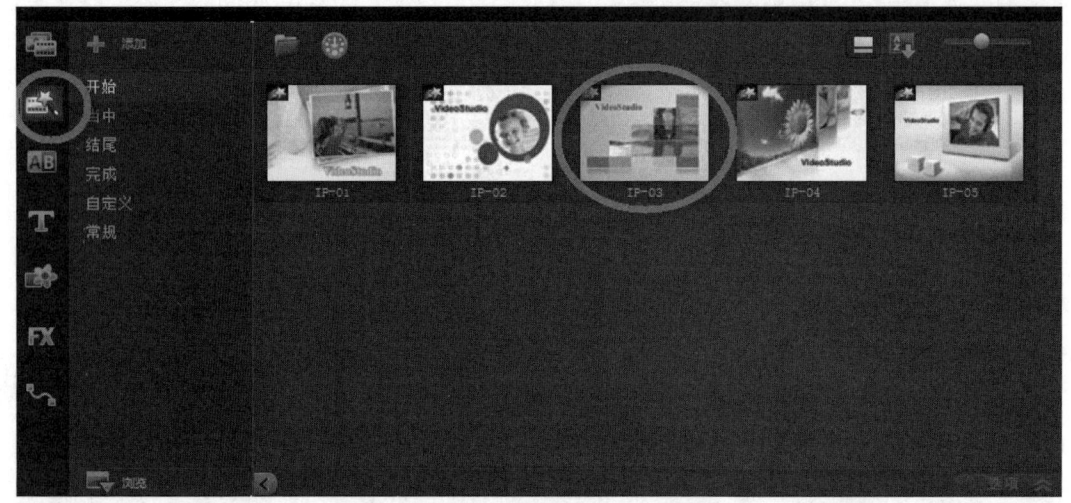

图8.28 模板库

图8.29 完成效果

步骤6：修整视频尺寸

双击片头，选中片头并打开片头的"属性"面板。在"属性"面板上，勾选"变形素材"，这时发现片头没有完全覆盖灰色范围。灰色范围是预设的视频尺寸，如果没有完全覆盖，最终视频会出现一定宽度的灰边，影响作品效果。如图8.30所示，调整片头四周的黄色控制手柄，将片头完全覆盖灰色范围，完成片头的修整。按照同样的方法修整片尾和其他照片。

图 8.30　修整视频尺寸

步骤 7：添加滤镜

滤镜是会声会影的视频特效，可以用在视频、照片、Flash 动画、标题等素材上。会声会影的滤镜数量众多，分成若干系列。如图 8.31 所示，进入设置区的"滤镜"选项卡，将"调整"系列下的"视频摇动和缩放"滤镜拖到第一张照片上，此时故事轨的照片上出现表示滤镜的"FX"字样。按照同样的方法将所有照片的滤镜都设置为"视频摇动和缩放"。

图 8.31　视频滤镜库

步骤 8：修改滤镜

照片上的"视频摇动和缩放"滤镜都是一样的，运动效果都是由近及远并放大，需要修改滤镜，使不同的照片有不同的运动效果。双击故事轨上的照片，选中照片并打开"照片"编辑和"属性"面板。如图 8.32 所示，在"照片"编辑面板中，单击"自定义滤镜"按钮，打开"视频摇动和缩放"滤镜设置窗口。

图 8.32 属性面板

如图 8.33 所示,在"视频摇动和缩放"滤镜设置窗口中,在原图上单击红色"+",选中照片运动的初始状态,设置缩放率为 112%,单击左侧居中"停靠"按钮。然后在原图上单击灰色"+",选中照片运动的结束状态,设置缩放率为 112%,单击右侧居中停靠按钮。单击播放按钮预览效果,照片从屏幕右侧缓慢平移到左侧。单击确定按钮完成设置。按照同样的方法将其他照片的滤镜调整为不同的运动效果,这些效果可以是放大、缩小、水平移动、垂直移动、斜角移动等。

图 8.33 修改滤镜

步骤 9:设置转场效果

进入设置区的"转场"选项卡,这时故事轨上素材之间出现小方格。转场是素材之间的切换、过渡、组接,会声会影的转场效果数量众多,分成若干系列。如图 8.34 所示,将"过滤"系列下的"交叉淡化"转场效果拖到片头,设置转场效果。按照同样的方法将其他的转场效果设置为"交叉淡化",效果如图 8.35 所示。

图 8.34 转场效果库

图 8.35 设置转场效果

步骤 10：修改转场效果

系统默认的转场时间较短，需要修改。双击故事轨上第一个转场小方格，选中转场并打开"转场"编辑面板，将转场时间设为"2s"，按照同样的方法将其他转场时间均调整为"2s"。

步骤 11：添加字幕

标题就是字幕，用户可以自己添加字幕，也可以利用会声会影自带的字幕模板添加字幕。切换到时间轴视图，进入设置区的"标题"选项卡。在标题模板库中为片头选择一个合适的标题，将其拖到标题轨上之后，双击标题轨上的标题，选中标题并打开标题"编辑"面板和"属性"面板，同时在预览区中显示标题的文本。

如图 8.36 所示，在预览区中，该字幕模板包括正标题和副标题，它们都是可以直接编辑的文本。双击正标题进入编辑状态，将文本更改为"请你欣赏校园风光"，然后单击副标题并将其删除。

如图 8.37 所示，在标题的"编辑"面板上，可以编辑标题的字体、

图 8.36 添加片头字幕

字号、样式和对齐方式等。在预览区中，单击标题以选中文本，在标题的"编辑"面板上，将"字体"设置为"微软雅黑"，使字体居中对齐，效果如图 8.38 所示。

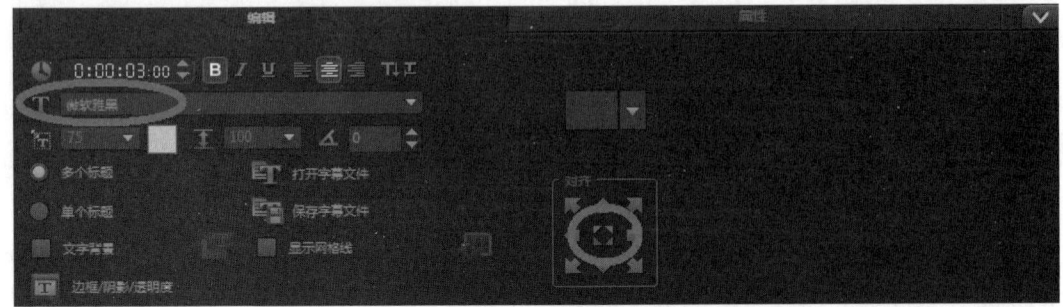

图 8.37　字幕编辑面板

图 8.38　片头字幕效果

在标题轨上，先使用鼠标拖动整个标题使其与片头开始位置对齐，再拖动标题末端延长播放时间并与片尾结束位置对齐，如图 8.39 所示。按照同样的方法将其他照片对应的字幕和片尾的字幕加上，效果如图 8.40 所示。

图 8.39　调整字幕显示时间

图 8.40　最终字幕效果

步骤 12：添加背景音乐

进入媒体选项卡，先将背景音乐"music.mp3"拖到音乐轨上，再使用鼠标拖动整个音乐使其与片头开始位置对齐，最后拖动音乐末端缩短播放时间并与片尾结束位置对齐，如图 8.41 所示。双击音轨上的背景音乐，选中背景音乐并打开音乐和声音"编辑"面板。分别单击"淡入"按钮、"淡出"按钮，为背景音乐添加淡入、淡出效果。

图 8.41　添加背景音乐

如图 8.42 所示，先单击"混音器"按钮，在音乐轨上显示波形，再调整淡入部分的滑块，使淡入过程与片头对齐，最后调整淡出部分的滑块，使淡出过程与片尾对齐。

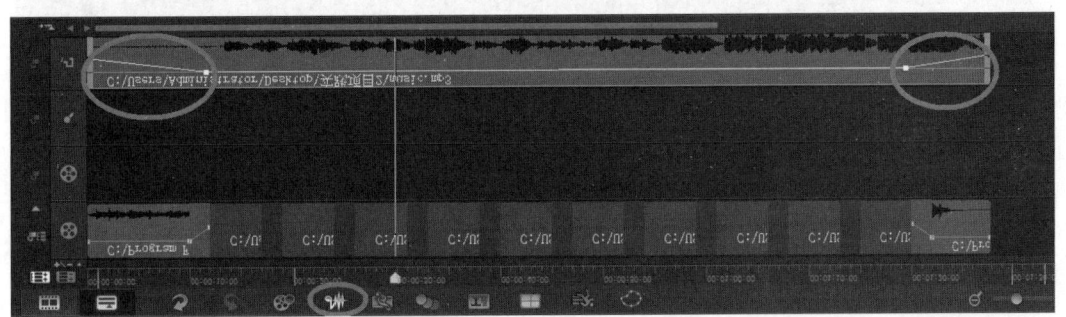

图 8.42　设置"淡入""淡出"效果

步骤 13：完善

关闭混音器，在轨道上将播放头置于轨道开始位置，单击预览区的"播放"按钮预览作品效果，根据需要进行修改。

步骤 14：保存项目文件

执行"文件"菜单下的"保存"命令，按照提示保存即可。

步骤 15：导出视频

单击"共享"选项卡，进入共享工作界面。选择"MPEG-4"格式，在"配置文件"中选择"MPEG-4 AVC（1280×720，25P，10Mbps）"，输入文件名并选择文件位置后，单击"开始"按钮，开始渲染视频。

实践项目 8-11　利用模板创作 MV 作品

任务：使用会声会影的完整模板快速创作 MV 作品。

步骤 1：启动会声会影 X10，进入编辑界面和时间轴视图

步骤 2：导入照片

进入设置区的媒体选项卡，单击媒体选项卡中的导入媒体文件按钮，按照提示导入照片，照片就出现在媒体列表中。

步骤 3：打开模板

进入设置区的"即时项目"选项卡，在"完成"系列模板中，将模板"IP-03"拖到时间轴的开始位置，效果如图 8.43 所示。该模板的片头、片尾、过程、背景音乐和部分字幕已经完成。用户只需把相应位置的素材替换成自己的素材，并修改字幕即可。

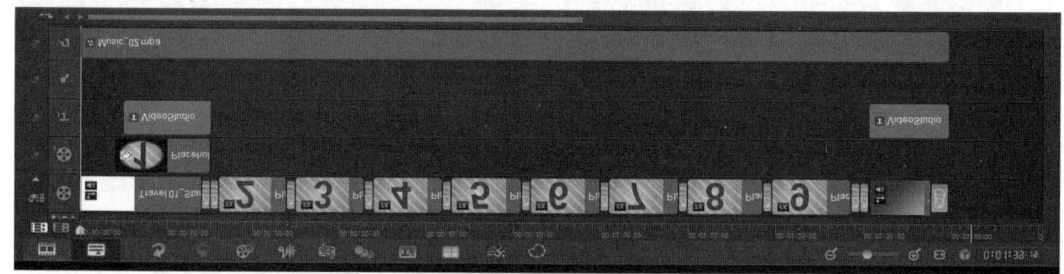

图 8.43　使用 MV 模板

步骤 4：替换照片

在覆叠轨上，右击模板素材 1，执行"替换素材"→"照片"命令，按照提示，替换照片即可。按照同样的方法将其他素材全部替换成自己的素材，包括片尾。

步骤 5：修改字幕

将片头的字幕修改为"请你欣赏校园风光"，将片尾的字幕修改为"2017-06-01"，效果如图 8.44 所示。

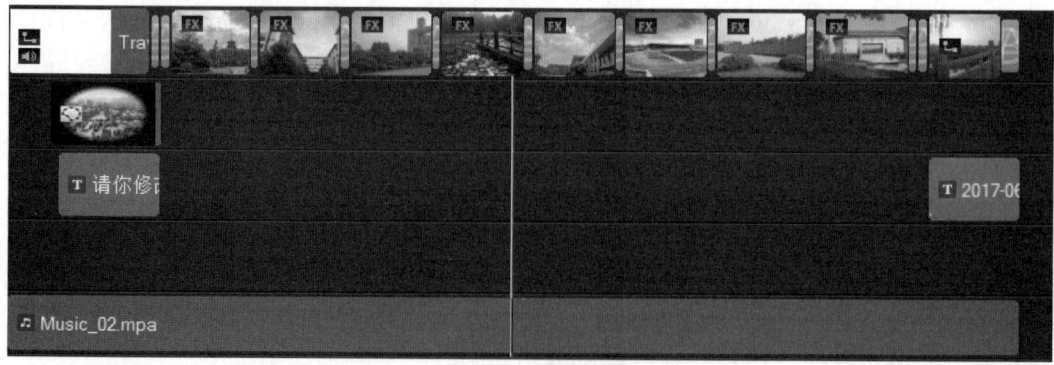

图 8.44　修改字幕

步骤 6：保存项目文件

执行"文件"菜单下的"保存"命令，按照提示保存即可。

步骤 7：导出视频

单击共享选项卡，进入共享工作界面。选择"MPEG-4"格式，在"配置文件"中选择"MPEG-4 AVC（1280×720,25P,10Mbps）"，输入文件名并选择文件位置后，单击"开始"按钮，开始渲染视频。

实践项目 8-12　录制屏幕

任务：利用 Live Screen Capture 录制屏幕。

步骤 1：启动 Live Screen Capture

会声会影 X10 提供了录制屏幕的工具。单击桌面上的"Live Screen Capture"图标，启动会声会影的录屏工具。

步骤 2：设置

如图 8.45 所示，Live Screen Capture 提供了"全屏""自定义"和"应用程序"三种模式。选择"全屏"模式，接着单击"设置"按钮，打开设置选项，将保存的位置设为桌面后，单击"声效检查"按钮，测试麦克风的准备情况。

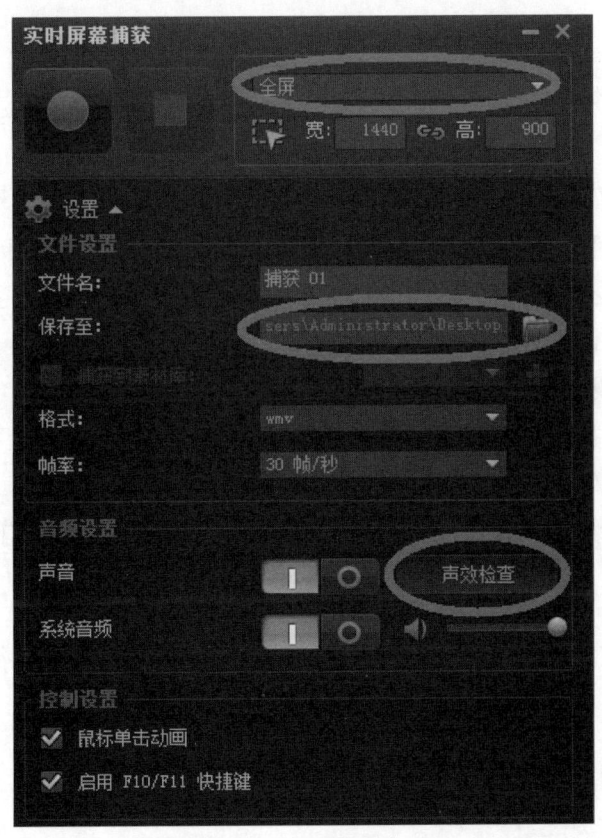

图 8.45　"实时屏幕捕获"设置

步骤3：录制

单击"红色录制"按钮，Live Screen Capture 启动倒计时，倒计时后开始录制屏幕。录制一个完整的软件操作讲解过程或者一个基于 PowerPoint 演示的知识点讲解过程。按"F10"完成录制，打开视频观看录制效果。

【分享活动】除了本章提及的工具，你还知道哪些优秀的视频教学材料获取与处理工具？列表分享工具名称、功能。工具包括但不限于各类专用硬件设备、在线平台、在线网站、在线工具、PC 软件、手机 App、微信小程序、AIGC 大模型等。

_____
_____
_____

本章作业

1. 应用人工智能大模型生成视频教学材料

结合自己的学科，任选教学主题和人工智能大模型，生成视频教学材料。提交视频教学材料及生成报告，报告内容应包括人工智能大模型的名称、提示词、生成工具的优缺点，以及应该遵守的伦理道德。

2. 短视频下载实践

针对视频号、抖音和小红书，收集视频下载工具，分别从三大平台下载视频，比较不同工具的下载效果。提交实践报告，报告内容应包括下载工具、视频平台、视频下载效果比较，视频下载操作步骤。注意视频版权，下载的视频仅限学习使用。

扫码查看本章
网络资源

第 9 章 动画教学材料的获取与制作

Chapter 9

学习目标

※ 了解动画的类型、格式、教学应用价值与场景；
※ 了解动画教学材料的获取方法；
※ 了解动画教学材料的制作工具；
※ 掌握应用 Animate 制作帧帧动画、运动动画、渐变动画的初始技能；
※ 掌握应用 GenAI 豆包制作视频动画的初始技能；
※ 了解动画教学材料获取与处理的常用工具，搭建个人的动画工具箱；
※ 培养应用数字动画工具辅助个人获取与处理数字动画教学材料的意识和伦理。

9.1 动画概述

动画（Animation）生动有趣并且可以交互，能够吸引受众，所以在教学中经常有使用动画的需求。动画依据视觉暂留原理制成，是一种通过快速播放一系列静态图像（帧）来模拟运动和变化的视觉艺术形式。它利用人类视觉暂留的原理，使观众产生物体在连续运动的错觉。

9.1.1 动画的类型

动画可以从多个维度划分类型。按照动画的存储特性，可分为 SWF 格式的矢量动画和 GIF 格式的位图动画。按照动画的空间特性，可分为平面二维动画和立体三维动画等。按照动画的制作方式，可以分为传统手绘动画、二维数字动画（2D Animation）、三维数字动画（3D Animation）、定格动画、矢量动画、混合媒体动画等。

（1）传统手绘动画。每一帧均由动画师手工绘制，艺术风格独特，制作周期长，成本高。（2）二维数字动画。利用计算机软件（如 Toon Boom、Adobe Animate）在二维平面上创作，效率高，风格多样。（3）三维数字动画。在三维空间中创建模型、设置材质和灯光，通过渲染生成逼真的动画，适用于复杂场景和特效。（4）定格动画（Stop Motion）。通过逐格拍摄实物（如黏土、木偶、剪纸）并连续播放形成动画，具有独特的质感和艺术性。（5）矢量动画。基于矢量图形，文件小，可无限缩放不失真，适合网络传播。如 Flash 动画、SVG 动画。（6）混合媒体动画。结合多种技术手段，如手绘与 3D 结合、实拍与动画结合。

9.1.2 动画的文件格式

常见的动画文件格式包括 GIF、SWF、AVI、MOV、MP4、FLV、WebM、OGV 及 FLIC（FLI/FLC）等。这些格式动画文件的特点如表 9.1 所示。除了常见的视频动画文件格式，GIF 格式和 SWF 格式是教学常见的动画文件格式。

表 9.1 常见动画文件格式及其特点

格式	特点
GIF	支持动画的图片格式，文件尺寸较小，适合在网络上传播。最多只能处理 256 种色彩，但能够存储成背景透明的形式，广泛用于网页设计
SWF	Adobe Flash（已更名为 Adobe Animate）支持的网页动画和互动媒体格式，采用矢量图形技术，文件体积小，适合网页设计和交互式动画制作
AVI	一种广泛应用于 Windows 平台的视频格式。可以压缩不同的视频流和音频流，而不降低视频的质量，常用于多媒体光盘上保存影像信息
MOV	主要应用于媒体播放器和视频编辑软件，支持存储常用的数字媒体类型
MP4	常用的视频格式，可以在多个平台和设备上播放，如 iPhone、iPad、Android 设备等。支持多种视频和音频编码格式，适用于在线流媒体、光盘、语音发送（视频电话）及电视广播
FLV	主要用于流媒体、网络视频和在线视频广告，依赖于 Adobe Flash 技术支持
WebM	开放且免费的网络媒体容器格式，主要用于 HTML5 视频播放
OGV	开放且免费的视频文件格式，主要用于网络播放
FLIC	采用高效的数据压缩技术，适用于动画图形、计算机辅助设计和计算机游戏应用程序

GIF（Graphics Interchange Format）的原意是"图像互换格式"。在一个 GIF 文件中可以存放多张彩色图像，把图像逐张读出并显示到屏幕上就形成了动画，它是为数不多的支持二维动画的图像格式之一，GIF 文件也可以只存放一张静态图像。GIF 是一种基于连续色调的无损压缩格式，采用了可变长度的压缩算法，其压缩率一般在 50% 左右，因此，文件体积很小。GIF 的颜色深度支持 1 ~ 8bit，即最多支持 256 种色彩。

SWF（Shock Wave Format）动画，能用比较小的体积呈现丰富的内容，大量用于网页设计、多媒体演示与交互设计等领域。SWF 动画采用流式传输技术，可以边下载边观看，特别适合网络传输。SWF 动画基于矢量技术制作，不管将画面放大多少倍，画质都不会有任何损害。虽然 SWF 动画比 GIF 动画出现得晚，但由于 SWF 动画表现力强、可以交互、轻巧及放大不失真等特点，正在逐步替代 GIF 的地位。SWF 动画不能被浏览器直接识别，需要安装一个插件 Adobe Flash Player 才能播放，由此可能带来安全问题，这是它的主要缺点。而 SWF 动画的另一缺点是通常难以进行二次编辑，这与图像、音频和视频等格式有显著区别。目前大多数浏览器默认不支持 swf 格式文件的播放。尽管如此，SWF 动画仍然有很大的教育应用空间。

9.1.3 动画的教学应用

在教学中运用动画需结合教学目标、学生认知规律及学科特性，通过系统化设计，将抽象知识转化为可视化内容，实现"化静为动、化繁为简"的教学效果。动画教学的核心价值在于突破认知壁垒、提升记忆留存、激发学习兴趣。

（1）突破认知壁垒。抽象概念具象化：如数学函数图像动态生成、物理磁场分布与粒子轨迹模拟，通过动画将微观/宏观现象可视化，降低理解难度。复杂过程拆解：如化学反应中分子键的断裂与重组、生物细胞分裂过程、机械结构工作原理等，通过逐帧拆解强化过程认知。（2）提升记忆留存效率。多感官刺激：通过视觉（动态画面）+听觉（同步解说）+交互（点击触发）的三重刺激，使知识吸收效率提升。情境化记忆锚点：如历史战役沙盘推演动画、地壳板块运动模拟演示，通过构建沉浸式场景帮助学生建立更牢固的记忆关联。（3）激发学习兴趣。通过游戏化设计，将知识点融入闯关动画、交互式模拟实验，提升参与度；采取情感化叙事方式，通过动画角色代入、故事化情节增强学习趣味性。在教学中运用动画应与学科适配，如表 9.2 所示。

表 9.2 动画与学科适配场景

学科领域	典型应用场景	案例说明
理科类	微观/宏观现象模拟，实验安全规范演示	原子结构三维模型旋转观察动画，电路故障排查演示动画，化学试剂配比错误后果警示动画
文科类	历史事件过程还原，地理空间关系可视化	丝绸之路贸易路线动态地图，洋流对气候影响的交互式地球仪演示，古建筑结构拆解动画
语言类	语法时态演变，文化场景沉浸	虚拟现实（VR）对话场景，英语时态时间轴动画，多语种手势差异对比动画
技能类	操作流程标准化，危险环境模拟训练	外科手术缝合步骤动画，消防设备使用的全息投影演示，高空作业安全规范交互式动画

【分享活动】数字动画有哪些教学作用？结合自己的学科专业，列举中小学教育教学应用数字动画教学材料的一个典型场景，说明数字动画教学材料的作用。

_____

_____

_____

9.2 动画教学材料的获取方法

视频动画教学材料的获取方法就是视频教学材料的获取方法，这里不再赘述。目前，由于大多数浏览器已默认不支持 SWF 动画播放，SWF 动画的专业素材网站、综合素材网站越来越少，这里不再介绍获取方法。GIF 动画教学材料的获取方法与图像教学材料的获取方法有所不同，主要包括以下几种：

（1）利用手机或照相机等自行拍摄，转成 GIF 动画。
（2）使用录屏软件录屏，转成 GIF 动画，如 ScreenToGif、Camtasia Studio 等。
（3）在搜索引擎中搜索、下载（包括专用搜索引擎），如百度、SOOGIF 等。
（4）在 GIF 动画专业素材网站获取，如 GIF 中文网、SOOGIF 等。
（5）在综合素材网站下载，如爱给网、站长之家素材等。
（6）在各大教育资源网、教育资源库、教育资源公共服务平台获取，如国家中小学智慧教育平台等。
（7）使用生成式人工智能生成，如豆包、DeepSeek 等。
（8）在电商平台付费购买、定制。

9.3 动画教学材料的获取与处理实践

9.3.1 动画教学材料制作工具

1. 视频转换 GIF 动画

（1）在线转换类工具。如 Ezgif、CloudConvert 等。（2）桌面类软件。如 Adobe

Media Encoder、FFmpeg、ScreenToGif等。（3）移动端类应用。如GIF Brewery（iOS）、ImgPlay（Android）等。

2. 手写手绘GIF动画

（1）天生会画App。华为数字绘画应用，内置100多种高质量笔刷，提供拟真画布，搭载方天绘画引擎实现流畅渲染。（2）Procreate。运行在iPadOS上的绘画应用软件。具有突破性的画布分辨率，提供136种简单易用的画笔、高级图层系统。（3）Piskel。免费在线像素艺术和GIF动画编辑器，支持实时预览动画效果、调色板管理及帧延迟调整。（4）Flipaclip。专为动画设计开发的安卓平台应用，支持洋葱皮功能、转描技术模块及跨平台云同步。

3. 软件制作GIF动画

（1）专业图像编辑软件。Adobe Photoshop，支持GIF动画制作。GIMP，支持GIF动画制作。iSee图片专家，具备GIF动画制作功能。（2）手机应用。GIPHY，使用拍摄功能制作GIF动画。ImgPlay，能将手机中的照片、视频、连拍快照制作成GIF。（3）视频转换与编辑软件。迅捷视频转换器，从视频里提取片段并生成GIF动图。ScreenToGif，通过屏幕录制制作GIF动图。

4. 在线制作GIF动画

（1）SOOGIF。支持自制宣传动图、修改GIF图上的文字、制作弹幕滚动文字等。（2）Ezgif。支持将多张图片合成GIF动图，或将视频转为GIF动图。（3）Gifntext。支持在GIF上添加动态文本或移动图像，可控制文本显示时长，自定义文本颜色和轮廓。

5. 软件制作SWF动画

（1）Adobe Animate。专业的矢量动画与交互式内容创作工具，支持SWF格式导出、时间轴动画、骨骼动画、ActionScript脚本及HTML5 Canvas输出。（2）Synfig Studio。免费开源的矢量动画软件，支持骨骼动画、逐帧动画和SWF格式导出。（3）SWiSH Max。SWF动画制作轻量级工具，提供时间轴动画、特效模板、脚本支持和矢量绘图功能。

6. 软件制作3D动画

（1）Maya。被认为是市场上最好的3D动画软件之一，提供可视化的建模、动画和渲染功能。（2）Blender。免费的开源软件，适用于电影、电视和游戏制作。（3）Cinema 4D。易于学习，适用于影视和广告制作。（4）3ds Max。功能全面的3D动画制作工具，适用于游戏、动画和建筑可视化项目。（5）Houdini。出色的程序化建模能力和特效制作技术。（6）Zbrush。专业的数字雕刻软件，主要用于电影和游戏制作，适合制作高精度的角色和场景模型。（7）皮皮动画。支持二维动画制作，可以在手机上进行三维动画创作。（8）"神龙"三维动画创作软件。中国科学院研制的软件，包含动画创作的全流程。

7. 在线制作 3D 动画

（1）秀展网。提供大量模板和素材，操作简单，无需动画制作基础也可快速上手。（2）Alidake。支持 3D 在线编辑和 3D 模型转视频的免费应用软件平台。（3）Womp 3D。在网页端便捷创作和编辑 3D 文件的免费平台。（4）Vectary。用于创建和管理交互式 3D 设计的在线平台。

8. AI 大模型制作动画

（1）Sora。OpenAI 推出的 AI 视频生成模型，能根据用户输入的文本描述、图片或视频文件生成时长达 60 秒的高质量视频。（2）豆包大模型。字节跳动基于云雀模型开发的 AI 工具，支持图像生成及视频生成等功能。（3）谷歌 Flow。谷歌发布的专为"AI 电影创作"打造的应用，支持通过自然语言提示生成高质量视频片段。（4）快手可灵 AI。快手 AI 团队自研的视频生成大模型，推出图生视频、视频续写等功能。（5）腾讯 Hunyuan Video-Avatar。腾讯语音数字人模型，支持头肩、半身与全身景别，并可实现双人互动场景的生成。（6）来画（LAIPIC）。基于生成式人工智能打造动画和数字人智能生成在线平台 Doratoon，用户通过输入文字或链接，快速生成动画视频等内容。

9.3.2 使用 Animate 制作动画教学材料

Adobe Animate 是一款由 Adobe 公司开发的专业二维动画制作软件，前身为 Adobe Flash Professional，支持跨平台动画创作，涵盖角色动画、交互设计、游戏开发及多媒体内容制作。其核心功能包括矢量绘图、逐帧动画与补间动画制作、骨骼动画制作、HTML5/Canvas/WebGL 格式输出及 ActionScript/JavaScript 代码集成，可高效生成适配桌面端、移动端及电视端的动态内容。软件提供丰富的资源面板与预设模板，支持与 Photoshop、Illustrator 等 Adobe 工具无缝协作，同时具备 4K 视频导出、音频同步优化及 Unity 引擎集成能力，广泛应用于广告、教育课件、网页横幅及移动应用 UI 动画等领域。

实践项目 9-1　初识 Adobe Animate 2024

任务：下载、安装并启动 Adobe Animate 2024，熟悉 Adobe Animate 2024 的工作界面。

步骤 1：下载、安装并启动 Adobe Animate 2024

步骤 2：熟悉 Adobe Animate 2024 的工作界面

在 Adobe Animate 2024 启动界面中，单击"文件"→"新建"，在"新建文档"窗口中，选择动画类型（角色动画、社交、游戏、教育、广告、Web 或高级），预设动画分辨率与平台类型（HTML5 Canvas 或 ActionScript 3.0）后，单击"创建"按钮即可。图 9.1 为 Adobe Animate 2024 的工作界面，它主要包括顶部的菜单栏、左侧的工具面板、中间的工作区（舞台）、右侧的资源面板及底部的时间轴面板。其中，时间轴面板是实现动画的关键部分，主要由图层、帧等组成。单击"窗口"→"工作区"→"重置'基本'（R）"可恢复基本的面板布局。

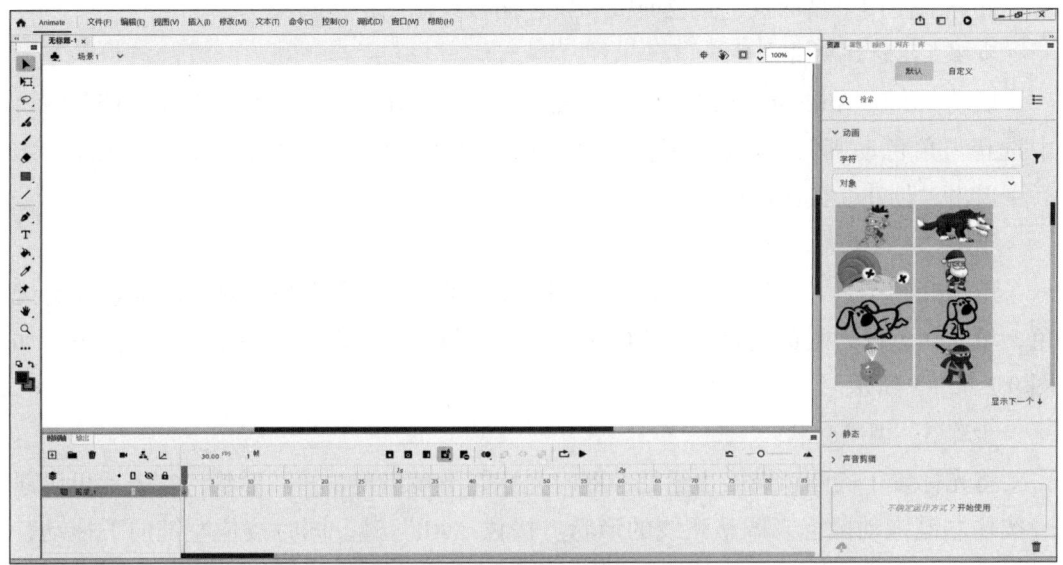

图 9.1　Adobe Animate 2024 界面

Animate 中的图层与 Photoshop 中的图层概念相同，就像透明的薄片一样，在舞台上一层层地向上叠加。Animate 一般用多个图层来制作动画，一个图层一般存放一个对象（文本、图形、图像、元件的实例、音频和视频等）。如果一个图层上没有对象，那么就可以透过它看到下面图层上的对象，如果一个图层上有对象，那么透过对象以外的区域也能看到下面图层上的对象。在一个图层上编辑对象时，不会影响其他图层上的对象。要对图层上的对象进行编辑，首先要在时间轴面板中选择该图层并激活它。

Animate 中的帧与视频中的帧概念相同，类似于电影胶片中的定格画面。图层是空间上的概念，帧是时间上的概念。不同帧放置不同的对象，这些帧按照一定的速度顺序播放就串联成了动画。在 Animate 中有多种帧：关键帧是绘制对象的帧，空白关键帧是暂时没有绘制对象的帧，它们主要用于控制动画变化的初始、终止或关键状态；补间帧是补间动画自动在两个关键帧之间生成的帧，是由两个关键帧定义产生的，相邻补间帧之间的对象形状相近；时间帧是关键帧后面复制关键帧对象的帧，相邻时间帧之间的对象形状相同；空白帧是没有绘制任何对象的帧。在上述各种帧中只有关键帧是可编辑的，其他帧可以查看但是不能编辑。

在 Animate 中可以制作三种类型的动画：第一种是帧帧动画，这种动画是由两个或两个以上的关键帧逐帧显示形成的；第二种是形状渐变动画，是由一个形状变成另一个形状形成的动画；第三种是运动渐变动画，是由一个形状从一种状态变成另一种状态形成的动画，渐变动画的渐变过程都是由计算机自动完成的。

实践项目 9-2　绘制图形

任务：使用工具面板、颜色面板和属性面板绘制图形（黄梨）。

步骤 1：新建项目文件

启动 Adobe Animate 2024，单击"文件"→"新建"命令，在"新建文档"窗口中选择"角色动画"，预设动画分辨率（1280*720）与平台类型（ActionScript3.0）后，单击"创建"按钮即可。

步骤 2：绘制形状

单击椭圆工具，此时光标变成"+"形状。在右侧颜色面板中将笔触颜色设为无色，填充颜色设为梨黄色后，按住鼠标左键，在舞台上拖动并绘制出一个椭圆形，如图 9.2（左）所示。

步骤 3：调整形状

将光标置于椭圆顶端的边缘处，此时光标右下角出现"⌒"形状，它表示可以通过按住左键拖动鼠标来调整弧线的形状。按住"Alt"键，同时按住左键向下拖动，此时弧线变成"⌣"形状。将光标置于椭圆底端的边缘，按住"Alt"键，同时按住左键向上拖动，此时弧线变成"⌢"形状。将光标置于椭圆左下角的边缘，按住左键向外拖动，调整弧线。将光标置于椭圆右下角的边缘，按住左键向外拖动，调整弧线。按照上述操作进行反复调整，直至椭圆变成酷似黄梨的形状为止，如图 9.2（右）所示。

图 9.2　绘制形状

步骤 4：填充渐变色

在形状上单击左键，选中。如图 9.3（左）所示，单击颜色面板上的"填充"按钮，将"类型"设置为"径向渐变"，此时形状的颜色填充方式变为放射状。双击左侧颜色滑块调出选色器，选择白色，双击右侧颜色滑块调出选色器，选择梨黄，效果如图 9.3（右）所示。

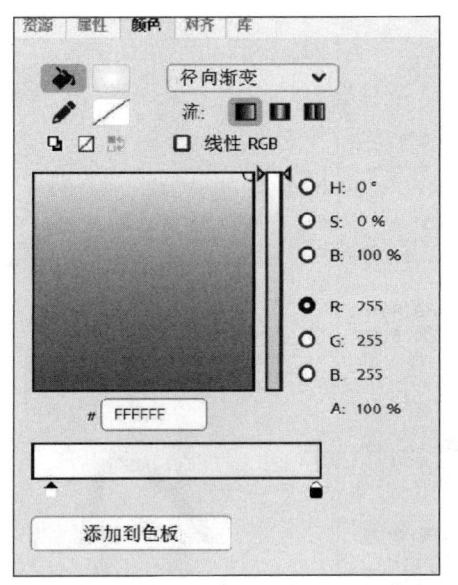

图 9.3 填充颜色

步骤 5：调整渐变效果

在形状上单击左键，选中形状后，单击填充渐变变形工具，如图 9.4（左）所示。调整渐变的大小和位置，效果如图 9.4（右）所示。

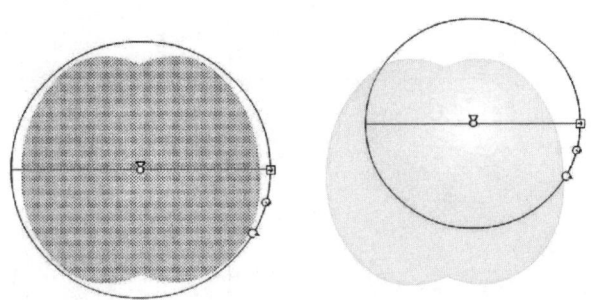

图 9.4 调整渐变效果

步骤 6：添加修饰

单击传统画笔工具，此时光标变成"+"形状。在属性面板上，将笔触颜色设置为"浅褐色"，粗细设置为"15"，线型设置为"实线"，效果如图 9.5（左）所示。

按住左键并拖动，在顶部"⌒"处绘制一条竖线。单击选择工具，移至竖线处，此时光标右下角出现"⌒"，按住左键并拖动，将其调整为弧形。在形状内部绘制一条横线，并将其调整为弧形，效果如图 9.5（右）所示。

单击选择工具，选中形状内部的弧线。如图 9.6（左）所示，在属性面板上，将弧线粗细设置为"117.5"，将线型样式设置为点刻线。最终绘制效果如图 9.6（右）所示。

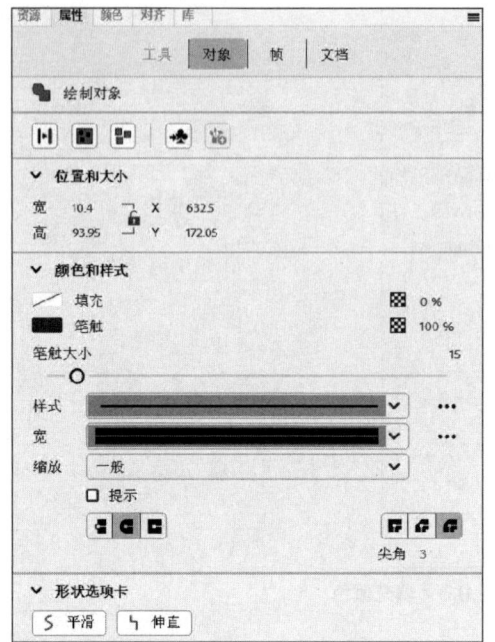

图 9.5 添加修饰

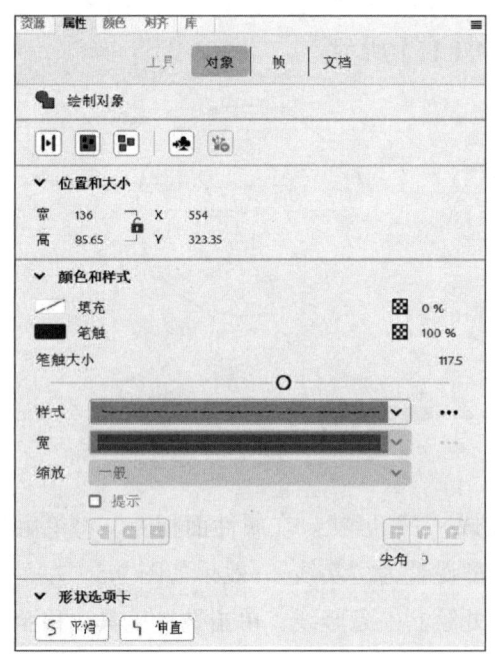

图 9.6 设置修饰效果

步骤 7：导出图像

动画文件可以导出位图或矢量图。由于本案例为静态图形，所以导出图像即可。单击"文件"→"导出"→"导出图像"，在"保存类型"中选择"JPEG"，按照提示保存图像即可，图像的扩展名为 .jpg。

步骤 8：保存并关闭项目文件

单击"文件"→"保存"命令，在"保存类型"中选择"Animate 文档"，按照提示保存即可，项目文件的扩展名为 .fla。单击时间轴面板右上角的"关闭"按钮，关闭项目文件。

Animate 项目文件的扩展名为 .fla，这是动画的源文件格式，这种格式一般能在 Animate 中打开和编辑，保存源文件的好处在于方便重新编辑。

实践项目 9-3　制作帧帧动画

任务：利用工具面板、时间轴面板制作帧帧动画（火炬燃烧）。

步骤 1：新建项目文件

启动 Adobe Animate 2024，单击"文件"→"新建"命令，在"新建文档"窗口中选择"角色动画"，预设动画分辨率（1280*720）与平台类型（ActionScript3.0）后，单击"创建"按钮即可。

步骤 2：创建第一个关键帧的形状

单击第 1 帧，单击线条工具，此时光标变成"+"形状。将笔触颜色设置为"红色"，绘制如图 9.7（左）所示的形状。单击选择工具，将光标置于形状上部边缘处，此时光标右下角出现"⌒"形状，表示可以通过按住左键拖动鼠标来调整形状。调整形状，如图 9.7（中）所示。单击选择工具，全选所绘形状，在右键下拉菜单中选择"分离"。单击颜料桶工具，将填充颜色设置为"红色"，间隙大小设置为"不封闭空隙"，在形状上部单击，将形状上部填充为"红色"，如图 9.7（右）所示。绘制完成后，时间轴面板如图 9.8 所示。

图 9.7　绘制形状

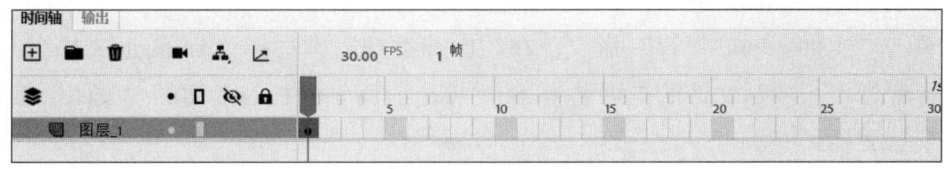

图 9.8　时间轴面板

步骤 3：创建第 2 个关键帧的形状

在第 2 帧上单击鼠标右键，执行"插入关键帧"命令，将第 1 帧的内容复制过来并转换为关键帧。插入关键帧后，时间轴面板如图 9.9 所示。

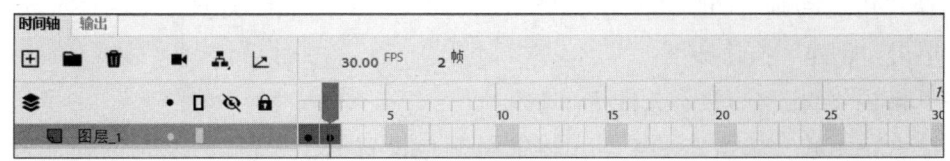

图 9.9　时间轴面板

图 9.10　调整形状

步骤 4：调整第 2 个关键帧的形状

单击第 2 帧，选中该帧后，单击选择工具，调整其上部的形状，并将上部的填充颜色改为绿色，如图 9.10 所示。调整完后，由于第 2 帧上的形状与第 1 帧上的形状略有不同，所以两帧交替出现时就会形成动画。

步骤 5：测试动画

按"Ctrl+Enter"组合键，测试帧帧动画。

步骤 6：导出动画

单击"文件"→"导出"→"导出影片"命令，在"保存类型"中选择"SWF 影片"，按照提示保存动画即可。动画的扩展名为 .swf。

步骤 7：保存并关闭项目文件

单击"文件"→"保存"命令，在"保存类型"中选择"Animate 文档"，按照提示保存即可，项目文件的扩展名为 .fla。单击时间轴面板右上角的"关闭"按钮，关闭项目文件。

实践项目 9-4　制作 GIF 动画

任务：在 Animate 中导出 GIF 动画。

步骤 1：打开项目文件

启动 Adobe Animate 2024 后，单击"文件"→"打开"命令，按照提示打开项目文件（实践项目 9-3 的源文件）。

步骤 2：导出动画

单击"文件"→"导出"→"导出动画 GIF"命令，在"导出图像"面板中设置相关导出参数，按照提示保存动画即可，动画的扩展名为 gif。

步骤 3：保存并关闭项目文件

单击"文件"→"保存"命令，在"保存类型"中选择"Animate 文档"，按照提示保存即可，项目文件的扩展名为 .fla。单击时间轴面板右上角的"关闭"按钮，关闭项目文件。

实践项目 9-5　制作形状渐变动画

任务：利用工具面板、时间轴面板、属性面板制作形状渐变动画。

步骤 1：新建项目文件

启动 Adobe Animate 2024，单击"文件"→"新建"命令，在"新建文档"窗口中选择"角色动画"，预设动画分辨率（1280*720）与平台类型（ActionScript3.0）后，单击"创建"按钮即可。

步骤 2：绘制初始状态关键帧的形状

单击第 1 帧，单击矩形工具，将笔触颜色设置为"无色"，填充色设置为"红色"后,按住左键并拖动,在舞台上绘制出一个矩形,如图9.11所示。

图9.11　绘制矩形

步骤3:绘制结束状态下关键帧的形状

单击第10帧,单击"插入"→"时间轴"→"空白关键帧",插入空白关键帧。单击多角星形工具,将笔触颜色设置为无色,填充色设置为红色。单击属性面板上的"选项",调出多角星形工具设置,将"边数"设置为"3"。按住左键并拖动,在舞台上绘制一个等腰三角形,如图9.12所示。

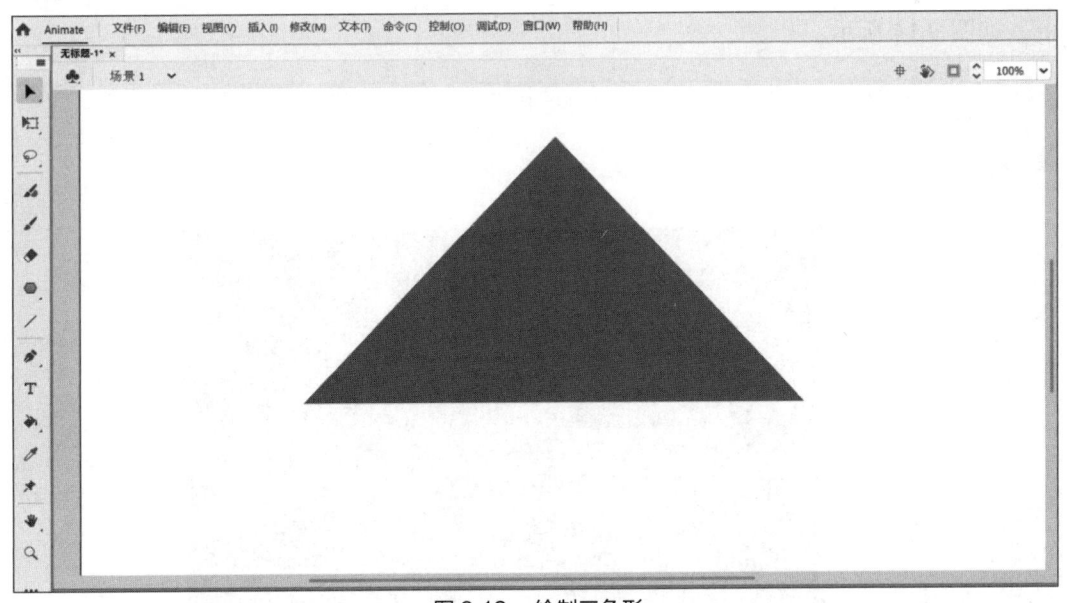

图9.12　绘制三角形

步骤4:设置形状渐变动画

单击第5帧,在舞台中央单击鼠标右键,单击"创建补间形状",如图9.13所示。按"Ctrl+Enter"组合键,测试形状渐变动画。形状渐变过程极不规则,需要添加控制技术。

图9.13 设置渐变

步骤5:添加形状提示

单击第1帧,快捷键"Ctrl+Shift+h",添加一个形状提示符"a"。重复执行命令,添加形状提示符"b""c""d""e""f"。将形状提示符按照一定顺序置于矩形边框上,如图9.14所示。

图9.14 添加形状提示

单击第 10 帧，将形状提示符按照对应排列顺序置于三角形的边框上，如图 9.15 所示。当形状提示符的颜色变为绿色时，表示形状提示符有效。

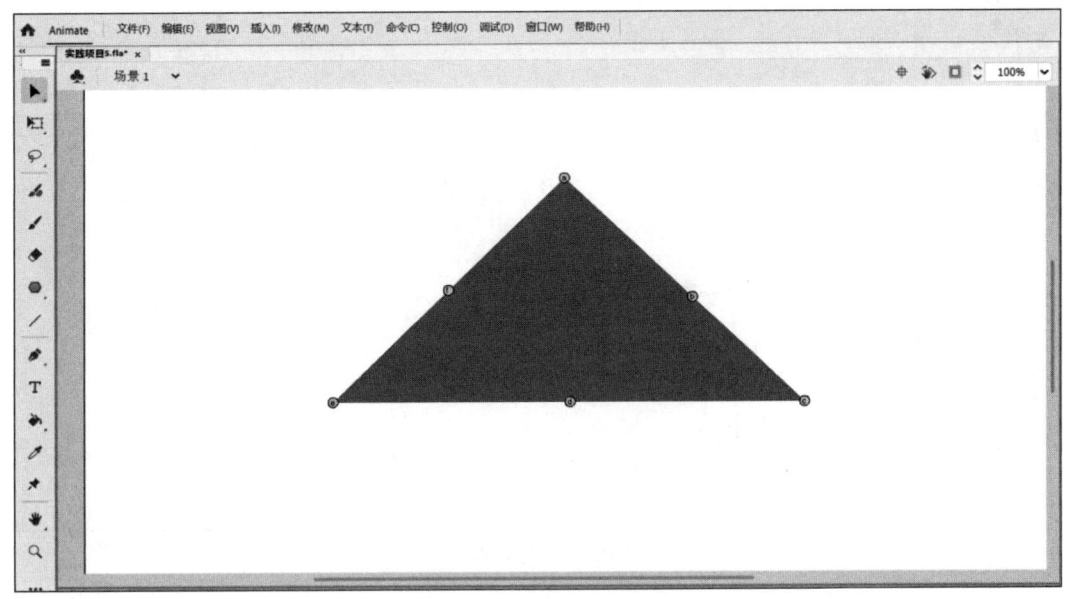

图 9.15　排列形状提示符

步骤 6：测试动画

按"Ctrl+Enter"组合键，测试形状渐变动画。

步骤 7：导出动画

单击"文件"→"导出"→"导出影片"命令，在"保存类型"中选择"SWF 影片"，按照提示保存动画即可。动画的扩展名为 .swf。

步骤 8：保存并关闭项目文件

单击"文件"→"保存"命令，在"保存类型"中选择"Animate 文档"，按照提示保存即可，项目文件的扩展名为 .fla。单击时间轴面板右上角的"关闭"按钮，关闭项目文件。

实践项目 9-6　制作运动渐变动画

任务：利用图像素材、工具面板、时间轴面板和属性面板制作运动渐变动画。

步骤 1：新建项目文件

启动 Adobe Animate 2024，单击"文件"→"新建"命令，在"新建文档"窗口中选择"角色动画"，预设动画分辨率（1280*720）与平台类型（ActionScript3.0）后，单击"创建"按钮即可。

步骤 2：创建起始关键帧

单击第 1 帧，单击"文件"→"导入"→"导入到舞台"命令，按照提示将图像素材导入到舞台。单击选择工具，将图像素材移至舞台中部的中间位置，如

图 9.16 所示。

图 9.16　导入素材

步骤 3：创建运动渐变动画

右键单击第 1 帧，执行"创建补间动画"命令。

步骤 4：创建结束关键帧

右键单击第 60 帧，执行"插入关键帧"命令，将第 1 帧的内容复制过来，并转换为关键帧。单击选择工具，将图像素材移至舞台底部的中间位置，如图 9.17 所示。

图 9.17　设置关键帧

步骤5：设置动画效果

如图9.18所示，选中导入的素材对象，在属性面板上将"缓动"设置为"-50"，表示加速下降。将"旋转"设置为"逆时针"，表示在下降的同时逆时针旋转。

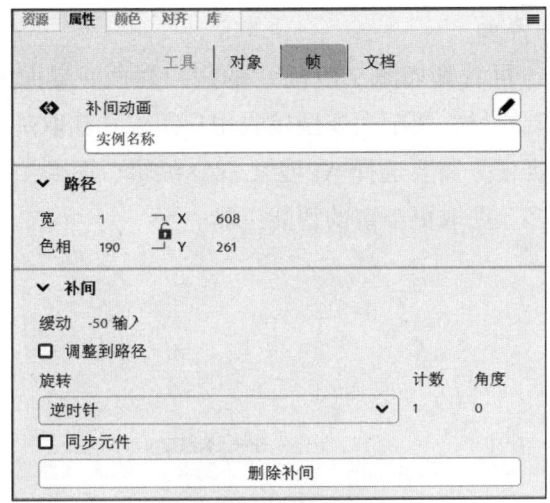

图9.18　设置动画效果

步骤6：测试动画

按"Ctrl+Enter"组合键，测试运动渐变动画。

步骤7：导出动画

单击"文件"→"导出"→"导出影片"命令，在"保存类型"中选择"SWF影片"，按照提示保存动画即可。动画的扩展名为 .swf。

步骤8：保存并关闭项目文件

单击"文件"→"保存命令，在"保存类型"中选择"Animate 文档"，按照提示保存即可，项目文件的扩展名为 .fla。单击时间轴面板中右上角的"关闭"按钮，关闭项目文件。

【研讨活动】在中国大学MOOC网站上，浏览学习国家精品课程《二维动画制作》。谈谈如何利用动画帮助我们开展创造性教学工作。

_____
_____
_____

9.3.3 使用 GenAI 制作动画教学材料

实践项目 9-7　认识豆包大模型

步骤 1：下载、安装并启动豆包

步骤 2：熟悉工作界面

打开豆包桌面版，可看到如图 9.19 所示的用户界面。界面中部有对话框，可以输入提示词或上传基础素材，便于大模型接收用户需求和获取基础素材。界面左侧是工具选择栏，可以根据任务需要选择 AI 搜索、AI 编辑、图像生成等功能。用户登录后，也可以单击"更多"获取更丰富的智能工具。

图 9.19　豆包用户界面

基于豆包文生图模型，可以在豆包上进行图像生成，具备精准的文字理解能力，图文匹配准确，画面效果优美，擅长创作中国文化元素。

基于豆包视频生成模型，可以在豆包上进行动画（视频）生成，采用 DiT 架构，通过高效的 DiT 融合计算单元，让视频在大动态与运镜中自由切换，拥有变焦、环绕、平摇、缩放、目标跟随等多镜头语言能力。

实践项目 9-8　用豆包生成图像

任务：利用豆包图像生成工具生成图像素材（唐朝武将）。

步骤 1：打开并设置

打开豆包，选择"图像生成"，调整图像比例为"16：9"。

步骤 2：输入提示词

按照"主体＋环境＋风格＋细节"四要素结构编写提示词。主体：唐朝武将全身图，头戴将军盔，面容彪悍，眼神睿智，身材魁梧帅气，手持朴刀；环境：长城上，无边荒漠，大漠孤烟，夜幕中一轮巨大满月高悬；服饰细节：明光铠，红色披风，黑色甲胄；艺术风格：电影级光影，超现实主义，4K 高清。

在对话框中输入上述提示词，单击↑按钮发送，生成图像，如图 9.20 所示。注意：GenAI 具有不确定性，豆包每次生成的图像都有区别。

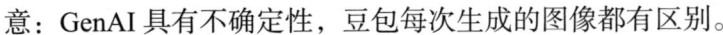

图 9.20　生成图像效果

步骤 3：下载并保存

下载并保存生成的图像素材，备用。

实践项目 9-9　用豆包生成动画 / 视频

任务：基于实践项目 9-2 的图像素材，利用豆包视频生成模型生成 6 种运镜模式下的视频。

步骤 1：环绕镜头视频生成并下载

环绕镜头用于突出人物心理或场景戏剧性，适用于人物出场、产品展示、美食特写等。

如图 9.21 所示，单击"技能"，选择"视频生成"。在对话框中，上传素材图片（武将右手举刀正面图）。

输入提示词：以武将为中心进行 360 度环绕拍摄，镜头快速从背后移动到正面，披风随风飘动，电影感运镜，背景云层流动，细节清晰，电影级光影，超现实主义，4K 高清。单击"比例"，设置生成视频的纵横比。

图 9.21　基于已有图像生成视频的操作步骤

单击↑按钮发送，生成视频。如图 9.22 所示，下载并保存生成的视频。

步骤 2：推镜头视频生成并下载

推镜头用于引导观众聚焦细节，适用于产品揭秘、剧情转折、情感特写。

如图 9.23 所示，单击"技能"，选择"视频生成"。在对话框中，上传素材图片（武将右手举刀正面图）。输入提示词：镜头逐渐推进至武将发光的双眼，瞳孔中倒映符咒佛影，慢动作＋紧张氛围。单击"比例"，设置生成视频的纵横比。单击↑按钮发送，生成视频，下载并保存生成的视频。

图 9.22 视频生成效果 1

图 9.23 视频生成效果 2

步骤 3：拉镜头视频生成并下载

拉镜头用于展现人物与环境关系，适用于结尾升华、城市宣传、情感独白。

如图 9.24 所示，单击"技能"，选择"视频生成"。在对话框中，上传素材图片（武将右手持刀立于城墙上图）。输入提示词：镜头缓慢拉远，武将独自立于城墙边，背景满月，披风随风飘动。单击"比例"，设置生成视频的纵横比。单击↑按钮发送，生成视频，下载并保存生成的视频。

图 9.24　视频生成效果 3

步骤 4：摇镜头视频生成并下载

摇镜头用于水平 / 垂直扫描环境，模拟人眼观察，适用于旅游景点展示、对话场景切换。

如图 9.25 所示，单击"技能"，选择"视频生成"。在对话框中，上传素材图片（武将左手持刀侧面图）。输入提示词：镜头从左向右横摇，展示沙漠全景后定格武将侧影；或从脚部上摇至面部，突出武将英武的面容。单击"比例"，设置生成视频的纵横比。单击↑按钮发送，生成视频，下载并保存生成的视频。

步骤 5：移镜头视频生成并下载

移镜头用于增强动态临场感，适用于探店 vlog、运动跟拍、剧情短片。

如图 9.26 所示，单击"技能"，选择"视频生成"。在对话框中，上传素材图片（武将右手举刀正面图）。输入提示词：镜头平行跟随武将在长城上行走，黄沙四起，衣袂飞扬，背景匀速后退。单击"比例"，设置生成视频的纵横比。单击↑按钮发送，生成视频，下载并保存生成的视频。

图 9.25　生成视频效果 4

图 9.26　视频生成效果 5

步骤 6：升降镜头视频生成并下载

升降镜头用于从微观到宏观的转换，适用于建筑展示、剧情高潮、片头开场。

如图 9.27 所示，单击"技能"，选择"视频生成"。在对话框中，上传素材图片

（武将右手持刀侧面立于城墙下图）。输入提示词：镜头从地面升至高空，俯拍武将练武。单击"比例"，设置生成视频的纵横比。单击↑按钮发送，生成视频，下载并保存生成的视频。

图 9.27 视频生成效果 6

综合运用上述多种运镜方式，可生成不同场景下的视频片段，再对视频剪辑、优化，如添加背景音乐、叠加光效、字幕等，提升视频质量，满足教学应用需求。

【分享活动】除了本章提及的工具，你还知道哪些优秀的动画教学材料获取与处理工具？列表分享工具名称、功能。工具包括但不限于各类专用硬件设备、在线平台、在线网站、在线工具、PC 软件、手机 App、微信小程序、AIGC 大模型等。

_____

_____

_____

本章作业

应用人工智能大模型生成动画教学材料

结合自己的学科,任选教学主题和人工智能大模型,生成动画教学材料。提交动画教学材料、生成报告,报告内容应包括人工智能大模型的名称、提示词、生成工具的优缺点,以及应该遵守的伦理道德。

扫码查看本章
网络资源

第 10 章 数字教育资源

学习目标

※ 了解数字教育资源的概念、特征、价值、类型和应用方法；
※ 了解国家与地方智慧教育公共服务平台的资源构成；
※ 了解数字教育资源常用网站，搭建个人的学科数字教育资源框架；
※ 培养应用数字教育资源优化、改革和创新教育教学工作的意识和能力。

10.1 数字教育资源概述

10.1.1 数字教育资源的概念

数字教育资源是指以数字化形式呈现、服务于教育教学活动的各种信息资源、软件工具和服务的总称。数字教育资源是为达到一定的教学目的而设计与开发的，支持教学活动开展，以数字化形态存储的课程材料。数字教育资源突破了传统教育资源在时间和空间上的限制，为学生提供了更加丰富、便捷、个性化的学习体验。

数字教育资源具有技术属性和教育属性。数字化形式是其技术属性，以数字代码的形式存储、传输和处理，可以通过计算机、网络等设备进行访问和使用。服务于教育教学活动的各种信息资源、软件工具是其教育属性，数字教育资源的开发和应用以教育教学为目标，旨在提高教学效率和学习效果。数字教育资源是信息技术与教育教学深度融合的产物，它为教育教学提供了更加丰富、灵活、高效的支持。数字教育资源的技术属性和教育属性共同决定数字教育资源的价值属性。

10.1.2 数字教育资源的特征

数字教育资源有海量、多样性、共享性、交互性、个性化、时效性、易用性等特征。未来，随着技术的不断进步和应用，数字教育资源将更加智能化、个性化和融合化，将为构建高质量教育体系、促进教育公平发展提供有力支撑。

（1）海量。数字教育资源数量庞大，涵盖各个学科领域。

（2）多样性。形式多样，包括文本、图片、音频、视频、动画、软件工具等。

（3）共享性。数字教育资源可以通过网络进行共享和传播，方便用户获取和使用。

（4）交互性。数字教育资源支持用户与资源之间的互动，有助于提高学习兴趣和效率。

（5）个性化。数字教育资源可以根据用户的需求和特点，提供个性化的资源和服务。

（6）时效性。数字教育资源可以及时更新，保持内容的时效性。

（7）易用性。数字教育资源操作简便，易于用户使用。

10.1.3 数字教育资源的价值

数字教育资源的建设与应用具有促进教育公平、提高教育质量、推动教育创新、服务终身学习等重要教育价值。

（1）促进教育公平。数字教育资源可以突破时间和空间的限制，为偏远地区学校和师生提供优质教育资源，缩小教育差距。（2）提高教育质量。数字教育资源为教师和学生提供了丰富的教学资源和学习工具，提高教学效率和学习效果。（3）推动教育创新。数字教育资源为教育创新提供了技术支撑和实践平台，促进教育教学模式变革。（4）服务终身学习。数字教育资源为社会公众提供了丰富的学习资源和学习机会，推动构建终身学习体系。

10.1.4 数字教育资源的类型

数字教育资源的类型多种多样，可以根据形式、功能、用途、来源、技术形式或学科领域进行分类。教师和学生在选择和使用资源时，应根据具体的教学需求和学习目标，选择合适的资源类型，以提高教学效果和学习效率。以下是常见的分类方式及其对应的资源类型。

根据资源的呈现形式，数字教育资源可以分为文本资源、图片资源、音频资源、视频资源、动画资源、软件工具、混合资源等类型，如表10.1所示。

表10.1　根据资源的呈现形式划分的数字教育资源类型

类　　型	描　　述	示　　例
文本资源	以文字为主要内容的资源，通常以电子文档的形式呈现	电子书、PDF文档、教案、试题、学术论文等
图片资源	以图像为主要内容的资源，用于辅助教学或展示知识	照片、图表、示意图、思维导图、教学挂图等
音频资源	以声音为主要内容的资源，通常用于语言学习或背景音乐	录音、播客、听力材料、音乐、语音讲解等

续表

类 型	描 述	示 例
视频资源	以动态影像为主要内容的资源，通常用于演示或讲解复杂知识	教学视频、实验演示视频、纪录片、动画、微课等
动画资源	以动态图形为主要内容的资源，通常用于模拟过程或展示抽象概念	二维动画、三维动画、交互式动画、模拟实验等
软件工具	支持教学或学习的应用程序或平台	教学软件、学习管理系统（LMS）、虚拟实验室、数据分析工具等
混合资源	结合多种形式的资源，通常用于提供更丰富的学习体验	交互式课件、多媒体电子书、虚拟现实（VR）课程等

根据资源的教学功能，数字教育资源可以分为知识呈现类资源、互动学习类资源、协作交流类资源、评价反馈类资源、管理支持类资源等类型。

根据资源的使用场景和目标用户，数字教育资源可以分为教学资源、学习资源、科研资源、管理资源等类型。

根据资源的来源，数字教育资源可以分为政府机构资源、教育机构资源、企业机构资源、个人用户资源等类型。

根据资源所依赖的技术形式，数字教育资源可以分为基于Web的资源、移动端资源、虚拟现实（VR）资源、增强现实（AR）资源、人工智能（AI）资源等类型。

根据资源所涉及的学科领域，数字教育资源可以分为语文资源、数学资源、科学资源、外语资源、艺术资源等类型。

10.1.5 数字教育资源的应用

1. 数字教育资源的应用方法

合理应用数字教育资源，可以有效提高教学效率和学习效果，促进教育教学模式变革。数字教育资源的应用方法多种多样，包括课堂教学辅助、学生自主学习、教师专业发展、教育管理决策等，可以根据不同的教学场景和学习需求进行选择。

（1）课堂教学辅助。

课前预习。教师可以提前将相关数字教育资源（如微课视频、电子教材、预习任务单等）分享给学生，帮助学生了解新课内容，激发学习兴趣，如图10.1所示。

课中讲解。教师可以利用数字教育资源（如多媒体课件、动画演示、虚拟仿真实验等）丰富教学内容，创设生动形象的教学情境，帮助学生更好地理解和掌握知识。

课后巩固。教师可以布置与数字教育资源相关的作业（如在线测试、互动练习、项目式学习等），帮助学生巩固所学知识，拓展学习深度。

例如，利用微课实施翻转课堂。教师将知识点讲解录制成微课视频，学生课前观看视频进行预习。课堂上，教师组织学生进行讨论、练习和答疑，帮助学生深化理解。

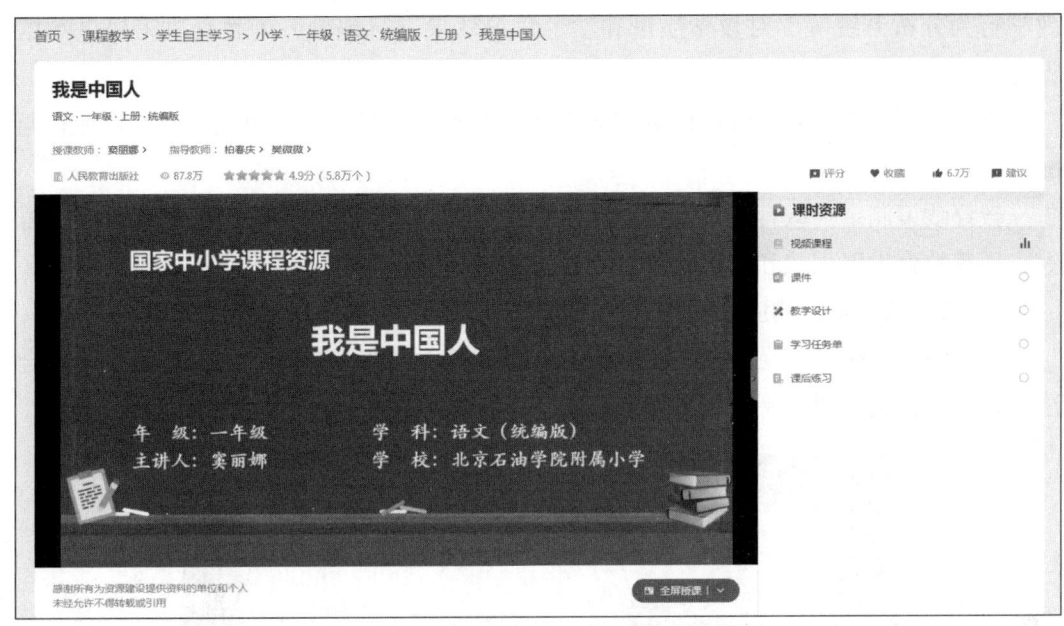

图 10.1 中小学智慧教育平台课程教学资源实例

（2）学生自主学习。

个性化学习。学生可以根据自己的学习进度和兴趣，选择适合自己的数字教育资源进行学习，例如观看在线课程、阅读电子书、完成在线练习等。

协作学习。学生可以利用数字教育资源平台（如在线讨论区、协作学习平台等）进行小组合作学习，共同完成学习任务，分享学习成果。

探究学习。学生可以利用数字教育资源（如数据库、学术网站、虚拟实验室等）进行自主探究学习，培养问题解决能力和创新思维。

例如，利用虚拟仿真实验进行科学探究、实验操作，观察实验现象，分析实验数据。虚拟仿真实验可以突破时间和空间的限制，为学生提供更加安全、便捷的实验体验。又如，利用在线平台进行协作学习。学生分组完成项目式学习任务，利用在线平台进行资料共享、讨论交流和成果展示，促进学生之间的协作交流，提高学习效率。

（3）教师专业发展。

教学研究。教师可以利用数字教育资源（如教学案例库、教学反思平台等）进行教学研究，学习先进的教学理念和方法，提升教学水平。

课程开发。教师可以利用数字教育资源（如课程开发工具、素材库等）开发和设计个性化的课程资源，满足学生的学习需求。

教学反思。教师可以利用数字教育资源（如教学日志、学生评价系统等）进行教学反思，不断改进教学策略，提高教学效果。

（4）教育管理决策。

教学评价。教育管理者可以利用数字教育资源（如学生学习数据分析系统、教师教学行为分析系统等）对教学质量和学生学习效果进行评价，为教育决策提供数据支持。

资源管理。教育管理者可以利用数字教育资源平台对教育资源进行统一管理和调配，提高资源利用效率。

教育政策制定。教育管理者可以利用数字教育资源（如教育统计数据、研究报告等）了解教育发展现状和趋势，为教育政策制定提供依据。

2. 数字教育资源的应用规范

（1）版权与许可。在使用数字资源时，遵循相关的版权法规和许可协议，确保合法。国家语言资源服务平台精品字库服务相关声明如图10.2所示。

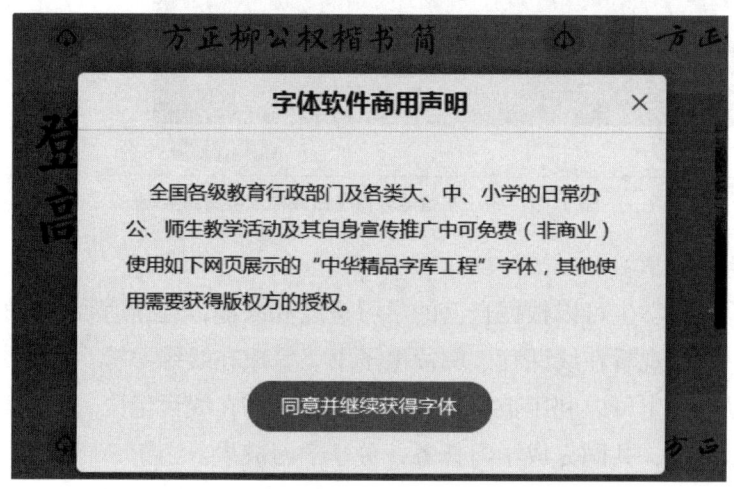

图 10.2　国家语言资源服务平台精品字库服务相关声明

（2）资源评估。对所使用的数字资源进行质量评估，确保其内容的准确性和相关性。

（3）隐私保护。在使用涉及学生数据的数字资源时，确保符合隐私保护的法律法规。

（4）技术标准。遵循教育技术的标准和实践，确保资源的可访问性和易用性。

10.2　国家智慧教育公共服务平台资源

10.2.1　国家智慧教育公共服务平台概述

国家智慧教育公共服务平台是由中华人民共和国教育部指导，教育部教育技术与资源发展中心（中央电化教育馆）主办的智慧教育平台，如图10.3所示。

作为综合性教育服务平台，旨在整合全国优质教育资源，为各级各类学校、师生和社会学生提供一站式教育服务。平台于 2022 年 3 月正式上线，是教育数字化战略行动的重要举措，是我国教育信息化进入新阶段的重要标志。国家智慧教育公共服务平台聚合了国家中小学智慧教育平台、国家职业教育智慧教育平台、国家高等教育智慧教育平台、国家终身教育智慧教育平台，提供丰富的课程资源和教育服务。截至 2025 年 5 月，国家智慧教育平台注册用户突破 1.64 亿，浏览量 613 亿，用户覆盖了 220 多个国家和地区，成为世界第一大教育资源数字化中心和平台，获联合国教科文组织教育信息化奖。用户可通过不同方式访问国家智慧教育公共服务平台，移动端应用为"智慧教育"App。平台通过持续完善资源体系、优化平台功能、提升服务水平，为构建高质量教育体系、促进教育公平发展提供更加有力的支撑。

图 10.3　国家智慧教育公共服务平台首页（局部）

10.2.2　国家智慧教育公共服务平台资源

国家智慧教育公共服务平台资源丰富，主要包括中小学智慧教育平台、国家职业教育智慧教育平台、国家高等教育智慧教育平台、国家终身教育智慧教育平台四个子平台。

1. 国家中小学智慧教育平台

该平台包括专题教育、课程教学、课后服务、教师研修、家庭教育、教改经验等板块的资源，还外部链接了 60 多个专业网站共享有关资源。如图 10.4 所示，这些资源支持平台十大应用场景：自主学习、教师备课、教师授课、双师课堂、作业活动、答疑辅导、课后服务、教师研修、家校互动、协同管理。

（1）专题教育资源。包括党史学习、爱国主义教育、宪法法治教育、品德教育、劳动教育、中华优秀传统文化教育、生命与安全教育、心理健康教育、生态文明教育等专题教育资源。

（2）课程教学资源。在原有的国家统编教材和人教版教材教学资源基础上，课程教学资源新增了北京版、苏教版、北师大版、教科版、外研社版等版本的教材，并陆续全面上线各教材版本的教学资源。

（3）课后服务资源。包括科普教育、体育锻炼、文化艺术、经典阅读、研学实践、影视教育 6 类资源。

（4）教师研修资源。包括师德师风、通识研修、学科研修、作业命题、幼教研修、特教研修等资源。

（5）家庭教育资源。包括家庭教育观念、家庭教育方法、家庭教育指导等资源。

（6）教改经验。包括党建德育、"双减"工作、学前教育、义务教育、普通高中、特殊教育、教学成果、教育信息化、综合改革 9 类典型经验。

图 10.4　国家中小学智慧教育平台十大应用场景

2. 国家职业教育智慧教育平台

该平台发挥"互联网＋教育"优势，促进资源整合与统一展示，建成了覆盖职业教育领域全部专业大类与教学层次、可持续发展的数字教育资源供给体系。平台包含专业与课程服务中心、教材资源中心、虚拟仿真实训中心和教师能力提升中心四大分中心，通过统一登录及一站式搜索，既满足师生的数字资源教学需求，又服务于职业院校的专业建设、教学改革。平台同时接入德育、劳动教育、美育和体育、树人课堂等职教领域基础课程，全面提升学生的综合能力，服务三全育人的教学目标。

3. 国家高等教育智慧教育平台

该平台的建设目标是汇聚国内外最好大学、最好老师建设的最好课程，成为全球课程规模最大、门类最全、用户最多的国家高等教育智慧教育平台。平台具有两大核心功能，一是面向高校师生和社会学生，提供中国各类优质课程资源和教学服务；二是面向教育行政部门和高校管理者，提供师生线上教与学大数据监测与分析、课程监管等服务。

4. 国家终身教育智慧教育平台

该平台集教育系统之力，聚全社会优质资源，于2024年12月上线，设立科学素养、职场技能、文化素养、兴趣爱好、继续教育、银龄学堂、家庭教育、社会教育八大栏目，为学生提供多类型、多层次、多样态的优质学习资源和个性化、智能化、便捷化的学习支持服务。平台将坚持应用为王，秉持集成化、智能化、国际化的"3I"理念，锚定"资源体系化、学习个性化、服务智能化"，有力支撑学校教育、家庭教育、社会教育协同育人新格局，加强终身教育保障，服务教育强国建设，助力建成人人皆学、处处能学、时时可学的学习型社会、学习型大国。国家终身教育智慧教育平台的上线，是教育部贯彻落实全国教育大会精神的实际行动，是建设"泛在可及的终身教育体系"的重要成果。至此，国家智慧教育平台形成以基础教育、职业教育、高等教育、终身教育为"四横"，德、智、体、美、劳为"五纵"的资源新格局。

【研讨活动】访问国家高等教育智慧教育平台，遍历资源构成，谈谈如何利用平台资源促进个人当前的学习。访问国家中小学智慧教育平台，遍历资源构成，谈谈如何利用平台资源促进个人未来的教育教学工作。

_____

_____

_____

10.3 地方智慧教育公共服务平台资源

10.3.1 地方智慧教育公共服务平台概述

根据教育部《国家智慧教育公共服务平台接入管理规范》，地方智慧教育公共服务平台是国家"中央—省—市—县—校"五级智慧教育平台体系的关键节点，需与国家平台实现"统一命名域名、统一用户认证、统一运行监测"，确保资源互通、数据融通，如图10.5所示。地方平台承担区域教育资源整合、数据治理和服务落地的任务，是区域教育数字化转型的载体。例如，湖北省建始县构建"国家—省—州—县"四级联动平台，打通135所学校资源网络，实现山区教育优质资源覆盖。

图 10.5 国家智慧教育公共服务平台上的地方平台接口

地方智慧教育公共服务平台是依托云计算、大数据、人工智能等新一代信息技术，整合区域优质教育资源，为区域内学校、教师、学生、家长提供一站式教育服务的综合性平台。各省、直辖市、自治区均建设有智慧教育公共服务平台。图 10.6 所示为重庆智慧教育平台。

图 10.6 重庆智慧教育平台首页（局部）

10.3.2 地方智慧教育公共服务平台资源

地方智慧教育公共服务平台资源体系是我国教育数字化转型的核心载体，依托国家平台框架，结合区域特色构建多层次、多类型的资源库。

（1）在课程教学资源方面。基础教育覆盖德育、学科教学、体育美育等10大板块，如国家平台已集成约4.4万条基础教育资源，地方平台补充本地化内容（如邯郸市开发乡土文化课程）。职业教育利用虚拟仿真实训资源解决实操难题，例如国家职教平台覆盖近600个专业的6700余门精品课，湖南汽车工程职业大学"C+R"远程实训系统支持远程操控设备。高等教育共享2.7万门MOOC及1800门国家一流课程，如清华大学量子力学在线课向全球开放，服务1300万国际用户。

（2）在教研与教师发展资源方面。开展名师课堂：邯郸市通过750个远程师训室开展"每天一小时"教师培训，累计开展教研活动超6000次。AI教研工具应用：泉州一中构建126个教育智能体，实时生成课堂教学反馈报告，辅助教师优化教学策略。

（3）在智能化学习工具方面。开展个性化学习系统：泉州五中"泉五智学云平台"基于知识图谱推送学习路径，AI助手"泉小五"提供24小时在线答疑。应用作业与测评工具：江西"智慧作业"系统通过OCR技术自动生成错题本；云阳县平台1分钟完成作业批阅并输出学情热力图。

（4）在教育管理与服务资源方面。开设政务服务平台：上海教育数据接入"一网通办"，支持入学报名、学费缴纳等一站式服务。开设局校协同系统：阜新市启用钉钉AI平台，实现成绩点对点推送，防溺水通知直达家长，减少行政成本。

【研讨活动】分别访问一个西部地区（如重庆市）的智慧教育公共服务平台和一个东部地区（如江苏省）的智慧教育公共服务平台，分析资源特色，比较资源差异，提出优化建议。

_____

_____

_____

10.4 数字教育资源常用网站

10.4.1 基础教育数字教育资源网站

国家中小学智慧教育平台。推荐理由：由教育部主办，资源可靠、覆盖面广。提供语文、数学、英语、科学等学科的优质课程资源。包括视频课程、电子教材、练习题等，适合中小学教师和学生使用。

学科网。推荐理由：提供中小学各学科的课件、教案、试题、试卷等资源。资源分类清晰，支持按年级、版本、知识点检索。适合教师和家长获取教学资料。

10.4.2 职业教育数字教育资源网站

国家职业教育智慧教育平台。推荐理由：平台包含专业与课程服务中心、教材资源中心、虚拟仿真实训中心和教师能力提升中心四大分中心，建成了覆盖职业教育领域全部专业大类与教学层次、可持续发展的数字教育资源供给体系。适合职业院校师生和企业培训使用。

智慧职教。推荐理由：提供职业教育领域的课程资源、虚拟仿真实训、技能培训等。资源紧密结合行业需求，实用性强。适合职业院校师生和企业培训使用。

10.4.3 高等教育数字教育资源网站

国家高等教育智慧教育平台。推荐理由：国内外好大学、好老师建设的好课程的统一接口，全球课程规模最大、门类最全、用户最多。适合大学师生和社会学生学习、在职教师学习。

中国大学 MOOC。推荐理由：提供国内顶尖高校的在线课程，涵盖人文、理、工、医学等多个学科。课程免费，部分课程支持学分认证。适合大学师生和社会学生、在职教师学习。

学堂在线。推荐理由：汇集了来自清华大学、北京大学、复旦大学、中国科技大学，以及麻省理工学院、斯坦福大学、加州大学伯克利分校等国内外高校的超过 1.1 万门优质课程。适合大学师生和社会学生、在职教师学习。

本章作业

学科数字教育资源调查

根据自己的学科,调查适合中小学师生的学科数字教育资源,主要收集网站、公众号、视频号、资源库、数据库等类型资源。提交一份调查报告,内容包括资源名称、简介、推荐理由及相关网址等信息。

扫码查看本章
网络资源

第 11 章　PPT 课件设计与制作原理

学习目标

※ 了解 PPT 课件的概念、类型、作用、评价方法、设计与制作过程；
※ 掌握 PPT 课件的结构设计与制作原理；
※ 掌握 PPT 课件的背景、布局、排版、色彩、文字、图像、音视频和动画的设计与制作原理；
※ 培养 PPT 课件设计与制作兴趣，形成应用 PPT 课件优化课堂教学效果、效率和模式的意识。

11.1　PPT 课件概述

11.1.1　PPT 课件的概念

PPT（PowerPoint）课件是指按照教与学的基本原理，通过 PPT 技术，将文字、图形、图像、声音、视频和动画等多种媒体信息有机组合，表达特定教学内容，实现特定教学目标的计算机辅助教学软件。PPT 课件是使用最多的课件类型，除此之外还有 Authorware 课件、Flash 课件、Web 课件等。

PPT 课件通常应是一个富媒体作品而不是简媒体作品。所谓富媒体课件是指通过丰富的色彩、点、线、面表现手法形成的结构完整、布局合理、排版整齐、色彩和谐、内容充实、图文并茂及动画适切的经过设计的课件，如图 11.1（左）所示。简言之，富媒体课件就是设计充分、媒体丰富多样的课件。所谓简媒体课件是指设计不充分、媒体不丰富多样的课件，如图 11.1（右）所示。因此，有大量图片的 PPT 课件并不一定是富媒体课件，然而富媒体课件往往有大量的图片。富媒体 PPT 课件不仅在于其媒体形式丰富，更重要的是经过了色彩与平面的有效设计。

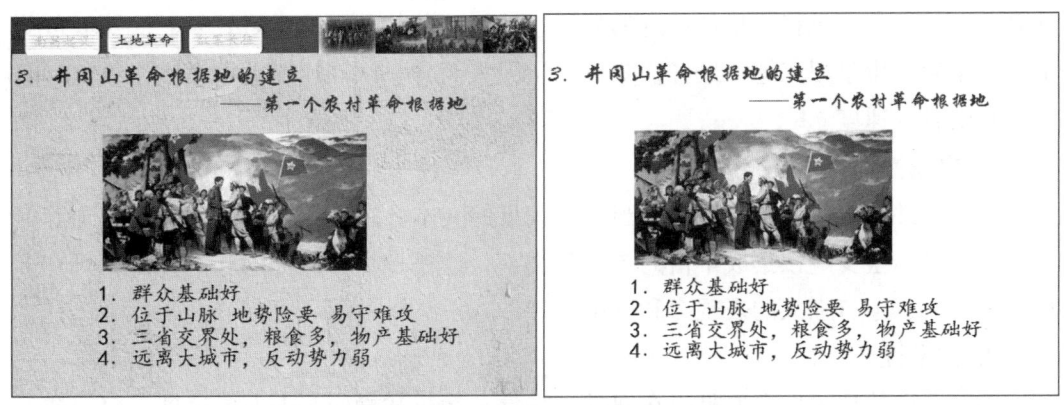

图 11.1　富媒体课件与简媒体课件对比示例

11.1.2　PPT 课件的作用

PPT 课件属于典型的演示型课件，主要用于课堂演示教学，注重对学生的启发和提示，反映问题解决的过程。PPT 课件的主要作用包括三个方面。

（1）提高教学效果。通过呈现一些生动、形象的媒体文件，激发学生的学习兴趣，突破教学的重点和难点，以达到事半功倍的教学效果。（2）提高教学效率。把教师用于写板书的时间和精力节省出来，更多考虑课堂教学的组织，单位时间内可以完成更高质量的教学任务，从而提高课堂教学的效率。（3）优化课堂教学模式。PPT 课件可以提高教学效果、效率，优化教学模式，在应用过程中应遵循教与学规律，结合"经验之塔"理论的指导。PPT 课件虽然可以提供替代性的经验，但在实际教学中，应提倡首先采用动作性经验，然后采用形象化表征，最后采用符号化表征，在 PPT 课件应用前后，应该留给学生适当的实践、思考的空间。

11.1.3　PPT 课件的评价

PPT 课件是最常用的教学资源，可以从课件的教学性、集成性、技术性、艺术性方面进行综合评价。评价一个课件的优劣，应该从不同的教学情境出发，例如文科或理科、高等教育或初等教育、情感目标或技能目标、实验课程或讲授课程等。从技艺上看，PPT 课件设计与制作的重点是结构完整、背景得当、布局合理、排版整齐、色彩和谐、内容充实、图文搭配和动画适切并且易于使用等。

1. 教学性

PPT 课件的教学性主要是指课件要符合教师教学的基本规律，符合学生学习的基本规律。首先，要体现教学规律，包括教学目标明确、教学内容得当、重点难点突出、教学策略适切等。其次，要体现认知规律，包括符合认知结构、符合记忆规律、符合认知负荷、符合认知速度等。认知结构与内容结构有关，记忆规律与页面信息设计有关。认知负荷是指所呈现信息的数量。认知超负荷会影响学习效果，认知低负荷不能让学生产生学习兴趣。最佳认知负荷量因人而异。认知速度是指学生在单位时间内接收信息的速度。

2. 集成性

PPT 课件的集成性是指课件应当集成大量的文本、图片、声音、视频和动画等多种媒体信息，至少应该集成丰富的图片和文字，这是多媒体课件的基本特征。只有多种媒体集成，才有强大的表现力和感染力。

3. 技术性

PPT 课件的技术性主要是指在视觉、听觉、运行和操作等方面要达到一定的技术指标。在视觉技术上，画面清晰稳定、播放流畅。在听觉技术上，解说清晰准确、音效恰当逼真、配乐紧扣主题、声音组合协调。在运行技术上，不受软件平台的制约。在控制技术上，能够流畅操作。

4. 艺术性

PPT 课件的艺术性是指课件要具有形象美和声音美，要在视听上给人以美的感受。按照审美心理规律和教学原则，把抽象的科学概念、原理等知识，运用艺术手段转化为图文并茂、妙趣横生的教学内容，这便是形象美。形象美包括图形美和色彩美，图形美表现在构图方面，色彩美表现在和谐方面。声音美包括音乐美、音效美和语言美。

11.1.4　PPT 课件的设计与制作过程

PPT 课件制作的一般过程包括确定课题、教学设计、收集教学材料与设计素材、搭建结构、添加教学材料、添加设计素材、应用模板与母版、屏幕设计、设计动画、评估与修改十个环节。

1. 确定课题

确定制作课件的必要性。

2. 教学设计

教学设计即规划教学方案，重点是教材内容分析、教学目标分析、学生分析、设计教学策略和教学过程。通过教学设计，要确定课件的主要内容及其结构。教学设计是 PPT 课件制作的基本依据。

3. 收集教学材料与设计素材

在教学设计的基础上，一方面，收集文本、图像、音视频和动画等多媒体教学材料，这是制作 PPT 课件的基础。教学材料应该经过恰当的处理。另一方面，可以收集一些用于背景的图片或修饰的图标。

4. 搭建结构

新建一个 PPT,把标题添加到默认的标题文本框,标题最好设置序号。首先是设计课件的形式结构,课件的形式结构一般包括封面页、目录页、节标题页、内容页和封底页等。然后是设计课件的内容结构,内容结构要与教学设计结合,内容结构在微观上通过内容页的页目录、页标题进行组织,在宏观上通过目录页、节标题页进行组织。

5. 添加教学材料

在 PPT 的各个页面中输入教学内容,包括文本、图像、音视频和 Flash 动画等。文本一般应输入默认的标题文本框或内容文本框。输入后,暂不对文本进行艺术化设计,以便后续通过模板和母版对整体风格进行统一的艺术处理。

6. 添加设计素材

如果需要,利用事先收集好的设计素材,为 PPT 添加适当的背景图片或修饰图标。

7. 应用模板与母版

应用一个模板(主题),然后修改它的母版。分别修改标题页和内容页对应母版的标题样式和内容样式,以达到想要的效果。

8. 屏幕设计

在普通视图中进行色彩、排版、文字和图片的适当修改,以达到想要的效果。

9. 设计动画

按需添加页面切换动画和页内元素动画。

10. 评估与修改

播放并测试 PPT 课件的效果,针对布局、排版、色彩、背景、文字、图像、音视频和动画等,评估 PPT 课件是否体现教学设计,是否符合技术与艺术要求,按需修改。

11.2 PPT 课件结构设计与制作

PPT 课件的结构应该包括课件结构和内容结构。课件结构是课件的形式结构(下文统称形式结构),内容结构是教学内容与教学活动的逻辑结构。形式结构与内容结构往往是有机结合的。形式结构与内容结构的作用是体现规范、方便导航、呈现逻辑。

11.2.1 形式结构设计

PPT 课件在形式上应该包括封面页、目录页、节标题页、内容页、封底页等,其中内容页部分最多，节标题页并非必须，需要根据实际情况设计，图 11.2 所示课件无节标题页，图 11.3 所示课件有节标题页。

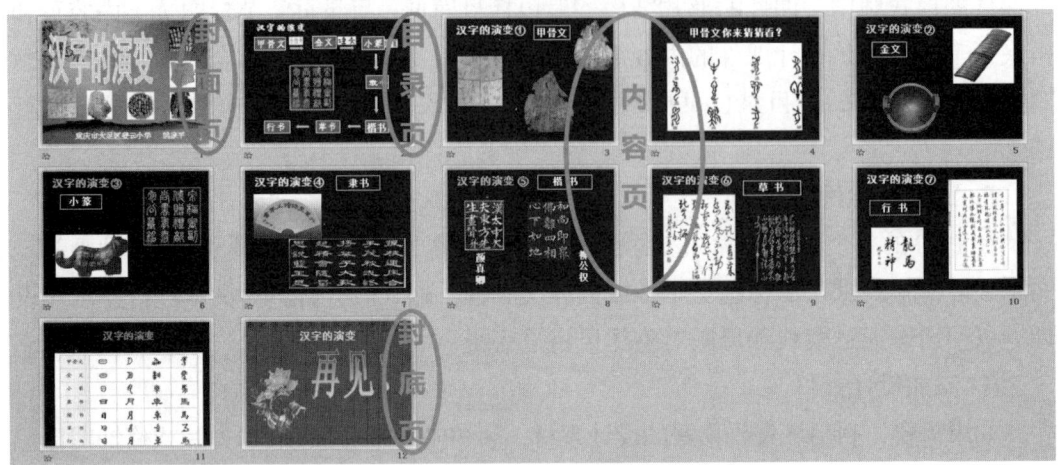

图 11.2　形式结构设计示例（无节标题页）

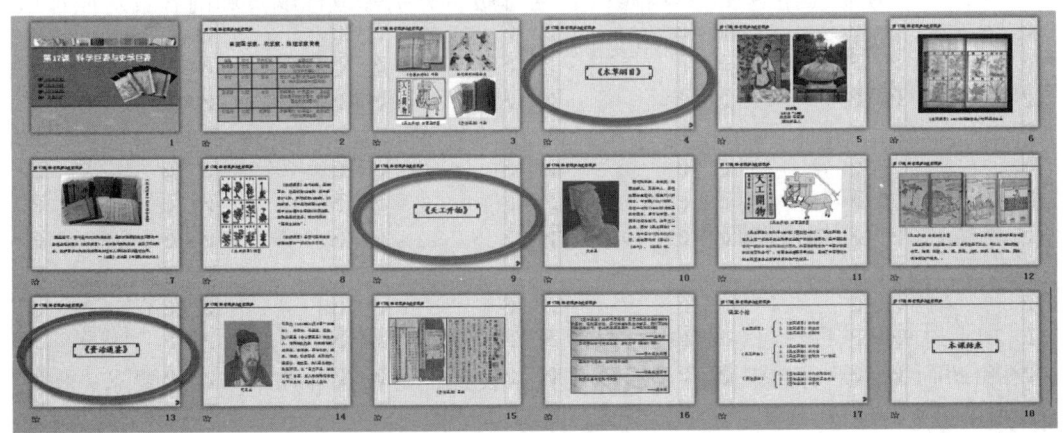

图 11.3　形式结构设计示例（有节标题页）

形式结构非常重要，它是体现课件之所以为课件的重要特征之一。（1）课件封面页，主要呈现标题、副标题。封面页要美观大方，能够激发学生兴趣。（2）目录页，主要告知学生课件的主要内容与活动。（3）节标题页，主要用于结构化组织内容页。一般在内容页较多的时候，可以依据内容页的逻辑结构设计节标题页，一个节标题页统领该节标题页后面的若干内容页。（4）内容页，通过文本、图像、音频、视频、动画等媒体表现教学内容和活动。（5）封底页，主要呈现课件结束信息。

11.2.2　内容结构设计

内容结构是指根据课件需要呈现的知识内容与活动过程的自身逻辑关系而进行的编排方式。内容结构体现了课件的教学逻辑，十分重要。不同的课件在教学内容与活动过程的组织上有所不同。课件的内容结构有直线式、分支式和网状式等。PPT课件内容结构的组织方式主要有页目录、页标题两种方式。

第一种组织方式是在课件的水平方向（一般是顶部）或垂直方向（一般是左侧）设置内容目录。目录可以只是内容结构，如图11.4（左）所示，也可以是内容结构与形式结构的结合，如图11.4（右）所示。

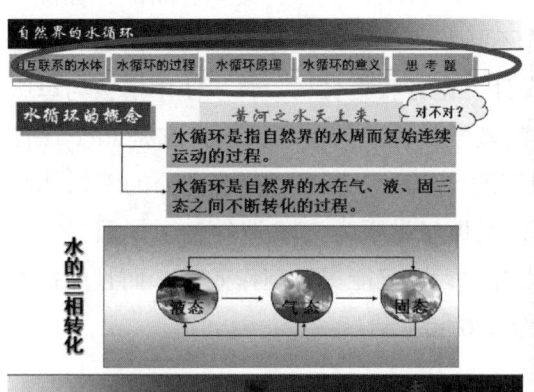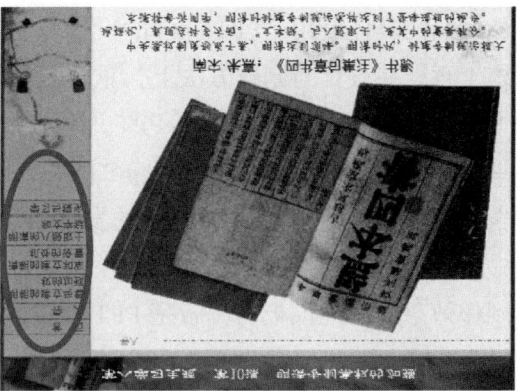

图11.4　页目录设计示例

第二种组织方式是在内容页的顶部设置页标题，包括一级标题、二级标题甚至三级标题，标题的级别与顺序也要明确标出，如图11.5所示。

图11.5　页标题设计示例

PPT课件的结构是PPT课件逻辑结构的重要体现方式，起到导航的重要作用。在播放过程中，教师通过PPT课件的结构可以快速定向到页面，学生通过PPT课件的结构可以快速掌握知识之间的关联。

11.3 PPT 课件页面设计与制作

PPT 课件的页面设计与制作包括背景、布局、排版、色彩、文本、图像、音视频及动画的具体使用。PPT 课件的设计与制作不是单一的技术或艺术流程，而是一个系统工程。在设计与制作方法上，重视教学设计，充分收集材料，善于使用模板与母版十分重要。教学设计阐明了 PPT 课件制作的教学目标、内容和活动，它是 PPT 课件制作的理论基础；教学材料是 PPT 课件制作的"物质"基础，没有充分的多媒体教学材料就没有色彩与平面设计的发挥机会；模板与母版为 PPT 课件各个页面样式的一致性提供了便捷的操作，加强模板与母版技术，不仅能提升制作效率，而且能提升制作效果，因此模板与母版是 PPT 课件制作的效能基础。

11.3.1 背景设计

PPT 课件背景设计是 PPT 课件设计的重要一环，背景设计的好坏直接决定整个课件设计的质量。可以通过不同方式设计课件背景，包括利用模板自带的背景、使用复杂图片做背景、使用简洁图片做背景、利用形状工具画背景。利用模板自带的背景、利用形状工具画背景的方法将在第 12 章讲解，这里重点讲解如何利用图片设计 PPT 课件背景。图片做背景，实际设计思路非常广阔，这里提供一种快速设计思路以供参考。

1. 使用复杂图片做背景

设置复杂图片做背景，一般在母版中进行，设计对应的封面页母版、内容页母版。基本思路：图片铺满整个 PPT 背景，利用 PPT 的绘图工具，插入矩形或其他形状，填充白色或其他颜色，调整形状透明度，使得背景图片若隐若现；形状一般无需全部遮盖背景图片，适当留白，以便产生更佳设计效果；封面页、内容页设计效果不同；适当设计一些修饰效果。示例效果如图 11.6 所示。

图 11.6　复杂图片做 PPT 课件背景设计示例效果

2. 使用简单图片做背景

简单图片做背景，同样需要在母版中进行，设计对应的封面页母版、内容页母版。基本思路：封面页，图片分别置于对角，大小呼应，图片略大，插入矩形或其他形状，形状略小，填充白色或其他颜色，调整形状透明度，四周留白较多；内容页与标题页相似，图片略小，形状略大，四周留白较少；适当设计一些修饰效果。示例效果如图 11.7 所示。

图 11.7　简单图片做 PPT 课件背景设计示例效果

11.3.2　布局设计

布局是指功能区域的划分。屏幕通常是一个空间有限的矩形区域，需要区分标题区、内容区、目录区、页眉区、页脚区等不同的区域，以便进行合理的布局。在 PPT 中，版式就是布局，它明确了标题文本框、内容文本框和页脚的位置。PPT 课件的常见布局如图 11.8 所示，图 11.8（左）是上下型布局，分别是标题区和内容区；图 11.8（中）是上中下型布局，分别是标题区、内容区和页脚区；图 11.8（右）是 T 型布局，分别是标题区、目录区和内容区。无论哪种布局，内容区所占的屏幕尺寸都是最大的。

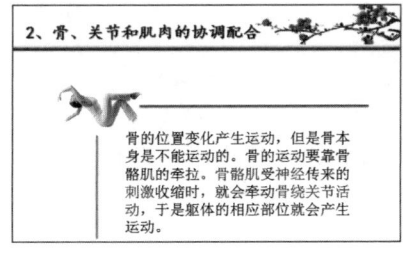 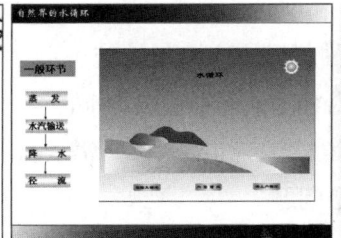 

图 11.8　PPT 课件的常见布局

页面布局的基本要求：

（1）整个 PPT 课件的布局风格应该保持统一；

（2）不同教学对象、内容等的布局特点不同；

（3）可以通过绘制线条、绘制形状、设计图像等划分区域；

(4)各区域所占的比例适中,内容区域最大;

(5)各区域之间留白,一般互不侵占;

(6)标题页与内容页的布局一般不同。

11.3.3 排版设计

排版是指幻灯片上的图文等元素的排列方式。排版的方式有对称与平衡、焦点和主次、对比与统一、韵律与节奏等,对称与平衡是基本的排版方式。对称与平衡是美学的基本原理之一,能够为观看者带来舒适感、安全感和美感。对称是以中心点或中心线,在点的四周或线的两边出现相同、相等或相似的画面内容。平衡是通过各种元素的位置、大小等的安排,使观看者在心理上能感受到一种物理平衡,即"平稳"的感觉。对称可以产生平衡,如图 11.9 所示,图 11.9(左)是绝对对称,图 11.9(右)是相对对称,都产生了平衡效果。最简单的排版方式就是对齐,内容较多时一般采用向左、向上对齐的方法进行排列,内容较少时可以采用居中对齐的方法进行排列。

 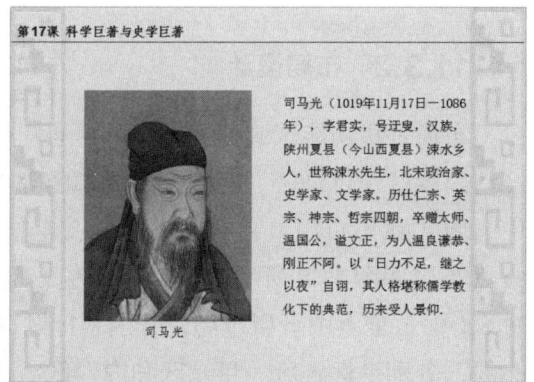

图 11.9 对称排版设计示例

图文排版的基本要求:

(1)整个 PPT 课件的排版风格应该保持统一;

(2)不同教学对象、内容等的排版特点不同;

(3)每页教学内容不宜太多,如果太多,需要按照逻辑拆分成不同页面;

(4)一个页面解决一个问题;

(5)相关内容放一页,无关内容拆分成多页;

(6)内容对齐、对称与平衡,或者按照其他规律排列;

(7)内容与屏幕之间、内容之间留白,以提升可读性。

11.3.4 色彩设计

色彩可以增强课件画面的表现力和感染力。不同的色彩能够给人带来不同的心理感受。色彩本身并不具有影响人的心理感受的某种特性，原因主要在于色彩容易使人联想到人类在长期生活经验中积累下来的与色彩相关的某些刺激。色彩的使用往往与教学内容、教学对象、文字、图片及背景等具体结合在一起。

在课件制作中，可以将色彩分为四类：主色调是感受最强的颜色；辅色调是与主色调配合使用的颜色；强调色是个别突出的颜色；背景色是面积最大的颜色。颜色搭配有要领，首先是对比清晰，前景与背景对比清晰，尤其文字与背景对比清晰；然后是变化统一，以统一为主，适当变化。颜色搭配可以参考 Office 的标准色盘，如图 11.10 所示，一般是内圈浅色、外圈深色搭配使用，尽量避免使用中圈高亮彩色。

色彩的基本要求：

（1）整个 PPT 课件的色彩风格应该保持统一；
（2）不同教学对象、内容等的色彩特点不同；
（3）主色调、辅色调、强调色、背景色搭配使用；
（4）颜色搭配要对比清晰；
（5）背景不宜使用高亮彩色，黑、白是最容易搭配的背景色；
（6）尊重色彩的文化含义。

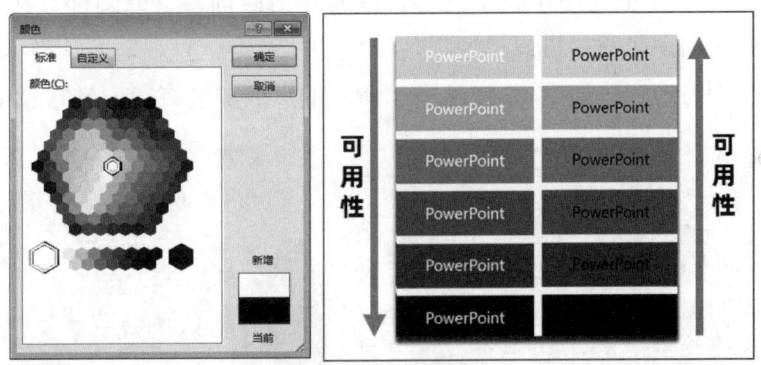

图 11.10　颜色搭配对比

11.3.5　文本设计

文本是 PPT 课件使用最多、最基础的页面对象，善于使用文本的字体、字号、颜色、缩进、行距和段距等，可以取得好的设计效果，如图 11.11 所示。

文本的基本要求：

（1）整个 PPT 课件的文本风格应该保持统一；
（2）不同教学对象、内容等的文本特点不同；
（3）使用可读性强的字体；
（4）使用颜色、字体、字号和背景等增强标题的显示效果；
（5）可以使用粗体，一般不用倾斜、下画线、底纹等复杂样式；

（6）页面文字需要精练；

（7）关键字词需要强调；

（8）增加行距、段距，提升可读性。

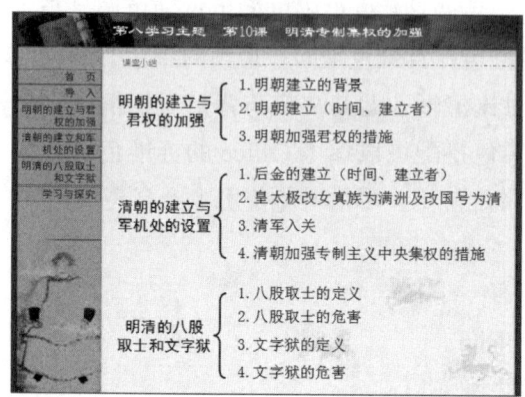 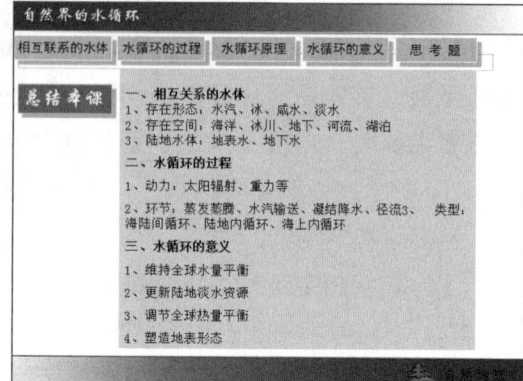

图 11.11　文字设计示例

11.3.6　图像设计

在 PPT 中，图像主要用作教学内容，或者作为修饰背景或图标。在 PPT 课件制作中，恰当的应用一张图片可以迅速抓住学生的注意力，直观地表达教学内容，从而促进学生的感受与理解，如图 11.12（右）所示的页面更能将我们带入意境。

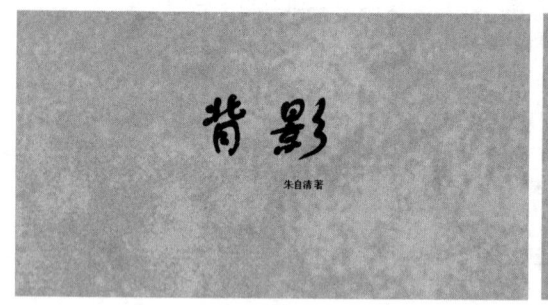 

图 11.12　图片设计示例

图像的基本要求：

（1）整个 PPT 课件的图片风格应该保持统一；

（2）不同教学对象、内容的图片等的特点不同；

（3）单个页面不宜多于四张；

（4）图片尺寸要大，清晰度要高，不改变图片的宽高比（不变形）；

（5）裁去多余部分，去掉干扰信息；

（6）可以使用合适的图像样式；

（7）图片、图标应与内容或主题意义高度匹配；

（8）少用或不用修饰图标。

11.3.7 音、视频设计

音频、视频是 PPT 课件经常使用的重要媒体形式，主要用作教学材料。音频还可以用作提示音效、背景音乐。

音视频动画的基本要求：

（1）音、视频播放时长适中，经过剪辑后留下必要部分；
（2）音、视频清晰，流畅；
（3）音量适中；
（4）背景音乐要符合使用情境；
（5）少用或者不用音效；
（6）媒体与 PPT 一起复制，以防插入/链接无效。

11.3.8 动画设计

在 PPT 中，有两种基本动画类型：页间切换动画和页内元素动画。根据需要使用动画，具体要求包括：

（1）动画不宜过多、过于复杂；
（2）动画播放速度不宜过快、过慢，应该受鼠标的控制；
（3）动画应根据内容的先后顺序出场；
（4）当内容为列表时，可以使列表逐条显示；
（5）当涉及问题及答案时，可以使问题先于答案显示；
（6）当呈现流程图时，可以使用动画逐步显示。

本章作业

应用人工智能大模型生成 PPT 课件初稿

根据第 4、第 5 章作业（教案），组织教学内容，收集媒体材料，任选一种人工智能大模型，生成 PPT 课件初稿。提交 PPT 课件初稿、生成报告，报告应包括教学内容、媒体材料、人工智能大模型的名称、提示词、生成工具的优缺点，以及应该遵守的伦理道德。

第 12 章 PPT 课件设计与制作实践

Chapter 12

学习目标

※ 掌握新建演示文稿与幻灯片、建立超链接、添加动画效果等基础技能；
※ 掌握绘制个性化 PPT 背景、设计 PPT 母版、设计 PPT 模板、制作 PPT 复杂动画效果等高级技能；
※ 能够独立设计与制作中小学学科教学 PPT 课件；
※ 培养 PPT 课件设计与制作兴趣，形成应用 PPT 课件为教育教学提质、增效的意识。

12.1 PPT 课件设计与制作基础实践

实践项目 12-1　初识 PowerPoint2016

PowerPoint（简称 PPT）是 Microsoft Office 办公系列软件包中的一个重要组件，PPT 是最简单、最高效的多媒体课件制作工具，是广大教师的最佳选择。PowerPoint2016 继承了以前版本的各种优势，在功能上有了很大的提高。目前的最高版本是 PowerPoint2025。PowerPoint2016 以后的版本需要 Windows 10 及其以上版本的操作系统支持。PowerPoint 的主要特性是：高度集成文字、图形、图像、音频、视频、动画及其他媒体；制作容易，修改方便，使用简单；提供丰富的模板等。类似的制作软件还有 WPS 等。

任务：下载、安装 Office2016，熟悉 PowerPoint2016 的工作界面。

步骤 1：下载、安装并启动 PowerPoint2016

步骤 2：熟悉工作界面

如图 12.1 所示，PowerPoint2016 主要包括顶部的选项卡区、左侧的视图区和右侧的编辑区三大区域。

第12章 PPT课件设计与制作实践

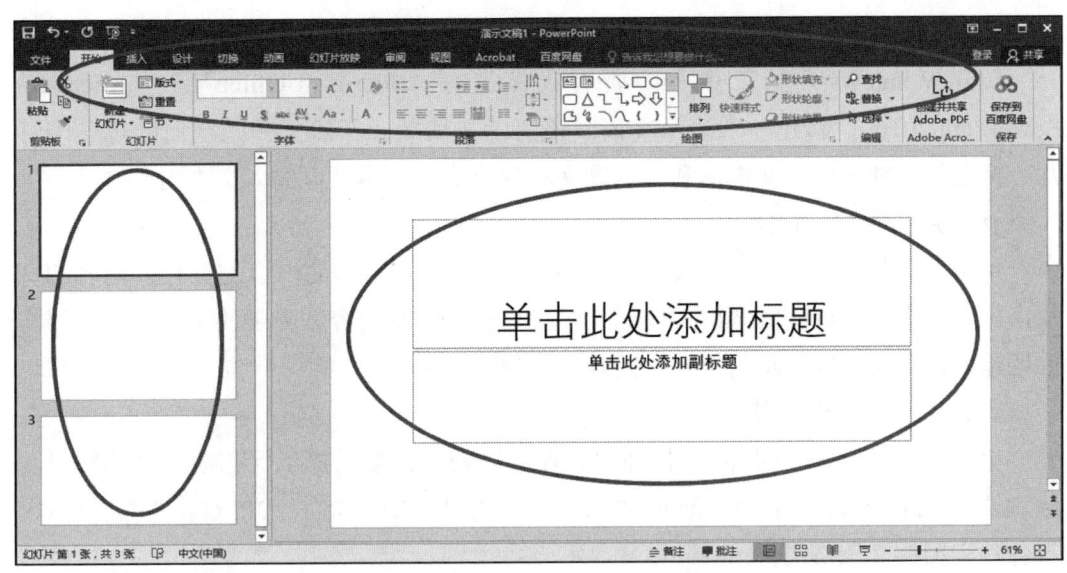

图 12.1 PowerPoint2016 的工作界面

PowerPoint2016 工作界面是全新的基于选项卡的、动态的、智能的可视化操作界面。每个选项卡下面又分成若干栏。如在开始选项卡中，就包括了剪贴板、幻灯片、字体、段落、绘图和编辑六栏。

实践项目 12-2　新建演示文稿与幻灯片

演示文稿（PPT）和幻灯片是两个不同的概念，演示文稿是一个文件，幻灯片是可添加文本、图像、音频、视频和动画等元素的卡片式页面，因此，幻灯片也可称为页面。演示文稿通常是由一张标题幻灯片和若干张普通幻灯片组成的。普通幻灯片有各种各样的版式（布局）。单击"开始"选项卡→"版式"，可以查看演示文稿的所有的默认版式，如图 12.2 所示。为了便于管理，建议只用"标题幻灯片""标题和内容"幻灯片两种版式，"标题和内容"幻灯片简称内容幻灯片。

任务：新建演示文稿与幻灯片，区分演示文稿与幻灯片，区分"标题幻灯片""标题和内容幻灯片"（内容幻灯片）。

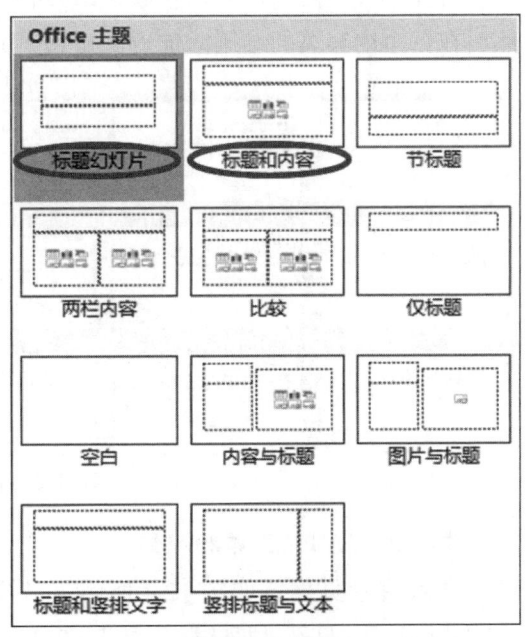

图 12.2　版式

步骤1：新建演示文稿

单击 Windows 开始菜单→"所有程序"→"Microsoft Office"→"Microsoft PowerPoint2016"，新建一个演示文稿。该演示文稿默认新建了一张空白的标题幻灯片，标题幻灯片由标题文本框和副标题文本框构成，文本框可输入文本内容。

步骤2：新建幻灯片

单击"开始"选项卡→"新建幻灯片"，插入一张空白的内容幻灯片。内容幻灯片由标题文本框和内容文本框构成，文本框可输入文本内容。为了便于管理，建议将标题输入标题文本框，将内容输入内容文本框。

步骤3：保存演示文稿

单击"文件"→"保存"，打开"另存为"窗口，按照提示保存演示文稿即可。演示文稿的扩展名是 .ppts。演示文稿还可保存为 PDF、RTF、JPEG、PNG、WMV 等各种实用的文档格式。

实践项目 12-3　在 PPT 中使用超链接

PowerPoint2016 提供了功能强大的超链接功能，使用它可实现从当前幻灯片跳转到其他幻灯片、另一个演示文稿或某个网址等功能。创建超链接的对象可以是任何对象，如文本、图形、图像等。

任务：为 PPT 的目录页与内容页之间添加超链接，以方便幻灯片跳转。

步骤1：打开 PPT

打开 PPT《英语五种基本句型》，如图 12.3 所示，将目录页链接到相应的内容页，然后在每个内容页的结尾添加返回按钮，并链接到目录页。

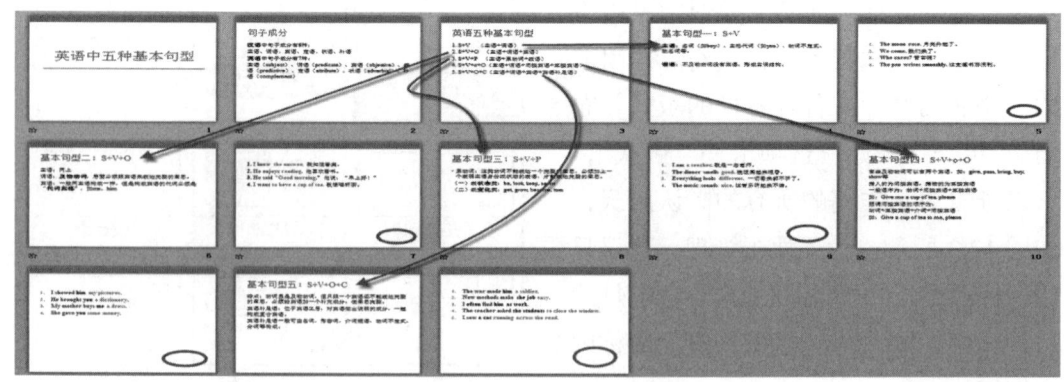

图 12.3　超链接设计

步骤2：为目录页添加超链接

进入目录页面，如图 12.4 所示，选中目录中的第一条，单击"插入"选项卡→"超链接"，打开"插入超链接"窗口。在窗口中，单击"本文档中的位置"。然后在"请选择文档中的位置"中，单击目录中第一条对应的页面标题，单击"确定"按钮，完成目录中第一条的超链接。采用相同的方法，完成目录中后面几条的超链接。

在播放 PPT 时，单击目录页中的超链接即可跳转到相应的内容页面。

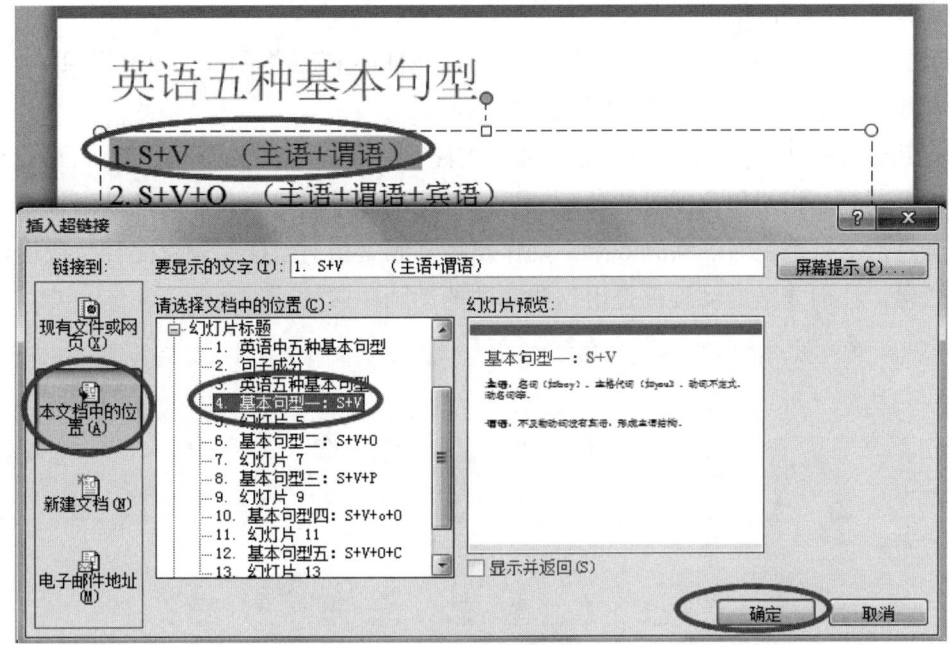

图 12.4　添加超链接目录

步骤 3：为内容页添加超链接

进入第一条内容的尾页，使用椭圆形状绘制一个返回目录的按钮，如图 12.5 所示。单击选中按钮后，单击"插入"选项卡→"超链接"，打开"插入超链接"窗口。在窗口中，单击"本文档中的位置"。然后在"请选择文档中的位置"中，单击目录页对应的页面标题，单击"确定"按钮，完成第一条内容的返回按钮的超链接。将按钮复制到其他几条内容的尾页，超链接的效果不变，完成其他几条内容的返回按钮的超链接。播放 PPT，单击"返回目录"按钮即可跳转到目录页。

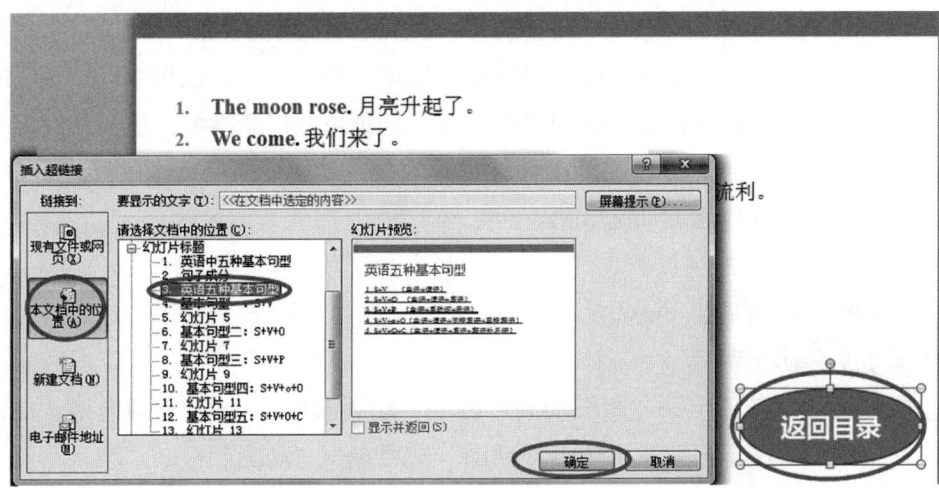

图 12.5　添加超链接按钮

步骤 4：播放 PPT 并测试超链接

步骤 5：保存 PPT

单击"文件"→"保存",打开"另存为"窗口,按照提示保存 PPT 即可。

实践项目 12-4　在 PPT 中使用简单动画

在 PPT 中,有进入、强调、退出和动作路径四种基本的动画类型,如图 12.6 所示。进入动画是指对象出现时的动画效果,强调动画是指对象存在时的动画效果,退出动画是指对象消失时的动画效果,动作路径动画是指对象按照预置路径轨迹运动的动画效果。任何复杂的动画都是由这些基本的动画构成的。

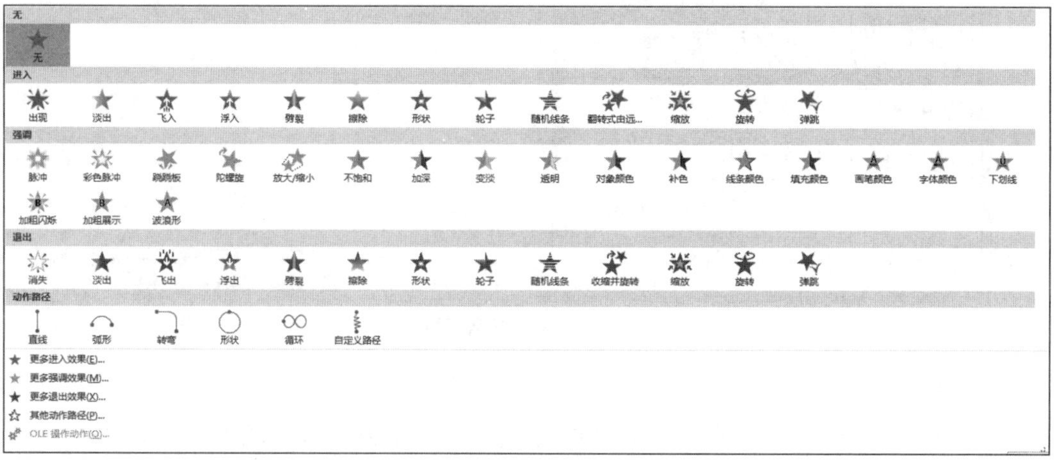

图 12.6　动画类型

对同一个对象（图片、形状、段落等）可以添加一种或多种类型的动画。同一个对象可以添加多个同种类型的动画。每张幻灯片上的不同对象的动画类型、数量可以相同或不同。每张幻灯片上按照动画添加的先后顺序进行播放,先添加先播放,后添加后播放,动画之间的播放顺序可以调整,多个动画也可以同时播放。动画可以自动播放,也可以通过键盘或鼠标的控制进行手动播放,采用何种播放方式需要具体设置。动画还可以通过触发器来播放,触发器就像动画开关一样,也是手动播放方式。动画可以延迟播放,延迟播放的时间可以修改。动画可以持续播放,播放的时间可以修改。在 PPT 中,借助动画窗格便于设计动画效果,动画窗格是动画的管理窗口。

任务：为列表内容添加动画效果。

步骤 1：打开 PPT

打开 PPT"动画基础 .pptx"。

步骤 2：添加动画

单击"动画"选项卡→"高级动画"栏→"动画窗格",打开动画窗格。单击选中幻灯片上的内容文本框后,再单击"动画"选项卡→"动画"栏→"飞入"动画,就为内容文本框添加了飞入型进入动画,文本框左侧生成动画编号,编号大于 0 表明这些动画需要单击鼠标手动播放。如图 12.7 所示,同时在动画窗格生成一个动画队列。

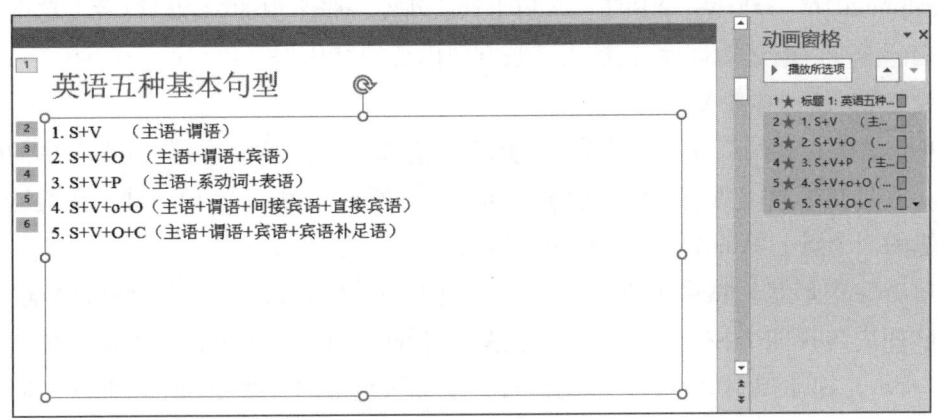

图 12.7 添加动画

步骤 3:设置动画效果①

① 设置动画的飞入方式。在动画窗格中,选中所有动画,单击"动画"选项卡→"动画"栏→"效果选项"→"自右下部",动画的飞入方式就会更改为从右下部飞入。此处可以修改文本框动画以整体方式发送或以段落方式发送,默认以段落方式发送。

② 设置动画播放方式。将"动画"选项卡→"计时"栏→"开始"设置为"上一动画之后",此时所有动画的序号变为 0,表明动画会自动播放,并且按照动画顺序逐一显示。

③ 设置动画播放时间。将"动画"选项卡→"计时"栏→"持续时间"设置为"1 秒",表示动画播放的持续时间是 1 秒。

④ 设置动画延迟时间。将"动画"选项卡→"计时"栏→"延迟"设置为"1 秒",表示动画等待 1 秒后才开始播放。

步骤 4:保存并预览

单击"文件"→"保存",保存 PPT 即可。然后单击工作区右下角的幻灯片放映按钮,放映幻灯片并预览动画效果。

12.2　PPT 课件设计与制作综合实践

实践项目 12-5　使用形状绘制 PPT 背景

任务:使用形状绘制 PPT 标题页背景和内容页背景。

步骤1：新建PPT和幻灯片

单击Windows开始菜单→"所有程序"→"Microsoft Office"→"Microsoft PowerPoint2016"，新建一个PPT。该PPT默认新建一张空白的标题幻灯片。单击"开始"选项卡→"新建幻灯片"，插入一张空白内容幻灯片。

步骤2：绘制标题页背景

单击选中标题幻灯片，然后单击"插入"选项卡→"形状"→"线条"中的曲线工具，此时鼠标光标变为"+"。如图12.8（左）所示，按住"Ctrl"键，在幻灯片底部边缘的四个点上单击左键，绘制一个形状。

单击选中形状，然后单击"格式"选项卡→"编辑形状"→"编辑顶点"，此时形状四周出现四个控制点。单击形状左上角的控制点，显示控制手柄。如图12.8（右）所示，拖动控制手柄到合适的位置，使形状顶部的直线变为平滑曲线。调整形状右上角控制点的控制手柄，使曲线效果达到最佳。

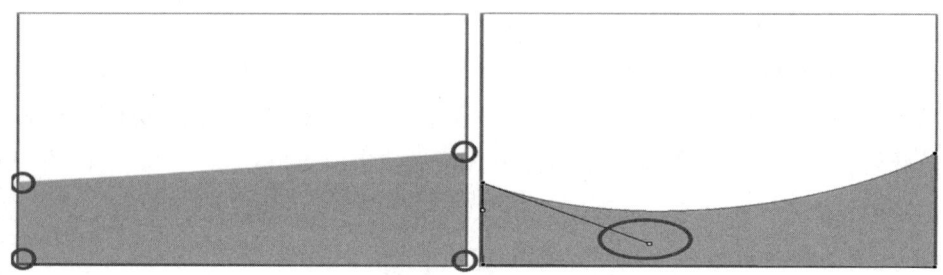

图12.8　绘制形状

复制一个形状，单击选中该形状，然后单击"格式"选项卡→"编辑形状"→"编辑顶点"命令，打开形状四周的控制点。如图12.9（左）所示，将形状右上角的控制点向上拖动，同时调整控制手柄，使形状顶部的曲线平滑，将形状置于底层。采用相同方法再复制一个形状，效果如图12.9（右）所示。

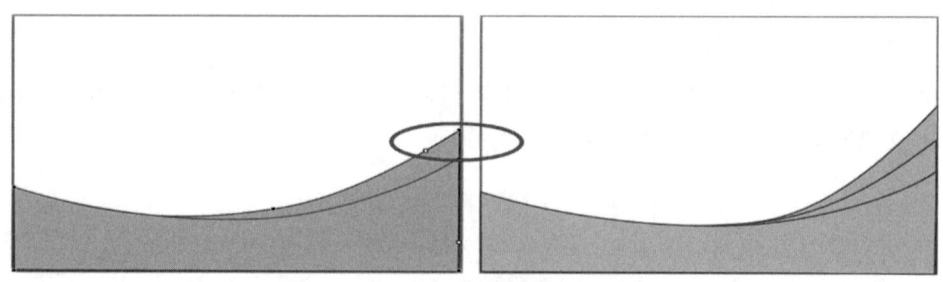

图12.9　复制形状

步骤3：填充标题页背景

单击选中顶层形状，然后单击"格式"选项卡→"形状填充"→"渐变"→"其他渐变"，打开"设置形状格式"窗口。如图12.10所示，在窗口中，选择"渐变填充"、类型为"线性"、角度为"45°"。在"渐变光圈"处，单击左侧颜色滑块将其选中，利用"颜色"填充工具将颜色设为橙色。将中间颜色滑块选中并将颜色设为浅黄色，将右侧颜色滑块选中并将颜色设为橙色。将中间颜色滑块的"位置"设为"50%"。

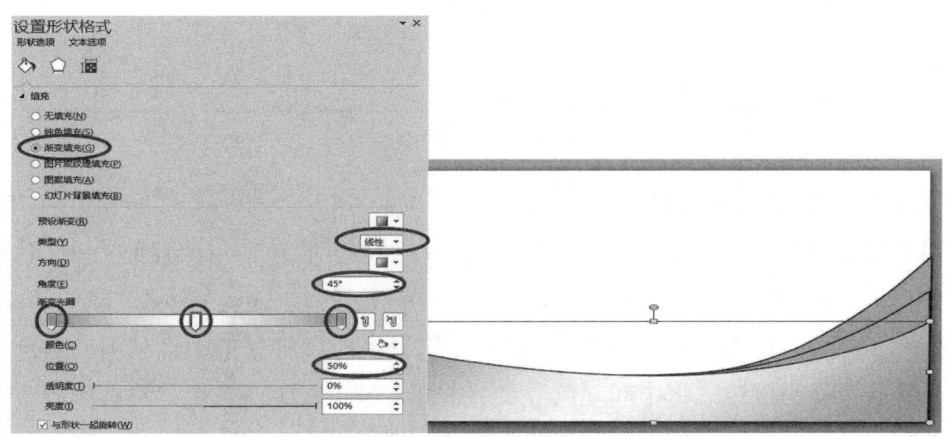

图 12.10　填充形状

采用相同方法将中间层形状和底层形状的颜色进行渐变填充。其中，在对中间层的颜色进行渐变填充时，在"渐变光圈"处，将中间颜色滑块的"位置"设为"40%"。标题幻灯片的背景制作完成，最终效果如图 12.11 所示。三个形状按照一种波浪韵律依次排列，便形成了设计效果。

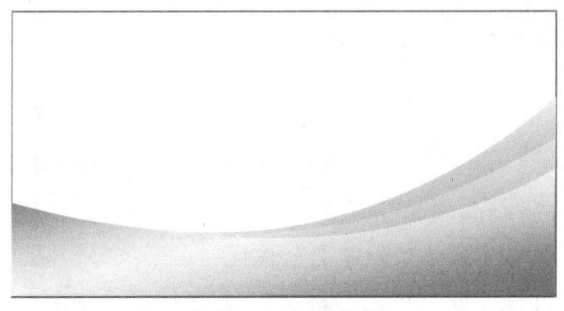

图 12.11　最终效果

步骤 4：绘制内容页标题背景

单击选中内容幻灯片。单击"插入"选项卡→"形状"→"线条"中的曲线工具，此时光标变为"+"。如图 12.12（左）所示，按住"Ctrl"键，在幻灯片顶部边缘的四个点上单击左键，绘制一个形状。

单击选中形状，然后单击"格式"选项卡→"编辑形状"→"编辑顶点"，此时形状四周出现四个控制点。单击形状左下角的控制点，显示控制手柄。如图 12.12（右）所示，拖动控制手柄到合适的位置，使形状顶部的直线变为平滑曲线。调整形状右下角控制点的控制手柄，使曲线效果达到最佳。

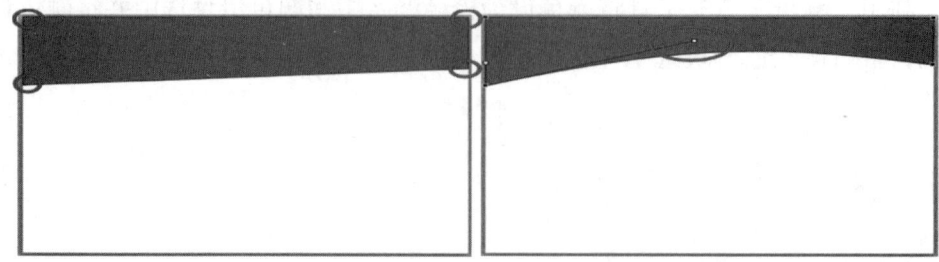

图 12.12　绘制形状

步骤 5：填充内容页标题背景

单击选中形状，然后单击"格式"选项卡→"形状填充"→"渐变"→"其他渐变"，打开"设置形状格式"窗口。如图 12.13 所示，在窗口中，选择"渐变填充"、类型为"矩形"。在"渐变光圈"处，单击左侧颜色滑块将其选中，利用"颜色"填充工具将颜色设为橙色。将中间颜色滑块选中并将颜色设为浅黄色，将右侧颜色滑块选中并将颜色设为橙色。将中间颜色滑块的"位置"设为"50%"。

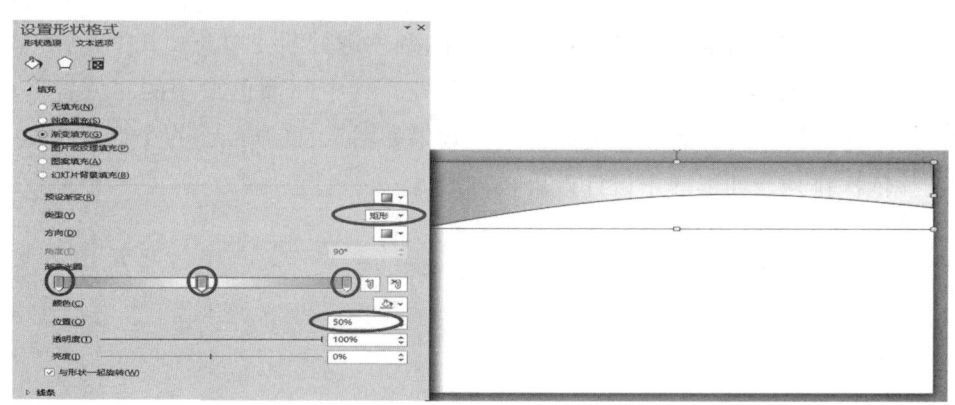

图 12.13　填充形状

步骤 6：绘制并填充内容页页脚背景形状

单击选中内容幻灯片，然后单击"插入"选项卡→"形状"→"矩形"中的矩形

工具，此时光标变为"+"。拖动鼠标左键，在幻灯片底部绘制一个很窄的矩形。单击选中矩形，参考步骤 3 或步骤 5 填充矩形，如图 12.14 所示。

内容幻灯片的背景制作完成。内容幻灯片的背景分成两部分，一个是顶部的标题背景，另一个是底部页脚的背景。

图 12.14　最终效果

步骤 7：保存 PPT

单击"文件"→"保存"，打开"另存为"窗口，按照提示保存 PPT 即可。

实践项目 12-6　使用母版设计幻灯片

每一张幻灯片都会有两个部分，一个是幻灯片本身，另一个就是幻灯片母版。它们就像两张透明的胶片叠放在一起，上面的一张是幻灯片本身，下面的一张就是母版。在放映幻灯片时，母版是固定的，更换的是上面的一张。在普通视图下的编辑，修改的是上面的幻灯片，而在幻灯片母版视图下的编辑，修改的是下面的幻灯片，即母版。如果需要某些文本或图形、图像在每张幻灯片上都出现，比如 Logo，就可以将它们放在母版中，只需编辑一次就行。母版可以为所有幻灯片统一设置样式，包括版式、颜色、文字和形状等。

在 PowerPoint2016 中有三个母版，它们分别是幻灯片母版、讲义母版及备注母版，设计时常用幻灯片母版。单击"视图"选项卡→"幻灯片母版"，打开幻灯片母版视图，如图 12.15 所示。幻灯片母版包括多张母版，它们分别对应不同的版式。建议只用第二张母版和第三张母版，它们分别对应标题幻灯片和内容幻灯片。也就是说，对这两张母版的修改，仅仅影响在普通视图下采用这两种版式的幻灯片，而不影响采用其他版式的幻灯片。

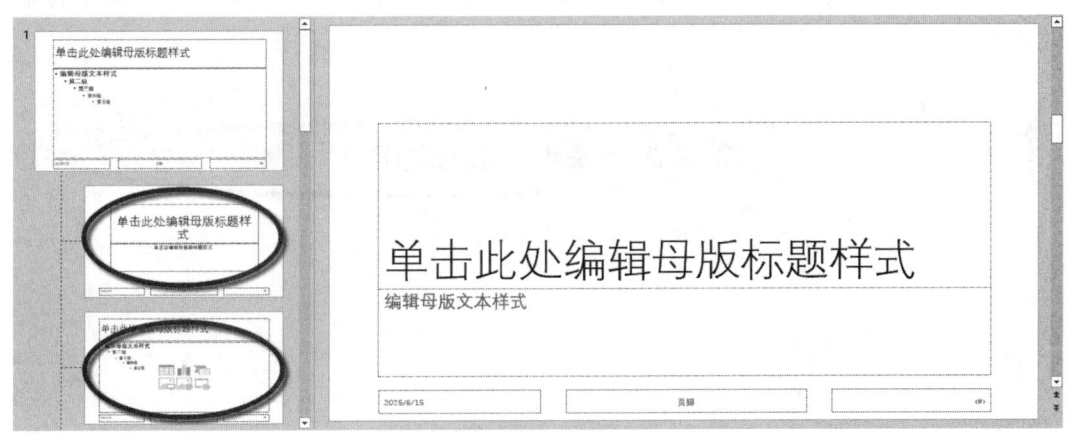

图 12.15　母版视图

任务：使用母版设计标题幻灯片背景和内容幻灯片背景。

步骤 1：打开实践项目 12-5 的 PPT

步骤 2：制作标题幻灯片背景

在普通视图下，单击选中标题幻灯片，剪切已经绘制好的背景，然后单击"视图"选项卡→"幻灯片母版"，打开幻灯片母版视图。在母版视图中，单击选中标题幻灯片母版，然后单击"开始"选项卡→"粘贴"图片，将剪切的背景粘贴过来。如图 12.16 所示，此时背景已经被转化为一张图片，将此背景图片置于底层。

步骤 3：制作内容幻灯片背景

单击工作区右下角的普通视图按钮，进入普通视图。单击选中内容幻灯片，剪切已经绘制好的背景。然后单击"视图"选项卡→"幻灯片母版"，打开幻灯片母版视图。在母版视图中，单击选中内容幻灯片母版，然后单击"开始"选项卡→"粘贴"的图片，将剪切的背景粘贴过来放置于底层。

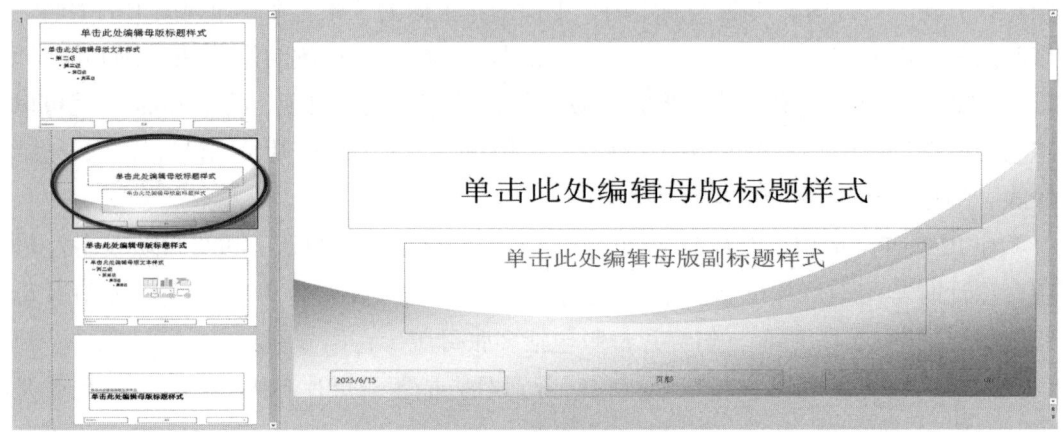

图 12.16　标题页背景

如图 12.17 所示，将标题框移至页面顶端并将标题加粗，使标题框完全置于背景上并且字体能够突出显示。

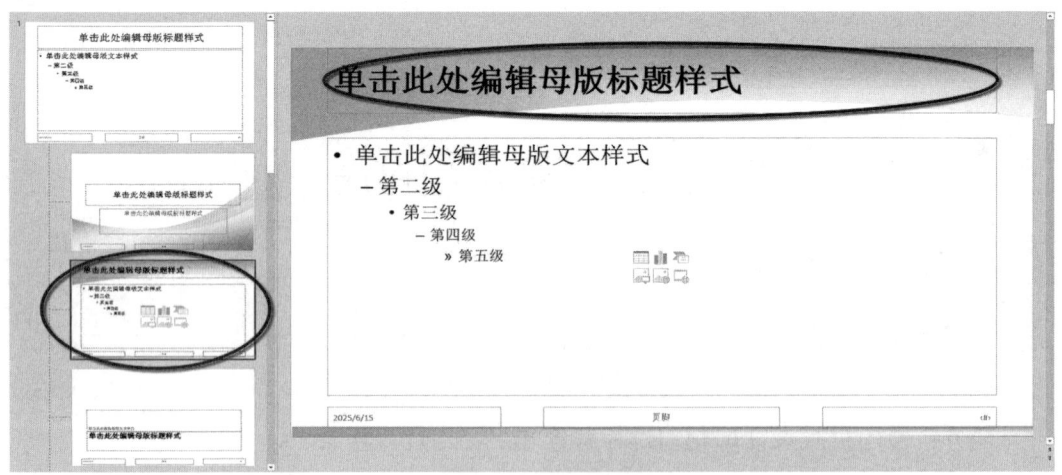

图 12.17　内容页背景

步骤 4：测试效果

单击工作区右下角的普通视图按钮，进入普通视图。单击"开始"选项卡→"新建幻灯片"，插入一张空白幻灯片，按步骤连续插入几张空白的幻灯片。此时标题幻灯片出现与之对应的母版背景，内容幻灯片出现与之对应的母版背景，最终效果如

图 12.18 所示。

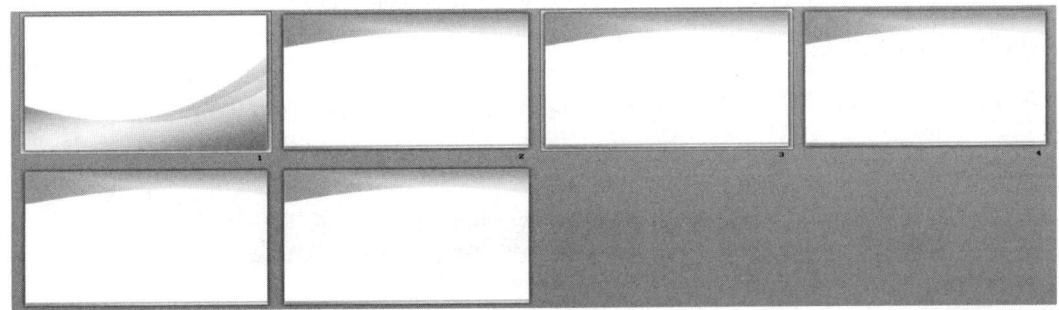

图 12.18　最终效果

步骤 5：保存 PPT

单击"文件"→"另存为"，打开"另存为"窗口，按照提示保存 PPT 即可。

实践项目 12-7　使用模板设计幻灯片

模板是已经设计好幻灯片样式的模型，版式、颜色、文字、形状等都已经统一设计好。用户只需新建一个 PPT，添加自己的文字、图片等内容，然后应用模板，所添加的文字、图片就会自动生成模板统一设计好的样式，从而提升用户的设计效率。模板是一个文件，其扩展名是 .potx，而且每个模板都有自己的母版。在 PowerPoint2016 中，模板实际称为主题，如图 12.19 所示。

图 12.19　默认模板

任务：自制模板并用于新建 PPT。

步骤 1：打开实践项目 12-6 的 PPT

步骤 2：保存模板

单击"文件"→"另存为"，打开"另存为"窗口。在窗口中，将"保存类型"设置为"PowerPoint 模板"，按照提示保存模板即可。PPT 模板的扩展名是 .potx。

步骤 3：新建 PPT

单击"文件"→"新建"→"空白演示文稿"，单击"创建"按钮，新建一个 PPT。单击"开始"选项卡→"新建幻灯片"，插入一张空白内容幻灯片，按步骤连续再插入几张空白的内容幻灯片，以备应用模板。

步骤 4：应用模板

单击"设计"选项卡→主题栏中的"浏览主题"，如图 12.20 所示。打开"选择主题或主题文档"窗口，按照提示选择步骤 2 中保存好的模板（主题）。单击"打开"按钮后，该 PPT 自动应用已经创建好的模板，标题幻灯片与内容幻灯片就自动生成并采用模板中统一设计好的样式。

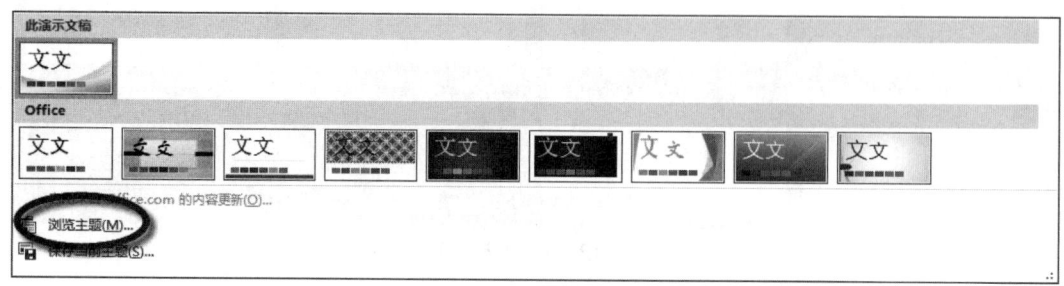

图 12.20 使用自制模板

步骤 5：保存 PPT

单击"文件"→"保存"，打开"另存为"窗口，按照提示保存 PPT 即可。

实践项目 12-8　在 PPT 中使用复杂动画

任务：利用已有素材，制作画卷展开动画效果。

步骤 1：打开 PPT

打开 PPT "动画复杂 .pptx"，如图 12.21 所示，将两个画轴居中靠拢。

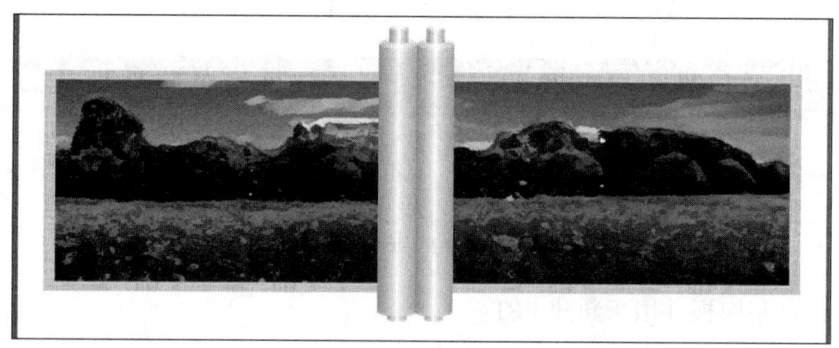

图 12.21 原始 PPT

步骤 2：绘制遮罩

单击"插入"选项卡→"插图"栏→"形状"→"矩形"中的矩形工具，拖动鼠标左键在屏幕上绘制一个大小合适的矩形，如图 12.22 所示，将矩形与左边画轴对齐，而且完全遮住左边画卷。复制一个矩形，将其与右边画轴对齐，而且完全遮住右边画卷。同时选中左边的矩形与画轴，单击"格式"选项卡→"排列"栏→"组合"中的组合工具，将左边矩形与画轴组合成一个整体。按照同样的方法将右边矩形与右边画轴组合成一个整体。

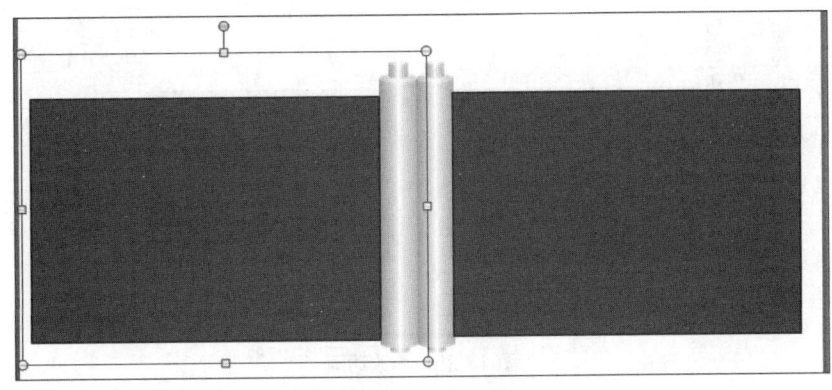

图 12.22 绘制遮罩

步骤 3：打开动画窗格

单击"动画"选项卡→"高级动画"栏→"动画窗格"，打开动画窗格。

步骤 4：添加路径动画

单击选中左边的组合体，单击"动画"选项卡→"高级动画"栏→"添加动画"→"其他动作路径"，打开"添加动作路径"窗口，如图 12.23 所示。

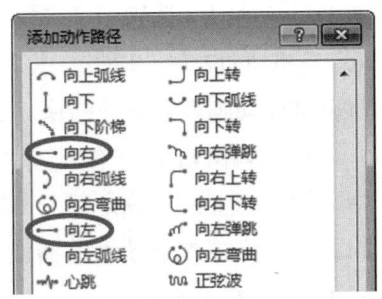

图 12.23 添加动画

在窗口中，选中"向左"，单击"确定"按钮。此时，左侧组合体出现运动路径，起点是一个绿色的三角形，终点是一个红色的三角形，路径用虚线表示。按照同样的方法为右边的组合体添加向右的动画，效果如图 12.24 所示。

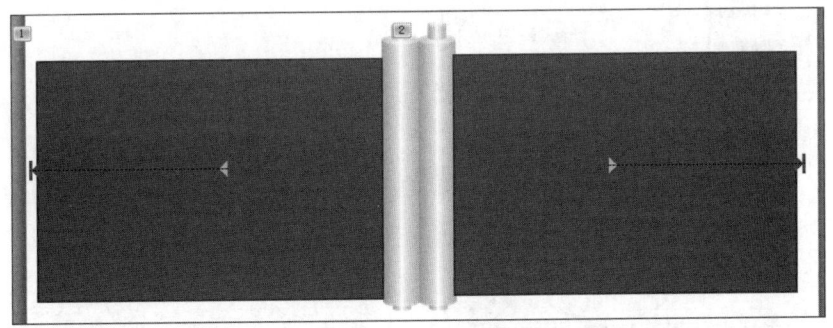

图 12.24 动画效果

步骤 5：修改路径动画

由于所添加的动画运动路径不够长，不能完整地显示画卷，因此需要延长运动路径。单击选中左侧的红色三角形，按住"Shift"键并向左拖动至合适位置。按住"Shift"键的作用是使被拖动对象在水平方向延长。使用相同的方法将右侧的红色三角形向右拖动至合适位置，效果如图 12.25 所示。

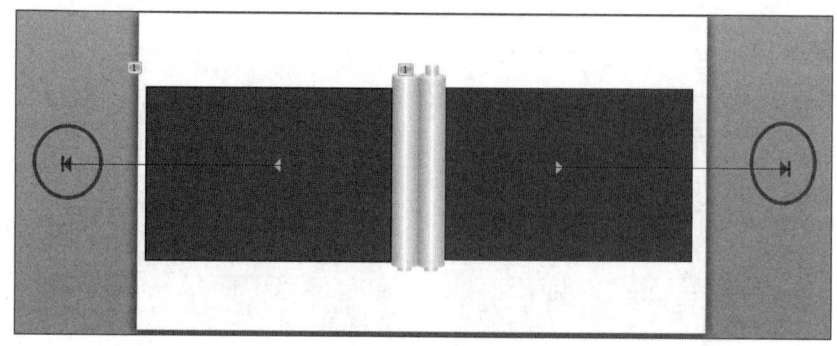

图 12.25 修改动画

步骤 6：设置动画效果

在动画窗格中，双击第一个动画，打开"向左"动画设置窗口，包括"效果"选项卡与"计时"选项卡，如图 12.26（左）所示。在窗口中，将"平滑开始""弹跳结束"的时间设为"0 秒"，将"平滑结束"的时间设为"2 秒"后，单击"确定"按钮，这样动画就会减速结束。按照同样的方法设置第二个动画。

在动画窗格中，单击选中第一个动画。将"动画"选项卡→"计时"栏→"开始"设为"上一动画之后"，表示动画播放方式是在页面出现后自动播放。按照同样的方法，将第二个动画的播放方式设置为"与上一动画同时"，其动画窗格的效果如图 12.26（右）所示。

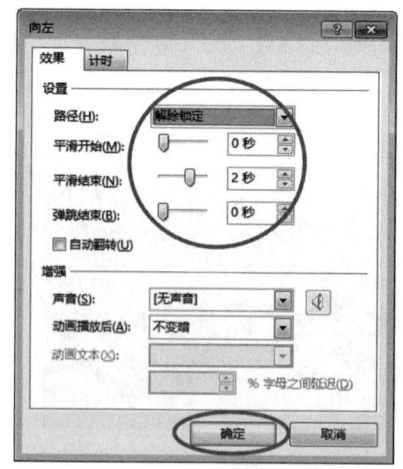
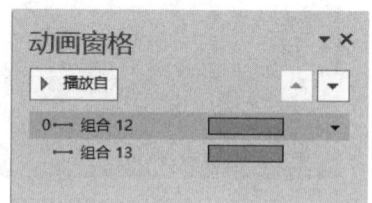

图 12.26 设置动画效果

步骤 7：修改遮罩

连续单击两次左侧遮罩，单击"格式"选项卡→"形状样式"栏，在"形状样式"栏中利用"形状填充"和"形状轮廓"，将其轮廓和填充的颜色设为白色。按照同样的方法将右侧遮罩的轮廓和填充的颜色设为白色，如图 12.27 所示。

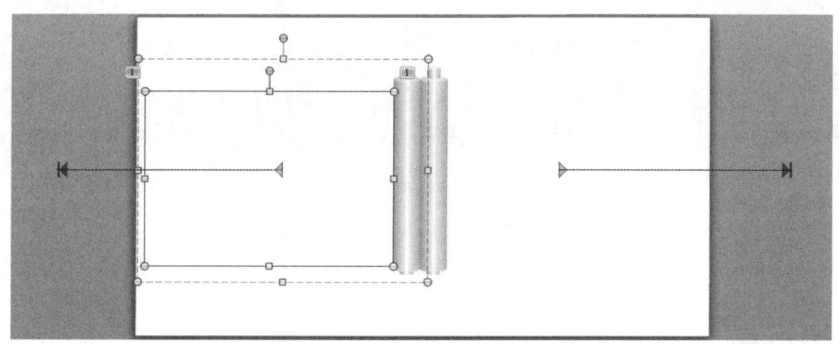

图 12.27　修改遮罩

步骤 8：保存并预览

单击"文件"→"保存",保存 PPT 即可。然后单击工作区右下角的幻灯片放映按钮,放映幻灯片并预览 Flash 动画,效果如图 12.28 所示。

图 12.28　最终效果

本章作业

1. 设计并制作 PPT 课件模板

应用 PPT 母版、图形工具,绘制 PPT 封面页背景、内容页背景,制成 PPT 课件模板。要求图形规范、布局合理、色彩和谐。提交一份 PPT 课件模板。

2. 设计并制作 PPT 课件

根据第 11 章作业(教案、教学内容、媒体材料、PPT 课件初稿),结合富媒体课件设计充分、媒体丰富多样的特点,参考课件相关评价标准,设计并制作不少于 20 页的 PPT 课件。PPT 课件需要体现教学性、集成性、技术性与艺术性,鼓励在此基础上探索创意。提交一份 PPT 课件。

扫码查看本章网络资源

第 13 章 微课设计与制作原理

Chapter 13

学习目标

- ※ 了解微课的起源与发展、内涵与特点、类型与应用、评价方法;
- ※ 了解微课的开发方式;
- ※ 了解微课的教学设计过程、媒体设计过程、教师语言表达类型与规范;
- ※ 掌握微课的教案编制、脚本设计、讲稿撰写技能;
- ※ 培养微课设计与制作兴趣,形成应用微课改革、创新教育教学的意识。

13.1 微课概述

13.1.1 微课内涵与特点

1. 微课的内涵

关于微课"是什么"的问题,众说纷纭,有产品观、过程观、视频观、资源观、课程观之说。我们认为,微课是以微视频来表征一个知识点的教学的教育技术制品。"微视频"体现的是微课的技术形式,"一个知识点的教学"体现的是微课的教育内容及其传递的活动过程。因此,微课的技术本质是视频,教育本质是课或者教学。

虽然微课表征一个知识点,但是微课通常包括完整的教学结构。静态地看,微课的教学结构应该包括教师、学生、教材和教学媒体等部分或要素。动态地看,微课的教学结构应该包括导入、讲授、巩固、总结和作业等步骤或环节。以学为中心是 21 世纪教育的根本理念,微课教学结构需要安排更多互动步骤或环节,例如师生讨论、生生讨论、问答、练习、测评、分享等更多需要动手动脑的建构性学习活动。

微课、微课堂、微课程是三个需要区分的概念,如表 13.1 所示。一般而言,微课与微课堂等同,微课与微课程相互联系、相互区别。微课表征一个知识点的教学,微课程表征一门课程、一个独立专题或单元的系列知识点的教学。微课程是体系化的微课。

表 13.1 微课、微课堂、微课程的比较

维　度	微课（微课堂）	微　课　程
大小	表征一个"知识点"	表征一门"课程"、一个独立专题或单元
数量	一个作品	多个体系化的作品
价值	体验、交流等个别化探索，如微课竞赛	改革、创新等系统化探索，如翻转课堂
载体	教学微视频	教学微视频

2. 微课的特点

从技术、教育、开发、应用和评价等不同的角度看，微课具有不同的特点。有观点认为，微课的特点是"短、小、精、悍"；也有观点认为，微课的特点是"短、小、精、趣"。我们认为，微课的特点是"短、小、精、美"。

"短"主要是指时间短。微课的时长一般为 5~10 分钟。考虑到学生注意力集中的时间特征，微课时长一般在 5~10 分钟为宜，但也没有严格的标准。在实际开发和应用中，微课的时长不受限制，可长可短。

"小"主要是指主题小、存储小。（1）主题小是指微课的教学选题小，针对一个大小适中的知识点。大小适中是指知识点的内容颗粒度大小适中，包括内容的广度和深度适中。（2）存储小是指微课的视频文件小，大小一般在数十兆不等，便于在线传播。

"精"主要是指内容精、活动精、策略精。（1）内容精是指教学内容精心组织，体现在教学内容富有逻辑、透彻、理论联系实际、体现学科最新进展、准确、权威。（2）活动精是指教学活动精心设计，体现在教学活动不仅要有教的活动，而且要有学的活动、互动的活动。（3）策略精是指教学策略精心选择，体现在精心选择教学媒体、安排教学环节、选择教学方法、安排教学组织形式。内容精、活动精、策略精体现的是教学设计的精湛。

"美"主要是指画面美、声音美、创意美、体验美。（1）画面美体现在画面清晰、流畅、整洁、美观、大方，动态呈现，让人愿意且喜欢看，体现的是媒体呈现的精湛。（2）声音美体现在声音清晰、流畅、洪亮、抑扬顿挫，设计伴音，让人愿意且喜欢听，体现的是语言表达的精湛。（3）创意美是指在教学设计、媒体呈现、语言表达等方面，令人感受到耳目一新。（4）体验美是指在目标达成的过程中和结果上，令人感受到习得知识，使人产生共鸣。

13.1.2 微课类型与应用

1. 微课的类型

根据不同划分依据，微课类型不同，如表 13.2 所示。微课分类对选题、设计与制作具有一定的指导意义。

表 13.2 微课的类型

分类维度		具体类型
应用层次	高等教育	专科教育、本科教育、研究生教育
	职业教育	中等职业教育、高等职业教育
	基础教育	幼儿教育、小学教育、初中教育、高中教育
应用对象		教师、学生、家长、管理者、大众
课型		新授、练习、讲评、复习、实验、研讨
知识类型		知识、技能、态度
应用环节		课前预习、新课导入、知识讲解、练习巩固、小结拓展、课后复习
教学方法		讲授、问答、启发、讨论、演示、练习、实验、表演、自主学习、合作学习、探究学习、发现学习、任务学习、项目学习
开发技术		录屏、拍摄、动画、综合
呈现形式		文字、图文、音频、视频、动画

2. 微课的应用

微课的应用场景主要包括 MOOC、翻转课堂、嵌入多媒体教学、教师教学技能训练、科普、百科、课程与教学的其他情境。

【研讨活动】微课还有哪些应用？作为未来教师，如何应用微课讲好中国教育故事和传播中国文化？

_____
_____
_____

13.1.3 微课评价

微课评价是指依据一定的价值标准，采用一定的方法和手段，对微课进行价值判断。尽管针对不同类型的微课有不同的评价标准，但依然存在共性，表 13.3 所示内容可以作为微课评价的一个参考标准。

表 13.3　贵州省第八届（2025）中小学教师微课应用暨竞赛活动参赛作品制作标准

指标	基本要求	分值
作品规范	1. 参赛作品必须符合国家法律法规、意识形态相关规定及要求，内容健康、积极向上，无政治性错误； 2. 为保证评审公平公正，作品不能出现本人相关信息（参赛者姓名、单位名称等）； 3. 微课视频时长 3~8 分钟，若时长低于 3 分钟或超过 8 分钟，将不予评审。	对于不符合作品规范的作品，将取消评审资格。
微课选题	1. 选题明确具体、切口要小，突出学生学习中常见、典型、有代表性的问题或内容，有效解决学生学习的重点和难点问题； 2. 每个微课作品只解决一个问题或一个问题的某个方面，针对性强，相对独立。	10 分
教学内容	1. 教学内容选择重在思维分析和规律的总结，注重思维方法的传授和数据的应用； 2. 教学内容的组织与编排，要符合学生的认知逻辑规律，重点突出、明了易懂。	15 分
教学设计	1. 目标明确，思路清晰，根据教学需求灵活选用适当的讲解方法，有效突破教学重难点； 2. 具有独立性和完整性； 3. 教学设计围绕本节微课所选主题进行，突出重点、注重实效； 4. 导学单要体现学习的有效流程，阶段任务明确，促进学生积极参与； 5. 课件设计应形象直观、层次分明并体现互动性； 6. 教学反思具有针对性，问题挖掘准确，改进设想具体。	30 分
互动设计	1. 微视频应注重交互性、引导性，可利用板书的书写、圈画引导牵引学生思路，留意鼠标的指示作用，加强语气语调的情感融入； 2. 充分运用一对一教学模式，吸引学生注意力，并提高其参与度。	25 分
创作说明	1. 创作说明视频须参赛者本人出镜，时长在 5 分钟之内： ① 边演示边简要说明制作过程。（3 分） ② 在视频中说明参赛作品在学科教学中的实际应用场景，围绕学生学习该作品掌握的知识点或技能，用数据、图表等方式分析反馈学情，用数据简要说明该作品在课堂中的实际应用成效。（7 分） 2. 提交文字版应用成果说明，字数在 1500 字以内。（5 分）	15 分
技术规范	1. 视频画质清晰、图像稳定、声音清楚（无杂音）、音量适中、声音与画面同步； 2. 视频画面满屏无变形，内容显示完整。	5 分
总计	100 分	

优秀微课应该满足"短、小、精、美"的特点，具体表现为时间短、主题小、存储小、内容精、活动精、策略精、画面美、声音美、创意美、体验美，比较全面地刻画出优秀微课的特点，也可以作为微课评价的重要参考标准。

13.2　微课开发方式

依据技术划分，微课的开发方式主要包括录屏技术、录像技术、软件技术和混合技术，展开来看，具体包括 PPT 演示录屏技术、手写手绘录屏技术、软件操作录屏技术、人物讲解拍摄技术、实物演示拍摄技术、数字动画制作技术、混合制作技术七种基本类型。根据人员划分，微课的开发方式主要包括自主开发、团队开发。自主开发通常利用手机、平板电脑等便利设备，主讲教师一人完成设计、录制和编辑，时间、场地、技术灵活，成本低廉。团队开发通常借助演播室、摄像机等专业场地及设备，主讲教师与学科专家、教学专家、技术专家等人员多方配合，共同完成设计、录制和编辑，需要充足的时间、场地、技术支撑，成本较高。

13.2.1 PPT 演示录屏型技术

PPT 演示录屏型技术是指，以录制计算机（平板电脑、手机）屏幕的方式，将"一边演示 PPT、一边讲解"的讲课过程录制下来，编辑录制的视频并生成微课。一般不需要人出镜。如图 13.1 所示。

 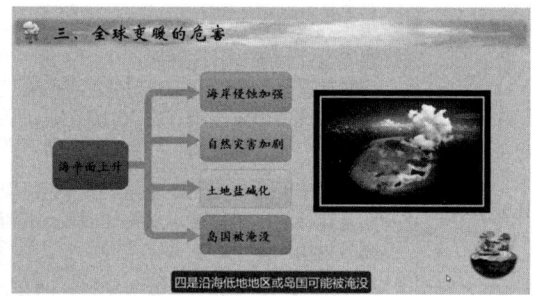

图 13.1　PPT 演示录屏型微课示例

技术准备：（1）教学材料，包括微课题、微教案、微 PPT、微讲稿等。（2）硬件，包括计算机、耳机、麦克风等。（3）软件，包括 PPT 软件、录屏软件、音视频后期处理软件等。

参考流程：首先安装并启动录屏软件。然后播放 PPT 课件并讲解，同时利用录屏软件录屏，生成一个可编辑的视频源文件。最后在录屏软件中（或者使用其他视频编辑软件）编辑该视频源文件，导出微视频。在实际的录制过程中，可以先录制讲解旁白，然后根据讲解旁白录制 PPT 演示画面，有利于提升开发效率和效果。

常用录屏软件如下：（1）可编辑鼠标类软件，Camtasia Studio、Adobe Captivate、BB Flash Back 等。重点推荐 Camtasia Studio，简称 CS。（2）不可编辑鼠标类软件，EV 录屏、oCam、Bandicam、ApowerREC、WebEx Recorder、格式工厂、屏幕录像专家、绘声绘影等。

PPT 也支持录屏功能。首先将微课件 PPT 制作好，然后在 PPT 中利用录制幻灯片演示功能，一边演示 PPT，一边讲课，PPT 自动录制旁白和时间，最后将 PPT 导出成为视频即可。这种方式比较简单，如果讲课流畅，生成的视频就无需剪辑。

13.2.2 手写手绘录屏型技术

手写手绘录屏型技术是指，以录制计算机（平板电脑、手机）屏幕的方式，将

"一边手写/手绘、一边讲解"的讲课过程录制下来，编辑录制的视频并生成微课。人物一般不需要出镜。如图13.2所示。

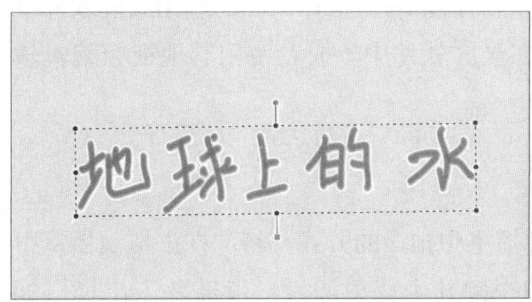

图13.2　手写手绘录屏型微课示例

技术准备：（1）教学材料，包括微课题、微教案、微讲稿等。（2）硬件，包括手绘板、手绘笔、计算机、耳机、麦克风等。（3）软件，包括手绘软件、录屏软件、音视频后期处理软件等。

参考流程：首先安装并启动手写板、手写软件和录屏软件。然后利用手写板、手写软件，一边书写，一边讲解，同时利用录屏软件录屏，生成一个可编辑的视频源文件。最后在录屏软件中（或者使用其他视频编辑软件）编辑该视频源文件，导出微视频。手写录屏高度依赖手写设备和软件的性能。目前市面上出现了微课录制专用设备，如各类录课笔、微课笔等。

常用手写手绘软件如下：（1）非专门类软件，PPT等。非专门类推荐使用PPT。（2）专门类软件，SmoothDraw、Freehand Painter、Corel Painter、Paint Tool SAI2、Open Canvas、Photoshop等，重点推荐SmoothDraw、Freehand Painter。

13.2.3　软件操作录屏型技术

软件操作录屏型技术是指，以录制计算机（平板电脑、手机）屏幕的方式，将"一边操作软件、一边讲解"的讲课过程录制下来，编辑录制的视频并生成微课。一般不需要人出镜。这种方式主要用于开发软件课程的微课。如图13.3所示。

图13.3　软件操作录屏型微课示例

技术准备：（1）教学材料，包括微课题、微教案、微讲稿等。（2）硬件，包括计算机、耳机、麦克风等。（3）软件，包括录屏软件、音视频后期处理软件等。

流程参考：首先安装并启动录屏软件。然后讲解软件操作，同时利用录屏软件录屏，生成一个可编辑的视频源文件。最后在录屏软件中（或者使用其他视频编辑软件）编辑该视频源文件，导出微视频。

13.2.4 人物讲解拍摄型技术

人物讲解拍摄型技术是指，以在虚拟演播室中拍摄的方式，将"在虚拟演播室中讲课"的讲课过程拍摄下来，编辑拍摄的视频并生成微课。一般需要人出镜。如图 13.4 所示。

图 13.4　人物讲解拍摄型微课示例

技术准备：（1）教学材料，包括微课题、微教案、微讲稿等。（2）硬件，包括虚拟演播室、计算机、耳机、麦克风等。（3）软件，包括音视频后期处理软件等。虚拟演播室主要包括拍摄器材、幕布、灯光、录音器材、隔音器材、提词器材。

参考流程：首先在虚拟演播室中利用摄像机对教学实况进行录像，然后利用视频编辑软件进行编辑，最后导出微视频。有时不需要抠像，不做复杂编辑工作。

常用视频处理软件如下：（1）基本级，狸窝、格式工厂等。（2）家用级，剪映、必剪、秒剪、爱剪辑、快剪辑、万兴喵影、会声会影、Camtasia Studio（CS）等。（3）专业级，Adobe Premiere（简称 PR）、Edius、Vegas 等。另外，还有视频特效软件，Adobe After Effects（简称 AE）等，字幕拍打软件，Arctime 等。

常用音频处理软件如下：（1）非专业类，Camtasia Studio 等。（2）专业类，Adobe Audition（AU）等。视频软件一般都会附带一定的音频处理功能。

13.2.5 实物演示拍摄型技术

实物演示拍摄型技术是指，以拍摄实物的方式，将"一边演示实物、一边讲解"的讲课过程拍摄下来，编辑拍摄的视频并生成微课。一般不需要人出镜。根据拍摄对象的不同，可以分为实物、模型演示类，实验、实操演示类，纸张、材料演示类。

图 13.5 是纸张、材料演示类。

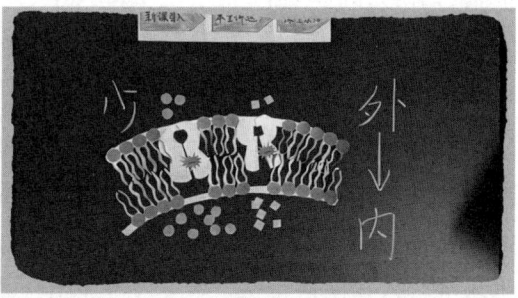

图 13.5　实物演示拍摄型微课示例

技术准备：（1）教学材料，包括微课题、微教案、微讲稿等。（2）硬件，包括实物（如纸张）、拍摄器材（如虚拟演播室、智能手机）、计算机、耳机、麦克风等。（3）软件，包括音视频后期处理软件等。

参考流程：首先将教学内容打印或写在白纸上。然后搭建合适的教学环境，一边展示内容，一边进行讲解，利用智能手机同步录像。最后利用视频编辑软件进行编辑，导出微视频。

13.2.6　数字动画制作型技术

数字动画制作型技术是指，以在软件中创作数字动画的方式，将"一边演示、一边讲解"的讲课过程模拟出来，导出视频即可生成微课。一般不需要人出镜。往往辅以虚拟的人物或拟人的事物。如图 13.6 所示。

图 13.6　数字动画制作型微课示例

技术准备：（1）教学材料，微课题、微教案等。（2）硬件，计算机、耳机、麦克风等。（3）软件，CS、来画或万彩动画大师等。

参考流程：首先选择数字动画开发平台。然后在数字动画开发平台中新建项目，新建场景，选择或导入素材，创建镜头，利用若干场景、素材、镜头将讲课过程模拟出来。最后导出微视频。

常用数字动画制作软件如下：（1）二维动画类软件，Adobe Flash（Animate）等。

（2）三维动画类软件，3D Max、Maya 等。(3) MG (Motion Graphic) 动画类软件，来画、万彩动画大师等。

13.2.7 混合制作型技术

混合制作技术是指，综合运用 PPT 演示录屏、手写手绘录屏、软件操作录屏、人物演讲拍摄、实物演示拍摄、数字动画制作等多种技术，完整呈现讲课活动过程，编辑视频并生成微课。混合制作技术是优秀微课的制作技术趋势，一般使用 PPT 演示录屏、人物演讲拍摄、数字动画制作三种技术的混合。

【分享活动】除了上述已经推荐的课件、录屏、手写手绘、数字动画等软件工具，你还知道哪些可以用于开发微课的优秀软件工具？

_____

_____

_____

13.3 微课教学设计

13.3.1 微课的教学设计过程

微课教学设计既要考虑教学设计的普遍规律，更要考虑微课的特殊情况，即内容上是"一个知识点的教学"，形式上是"微视频"。结合教学设计的共性和微课的个性，建构如图 13.7 所示的微课教学设计框架，以供参考。

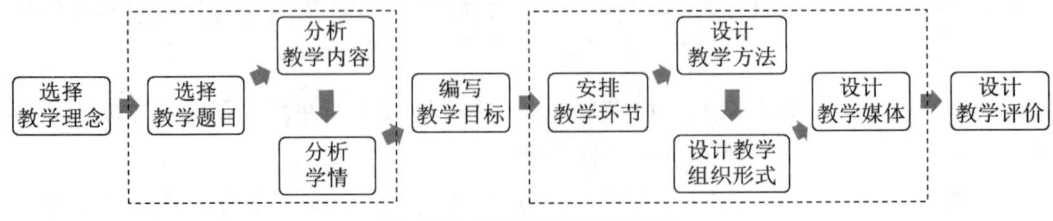

图 13.7　微课的教学设计框架

1. 选择教学理念

教学理念是指教师对教学是什么、为什么和怎么做所持有的基本态度、观念，在教学活动过程中所坚持的基本信念。（1）要求微观。可操作性强，利于在教学设计和教学实施中落到实处。（2）要求以学为中心。不仅因为以学为中心是当代教育的重要共识，而且因为微课往往用于自主学习，在教师不在场、缺少同学相伴的场景下，促进持续自主学习、真实自主学习和深度自主学习，更多需要以学生学习为中心来设计与制作微课。（3）要求落实建构主义教学理念。注重情境，联系实际，能够解决现实问题。注重协作、会话，能够创造师生、生生交流、互助的真实场景。注重意义建构，能够在已有知识经验基础上，产生有效的心理活动。

2. 选择教学题目

选择微课教学题目即微课选题，是指在综合分析教学需求的基础上确定微课题目的活动过程。微课选题是微课设计与制作的起始工作，主要涉及选题的一般需求、特殊需求、选题大小、选题类型等。（1）微课选题的一般需求来自学生的学习需要。在基础教育中，学生接受义务教育规定的学习需要，具体落实到课程标准和教材中，一般根据教材内容直接选择微课的教学题目。（2）微课选题的特殊需求来自视频作为课堂的特殊形式的需要。要求选择便于获取图形图像、音频、视频、动画、网页等多媒体教学材料的知识点，发挥多媒体组合教学的优势，促进教学的可视化与学习的临场化。（3）选题大小是指微课选择的知识点名称所涉及的教学内容的多少。要求选择具体、小而细的知识点，5~10分钟就可以讲解透彻。（4）选题类型是指微课选择的知识点名称所涉及的教学内容的类型。要求选择教学重点、难点、常考点、易错点、科普、常识等类型的知识点。要求选择具有开发必要性和可行性的知识点。

3. 分析教学内容

教学内容是指为了达成特定的教学目标，师生在教学活动过程中所传递的信息。微课教学内容的组织包括逻辑、透彻、情境、新颖、准确、权威等方面。（1）逻辑方面，要求内容前后承接、步步深入，或者内容前后并列、聚焦一处，如按照故事情节、时间节点、不同维度等组织，内容之间密切关联，要有逻辑主线。（2）透彻方面，要求内容充实、详略得当、突出重点、突破难点，重点内容深入讲解，要有知识深度。（3）情境方面，要求内容理论联系实际，增强实践性、有用性。（4）新颖性方面，要求内容前沿，体现学科最新进展，增强吸引力、获得感。（5）准确方面，要求内容无误，增强严谨性、科学性。（6）权威方面，要求引用名家著述内容，增强可信度、说服力。很多时候，专家、学者讲的内容比教师讲的更能刺激学生认知。

4. 分析学情

学情分析是指对学生现有学习水平、影响学生达到期望学习水平的认知特点和文化背景等因素的分析。（1）微课受众通常是整个社会或特定群体，这就需要微课教学设计考虑受众群体的共有学习起点、认知特点和文化背景。（2）除此之外，微课属于视频而非现场教学，学生通常自主学习，这就需要微课教学设计考虑这种认知方式的特点，在如何激发学习动机、保持学习注意力、形成学习毅力、增强协作学习和临场学习体验等方面做出创造性工作。

5. 编写教学目标

教学目标是指关于学生达到期望学习水平的明确、具体的表述。教学目标就是学习目标。教学目标编写要求明确、具体、可观察、易感知；要求聚焦学科核心素养、分类清晰，即以核心素养为导向、整合三维目标；要求富有层次，知识为基，注重培养高阶思维、能力和素质，教书育人相得益彰；要求课程思政目标明确、具体。

6. 设计教学环节

教学环节是指教学活动过程的程序化结构及其链式步骤。教学一般没有固定的程序步骤，固定的程序步骤往往会形成成熟的教学模式。典型教学模式如表13.4所示。（1）微课是完整的课或教学，具有课或教学的完整结构，这就要求微课教学环节设计要体现教学环节的完整性；（2）微课是针对一个知识点的教学，这就要求微课教学环节设计简洁精练，利用有限时间，设计必要环节，避免堆砌教学环节。

表13.4 典型教学模式及其环节

教学模式	基本环节
赫尔巴特四段式	明了、联想、系统、方法
赫尔巴特五段式	预备、提示、联想、总结、应用
凯洛夫五段式	复习旧课、导入新课、讲授新课、巩固、作业
杜威五段式	情境、问题、假设、推理、验证
巴特勒七段式	设置情境、激发动机、组织教学、应用新知、检测评价、巩固练习、拓展与迁移
加涅九段式	引起注意、告知学习目标、刺激回忆、呈现刺激材料、根据学生特征提供学习指导、诱导反应、提供反馈、评定学生成绩、促进知识巩固与迁移
瓦根舍因范例式	范例性地阐明"个"、范例性地阐述"类"、范例性地掌握规律、获得关于世界的切身经验
支架式	搭建支架、进入情境、进行探索、合作学习、效果评价
抛锚式	创设情境、确定问题、自主学习、合作学习、效果评价
随机通达式	程序基本情境、随机进入教学、思维发展训练、小组合作学习
探究式	问题、假设、推理、验证、总结

7. 设计教学方法

教学方法是指为了达到特定教学目标，师生在教学活动过程中传递信息的手段与方式的总和。教学方法与学习方法是一体两面的统一关系，不可分割。典型教学方法如表13.5所示。教学方法有数十种之多，还有任务驱动教学法、情景教学法、项目教学法、案例教学法等。微课教学方法设计的关键问题是如何创造性设计适合学生自主学习视频方式的教学方法。（1）要设计多样化教学方法，实现"讲授法+"；

（2）要尝试启发式教学方法的设计与运用，超越知识讲授，促进学生高级思维、能力和素质发展；（3）要增强互动式教学方法设计与运用，提高学生积极性、参与度和获得感。

表 13.5　典型教学方法及其分类

分类依据	具体方法
以语言传递信息为主	讲授、谈话/问答、讨论、读书指导等
以直接感知为主	演示、参观、见习、旅行、观摩、角色扮演等
以实际训练为主	练习、实验、实习、作业、设计等
以欣赏活动为主	陶冶等
以引导探究为主	发现、探究等

8. 设计教学组织形式

教学组织形式是指为了完成特定的教学任务，在教学活动过程中所采用的师生组织方式。一般而言，存在集体教学、小组教学、个别化教学三种基本教学组织形式。微课属于视频录像而非现场教学，微课录制时使用的教学组织形式可以不受限制，但是微课应用时使用教学组织形式的选择性就很小。因此，设计微课教学组织形式，无论是录制微课，还是应用微课，都要挑战多样化教学组织形式设计，打破人们对微课制作与应用时教学组织形式的刻板印象。

9. 设计教学媒体

教学媒体是指在教学活动过程中师生传递信息的表现形式及其载体工具。表现形式主要有文字、图形图像、声音、视频、动画、课件、网页等。载体工具主要有存储、传输、显示等。设计微课教学媒体，要实现教学媒体的多样性。除了文字媒体，尽量设计图形图像、声音、视频、动画、课件、网页等媒体进入画面，通过多种感觉通道帮助学生学习。字幕、讲解旁白、动态人像都是感觉媒体，建议进行设计。设计微课教学媒体，还要通过知识可视化实现教学可视化。知识可视化就是以图来表示知识，就是以图形图像来结构化组织知识的文本表示。大脑、神经、学习等科学研究表明，概念图、流程图、组织图等可视化图示比纯文字更利于理解、记忆。

10. 设计教学评价

教学评价是指依据一定的价值标准，采用一定的方法手段，对教学活动过程及其结果进行价值判断的活动过程。设计微课教学评价，主要是指设计微课学习评价，对学习活动过程及其结果进行价值判断。常用的学生学习评价方法手段包括观察、问答、练习、作业、测验和考试等。微课录制时课堂使用的学习评价方法手段不受限制，微课应用时使用学习评价方法手段的选择性就很小。因此，设计微课教学评价的主要挑战就是如何为学生自主学习视频时设计适切的学习评价方法手段。

13.3.2 微课教案编制

微课教学设计的结果是微教案，即微教学方案。开展教学设计，编制教学方案，形成微教案，是微课开发的核心环节，是决定微课开发质量的基础。微教案格式如表 13.6 所示，以供参考。在编制微教案时，需要注意以下规范。（1）完整、准确填写基础信息。知识点名称是指一个知识点的名称，如《比喻》《一元二次方程的形式》等。知识点来源是指所属教材、版本、单元、课题或者自主选题（科普知识、生活常识等）。适用对象是指微课的受众。（2）完整、明确表述目标，为教学内容组织、教学策略选择与教学活动设计提供依据。（3）完整、准确分析内容。分析课标、教材、内容的关联，为教学策略选择与教学活动设计提供依据。（4）完整、准确分析学情。分析学生的学习起点、认知特点、文化背景，为教学策略与教学活动的设计提供依据。（5）设计有效教学策略。根据目标、内容、学生，设计针对性解决方法、手段、活动进程、组织形式等。（6）过程设计详细，课或教学的结构相对完整。设计必要环节，避免堆砌环节。（7）反思要有重点。客观分析教学设计和教学实施取得的效果、存在的不足，提出优化想法等。

表 13.6 微课教学设计（教案）表格

基础信息	知识点名称					
	知识点来源					
	适用对象		设计者		时长	
前置设计	目标陈述					
	内容分析					
	学情分析					
	重点难点					
	解决策略					
	设计亮点					
过程设计	教学环节	教学内容	教师活动	学生活动	时长	设计意图
教学反思						

13.4 微课媒体设计

13.4.1 微课媒体设计过程

微课媒体设计是指微课的知识表示和知识修饰的媒体形式设计，主要包括设计什么形式的媒体、如何设计不同形式的媒体等活动。媒体形式主要是指文字、图形、图像、图画、图表、音频、视频、动画、网页等表现形式。微课视频本身就是一种媒体形式。由于微课视频中媒体形式的多样性，无论微课采用什么开发技术，微课视频都可以拆解为一个个画面，每一个画面都可以拆解为一个个不同形式的媒体。微课媒体设计就是设计微课的知识表示和知识修饰的媒体形式。微课媒体设计的类型如表 13.7 所示，媒体形式既有文字、图片等要素性形式，也有构造等结构性形式。

表 13.7 微课媒体设计的类型

媒体形式	知识表示的媒体形式	知识修饰的媒体形式
文字	标题文字、内容文字、字幕	修饰或提示文字
图片	内容图片	修饰或提示图标、背景图片
声音	内容音频、旁白	修饰或提示音效、背景音乐
视频	内容视频、人像	修饰或提示视频特效、背景视频
动画	内容动画、模拟人像	页面要素动画、页面切换动画
页面	网页页面、课件页面	—
构造	圆圈图、树形图、气泡图、流程图、括号图、桥形图等思维导图	色彩、排版、布局

设计微课媒体，主要依据是视频学习的视觉、听觉原理，遵循认知规律，具体可以参考多媒体课件设计及知识可视化设计。设计微课媒体，主要视觉设计原则是清晰、流畅，风格统一，结构完整，布局合理，排版整齐，色彩和谐，背景简洁，文本精练，图像丰富，合理使用视频、音频与动画媒体，充分利用动画呈现内容。主要听觉设计原则是清晰、流畅，人声洪亮、明快、悦耳、动听。设计原则不仅针对每个画面，而且针对整个视频。设计微课媒体，主要任务是有效设计知识表示的媒体形式，次要任务是有效设计知识修饰的媒体形式。内容第一位，内容表现技术和艺术第二位。设计微课媒体，主要发挥知识可视化优势，实现教学可视化追求。

13.4.2 微课脚本设计

一般而言，微课媒体设计的初始结果为脚本，中间结果可能为包括若干 PPT 页面的微课 PPT 课件，最终结果为包括若干画面的微课视频。如果主要进行自主、轻量级微课开发，多数无需进行脚本设计。如果主要采用团队、专业级微课开发，那么进行脚本设计很有必要。脚本是依据一定的格式使用一种特定的描述性语言编写的可执行文件。脚本设计是在教学设计的基础上进行的教学媒体设计。如果是以纯文本的方式设计脚本，设计结果就是文字脚本。如果以图文的方式设计脚本，设计结果就是制作脚本。从文字脚本到制作脚本，这是传统脚本设计的流程。一种更适切的策略是将文字脚本和制作脚本整合为一体。脚本如表 13.8 所示。

表 13.8　微课脚本设计表格

知识点名称					
知识点来源					
适用对象		设计者		时长	
开发技术	□拍摄人像讲解 □手写手绘录屏	□拍摄实物演示 □软件操作录屏		□PPT 演示录屏 □数字动画制作	
设计亮点					
教学环节	画面编号	画面内容	画面图示	画面旁白	时长

13.5　微课的教师语言表达

13.5.1　微课的教师语言表达类型

微课的教师语言主要涉及教师教学语言，包括口头语言、书面语言和态势语言。在微课设计与制作中，教案、课件属于书面语言，讲稿、旁白、字幕属于口头语言，由于脚本涉及内容、画面、旁白和说明等，因而属于书面语言、口头语言的综合语言。在微课设计与制作中，教师不一定要出镜，所以教师态势语言不一定显性呈现出来。总体而言，微课设计与制作能够提升教师的语言表达能力。

13.5.2 微课的教师语言表达规范

口头语言应该注重：（1）普适，要求使用普通话；（2）清晰，要求口齿吐字清晰；（3）流畅，要求说话流利顺畅；（4）响亮，要求声音响度够大；（5）语速适中，要求不能太快或太慢；（6）富有变化或修辞之美，要求科学停顿、变换语调、语气、节奏；（7）如果教师口头语言音色优美、引人入胜更好。

书面语言应该注重：（1）规范，要求符号、语法、逻辑、格式等正确；（2）专业，要求聚焦学科领域，有深度、有广度；（3）准确，要求学术严谨、无误；（4）简洁，要求在详略得当、重点突出的基础上言简意赅、精练，尤其是课件、画面语言，更多语言可以通过旁白或字幕呈现而不是堆叠在课件、画面；（5）美观，要求具有层次、结构以体现形式之美，要求具体、实在、新颖、权威，以体现内容之美。

态势语言应该注重：（1）得体，避免奇特眼神、表情、手势或身姿；（2）尽量做到眼睛有神、保持微笑、适度丰富和变换手势、身姿，以提高表达力。

13.5.3 微讲稿撰写

微讲稿是微课教学的逐字稿。微讲稿是微课开发的必备要素，最终表现为旁白与字幕。旁白与画面，共同构成微课的核心媒体形式。通过撰写、打磨微讲稿，可以提升微课教学质量。微讲稿格式如表 13.9 所示。（1）撰写微讲稿，讲稿内容要匹配画面内容，形成声画同步效果。画面编号与旁白内容一一对应。（2）撰写微讲稿，讲稿内容要学术化、通俗化相结合，既要呈现科学知识，表达也要通俗易懂。微讲稿是书面语与口头语结合的产物。注意规范、准确、简洁、美观。（3）撰写微讲稿，讲稿内容要富有逻辑，采用适合微课的导入语、讲授语、启发语、提问语、讨论语、总结语及衔接语等。

表 13.9　微讲稿表格

知识点名称					
知识点来源					
适用对象		设计者		时长	
画面编号		画面旁白			

本章作业

1. 微课设计与制作准备材料

根据所学专业，自选中小学知识点，结合微课"短、小、精、美"等特点，参考微课相关评价标准，设计并制作 5 分钟左右微课的微教案、微课件、微讲稿。提交一份微教案、微讲稿、微课件。

2. 应用生成式人工智能生成数字人微课

基于第 1 题的成果，任选生成式人工智能大模型生成数字人微课。提交一份数字人微课及其生成报告，报告应包括教案、课件、讲稿、生成式人工智能名称、提示词、生成工具的优缺点，以及应该遵守的伦理道德。

第 14 章 数字动画微课设计与制作实践

Chapter 14

学习目标

※ 了解万彩动画大师的特点；
※ 掌握新建工程，创建场景，操作轨道，添加场景素材，添加素材动画效果与音效，添加角色，添加角色肢体语言、动画效果与音效，AI 合成语音、制作字幕、导出动画等技能；
※ 能够应用万彩动画大师独立设计与制作中小学学科教学数字动画微课或微课片段；
※ 培养数字动画设计与制作兴趣，形成应用数字动画为教育教学提质、增效的意识。

14.1 万彩动画大师概述

近年来，很多师生开始采用数字动画技术设计与制作微课或微课片段，数字动画微课逐渐流行起来。数字动画微课表现形式丰富，技术门槛不高，越发受到师生青睐。数字动画微课设计与制作的软件工具多种多样，万彩动画大师技术门槛较低，对于已经掌握 PPT 动画设计与制作的师生而言，能够快速上手操作，适合师生设计与制作数字动画微课。

万彩动画大师是一款功能强大且操作简便的计算机端数字动画制作软件，适用于制作宣传动画、广告动画、营销动画、多媒体课件、微课等多种类型的作品。万彩动画大师以其海量的资源、丰富的功能和便捷的操作，为数字动画微课设计与制作提供了高效解决方案，无论是专业人士还是新手都能轻松上手操作。

1. 资源海量

目前包含 1000+ 微课案例、30000+ 动画资源，每日更新；有大量简洁大方的动画模板，涵盖医疗、健康、商业、教育等多个主题；提供海量精美专业图片资源；内置 100+ 动画角色及 100+ 角色肢体语言（动作表情），还有庞大的动图库，方便用户快速制作富有个性化及创意性的动画。

2. 功能丰富

软件支持添加文字、图片、视频、声音等多种文件；具备文本转语音功能，AI 能生成多种语音；可轻松自定义图表，提供多种图表模型；支持公式符号输入，简化数据类动画制作；还能进行图形组合，创造新颖图形。同时，拥有丰富的动画特效，如文本动画特效、场景过渡动画效果等，可自定义场景元素的进场、强调及退出动画特效，增强动画表现力。

3. 操作便捷

工作界面简洁，操作遵循用户习惯，有操作指引和在线精美模板；制作流程简单，通过清晰直观的时间线操作，用户可精准掌握每一帧细节，支持简单拖曳、一键添加素材。此外，支持导入PPTX新建项目，输出多种视频格式，方便分享和使用。

14.2　万彩动画大师设计与制作数字动画微课片段

实践项目 14-1　初识万彩动画大师

任务：下载、安装万彩动画大师，熟悉工作界面。

步骤1：下载、安装万彩动画大师

步骤2：熟悉工作界面

启动并登录万彩动画大师，进入主界面。

在主界面，如图14.1所示，单击左上角的"新建工程"按钮，弹出"新建工程"窗口（也可选择并使用其中的预设工程文件），单击窗口中的"新建工程"按钮，完成工程文件的新建，结果如图14.2所示。

万彩动画大师的工作界面，顶部是菜单栏和快捷按钮栏；中部左边是场景栏；中部中间是画布和预览窗口；中部右边是资源栏；下部是时间线栏，即轨道栏，轨道栏的上部是工具、快捷按钮、播放按钮、时间按钮、设置按钮；轨道栏的下部左侧是素材列表栏；轨道栏的下部右侧是轨道列表栏。

图 14.1　万彩动画大师的主界面

实践项目 14-2　数字动画微课片段创作

任务：学会万彩动画大师的基本操作，包括工程创建，场景创建，轨道操作，场景素材的添加、动画与音效设置，角色素材的添加、肢体语言、动画与音效设置，AI 语音设计，字幕设计、导出视频等。

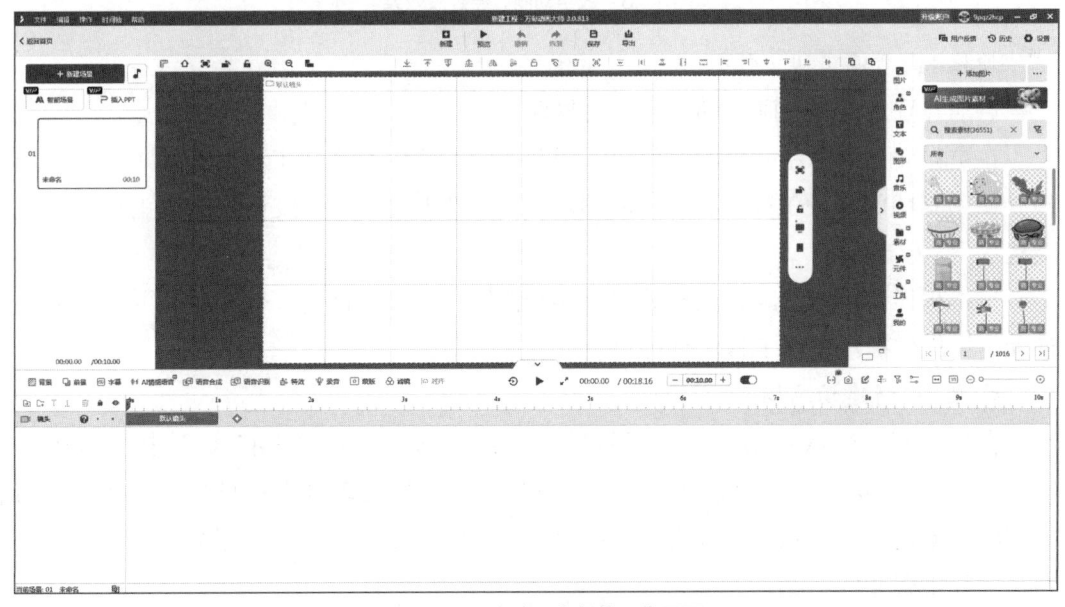

图 14.2　万彩动画大师的工作界面

本实践项目是制作一段用于导入环节的简单数字动画片段，由于实践项目的步骤较多，需要事先交代整个实践项目的关键步骤，具体包括：新建工程文件；添加"路边小树"场景；设置场景时长为 20 秒左右；设置场景素材的基础动画；设置场景素材的进场动画；设置场景素材的进场音效；添加"男大学生"角色；设置角色进场肢体语言；设置角色进场动画与音效；添加几段 AI 旁白；添加几个角色肢体语言；添加角色强调动画即走路动画；添加角色走路音效；设置角色退场动画与音效；添加字幕，设置字幕样式；导出数字动画。数字动画微课片段效果如图 14.3 所示。

图 14.3　数字动画微课片段效果

步骤 1：新建工程文件

启动并登录万彩动画大师，进入主界面。

在主界面，单击左上角的"新建工程"按钮，弹出"新建工程"窗口（也可以选择并使用其中的预设工程文件），单击窗口中的"新建工程"按钮，完成工程文件的新建。

在工程界面，单击画布顶部的"保存"按钮，选择桌面为存储路径，并将工程文件命名，按照提示保存工程文件即可。

步骤 2：新建动画场景

在场景栏，依次单击"新建场景"→"在线场景"→"所有"，选择预设中的"路边小树"场景，完成背景创建。在场景栏，将鼠标移动到空白场景上，在弹出的按钮中，单击"删除场景"按钮，按照提示删除空白场景即可，效果如图 14.4 所示。再次保存工程文件。

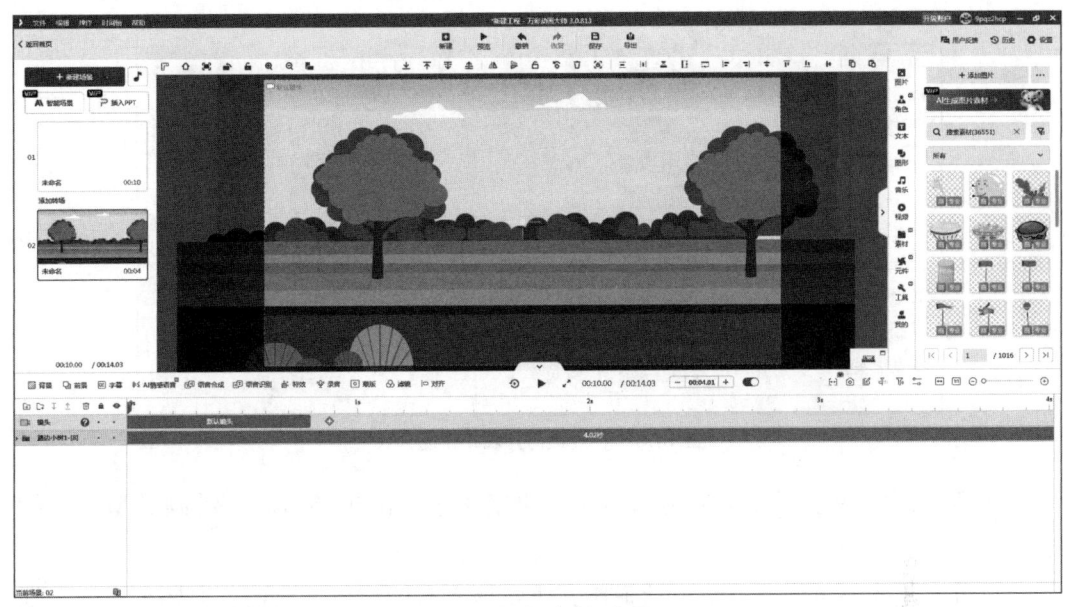

图 14.4　新建动画场景

步骤 3：设置场景时间

在场景栏，单击并选中场景（因为只有一个场景，所以默认已经选中）。

在轨道栏顶部的时间设置栏，可以设置该场景的持续时长。如图 14.5 所示，通过单击左右两侧的加号"+"、减号"-"按钮，可以增删时长，也可以直接双击时长数字并重新输入时长数字。这里连续单击其右侧的加号"+"按钮，将场景的时长设置为 20 秒左右。再次保存工程文件。

单击播放按钮，预览动画，只能看到 20 秒的静止场景画面。

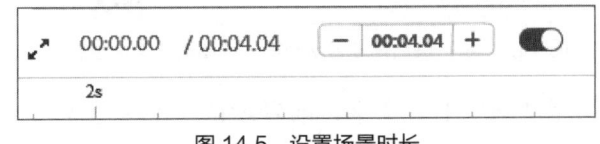

图 14.5　设置场景时长

步骤 4：设置场景素材的基础动画

在轨道栏的素材列表中，如图 14.6 所示，有一个名称为"路边小树"的素材文件夹。单击素材文件夹左侧的文件夹图标或者三角形图标，可以同时展开或折叠该文件夹管理的素材列表和轨道列表，一个素材对应一条轨道。

在轨道上，每个素材就是一个"素材块"，这个素材块自身还包括"进场动画块"与"结尾动画块"，即"出场动画块"，"块"可以移动位置、调整时间入点、时长、时间出点。

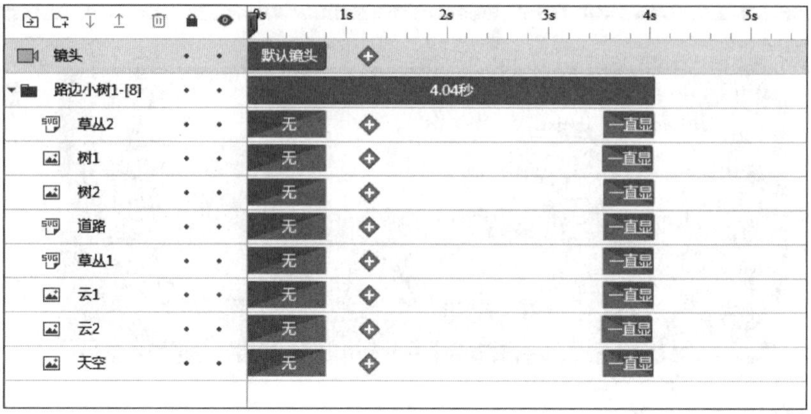

图 14.6 展开素材列表和轨道列表

轨道左侧的深色部分是进场动画块，决定该素材的进场时间、动画类型和持续时长。

轨道右侧的深色部分是结尾动画块，决定该素材的离场（出场、退场）时间、动画类型和持续时长。

拖动各种块的中间，可以移动整个块。

如图 14.7 所示，将鼠标移动到进场动画块或结尾动画块上，两端就会出现控制点，操作两端的控制点，可以调整进场动画或结尾动画的开始时间点、持续时长和结束时间点。

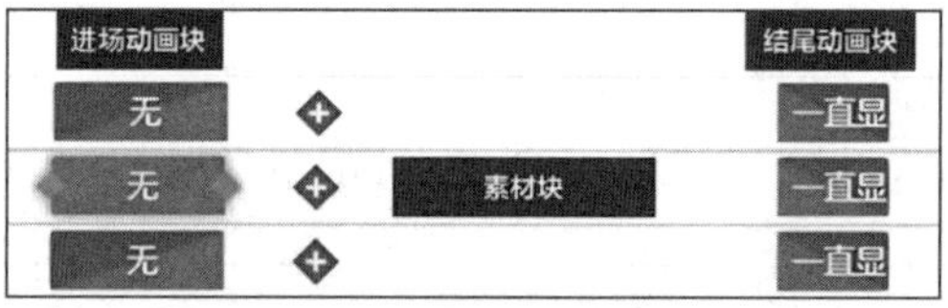

图 14.7 素材块及其进场动画块、结尾动画块、控制点

进场动画块与结尾动画块上有文字，前者默认文字为"无"，表示没有进场动画效果，后者默认文字为"一直显示"，表示不会退场。

设置素材的基础动画，需要合理安排素材的出场顺序。这里按照道路、天空、草丛1、草丛2、树1、树2、云1、云2的先后顺序设置。

在轨道上，先将每个素材块的结尾动画块拖放到最右侧，即轨道终点。再将每个素材块的进场动画块拖放到合适的位置：按照道路、天空、草丛1、草丛2、树1、树2、云1、云2的顺序，进场动画块的前后间隔时间大约为0.5秒，轨道最终效果如图14.8所示。再次保存工程文件。

单击播放按钮，预览动画，可以看到场景的背景素材按顺序出现，形成动画，目前这个动画比较生硬。随着播放头在轨道列表上自左向右扫描，轨道中进场动画块排列最前的素材块因先被扫描到而先播放，接着陆续扫描到后续素材块的进场动画块并播放后续素材块，每个素材块的播放时长取决于该素材块的结尾动画块何时被播放头扫描到。这里播放头一直从左向右扫描，前面几秒，多个素材块按顺序出现从而构成基础动画，后面几秒仍然只能看到静止画面。

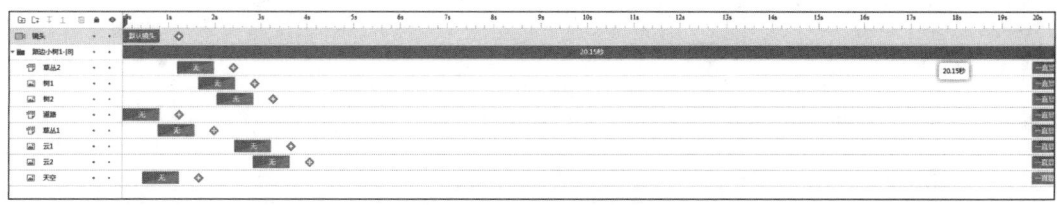

图 14.8　场景素材的基础动画设置

步骤 5：设置场景素材的进场动画

在轨道上，"道路"素材块的进场动画块上有默认文字"无"，表示当前没有设置进场动画效果。双击该进场动画块，打开"进场效果"窗口。如图 14.9（左）所示，依次单击"常用"→"向下滑动"，完成"道路"素材块进场效果的添加。此时在轨道上，"道路"素材块的进场动画块上的文字从"无"变为"向下滑动"。采用同样的方法，将其余素材块的进场效果都设置为向下滑动，轨道效果如图 14.9（右）所示。再次保存工程文件。在实际设计与制作中，可以根据自己喜好设置其他类型的进场效果。

单击播放按钮，预览动画，可以看到场景的背景素材按顺序出现，并且同时向下滑动，形成活泼动画。

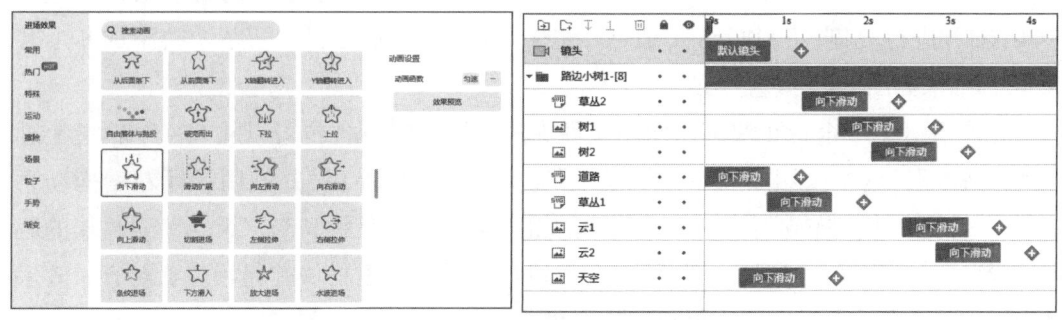

图 14.9　场景素材的进场动画设置

步骤 6：设置场景素材的进场音效

动画配上音效，能给用户带来更佳体验。在轨道上，将播放头拖放到"道路"素材块的起始位置，准备给该素材块的进场动画配上音效。如图 14.10（左）所示，依次单击资源栏的"音乐"→"第三方音乐"。在搜索栏中可以搜索合适的音效，这里输入"冒泡"，"音效库"自动返回搜索到的相关音效。这里选择"嘟-气泡-冒泡"音效，依次单击其右下方的加号"+"→"添加到场景"，即可完成音效添加，轨道效果如图 14.10（右）所示，增加了一个音效素材块轨道。再次保存工程文件。

单击播放按钮，预览动画，可以听见"道路"素材块的进场音效。

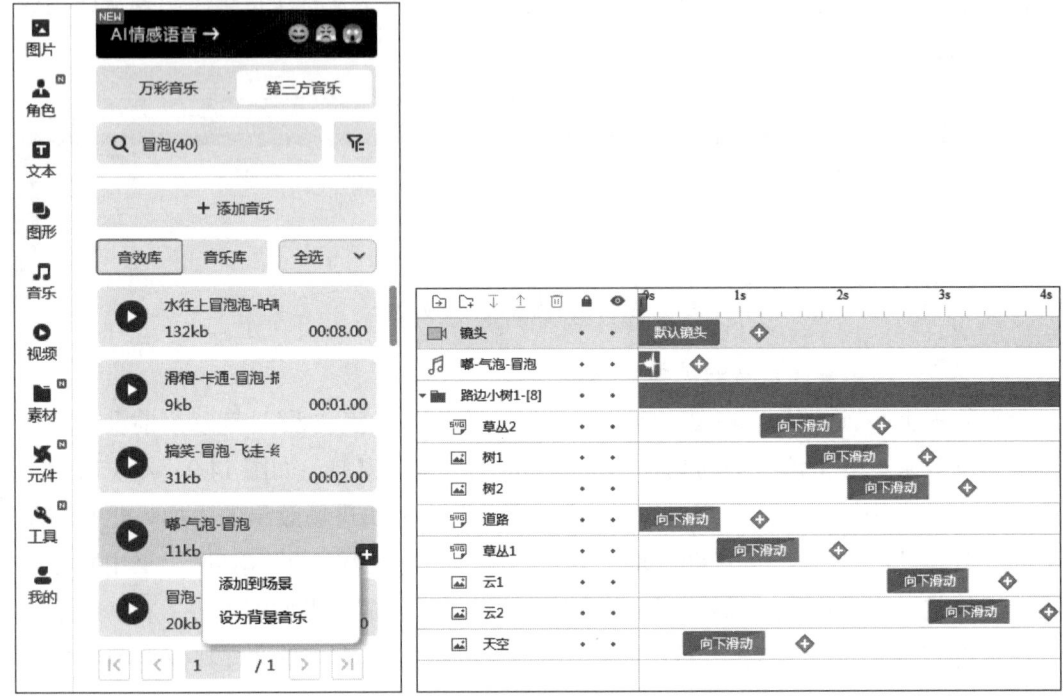

图 14.10　添加 1 个素材的进场音效

可以采用相同的方法给其余素材块添加进场动画的音效。这里一般添加相同的音效，可以采用复制、粘贴的方法。单击并选中轨道上刚刚添加的音效块，先执行"Ctrl+C"进行复制，再执行"Ctrl+V"进行粘贴，重复复制、粘贴，共添加 8 个音效块，结果如图 14.11（左）所示。

在轨道上，8 个音频块可以使用文件夹进行统一管理，也可以放在一个轨道上进行统一管理。这里采用放在一个轨道上的方法，按住 Ctrl 键并使用鼠标左键拖动第二个音效块，将其拖放到第一个音效块的轨道上来，并且将其与"天空"素材块的起始位置对齐。重复上述操作，将所有音效块与场景所有素材块的起始位置对齐，效果如图 14.11（右）所示。再次保存工程文件。

单击播放按钮，预览动画，可以听见全部素材块的进场音效。

步骤 7：添加一个角色素材

如图 14.12（左）所示，依次单击资源栏的"角色"→"官方角色-所有"，选择可用、合适的角色素材。可以通过搜索栏快速查找合适的角色。根据角色的精细度不同，其版权可能受限，部分角色素材需要开通相应的会员才可使用。遗憾的是万彩动画大师的免费试用角色偏少。这里找到"男大学生"角色，单击角色，调出"男大学生"的肢体语言列表，这里需要设置角色进场的肢体语言，如图 14.12（右）所示。

图 14.11 添加全部素材的进场音效

图 14.12 准备添加角色素材

万彩动画大师的每个角色都提供了丰富的肢体语言可供选择。肢体语言主要分为对话、表情、走路、坐姿、肢体几种类型。具体选择何种肢体语言，取决于动画故事的设计需要。

这里选择"微笑眨眼"肢体语言来配合角色进场使用，单击"微微眨眼"即可。如图 14.13 所示，此时轨道上就出现了"男大学生"角色素材块，画布上就出现了"男大学生"角色。

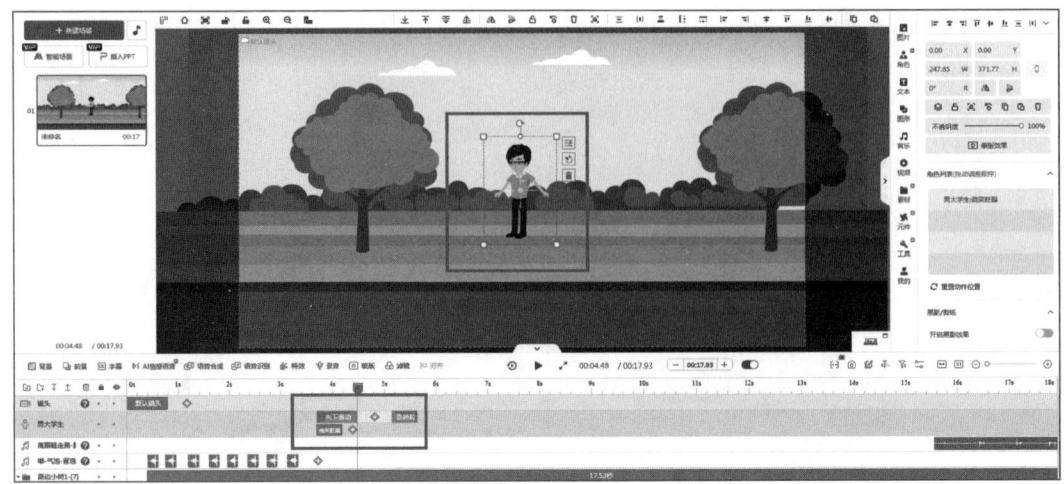

图 14.13　添加角色素材

在轨道上，将角色块拖放到场景的背景素材进场之后的合适位置（时间）。

调整画布上的角色大小、位置。在画布上，单击并选中角色。首先通过缩放的方式调整角色的大小，将其放大到合适大小。然后将其拖放到画布右侧合适位置，如图 14.14 所示。调整以后，确保能够清晰看到动作表情，角色在场景中的大小与位置协调、美观即可。再次保存工程文件。

单击播放按钮，预览动画。不难发现，角色已经默认添加了进场动画"向下滑动"和出场动画"奇妙粒子退场"。

图 14.14　调整角色大小、位置

角色素材块比较特殊，内部拥有双层轨道。如图 14.15 所示，上层轨道用于设计角色的动画效果，主要包括进场动画、强调动画、退出动画，这与场景背景素材的动画效果设置方法一样。下层轨道用于设置角色的肢体语言，即动作表情。上下双轨道协调配合，共同决定角色的最终动画效果。而且，角色块的进场动画块上默认有文字"向下滑动"，表明角色块的进场动画效果是向下滑动。结尾动画块上默认有文字"奇妙粒子退场"，表明角色块的退场动画效果是奇妙粒子退场。

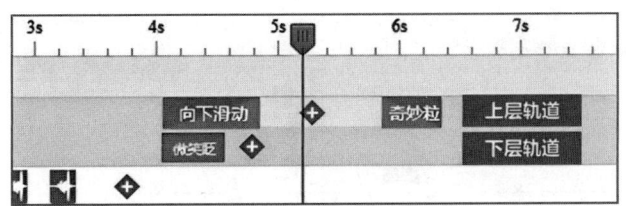

图 14.15　角色块的双层轨道

步骤 8：设置角色进场动画与音效

设置角色进场动画。由上可知，在添加角色的过程中，已经自动为角色添加了进场动画"向下滑动"。双击角色的进场动画块，可以再次调出"进场效果"选项，可以修改进场动画，这里不再操作。

设置角色进场音效。在轨道上，将播放头拖放到角色块的起始位置，准备给该角色块的进场动画配上音效。为了简化操作和避免使用过多音效，这里直接复制、粘贴已经添加过的冒泡音效。单击选中轨道上已经添加的音效块，先执行"Ctrl+C"进行复制，再执行"Ctrl+V"进行粘贴，效果如图 14.16 所示。再次保存工程文件。

单击播放按钮，预览动画，可以听见角色进场的音效。

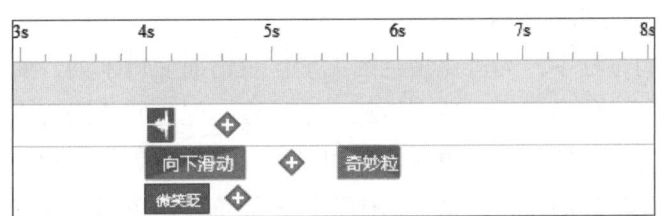

图 14.16　添加角色进场音效

步骤 9：添加角色旁白

为了减少操作步骤，高效实现动画的声画同步，需要先添加微课旁白，再添加角色肢体语言，也即通过微课旁白来定位角色肢体语言。这里利用万彩动画大师的 AI 语音合成技术来添加微课旁白。将角色的结束动画块拖放到轨道终点，将播放头拖放到角色开始讲话的位置（约在角色进场结束后的 0.5 秒），做好准备。

单击轨道上方的"语音合成"，即可弹出"文字转语音"窗口，如图 14.17（左）所示。在左侧，性别选择男性，声音选择男声，其他选项保持默认。在右侧，在文本框中输入需要角色发声的第一段文本"上次感冒，吃了家里的感冒药，很快就好了！"。单击"应用"按钮，AI 即可自动生成第一段旁白，此时轨道上新增一个语音素材块，如图 14.17（右）所示。

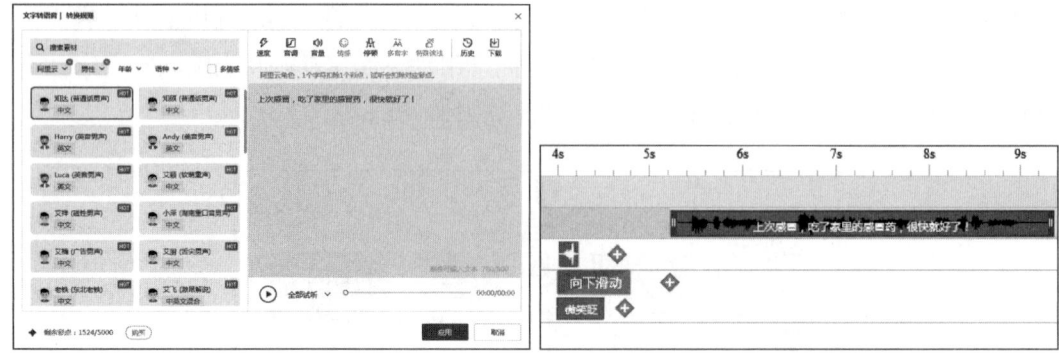

图 14.17　添加第一段旁白

采用同样的方法，添加第二段 AI 旁白"这次感冒，吃了家里的感冒药，很久不见好！"，添加第三段 AI 旁白"这是为什么呢？"，添加第四段 AI 旁白"头疼，回家休息去了！"然后，将这四段 AI 旁白拖放到同一轨道上，并且按照先后顺序紧密衔接起来，轨道效果如图 14.18 所示。

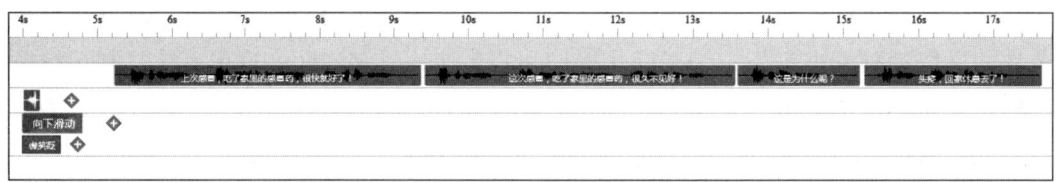

图 14.18　添加全部旁白

步骤 10：添加角色肢体语言

在播放旁白的过程中，为避免角色因无动作表情而显得木讷，要求尽量为角色添加相应的肢体语言，使画面变得适当活跃、不呆板。但是肢体语言应该根据旁白内容合理选择，如带有欢快情绪的旁白应匹配相对积极的动作表情；同理，带有低落情绪的旁白应选择略显消极的动作表情；动作表情还应符合角色的人设气质，如端庄的角色或在正式的宣传片中，不宜出现较夸张、做作的动作表情。整个场景中，角色需要进场、讲话、退场，涉及不同的动画设置和动作表情，可以分段设计。

首先，添加进场肢体语言。由上可知，在添加角色的过程中，已经自动为角色添加了进场肢体语言"微笑眨眼"。双击角色的"微笑眨眼"肢体语言块，可以再次调出"男大学生"角色的肢体语言选项，可以修改肢体语言，这里不再操作。拖动"微笑眨眼"肢体语言块右侧的控制点，将其对齐角色进场动画块的结束位置，如图 14.19（左）所示。再次保存工程文件。

其次，设置说话肢体语言。在角色轨道上，单击下层轨道的加号"+"，再次调出"男大学生"角色的肢体语言选项，选择"对话"中的"说话夸奖"，添加角色第一段旁白块对应的肢体语言块。然后拖动"说话夸奖"肢体语言块左右两侧的控制点，将其分别对齐角色第一段旁白块的开始和结束位置，如图 14.19（右）所示。再次保存工程文件。

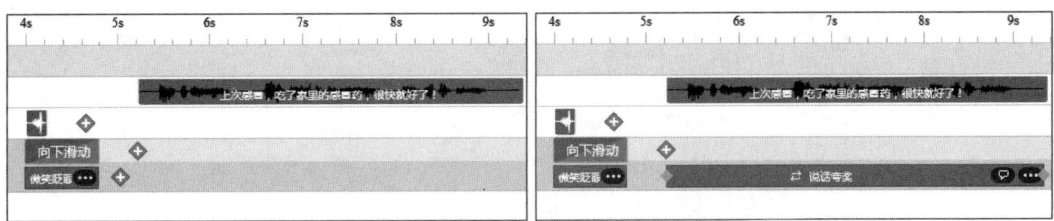

图 14.19　添加进场肢体语言与第一段说话肢体语言

采用同样的方法继续添加三个肢体语言，分别对应第二、三、四段角色旁白：第二段添加"耸肩对话"肢体语言块，并且对齐角色第二段旁白块的两端；第三段添加"说话挠头"肢体语言块，并且对齐角色第三段旁白块的两端；第四段添加"边走边说"肢体语言，对齐角色第四段旁白块的两端。轨道效果如图 14.20 所示。再次保存工程文件。

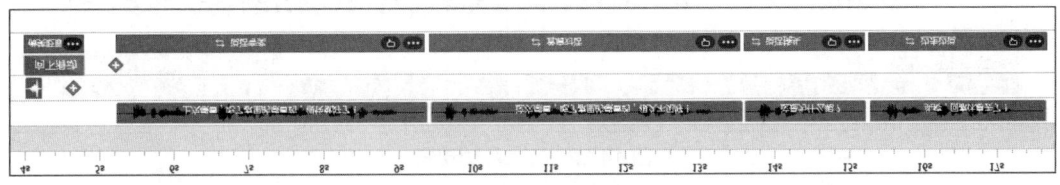

图 14.20　添加全部肢体语言

单击播放按钮，预览动画效果。可以看到，角色进场的时候，保持微笑眨眼的动作表情；说第一句话的时候，动作表情带着夸奖；说第二句话的时候，动作表情带着失落；说第三句话的时候，动作表情带着疑惑；说第四句话的时候，表情正常，动作则是原地走路。

步骤 11：添加角色位移动画

预览动画发现，角色说第四句话的时候，动作是原地走路，这与实际不符。这就需要添加角色的位移动画，就像 PPT 页面元素的位移动画一样，需要设计角色位移的起点和终点。

在角色轨道上，单击角色上层轨道的加号"+"，调出"强调效果"窗口，如图 14.21 所示。单击左上的"特殊"，单击中部"特殊"中的"移动"，单击右下"预设"中的"匀速"，单击"确定"按钮即可。

在角色轨道上，就出现了"移动"动画块，如图 14.22（左）所示。将"移动"动画块拖放到第四段角色旁白块对应的位置，操作"移动"动画块两端的控制点，使其与第四段角色旁白的开始和结束位置对齐，如图 14.22（右）所示。再次保存工程文件。

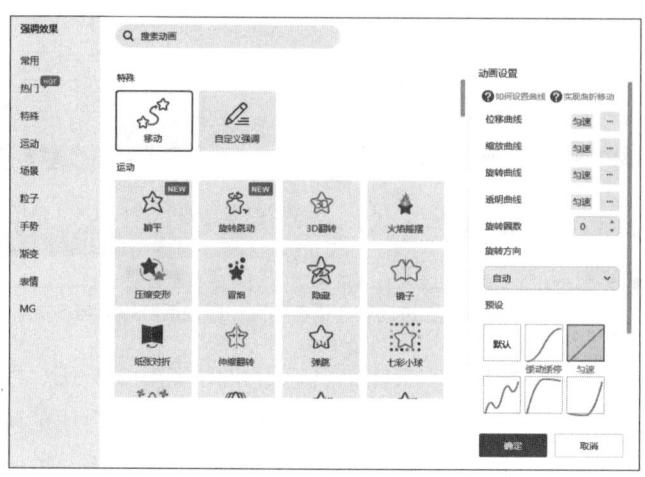

图 14.21　角色强调效果窗口

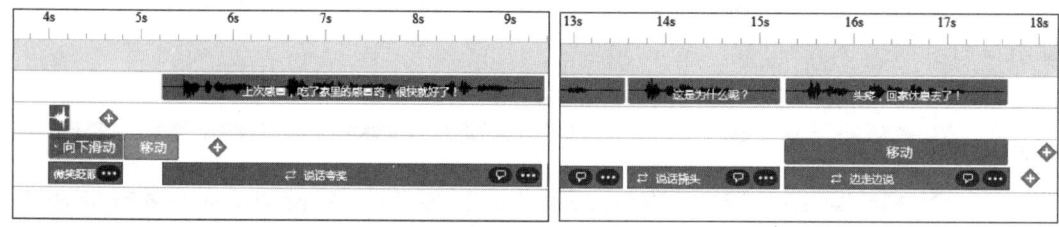

图 14.22　添加移动动画

在角色轨道上，将播放头拖放到第四段角色旁白块中。在画布中，双击角色素材，如图 14.23 所示。会出现黑色虚线箭头及两块白底的角色素材。两块白底角色分别代表角色素材移动的起始位置和结束位置，黑色虚线箭头代表角色素材移动的方向。角色的起始位置需要合理设置。

图 14.23　移动动画的初始状态

使用鼠标左键，拖动黑色虚线箭头前端的角色素材，如图 14.24 所示，将其水平拖放到画布左侧靠近边界的位置，从而实现角色素材在画面中的移动。

图 14.24　移动动画的最终状态

在角色轨道上，上层轨道的"移动"动画块实现角色的位移动画，下层轨道的"走路"肢体语言块实现角色的原地走路，上下两层轨道配合起来，就实现了角色在画布中从右往左匀速走路的动画。

步骤 12：设计角色的走路音效

将播放头拖放到角色第四段旁白的起始位置，准备给该角色的走路动作配上音效。依次单击右边资源栏的"音乐"→"第三方音乐"。在搜索栏中可以搜索合适的音效，这里输入"脚步声"，"音效库"自动返回搜索到的相关音效。添加合适的音效，这里选择"沙漠里的脚步声 - 踩沙子"音效，依次单击其右下方的加号"+"→"添加到场景"，即可完成音效添加，如图 14.25 所示。

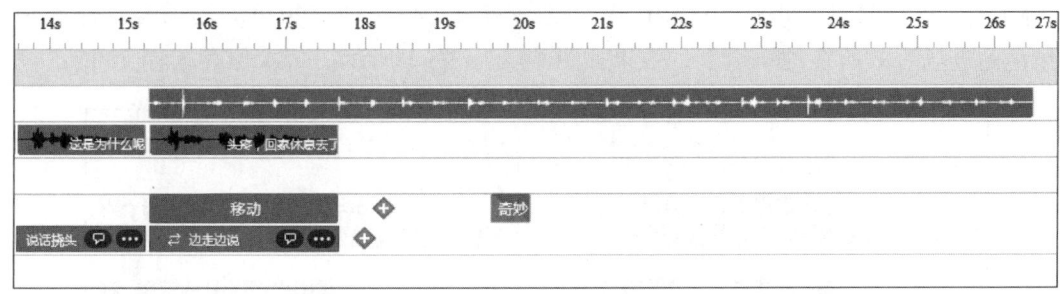

图 14.25　添加走路音效

单击播放按钮，预览动画。一边观看动画，一边听音效，可以适当调整角色"边走边说"肢体语言块的播放时长，直到速度合理，并且脚步声与画面同步为止。

不难发现，走路音效自动把轨道撑长了，动画时长变为约 28 秒，这就需要裁剪走路音效。往左拖动走路音效块的右侧，对齐角色"移动"动画块的右侧，实现走路音效的裁剪，如图 14.26 所示。再次保存工程文件。

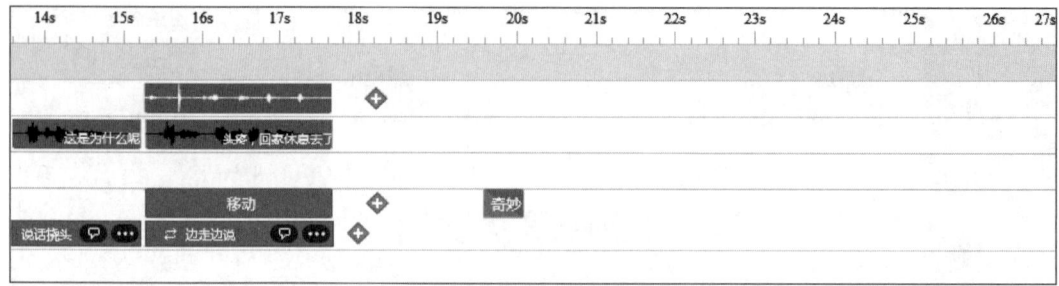

图 14.26　裁剪后的走路音效

步骤 13：设置角色退场动画效果与音效

由上可知，在添加角色的过程中，已经自动为角色添加了结尾动画"奇妙粒子退场"。双击角色的结尾动画块，可以再次调出"退场效果"选项，可以修改退场动画，这里不再操作。

在角色轨道上，将角色块的结尾动画块拖放到"移动"动画块右侧，紧密衔接起来。将场景的所有背景素材的结尾动画块与角色的结尾动画块对齐。此时，轨道列表上右侧区域就为空白，没有素材和动画。持续单击动画时长设置栏左侧的减号"-"，直到无法单击为止，从而清除冗余时长，效果如图 14.27（左）所示。再次保存工程文件。

设置角色退场音效。在轨道上，将播放头拖放到角色块的结尾动画块的起始位置，准备给该角色块的退场动画配上音效。为了简化操作和避免使用过多音效，这里直接复制、粘贴已经添加过的冒泡音效。单击选中轨道上已经添加的音效块，先执行"Ctrl+C"进行复制，再执行"Ctrl+V"进行粘贴。将添加的角色的退场音效拖放到角色的进场音效所在的轨道上，效果如图 14.27（右）所示。再次保存工程文件。

图 14.27　角色退场动画效果与音效

单击播放按钮,预览动画,可以看到角色的退场动画并听见退场音效。

步骤14:添加字幕

在轨道上方,单击"字幕"按钮,弹出"字幕窗口"。

在"字幕窗口",单击"添加字幕"按钮,在"字幕内容"窗口,输入第一段字幕文字"上次感冒吃了家里的感冒药 很快就好了"。重复上述操作,输入第二段字幕文字"这次感冒吃了家里的感冒药 很久不见好",输入第三段字幕文字"这是为什么呢",输入第四段字幕文字"头疼 回家休息去了",如图14.28(左)所示。其中,根据字幕文字大小不同,一行字幕尽量不超过25个字,保证字幕不换行;字幕应该合理断句,一般不带标点符号,或用空格代替标点符号。

在"字幕"窗口,单击"字幕样式",可以调整字幕文本的对齐方式、字体、字号、颜色、底色、文字特效、背景特效、位置、边距等。其中,字幕文本尽量选择清晰可辨的,保证其可读性,如黑体、微软雅黑等;在字幕颜色与底色选择上,首先要保证亮暗对比明显以保证字体可读性,其次确保风格与视频适配;字幕与画面左右边界的距离应该为画面宽度的1/20左右,字幕底部与画面底部的距离可以为画面高度的1/10左右;字间距可以根据字体的大小和风格来调整,通常为字体宽度的1/5~1/3。为了避免复杂考虑,这里多数保持默认设置,选择一种字幕背景即可,如图14.28(右)所示。

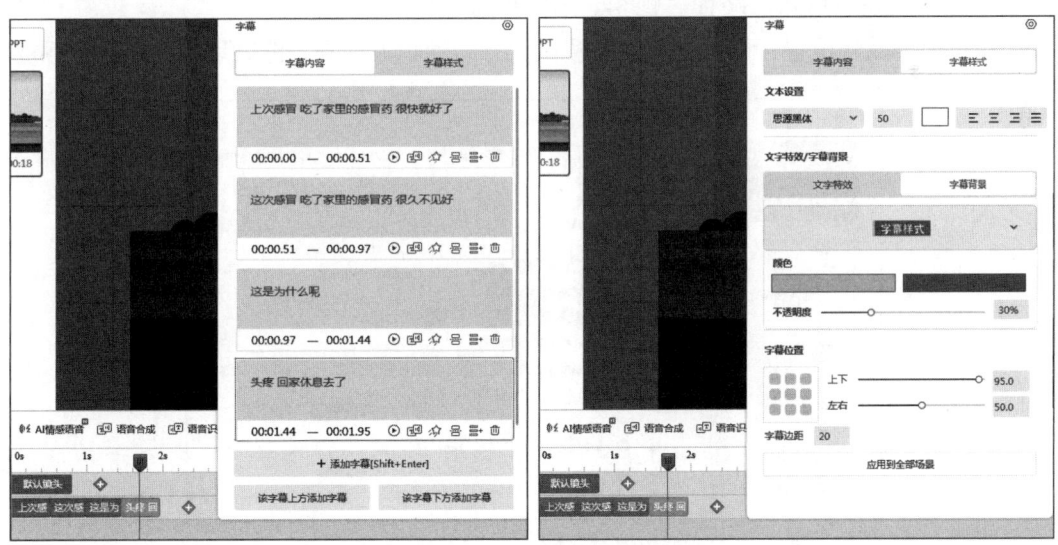

图14.28 添加字幕内容并设置字幕样式

字幕需要对齐画面和声音,确保声画同步。将第四块字幕块拖放到角色第四段旁白块对应的位置,操作该字幕块左右两端的控制点,使其分别对齐角色第四段旁白块的开始与结束位置。采用同样的方法,将其余字幕块拖放到合适位置并对齐画面。轨道效果如图14.29所示。单击播放按钮,预览动画的字幕效果。

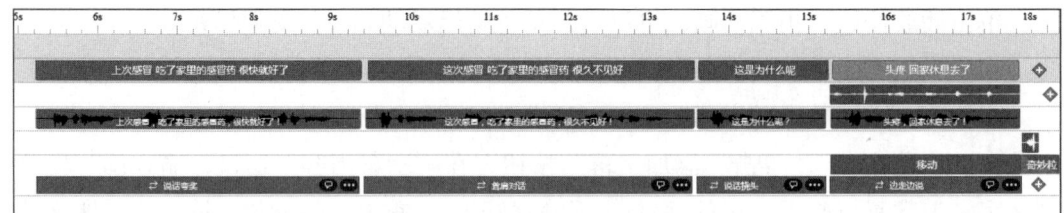

图 14.29　字幕对齐

步骤 15：导出动画

整个场景动画的轨道如图 14.30 所示。

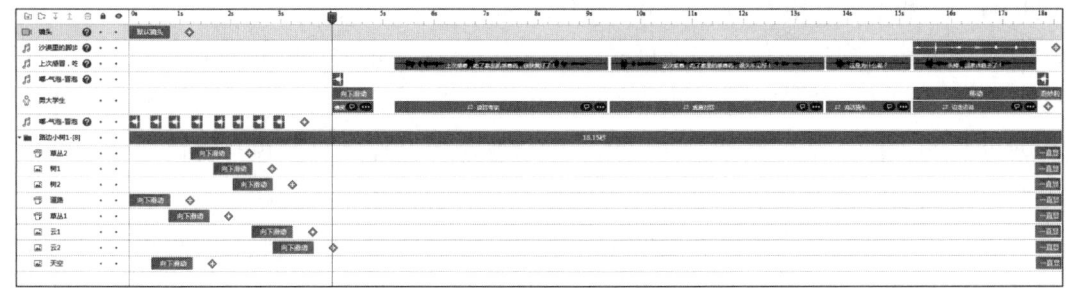

图 14.30　整个场景动画的轨道

单击画布上方的"导出"，弹出"导出作品"窗口，如图 14.31 所示。

可以设置导出格式、路径、帧率、清晰度、水印等。

这里保持默认设置，单击"导出"按钮，万彩动画大师开始渲染动画并输出视频。

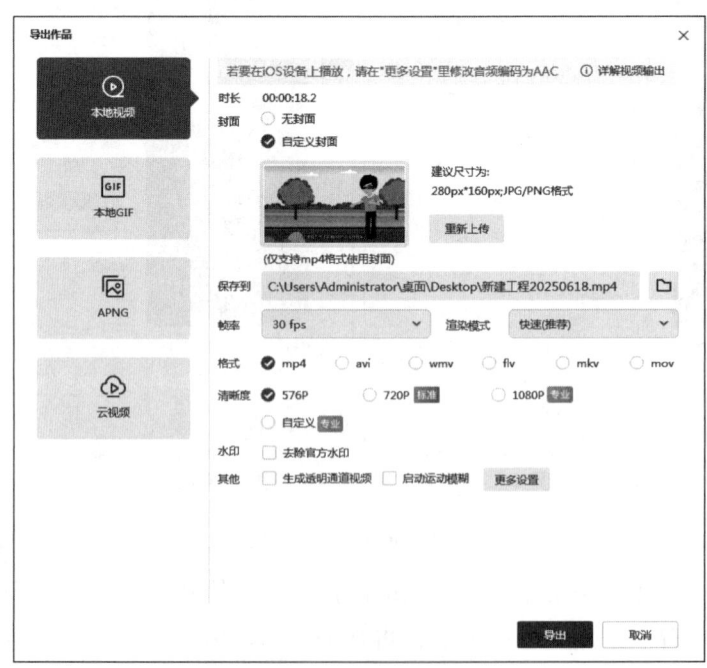

图 14.31　"导出作品"窗口

待视频渲染完成后，播放导出的动画视频，预览动画效果。根据动画效果，可以继续修改工程文件，重新渲染视频，直到动画效果令人满意为止。

好的微课，技术只是基础，更重要的则是微课思想性、科学性、教学性及贯穿其中的故事性。本章通过微课片段的设计与制作，学习万彩动画大师的主要操作，可以形成微课设计与制作的基本能力。目前，多数优秀微课是把数字动画、PPT 演示、人物出镜结合起来，注重技术与人文的融合创新。但是需要注意，在微课设计与制作中，万彩动画大师更适合用来讲述故事、创设情境，尽量避免使用万彩动画大师来做类似 PPT 演示的动画。

本章作业

1. 设计与制作数字动画

应用万彩动画大师或其他同类软件工具，设计与制作 30 秒左右的数字动画，动画应包括背景、角色、动画效果、音效、字幕和旁白等要素。数字动画题材不限，但要适合用于教学。提交一份视频及工程文件。

2. 设计并制作微课

根据第 11 章作业（微教案、微课件、微讲稿），结合微课"短、小、精、美"等特点，参考微课相关评价标准，设计并制作 5 分钟左右的微课。建议采用人物出镜、PPT 演示、数字动画等多种制作技术。微课需要体现教学、媒体、技术、艺术的规范性，鼓励在此基础上探索创意。提交微教案、微课件、微讲稿、微视频。如果涉及数字动画，还需提交工程文件。

扫码查看本章
网络资源

第三部分

硬件应用篇

第 15 章 现代教学媒体

Chapter 15

学习目标

- ※ 了解媒体、教学媒体的内涵；
- ※ 了解多媒体、流媒体、超媒体、新媒体和自媒体的概念；
- ※ 了解现代教学媒体的功能；
- ※ 了解多媒体教室的主要构成；
- ※ 认识教学媒体是现代教育技术解决教育教学问题的关键方法之一，形成不断提升自身教学媒体应用能力水平的意识。

15.1 教学媒体概述

15.1.1 媒体

1. 媒体的含义

媒体一词来源于拉丁语"media"的汉译音。媒体有两层含义：一是指承载信息所使用的符号系统，如文字、符号、图形、图像、音频、视频和动画等，媒体呈现信息时所采用的符号系统决定了媒体的信息表达功能；二是指记录、存储、传送、再现和加工信息的工具系统，如报纸、杂志、图书、期刊、广播、电视、录音机、录像机、计算机、手机和平板电脑等。符号系统与工具系统往往融为一体，日常语境中的媒体往往是指后者。根据麦克卢汉（M.Mcluhan）的观点，媒体是讯息，媒体是人体的延伸，这是媒体的基本性质。人类的求知过程主要通过两种途径：一种是生产和生活实践；另一种是知识的交流与传播。由于实践的局限性，人们往往通过交流与传播获取知识，这就需要各种媒体。

2. 媒体的发展

从原始社会的结绳记事到现代社会的互联网，媒体发展日新月异。人们通常把基于纸张和印刷技术的大众媒体，如报纸、杂志等，称为第一媒体。随着电子技术的发展，第二媒体大众广播及第三媒体大众电视相继产生。随着互联网的出现，互联媒体即第四媒体产生。互联媒体存在的基础是互联网，主要包括万维网和虚拟社群。人与媒体双向交互的实现是第四媒体区别于第一、第二、第三媒体最显著的特征，因此也彻底革新了媒体概念，多媒体、新媒体等概念也发端于此。

3. 相关概念

（1）多媒体

多媒体有两层含义：一是指多种符号系统，通常表现为多媒体软件系统，如多媒体网页、多媒体课件等；二是指多种工具系统，通常表现为多媒体硬件系统，如多媒体教室、多媒体机房等。多媒体软件系统与多媒体硬件系统通常融为一体，日常语境中的多媒体往往是指后者。多媒体应用的典型例子是在多媒体教室播放多媒体课件，教师通过计算机系统、投影系统、音响系统和控制系统播放多媒体课件，即多媒体教学。多媒体的含义不仅强调多种媒体形态组合，而且强调这些媒体有机融合，甚至形成一种新型的媒体形态。

（2）流媒体

流媒体是指基于流式传输技术的媒体。流式传输技术主要用于网络音频、视频传输，它将音频或视频通过数据流的方式从服务器发送到客户端，可以一边传输数据，一边观看或收听，无需等到文件全部下载完毕。流媒体不仅包括音频流格式、视频流格式，而且包括文本流、图像流及动画流等流式文件格式。因此，流媒体广泛用于互联网音视频点播、直播及在线教育。相比其他媒体，流媒体的典型特征是流式传输方式。

（3）超媒体

超媒体就是超文本+多媒体。超文本是非线性组织各种信息的一种先进技术，它是相对传统文本而言的。传统文本是以线性方式、固定顺序组织的，超文本则是以非线性方式、网状结构组织的，内容之间通过超链接可以实现自由跳转。超媒体就是通过超文本的超链接技术将文本、图形、图像、音频、视频和动画等多种媒体非线性组织起来所形成的一种新型的媒体形态。网页就是超媒体，课件有时也是超媒体。超媒体可以提供更高的人机交互能力，用户可以根据兴趣从一个内容自由地跳转到另一个内容。

（4）新媒体

新媒体是指以数字计算技术、网络通信技术为基础，以计算机、手机、平板电脑为终端，面向用户提供信息的媒体的总称。新媒体是相对第一、第二、第三媒体而言的，主要是指第四媒体，包括互联媒体、移动互联媒体。相比报纸、广播、电视等旧媒体的单向传播特性，新媒体的主要特性是双向互动。

（5）自媒体

自媒体一般是指个人媒体、公民媒体。自媒体是随着媒体的社会化进程发展而来的。媒体的社会化进程产生社会化媒体，除了政府，任何机构、部门、组织、团体、企业、公司及个人都可以通过社会化媒体接收、分发和发布信息。自媒体是个人社会化媒体，具有私人化、平民化、数字化、网络化的基本特征。

15.1.2 教学媒体

教学媒体是指用于记录、存储、传递、再现和加工教学信息的媒体。教学媒体通常分为传统教学媒体和现代教学媒体。传统教学媒体与现代教学媒体的根本区别是电气技术与电子技术的使用。

1. 传统教学媒体

传统教学媒体是指语言媒体、印刷媒体、黑板、粉笔、实物和模型等。语言媒体是最古老、最常用的一种媒体。印刷媒体是指各种印刷资料，如图书、资料等。黑板、粉笔、实物、模型也是常见的传统教学媒体。传统教学媒体的主要特征是经济实惠、容易获得、使用简单、应用广泛。传统教学媒体分类如图15.1所示。

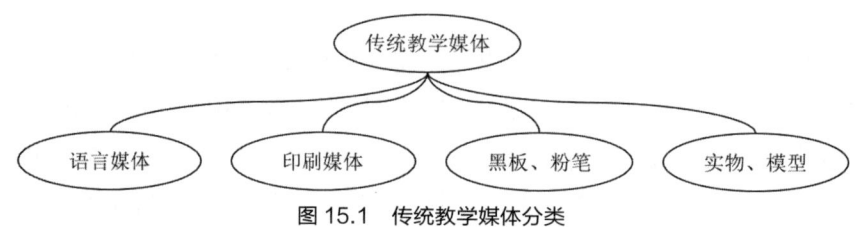

图 15.1 传统教学媒体分类

2. 现代教学媒体

现代教学媒体主要是指电气、电子媒体。现代教学媒体通常可以分为听觉媒体、视觉媒体、视听媒体和交互媒体，如图15.2所示。视觉媒体是指发出的信息主要作用于人的视觉器官的媒体，如幻灯、投影等。听觉媒体是指发出的信息主要作用于人的听觉器官的媒体，如广播、录音等。视听媒体是指发出的信息主要作用于人的视听觉器官的媒体，如电影、电视等。交互媒体是指使用多种感官并且具有人机交互作用的媒体，如多媒体计算机、智能手机、平板电脑等。现代教学媒体的主要特征是表现力丰富，信息量很大，感染力很强，生动形象，而且交互性强，能够有效调动学生参与学习。

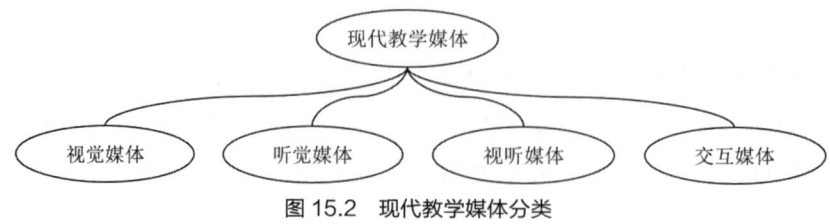

图 15.2 现代教学媒体分类

3. 现代教学媒体的功能

不同媒体产生于不同时期、应用于不同领域，所以具有不同的学习特性，因而表现出不同的学习功能。它们在存储力、加工力、传递力、重现力、表现力和交互力等媒体特性方面表现不同。越是新生媒体，综合特性越显著，学习功能越强，例如多媒体计算机、平板电脑、智能手机等。现代教学媒体在教学中具有激发学习兴趣、化解重点难点、促进知识理解、增强记忆能力、提高教学效率等功能。

（1）激发学习兴趣。兴趣是学生最好的老师。运用现代教学媒体，有声有色，有动有静，感染力强，学生多种感官参与学习，能丰富表象和情感体验，易于吸引学生的注意力，激发其学习兴趣和内在动机。

（2）化解重点难点。多媒体可以延伸人类信息功能的各个维度，采取动静结合、快慢结合、大小结合、远近结合、多少结合和前后结合等方式，能够化难为易，化繁就简，做到传统媒体做不到的事情，突破学科知识重点、难点。

（3）促进知识理解。由于学生缺少直接经验，学习时只有对文字的感知，没有或缺少相应的直接经验就不能真正理解他所学的知识。在学科教学中，多媒体可以根据所学习的内容有针对性地补充、丰富学生的感性认识，补充直接经验。学生把新知识和相关感性认识联系起来，就能很好地理解新知识。

（4）增强记忆能力。多媒体可以创设与学习内容相关的情节、景色、事件发生的环境等，有助于学生记忆。记忆是学习的重要环节，只有记住那些基本的知识、技能和情感，学习才能顺利地进行。形象比抽象使记忆的深刻程度更好。

（5）提高教学效率。使用多媒体可以节约板书时间，提高课堂教学效率。多媒体教学资料可以重复使用，每次只需适当修改而无需重复制作，可以大大提高教师备课效率。

15.2 教学媒体应用系统

教学媒体应用系统的典型代表是多媒体教室。多媒体教室是由多媒体集成系统支持的现代视听教学环境。多媒体教室的主要装备是多媒体集成系统。多媒体集成系统是由投影系统、扩音系统和控制系统三个子系统组成的现代化视听教学环境，其物理连接如图15.3所示。

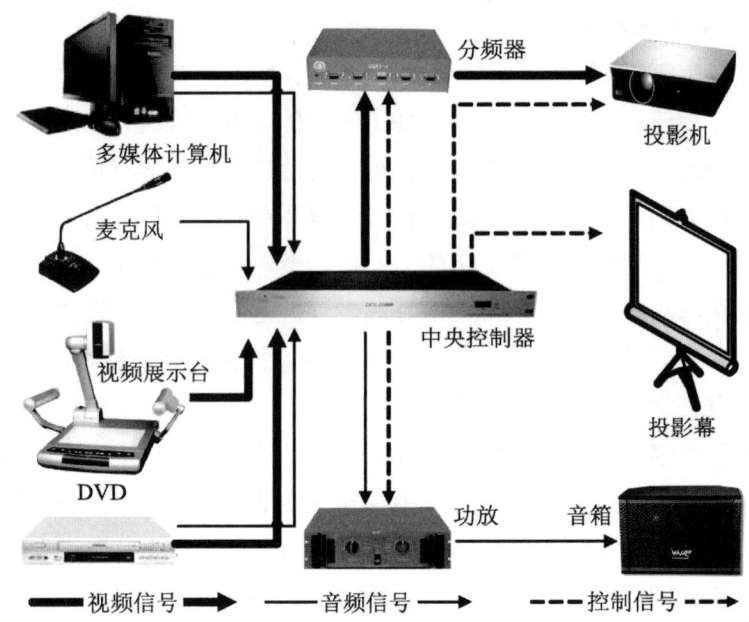

图 15.3 多媒体集成系统的物理连接

15.2.1 投影系统

投影系统由计算机、VGA 分配器、视频展示台、投影机（投影仪）、影碟机和电控银幕构成。VGA 分配器用于自动切换计算机、视频展示台、影碟机的视频信号。投影系统主要依靠光电工作，长时间使用会散发出巨大的热量。特别是投影机，机身很小，不利于散热，使用不当会大大缩短光源寿命甚至直接导致损坏。在使用中注意操作规范，注意控制频繁开关的次数、连续使用的时长、散热和清洁等。

1. 投影器

如图 15.4 所示，投影器是一种利用透镜成像原理对实物胶片进行投影的教学仪器。与投影机相比，投影器缺少接收视频信号的功能，只能处理实物胶片影像，所以价格相对低廉，主要用于初级教学。

图 15.4 投影器、投影机/投影仪和视频展示台

2. 投影机（投影仪）

投影机（投影仪）是多媒体集成系统中最重要的设备之一，通过投影机展示图像和影片等，能给学生一个生动、形象、具体和直观的大屏画面，所以投影机的好坏直接关系到系统的整体效果。投影机的主要技术指标是分辨率、亮度、颜色和对比度等。

分辨率通常指该投影机内部液晶板的物理分辨率。分辨率越高，表示投影机显示精细图像的能力越强。投影机的物理分辨率一般为 800×600 像素、1024×768 像素、1280×1024 像素。

亮度的单位是流明。由于测定环境的不同，投影机实际的亮度会不太一样。同时由于光源寿命的衰减，投影机的亮度也会随着使用年限的增加而逐渐下降。

投影机一般都支持 24 位真彩色，而投影机的色彩还原度还与对比度有关。对比度是图像黑（暗）与白（亮）的比值，也就是从黑到白的渐变层次。比值越大，从黑到白的渐变层次就越多，色彩表现也就越丰富。

3. 视频展示台

视频展示台又称为实物投影机或实物投影仪。视频展示台可以将各种实物、模型、纸张、操作过程投到屏幕上。在教学中视频展示台和投影机可以称得上完美组合。

15.2.2 扩音系统

扩音系统由声源设备、放大设备、调控设备和回放设备构成。声源设备是指拾音设备、音频信号播放设备，如话筒、麦克风、计算机和影碟机。可以采用有线和无线两种输入方式，其中无线麦克风给教师上课带来了极大的方便。调控设备是指对多路音频信号进行前级放大和混音输出、信号处理的设备。放大设备是指专业功率放大器，信号经过放大后直接输出给音箱播出，有十分震撼和逼真的效果。回放设备指扬声器，如音箱。扩音系统也是频繁使用的教学媒体，在使用中注意操作规范，注意控制音量、啸叫等。

15.2.3 控制系统

控制系统即中央控制系统，简称中控。中控系统一般是由中央控制主机、控制面板组成。控制面板是本地指令发送中心；中央控制主机则是指令接收和执行机构，典型控制面板如图 15.5 所示。教师通过控制面板控制中央控制主机，从而实现对连接于其上的多媒体外设的控制，真正实现"所见即所控"。

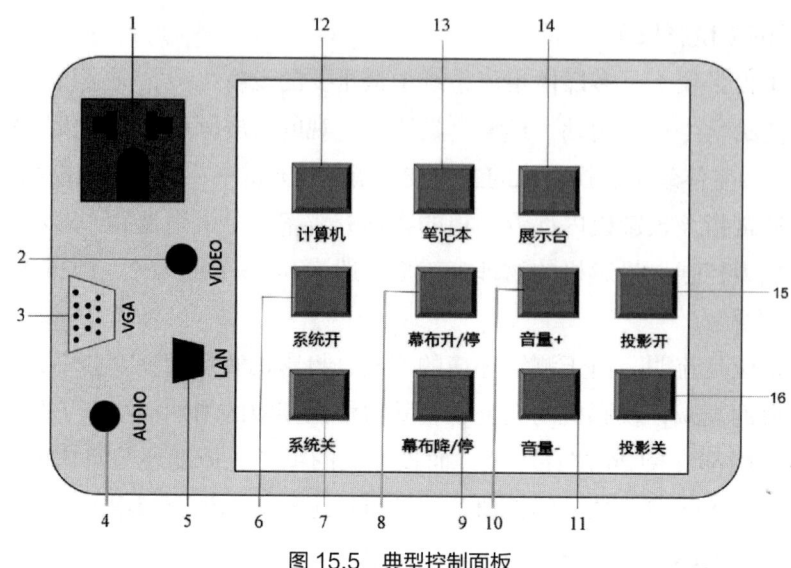

图 15.5 典型控制面板

1—220V 交流电源输出插座；2—视频输入接口；3—笔记本输入接口；4—音频输入接口；5—网络接口；6、7—投影系统开关功能键；8、9—电动幕布升降功能键；10、11—音量调节功能键；12、13、14—计算机、笔记本、视频展示台线路切换功能键；15、16—投影开关功能键。

15.2.4 电子白板

电子白板（Electronic whiteboard）一般是指交互电子白板，是具有交互功能的投影、显示多媒体集成系统，如图 15.6 所示。电子白板一般需要与计算机、音箱配合使用。电子白板的基本组件包括白板、触控笔、投影仪、控制软件、计算机和音箱。电子白板正在淡出教学应用场景，取而代之的是智能白板或智慧一体机。

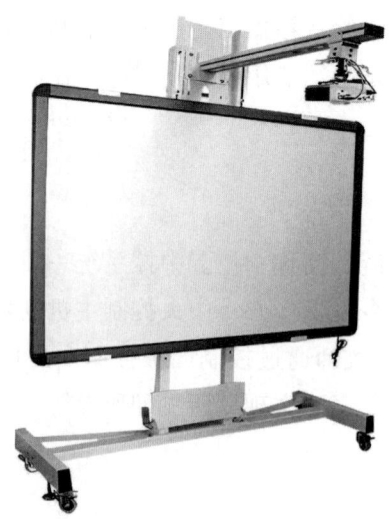

图 15.6 电子白板

（1）白板：一块具有较大尺寸的电子感应屏幕，相当于黑板，配合触控笔来完成操作。白板的工作原理主要分为压感原理和激光跟踪原理两种。使用压感原理的白板，相当于触摸屏，使用手指或触控笔就可以操作白板软件。使用激光跟踪原理的白板，屏幕侧边各有一个激光发射器，通过发出的激光扫射正在白板表面上使用的触控笔，通过定位触控笔的位置实现对白板软件的操作。

（2）触控笔：操作白板软件的特制笔，相当于粉笔，承担白板书写笔和计算机鼠标的双重作用，可以直接在白板上书写，也可以在白板上直接操作计算机。

（3）投影仪：具有超短焦距及特殊光学系统的投影仪，一般置于白板正上方中间位置，通过支架与白板保持适当距离，用户不会遮挡投影仪的光路。

（4）控制软件：即白板操作系统，它是安装在计算机中的一个软件平台，该软件平台主要用于支撑人与白板、计算机、投影仪之间的信息交换。有的软件平台还会自带一个强大的教学素材库，以及电子白板课件制作工具等软件库。

（5）计算机：一台普通计算机，通过安装控制软件，支持人与白板、触控笔、投影仪之间的信息交换，可以说是电子白板系统的中枢。

（6）音箱：计算机音频信号播放设备。

15.2.5 智能白板（智慧一体机）

电子白板需要投影仪、计算机和音箱等的组合才能实现功能，体积庞大、操作烦琐而且容易产生故障，因此一种智慧一体机即智能白板（Smart whiteboard）正在普及。智能白板如图 15.7 所示，功能与计算机没有任何差别，主要是对投影系统、扩音系统和控制系统进行了一体化设计，整合成为一台大尺寸屏幕的计算机，大大减少了体积，操作更加方便而且符合师生的使用习惯。智能白板通过自带的白板软件实现白板教学功能。

图 15.7 智能白板（智慧一体机）

15.2.6 电子黑板

电子黑板也称记忆黑板、互联黑板、记忆互联黑板等，是指具有传统黑板功能及与多媒体计算机通信功能的一种新型黑板。如图 15.8 所示，电子黑板保留了传统黑板使用粉笔、粉笔刷的习惯，增加了与多媒体计算机的通信技术，能够将电子黑板上的板书、控制等操作数字化并同步到智慧一体机、电子白板、多媒体计算机、智能手机、平板电脑等具有显示、存储和交互功能的电子设备。电子黑板的显著特征是互联网板书、大屏幕显示、数字化存储。

图 15.8　典型电子黑板

电子黑板可能具有多种书写方式、自动同屏、无缝书写、多点触控、扫码分享、本地存储、云存储、预览、缩放、清屏、翻页、页面管理、笔迹选择、颜色选择、电子投票等功能。不同品牌的电子黑板具有不同功能。电子黑板的电子功能通过电子黑板与多媒体计算机共同实现。电子黑板负责电子感应，能够识别电子黑板的板书、控制等操作。多媒体计算机负责响应操作，能够存储、预览、缩放、翻页等。

电子黑板由于功能相对单一，往往需要与智慧一体机搭配使用。随着信息技术的发展，电子黑板与智慧一体机高度一体化。将电子黑板与智慧一体机进行一体化设计的新型教育媒体系统称为智慧黑板。电子黑板是公共教育媒体，在使用过程中，需要保持清洁、干燥，远离茶水饮料，避免大力拍打、敲击，防止使用尖锐物体划伤、刮花板面。

第四部分

综合应用篇

第 16 章 翻转课堂与智慧课堂

Chapter 16

学习目标

※ 了解翻转课堂的内涵；
※ 了解翻转课堂的起源与发展、理论基础、实践模式及其价值；
※ 了解智慧教育、智慧课堂的内涵；
※ 了解智慧课堂的起源与发展、教学结构、技术结构、基本模式及其价值；
※ 培养数字教育思维，形成应用数字技术解决教育教学问题，以及改革、创新与发展教育教学的意识。

16.1 翻转课堂

16.1.1 翻转课堂概述

1. 翻转课堂的内涵

翻转课堂（Flipped Classroom）也称为颠倒课堂、反转课堂（Inverted Classroom），是指教师创建课程资源（如网络课程、微课、线下教学视频和纸质教学资源等）、学生在课外自主学习课程资源、师生回到课堂解答问题和完成作业的一种教学模式。简单地说，翻转课堂就是将原来在课上进行的活动放在课下，将原来课上的时间用来解答学生的学习问题和完成作业。

美国作为翻转课堂的发源地，在实践中创造了多种翻转课堂形态，其中美国科罗拉多州的林地公园高中的翻转课堂开展最早、影响最大。该校的两位化学教师乔纳森·伯格曼（Jon Bergmann）和亚伦·萨姆斯（Aaron Sams）是翻转课堂的推动者，他们以回答翻转课堂是什么和不是什么两个问题的方式对翻转课堂进行了深入阐释。一方面，他们提出翻转课堂不是在线视频的代名词，翻转课堂除了教学视频，还有面对面的互动时间，与同学和教师一起开展有意义的学习活动；不是让视频取代教师；不是让学生无序学习；不是让学生孤立的学习；不是让整个班级的学生都盯着计算机屏幕。另一方面，他们提出翻转课堂是让学生对自己的学习负责的学习环境；是让学生积极学习的课堂；是学生课堂缺席，但不被甩在后面；是课堂内容永久存档，可用于复习或补课；是让所有学生能够得到个性化教育。翻转课堂的关键特征是技术支持课中与课前翻转。

2. 通达翻转课堂教学模式

伯格曼和萨姆斯通过不断地探索，逐渐总结出通达翻转课堂教学模式：把在线观看教学视频作为家庭作业，把家庭作业的习题放在课堂上完成。当发现部分同学没有计算机或无法上网时，他们就为这部分学生准备了光盘，让学生回家在电视机上观看。课堂上除了做练习，他们还加入了探究和实验室任务。通达翻转课堂以掌握学习为主旨，将教学与现代信息技术相结合，打造可持续、可复制与可管理的教学体系。通达翻转课堂具有五项不可或缺的组成部分：（1）建立明确的学习目标。基于国家课程标准、州的学业标准及教师个人的专业判断，决定学生学习所要达到的学习目标；（2）确定目标实现的途径。确定哪些目标可以通过探究的形式来实现，哪些可以通过直接讲解的途径来实现。对于可以通过直接讲授达成的学习目标，借用他人的教学视频或者自己制作，通过在线或线下的方式确保学生能有视频。对于需要通过探究达到的学习目标，放到课堂上实现；（3）制作学习包。为每个单元制作学习包，包括学习清单、教学视频、学习笔记、实验等；（4）课堂上积极开展学习活动。对于需要通过探究才能达到的目标，教师引导学生通过实验、探究等方式学习。对于学生在学习过程中出现的问题，教师及时给与反馈；（5）建立适当的评价系统。通过视频及课堂学习，学生需要向教师证明自己已经达到了学习的目标要求，证明的方法是多样的，比如，每节课后或每个学习单元之后的形成性测试、与老师的口头交流、PPT展示或其他商定的方式等。

16.1.2 翻转课堂的起源与发展

美国科罗拉多州的伍德兰德公园高中（林地公园高中）的两位化学教师伯格曼和萨姆斯的教学实践，以及可汗学院的创始人萨尔曼·可汗（Sal Khan）对翻转课堂的兴起与推广起了巨大推动作用。

1. 伯格曼和萨姆斯的推动

伍德兰德高中位于郊区，学生经常参加比赛等各种活动，在参加活动的路上花费了太多的时间，导致学生经常错过大量的课程，但是学生总是想要赶上进度。2007年，伯格曼和萨姆斯发现了可以将PowerPoint演示、旁白和注释录制成视频的软件，用来解决学生耽误学习进度的问题。他们开始尝试利用屏幕录制软件来录制教学视频，并把这些视频放在YouTube网站上以帮助缺课的学生补课。这些教学视频被越来越多的人使用，一些学生利用视频进行学习、复习，一些教师利用视频作为讲授的替代手段，一些新手教师利用这些视频学习化学以便教授自己的学生。伯格曼和萨姆斯渐渐形成了经典的翻转课堂教学模式：学生在家看视频、听讲解，教师利用课堂时间来帮助学生厘清他们不懂的内容。这种教学模式颠覆了传统的"课上听教师讲解，课后回家做作业"的教学模式。在他们的实践过程中，在线教学视频被大范围地传播开来，教学实践引起学校、家长和社会各界越来越多的关注，他们被同行邀请分享和交流经验，在美国、加拿大和欧洲产生越来越大的影响，很多中小学学校和教师开始探索和运用这种全新的教学模式。

2．可汗的推动

翻转课堂风靡全球还与可汗学院（Khan Academy）的兴起密切相关。可汗学院由孟加拉裔美国人可汗创立。最初，他只是为了给亲戚家的小孩进行数学远程辅导，录制了数学方面的教学视频，并把视频放到 YouTube 网站上供需要的人免费学习和观看。后来，他又对这些教学视频进行了补充，增加了互动练习软件，以便对学生进行数学训练。2007 年，可汗将教学视频和互动练习软件进行整合，创立了一个非营利性的教学网站。由于很多人的加入，网站开始提供各个学科的教学视频，提供在线练习、自我评估、学习进度自动跟踪等学习工具。可汗后来辞掉自己的工作，全心投入这个教学网站的运行和维护，并把这个专门开展在线教育服务的非营利性网站正式命名为可汗学院。随着比尔和梅琳达·盖茨基金及谷歌公司的投资，可汗学院的影响力大增，所提供的教学视频质量和学习支持工具的性能也进一步提高。可汗学院还开发了学习控制系统以收集学生的各种学习数据，不仅能够随时了解学习状况，还有助于开展个性化的教学指导。可汗在 Ted 大会上发表的《让我们用视频重塑教育》的主题演讲将翻转课堂介绍给了全世界，引起了各国教育工作者和研究者的轰动和越来越多的关注。

16.1.3　翻转课堂的理论基础

翻转课堂与翻转学习的理论基础是掌握学习（Mastery Learning）。掌握学习也称为精熟学习、通达学习，20 世纪 60 年代由于布鲁姆的提倡而被人熟知。它的基本思想是按照自身节奏进行一系列的目标学习，只要时间充足而且每个学生能够得到恰当的帮助，几乎每个学生都可以掌握所有的课程内容。

掌握学习有三个重要的组成部分：学生组成小组或单独以合适的进度进行学习；教师有评价和衡量学生的系统标准；学生在总结性评估阶段要向教师证明自己对课程材料的掌握程度，没有达到目标的学生需要进行补习。在传统教学中，教师需要在固定的时间内完成对某个主题或概念的教学，时间一到就会进入下一个主题或概念。这种教学忽略了学生的差异性，造就了一批学业落后者。在掌握学习中，每节课不是按照时间来划分的，而是根据学生理解的程度和成绩来确定，它颠覆了传统教学。

布鲁姆很早就提倡掌握学习，但在实践中却无法推广，重要原因就是缺乏支持学生开展掌握学习的基本条件。在没有高效信息技术的支持下，教师必须不断重复向不同的学生讲授相同内容，才能满足学生组成小组或单独以合适的进度进行学习的基本条件，这是教师面临的巨大挑战。随着现代信息技术的发展，以计算机和网络为核心的多媒体技术攻克了上述困难。教师可以事先录制教学视频，学生在家反复观看，然后做练习或做作业。在课堂上，教师才能把更多的时间、精力用于帮助学生解决那些在自主学习过程中无法解决的问题。而且，借助信息技术的支持，学习评估也变得十分容易，可以通过计算机自动进行而不需要通过人工操作来完成。因此，翻转课堂与微课的发展并非偶然。

16.1.4 国内翻转课堂的实践模式

翻转课堂可以根据教学境脉的不同而不同，没有固定的模式。每一个地区、学校和教师实施翻转课堂的做法各不相同，简单复制翻转课堂教学模式而不考虑教学实际情况不能保证效果。翻转课堂体现的更多的是一种信息技术支持下的教学思想转换，即如何从以教师为中心的教学转向以学生为中心的学习，营造个性化学习环境。翻转课堂力图颠覆传统课堂教学流程，利用课下时间培养学生自主学习的能力，利用课堂教学时间培养学生协作学习的能力，为学生提供更加丰富的学习体验。我国翻转课堂的典型案例有重庆聚奎中学、深圳南山实验教育集团等。

1. 重庆聚奎中学的教学模式

重庆聚奎中学是国内最早实施翻转课堂教学实践的学校之一。学校在新课改的基础上，结合翻转课堂的教学理念，基于本校实际，在实践中总结出了翻转课堂的"课前四步骤，课中五环节"的操作方案。该校的翻转课堂是基于微视频和学习管理平台的，每个学生都用平板电脑作为自己的学习终端。

课前四步骤：制作导学案、录制微视频、学生自主学习和教师个别化辅导作业。具体而言，教师先集体备课，制作导学案，然后由学科组教师代表录制 10~15 分钟的教学精讲微视频，上传到"校园云"服务平台。学生在独立预习教材的基础上，用平板电脑下载导学案和教学微视频，根据教师发布的导学案，通过观看相应的教学微视频进行自主学习，然后在网络学习平台上做测试题，教师则通过平台的及时反馈功能了解学生的学习与测评情况，从而调整课堂教学。

课中五环节：合作探究、释疑拓展、联系巩固、自主纠错和反思总结。具体而言，学生先独立做教师布置的作业，对于难题，则通过小组、师生之间讨论协作予以解决。教师巡视课堂，给学生以必要的个别指导。随后，学生完成网络平台上或其他资料上的相关练习，并通过观看教师录制的习题评析视频进行自主纠错和反思提高。

重庆聚奎中学翻转课堂的实施取得了一系列积极成效，如少讲多学、一对一贴心辅导、及时掌握学情、培优补差、丰富课程内容和为教师减负等。

2. 深圳市南山实验教育集团的教学模式

深圳市南山实验教育集团于 2012 年 9 月启动了云计算环境下的翻转课堂实践。经过一年的探索，提炼出了翻转课堂"三步五环节"教学模式，教师可以根据课程的需要，采用基本式或变形式进行教学，如图 16.1 所示。

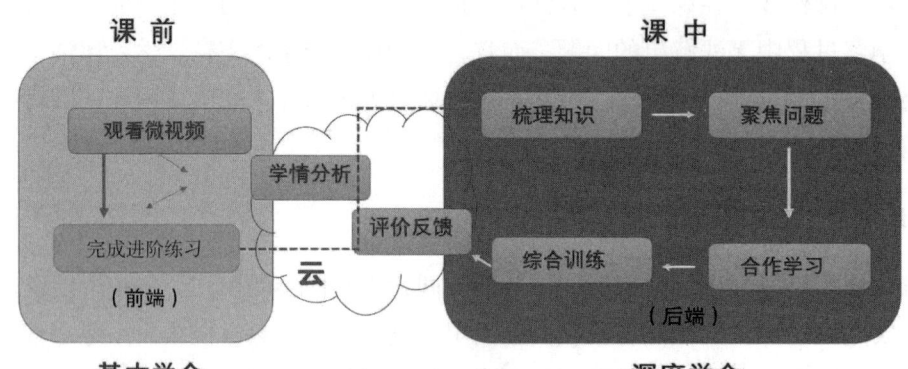

图 16.1 深圳市南山实验教育集团的翻转模式

"三步五环节"是指课前三步骤和课中五环节。课前三步骤分别是：观看教学视频、完成进阶练习和学情分析。课中五环节分别是：梳理知识、聚焦问题、合作学习、综合训练和评价反馈。

在课前，学生学习微视频的教学内容，达到基本学会的程度，学生完成进阶作业，上传至"云"端，学习系统自动分析学生的作业完成情况。在课上，教师和学生首先进行知识的回顾和梳理，对于没有学会的同学，可以在教师和同学的帮助下，再次学习相关概念和知识点。其次，在知识学习的基础上，教师和学生一起提出有关知识理解和知识应用的问题，先让学生合作交流，共同找出解决问题的方案。最后，学生未解决的问题，在老师的帮助下解决，并对所学内容进行总结和深化应用。

在"三步五环节"教学模式的引导下，不同学科的教师结合教学内容及学生实际情况，灵活运用其中的要素。经过为期两年的探索，翻转课堂教学模式在深圳市南山实验教育集团显现出了如下的积极成效：一是提高了课堂教学的实效。利用翻转课堂学习平台，教师在课堂重点讲解的正是前一天本班学生出现问题最多的地方，并有针对性地辅导个别学生学习。问题解决后，学生在网上继续做巩固练习，提交后，教师能够及时反馈每个孩子的学习情况，课后不用布置作业。二是提高了学生的自学能力。在翻转课堂下，传统课堂回家做作业，翻转成了回家根据自己的程度自主学习，提高了学生的自主学习实效，培养了学生的自学能力。

16.1.5 翻转课堂的价值评价

现代信息技术使传统课堂转向以学生掌握学习为中心的翻转课堂成为现实。翻转课堂颠覆了传统课堂，重塑了学习过程和学习方式。学生的学习过程包括知识传授和知识内化两个阶段。在传统课堂上，知识传授过程通常在课堂上完成，通过以教师教学为中心的方式来实现；知识内化过程一般在课后通过学生的复习、练习、实验和教师的辅导答疑等方式实现。在翻转课堂上，师生借助信息技术对学习的两个阶段进行了翻转：知识传授从课上转移到课外，通过学生个性化的自主学习来实现；知识内化从课外转移到了课上，在教师引导下通过合作探究、同伴互助、练习巩固、反思总结、自主纠错等多种方式来实现。以学生为中心，个别化、协同化，这些是教育一直努力追求的一种理想状态，恰好是翻转课堂的价值主旨。因此，翻转课堂对于推动教学改革、创新有积极的现实意义。

翻转课堂教学模式源于美国，由于教育文化的不同，完全复制美国模式并不一定能够取得预期成效。例如，美国基础教育领域开展翻转课堂的实践主体最初是从自发的教师开始，然后自下而上逐步扩展到学校、学区乃至更大的范围。中国基础教育领域开展翻转课堂的实践主体最初往往是从区域、学校层面上的行政干预开始，然后自上而下推及教师。翻转课堂受到很多现实因素的制约，例如，教育思想和教学观念，师生信息技术应用能力及时间、精力，教学视频和学习终端，无线网络与云端存储，大数据采集与分析技术，师生、学科与内容的适应性，现代教学管理制度等，都需要相应的政策、资金作为保障。因此对任何一个区域、学校或教师尝试翻转课堂都是一个艰难挑战。

16.2 智慧课堂

16.2.1 智慧课堂概述

关于教育中的"智慧"，目前有两种认知取向，一种是教育技术语境中的"智慧"，一种是教育方法语境中的"智慧"，前者往往使用"智慧教育""智慧课堂""智慧教学"等概念，后者常常使用"教育智慧""课堂智慧""教学智慧"等概念。

1. 教育智慧与课堂智慧的内涵

教育智慧是良好教育的一种品质，表现为教育的一种自由、和谐、开放和创造的状态。教育智慧在教育教学实践中主要表现为教师对于教育教学工作的规律性把握、创造性驾驭和深刻洞悉、敏锐反应及灵活机智应对的综合能力。

课堂智慧与教学智慧的含义基本相同，是指教师面临复杂教学情境时所表现出的一种敏感、迅速、准确的判断与行动的能力。教学智慧具有情境性、复杂性、实践性等特点。

由此可见，教育方法语境中的"智慧"是追求灵活驾驭教育教学的方法。

2. 智慧教育与智慧课堂的内涵

智慧教育的真谛就是通过利用智能化技术（灵巧技术）构建智能化环境，让师生施展灵巧的教与学方法，使其由不能变为可能，由小能变为大能，从而培养出具有良好价值取向、较高思维品质和较强思维能力的人才。

智慧课堂可以被定义为：在信息技术的支持下，通过变革教学方式方法，将技术融入课堂教学，构建个性化、智能化、数字化的课堂学习环境，从而有效地促进智慧能力培养的新型课堂。

因此，教育技术语境中的"智慧"是追求驾驭教育教学的手段。

16.2.2 智慧课堂的起源与发展

智慧课堂的起源与发展是比较复杂的，最根本的是信息技术的发展及其在教育中的广泛应用。信息技术在教育中的应用存在三种情况，即学校被动适应、主动顺应和经验复制，智慧课堂的发展也不例外。

1. 信息技术的智能发展推动智慧课堂的发展

对于智慧课堂的最早推动源自 IBM 在 2008 年提出的智慧地球（Smarter Planet）。智慧地球强调以智能系统来促进经济增长、短期效率、持续发展和社会进步。智能系统包括信息技术支持的水电管理系统、交通拥堵解决方案、绿色建筑等。在历史上，这些系统由于大规模和复杂性而难以被管理，如今可以通过新的信息技术手段连接、监视、分析这些系统并建立新的管理方法。信息技术的智能发展能"倒逼"社会各行各业发展，智慧国家、智慧城市、智慧医院、智慧校园、智慧教室、智慧教育和智慧课堂等逐渐兴起。

2. 人的虚拟发展推动智慧课堂的发展

随着信息技术的广泛应用，数字土著的数字化生存成为新常态。数字土著是出生就与计算机与互联网相伴的一代。数字化生存是在虚拟的数字化、交互的网络化环境中从事工作、学习、生活和娱乐活动的人类的全新生存方式。数字化生存丰富了人类的生存方式，但是同时挤压了人类现实生存的时空，现实生存与数字化生存的时空冲突已在经济、文化与教育等各个领域凸显出来，人群相对集中的学校更是如此。学生生存方式的变化带来教学条件的变化，必然要求建立与之相适应的新的课堂与教学方式，智慧课堂就是这种新的教学方式之一。学校推广智慧课堂就是主动顺应学习条件变化的积极反应。

3. 信息技术在教学中的成功应用推动智慧课堂的发展

可汗（Salman Khan）创建了大量的教学微视频，解决了学生的数学问题，最终建立了基于大规模开放在线教学微视频的可汗学院（Khan Academy）。化学教师伯格曼（Jon Bergmann）和萨姆斯（Aaron Sams）创建了大量的教学微视频，解决了由于学生缺席教学活动带来的教学进度问题，最终创造了翻转课堂（Flipped Classroom）教学模式。两个案例都是享誉全球的信息技术在教学中成功应用的实例，推动了教学微视频在学校中的广泛应用，目前智慧课堂的很多实践是基于教学微视频开展的。

16.2.3 智慧课堂的结构

1. 智慧课堂的教学结构

智慧教育环境因素包含六个维度：学生、促学者、资源、设备、工具和学习活动，前五个维度全部围绕学习活动展开，如图16.2所示。智慧课堂是由智慧教师、智慧人才采用智慧终端、智慧方法进行智慧活动的教学实践。智慧终端由智慧平台、智慧设备和智慧资源共同构成。智慧资源包括电子课本、教学实录、课件、微课、数字教学材料等。智慧设备一般是平板电脑，还可以是智能手机或笔记本电脑。智慧平台是学习管理系统和工具，可以发布学习内容和创建学习活动，支持师生多元交互。

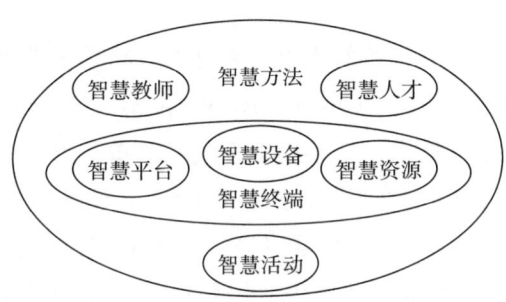

图 16.2 智慧课堂的教学结构

2. 智慧课堂的技术结构

智慧教育的技术基础是移动互联网、云计算、物联网和大数据。整个智慧课堂的技术可以概括为云、网、端结构，云是指教育云平台，网是指移动互联网无线 Wi-Fi，端是指师生终端，既包括学生终端、教师终端，也包括教室终端，如图16.3所示。

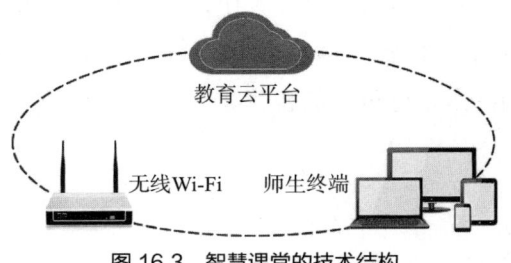

图 16.3 智慧课堂的技术结构

移动互联网技术是将移动通信技术与互联网技术融合为一体的技术。移动互联网是智慧教育的必要条件。云计算技术是通过互联网上的专门资源中心以容易扩展、按照需求的方式让用户获得所需服务和工具的模式。

云计算技术几乎不消耗用户本地数据处理或存储空间的资源,仅仅依靠本地宽带享受各种服务和工具,如阿里云、腾讯云等。云计算技术主要用于智慧资源、智慧平台的远程存储与计算服务。

物联网技术是利用互联网技术在物质领域实现物与物之间相连、物与互联网之间相连的网络技术。物联网技术将嵌入式芯片、传感器或微处理器嵌入到一个物体上,可以将有价值的信息通过互联网进行传输,如温度或湿度等,以实现智能监管。物联网技术主要用于智慧设备的管理。

大数据技术是对海量数据的获取、存储、加工和挖掘决策信息的处理技术。大数据技术的主要挑战是收集和分析学生在网上学习的大量细节数据,掌握他们的学习现状,从而为其提供个别化的学习服务支持。目前智慧资源、智慧设备和智慧平台蓬勃发展,教育行政部门、学校、企业共同参与建设,智慧教育呈现百花齐放的态势。

16.2.4 智慧课堂的教学模式

1. 即时反馈系统

在课堂上使用交互、反馈设备的历史由来已久,目前最典型的方式就是即时反馈系统和平板电脑。即时反馈系统(Interactive Response System,IRS)是通过遥控器向教师即时反馈信息的教育技术。即时反馈系统最简单的形式是:教师提出一个简短的多项选择题,每个学生都在类似电视遥控器的掌上设备上选择一个答案,系统自动收集和统计所有学生的答案并把结果以简洁的图表呈现出来(通常是以柱状图呈现)。虽然这种系统提供的反馈形式有限,但用户表示这种系统有助于开展形成性考核,使教师能够收集到每一个学生的学习情况,也可以了解到全班同学对于某一阶段课程学习的掌握情况。

即时反馈系统是由硬件和软件构成的应用系统。硬件一般包括教师控制器、学生反馈器和信号接收器,如图16.4所示,信号接收器负责与计算机上的控制软件通信。尽管即时反馈系统比平板电脑在功能上弱化很多,但是它们大都能够与PowerPoint有机整合,提供演示、问答、抢答和统计等比较丰富的反馈功能。由于即时反馈系统能够帮助教师刺激学生的外部行为和内部大脑,而且操作技术和费用投入门槛不会太高,所以它与平板电脑都是十分重要的智慧终端。

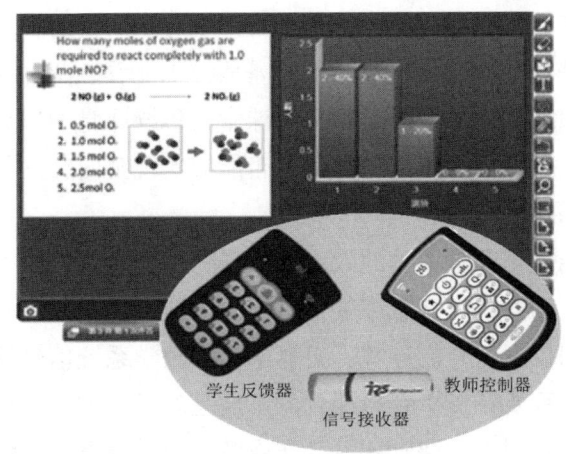

图 16.4　即时反馈系统

2. 四种模式

在实践中很多学校采取小组共享智慧终端的模式。根据教学组织形式和智慧终端类型可以划分智慧课堂的四种模式：

（1）小组即时反馈系统模式；

（2）1∶1 即时反馈系统模式；

（3）小组平板模式；

（4）1∶1 平板模式。

各种模式如何操作则是教学设计问题。"1∶1"即一对一，是数字化学习的新形态。一对一数字化学习是指每人拥有一台数字化学习设备，并能够运用这一设备所提供的数字化平台与资源，进行有效的数字化学习。智慧环境的技术模式不同，地区、学校、教师、学科、学段和内容等的不同，已经创造了许多基于智慧环境的教学模式，翻转课堂就是其中的一大类别。

智慧课堂设计的关键是工具选择、活动设计和评价设计。高校智慧课堂工具选择比较灵活，中小学校智慧课堂工具往往采用个性化定制。活动设计主要是把学生的课堂参与度提高，师生使用智慧终端可以实现问答、抢答、点答、讨论、练习、测验等交互，以及形成性评价与反馈活动。经验和研究都表明，在一定的限度内，经常进行记录成绩的测验对学生的学习动机具有很大的激发作用，可以有效地推动课堂学习，因此需要把大多数活动设计转换为评价设计。

16.2.5　智慧课堂的价值评价

1. 智慧课堂与传统课堂的区别

从教学的结构来看，智慧课堂表现为个性化、协同化、全向交互、及时反馈、精准和高效的特征。从技术的结构看，智慧课堂表现为数字化、网络化、无缝链接、智能感知、移动和泛在的特征。智慧课堂是相对传统课堂而言的。从教学上看，两种课堂的根本区别在于是否全向交互、及时反馈。从技术上看，两种课堂的根本区别在于师生是否平等地掌握智慧终端。因此，智慧课堂与传统课堂的边界在于智慧终端（设备、平台和资源）是否可及、可用，师生是否能够实现全向交互与及时反馈。

2. 智慧课堂的价值

智慧终端不仅能优化课堂教学的效率、效果，更能转变教学方式、学习方式、内容呈现方式及师生互动方式。智慧终端打破了过去课堂上只有教师控制媒介的教学模式，建构了师生共同控制媒介的环境，打通了整个教学系统信息流动的所有环节，标志着现代教学系统的重要转折。智慧课堂的本质是教学模式，是信息技术与教育教学深度融合的模式。智慧课堂与课堂智慧并非南辕北辙，智慧课堂恰恰通过信息技术手段来实现课堂智慧所追求的规律性把握、创造性驾驭、深刻洞悉、敏锐反应、灵活机智应对。例如，通过大数据可以精准地洞悉学生行为，通过及时反馈系统可以敏锐地捕捉学生反应。

本章作业

国内外中小学翻转课堂（或智慧课堂）的典型案例调查报告

针对中小学翻转课堂（或智慧课堂），收集一个或多个典型案例，详细介绍典型案例的年份、所在国家、地区、学区或学校，使用的教育技术及其功能，应用过程和结果（场景）、参考文献、相关网址等。提交一份调查报告。

第 17 章 人工智能与教育

Chapter 17

学习目标

- ※ 了解人工智能的概念、分类、关键要素和核心技术；
- ※ 了解人工智能教育应用的政策文件和典型方向；
- ※ 掌握生成式人工智能辅助教师撰写工作方案、发言提纲的技巧；
- ※ 掌握生成式人工智能典型提示语框架；
- ※ 掌握辅助教师生成教学资源的常用生成式人工智能工具；
- ※ 了解人工智能教育应用的趋势；
- ※ 培养数字教育思维，形成应用人工智能技术优化、改革与创新教育教学工作的意识。

17.1 人工智能

人工智能属于计算机科学的一个分支，是一门研究和开发能够模仿、扩展和延伸人类智能的计算机系统的科学，旨在生产出一种能以与人类智能相似的方式做出反应的智能机器。通过模拟人类的思维、认知、学习和自我修正能力，人工智能实现了类似于人类的智能行为。

人工智能的发展经历了多个阶段，从早期的符号主义到后来的行为主义、连接主义。早期的人工智能研究主要集中在规则推理和知识表示上，如专家系统等方面。随着计算机算力的提升和大数据的普及，机器学习、深度学习和大模型逐渐成为主流，推动了人工智能技术的快速发展，如图 17.1 所示。

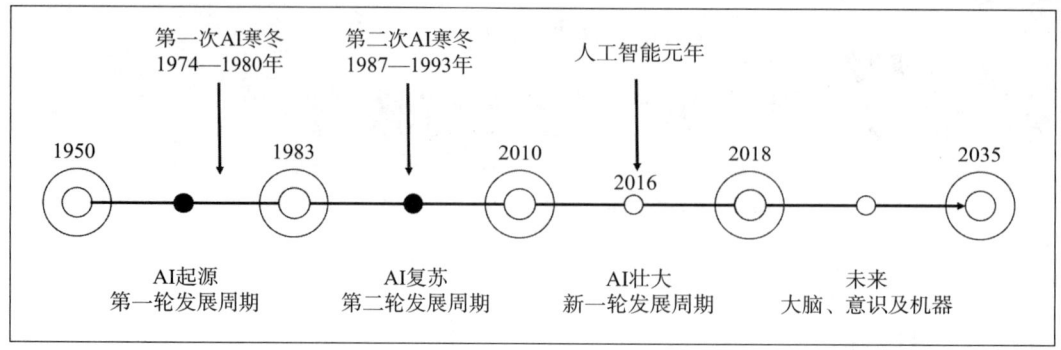

图 17.1 人工智能发展的历程（黄荣怀等，2023）

17.1.1 人工智能分类

弱人工智能（Weak AI），是指在特定任务或领域内，模拟和实现人类一部分智能的能力。例如，专家系统、机器学习和自然语言处理等技术在特定领域中可以表现出高度的智能，但其智能范围和能力有限，无法较好地自主学习和进化，其功能和表现受到预设规则和算法的限制。弱人工智能广泛应用于日常生活和各个行业中。例如，智能手表中的语音助手就是一种弱人工智能应用，它能够理解和回答用户的一些特定问题，但仅限于设定的范畴。随着技术的不断进步，弱人工智能技术将不断涵盖新的领域和行业，得到更广泛的应用。其研究方向主要包括针对特定任务的功能改进、提高智能系统的效率和精度等。

强人工智能（Strong AI），是指能够以与人类相似或超越人类的智能水平执行各种智能任务的系统。它具备广泛的认知能力、学习能力、推理能力和自我意识等，能够处理各种复杂的问题和任务，并提供创新性的解决方案。强人工智能不仅能够在特定领域内表现出色，还能像人类一样进行跨领域的思考和创造。实现强人工智能面临诸多技术挑战和伦理问题。从技术角度来看，需要解决知识集成和转移、理解和应对复杂情况等问题。从伦理角度来看，如何确保强人工智能的行为符合人类道德和法律规范，防止其对人类构成威胁等问题亟待解决。

17.1.2 人工智能应用关键要素

（1）算力。算力（Computing Power），即计算能力，是支撑人工智能运行和发展的基石。随着科技的进步，计算能力的提升经历了从传统计算机到高性能计算、云计算、边缘计算乃至量子计算等多个阶段。强大的算力使得人工智能模型能够处理海量的数据，进行复杂的计算，通过高效的数据处理，能够从中提取有价值的信息和模式。同时，高性能的算力支持可以显著缩短模型训练时间，提高推理速度，也使得研究人员能够尝试更复杂、更先进的算法和模型，推动人工智能技术的不断突破和发展。

（2）算法。算法（Algorithms）是人工智能的核心，它决定了如何处理输入数据并产生输出结果。算法的设计和优化直接影响到人工智能系统的性能和效率。人工智能算法包括但不限于以下几种类型：机器学习算法，如监督学习（分类、回归）、无监督学习（聚类）等；深度学习算法，通过构建多层神经网络来模拟人脑的学习过程，在图像识别、自然语言处理等领域取得了显著成效；搜索算法，如广度优先搜索算法、深度优先搜索算法等，用于在问题空间中寻找最优解或可行解；优化算法，如梯度下降法、遗传算法等，用于调整模型参数以取得最小化损失函数，提高模型性能。

（3）数据。数据（Data）是人工智能的"养料"，没有数据，算法和算力就无法发挥作用。数据的质量、数量和多样性直接影响到人工智能模型的训练效果和泛化能力。对于数据处理一般可采取以下途径：①数据采集：通过各种传感器、互联网、社交媒体等渠道收集数据。②数据清洗：去除噪声、缺失值、异常值等，提高数据质量。③数据标注：为数据打上标签，以算法进行监督学习。④数据增强：通过变换、合成等方式增加数据量，提高模型的泛化能力。⑤数据隐私与安全：在数据处理过程中保护用户隐私和数据安全，遵守相关法律法规。

（4）模型。模型（Model）是对现实世界的抽象表示，用于描述和预测现实世界中的现象和行为。在人工智能领域，模型通常指机器学习模型、深度学习模型和通用大模型等，通过训练好的模型，可以实现自然语言处理、图像识别、语音识别等智能化功能。在教育领域，模型可以根据学生的学习数据和行为特征，进行个性化推荐和学习路径规划，优化学生的学习体验；模型可以通过分析学生的学习数据和反馈结果，为教师提供有针对性的教学建议，提升教学质量。随着技术的不断进步和模型的复杂化，模型的性能和效率正在不断提升，同时也面临着更多的挑战和机遇，如GPU、TPU等专用加速器的出现，极大地加速了模型的训练和推理过程，TensorFlow等分布式计算框架可以将模型训练分散到多个节点，有效缩短训练时间，但也遇到模型可解释性、计算资源消耗、模型泛化能力受限等诸多问题。

（5）应用。应用（Application）是人工智能技术应用于实际场景中的具体实践。在教育领域，通常将人工智能技术应用于教学、学习、管理等方面。目前，人工智能技术广泛应用于个性化学习推荐系统、智能辅助教学系统、虚拟实验室与虚拟现实技术、智能化考试与评价系统和教育资源优化与配置等多个细分领域，如讯飞星火认知大模型等一批产品已落地使用。

17.1.3　人工智能核心技术

（1）机器学习。机器学习（Machine Learning）是人工智能的核心技术之一，它通过数据、算法和模型，让机器具备自动学习、分类、预测和决策的能力。机器学习算法通过训练模型从数据中提取模式和规律，用于预测、分类、推荐等任务。机器学习主要分为有监督学习、无监督学习和强化学习三种类型。

（2）深度学习。深度学习（Deep Learning）是机器学习的一个子领域，它通过构建大规模的神经网络模型来模拟人类大脑的神经结构。深度学习可以处理更加复杂和抽象的任务，如图像识别、语音识别和自然语言处理。深度学习模型通过不断学习和调整权重，能够自动进行分类、预测等任务。

（3）自然语言处理。自然语言处理（Natural Language Processing，NLP）是让计算机理解和处理人类语言的一种技术。它涵盖语音识别、文本处理、机器翻译等领域，使计算机能够与人类进行自然交互，并理解和生成自然语言。自然语言处理技术依赖于语言学、信息论和统计学等多个学科的知识。

（4）计算机视觉。计算机视觉（Computer Vision）是指计算机从图像中识别出物体、场景和活动的能力。它运用图像处理、特征提取和对象识别等技术，实现图像分类、目标检测等任务。计算机视觉在医疗成像分析、人脸识别、安防监控等领域有广泛应用。

（5）强化学习。强化学习（Reinforcement Learning）是一种通过与环境进行交互来学习的技术。它以奖励和惩罚机制为基础，使智能系统通过试错和反馈来逐渐优化行为策略，以找到最优解决方案。强化学习在机器人导航、游戏 AI 等领域有重要应用。

（6）知识图谱。知识图谱（Knowledge Graph）是人工智能领域的一项重要技术，用于显示知识发展进程与结构关系的一系列图形。它通过可视化技术描述知识资源及其载体，挖掘、分析、构建、绘制和显示知识及它们之间的相互联系。

当前，人工智能领域迎来显著飞跃，尤以大型语言模型（LLM）的发展最为瞩目。这些大模型不仅极大地增强了机器的推理与理解能力，还催生了"智力即服务"（IQaaS）的新兴模式，使得智能技术以更灵活、高效的方式服务于各行各业。同时，具身智能领域也取得关键突破，通过将机器人技术与先进的大模型融合，为智能系统赋予了物理形态与行动能力，推动人形机器人技术迈入全新发展阶段。这些进展不仅深化了人工智能技术的实际应用，也预示着更加智能、融合的未来已悄然到来。

17.2 人工智能教育应用

17.2.1 政策文件

通过总结梳理近年来中国、美国、欧盟、英国、澳大利亚、日本、联合国教科文组织（UNESCO）和经济合作与发展组织（OECD）等在人工智能教育应用方面的政策文件，如表 17.1 所示。可以发现，这些政策文件体现了各国和国际组织对人工智能教育应用的重视，旨在通过技术创新和教育改革，推动人工智能技术在教育领域的广泛应用，加强国际合作，共同应对人工智能带来的挑战和机遇。

表 17.1　人工智能教育方面的政策文件

时　间	国家/组织	政策文件及相关文献	主要观点
2018年4月	中国	高等学校人工智能创新行动计划	加快建设人工智能科技创新基地，加快建设一流人才队伍和高水平创新团队，加强高水平科技智库建设，加大国际学术交流与合作力度。
2022年4月	日本	AI战略2022	构建符合时代需求的人才培养体系，培养AI时代各类人才，发挥引领作用，构建国际化的AI研究教育、社会基础网络。
2023年6月	美国	人工智能与教学的未来	美国教育部教育技术办公室发布报告，强调"人在回路中"，呼吁教育决策者、研究人员和评估人员将人工智能模型与教育愿景结合。
2023年9月	UNESCO	生成式人工智能教育与研究应用指南	全球首份生成式人工智能相关的指南性文件，旨在促使生成式人工智能更好地融入教育。
2023年10月	澳大利亚	澳大利亚学校应用生成式人工智能框架	指导学校工作人员、教师和学生"安全且合乎道德"地使用生成式人工智能，促进教与学的质量提升。
2023年12月	OECD	2023年数字教育展望：迈向高效数字教育生态系统	对经合组织国家的数字教育生态系统和治理模式进行了专题比较分析，以期为各国构建数字教育生态系统和治理模式提供政策参考。
2024年3月	中国	教育部发布4项行动方案助推人工智能赋能教育	启动人工智能赋能教育行动，推出4项具体行动，用人工智能推动教育教学变革。
2024年3月	欧盟	人工智能法案	旨在改善欧盟内部市场，促进以人为本、值得信赖的人工智能应用，并保护基本权利，包括在教育领域积极应用人工智能。
2024年9月	UNESCO	学生人工智能能力框架	定义了教师在人工智能时代必须掌握的知识、技能和价值观，说明了相关课程目标和特定领域的教学方法，提供了一种国际方案。
2025年1月	中国	教育强国建设规划纲要（2024—2035年）	提到建设学习型社会，以教育数字化开辟发展新赛道、塑造发展新优势。

17.2.2　典型方向

1. 体验个性化学习

个性化学习体验是AI在教育应用中最显著的优势之一，通过收集和分析学生的学习数据，能够识别每个学生的独特需求和偏好，从而提供定制化的学习内容和教学计划。这种个性化的方法不仅提高了学生的学习效率，而且增强了他们的学习动机和参与度。例如，智能辅导系统能够根据学生的答题情况实时调整难度和内容，确保学生始终在适合自己的水平上接受挑战。AI还能够通过游戏化学习等互动方式，提高学生的参与度和积极性，使学习变得更加有趣和吸引人。未来的个性化学习体验将更加深入和细致,甚至可能实现对学生情感状态和学习风格的实时监测和响应。

2. 减轻教师工作量

AI 技术在减轻教师工作量方面发挥了重要作用,通过自动化评分系统、智能课堂管理,教师可以将更多的时间和精力投入到提高教学质量和对学生的指导上。例如,AI 可以自动批改选择题和填空题,甚至能够评估学生的作文和演讲,提供及时反馈。这不仅减少了教师的工作量,而且提高了评估的效率和准确性。AI 协助教师进行课堂管理,如出勤跟踪、行为监控等,使教师能够更专注于教学过程。随着教师工作量的减轻,教师的专业发展和教学创新也将得到更多的支持。

3. 提升教育公平性

通过在线学习平台和数字资源,AI 能够为不同地区、不同背景的学生提供高质量的教育资源。这对于那些因为地理位置偏远、经济条件限制或身体条件限制而无法获得良好教育资源的学生来说,是一个巨大的福音。例如,联合国儿童基金会(UNICEF)的无障碍数字教科书、我国的国家智慧教育公共服务平台,为不同学生提供了平等的教育机会,使他们能够享受到与城市学生同样的教育资源。AI 还能够通过智能分析学生的学习进度和困难,提供针对性的帮助和支持,确保每个学生都能够按照自己的节奏和方式学习,真正实现教育的公平和包容。

4. 促进教育改革与创新

AI 技术在促进教育创新方面发挥了重要作用,通过虚拟教师和自适应学习平台等,不仅提高了教育的质量和效率,也为教育工作者带来了新的教学工具和方法。例如,虚拟教师则能够提供随时随地的学习支持,无论学生身处何地,都能够获得及时的帮助和指导。自适应学习平台则能够根据学生的学习进度和能力,自动调整教学内容和难度,确保学生始终能更加从容的学习。未来的教育创新将更加多样化和深入,为学生提供更加丰富和富有创新性的学习体验。

5. 加强伦理治理

伴随着 AI 在教育领域的广泛应用,伦理和治理问题也日益受到重视。多个国家和组织都强调了在教育中使用 AI 时需要遵循的伦理原则,包括尊重人权、避免歧视和保护隐私等。这些原则对于确保 AI 技术的合理利用和学生的权益保护至关重要。例如,AI 系统在收集和分析学生数据时,必须遵循数据保护和隐私的相关法律法规,确保学生信息的安全和保密。AI 技术的使用也必须遵循公平和公正的原则,避免因为算法偏见而导致的不公平现象。教育工作者和政策制定者也需要加强对 AI 伦理和治理的研究和探讨,制定相应的政策和指导原则,引导 AI 教育健康发展。

6. 全球合作与交流

全球合作与伙伴关系对 AI 教育发挥着至关重要的作用,通过共享资源、知识和技术,不同国家和地区可以共同应对 AI 带来的挑战,推动教育的全球化发展。例如，通过国际合作项目，AI 应用成熟国家可以向其他国家提供 AI 教育的技术和经验支持，帮助他们提升教育质量和效率。不同国家之间的交流和合作也能够促进 AI 教育的创新和发展，为学生提供更加丰富和多元的学习机会。全球合作能够帮助解决 AI 教育面临的一些共同问题，如数据安全、伦理治理等，为 AI 教育的可持续发展提供支持和保障。

7. 教师培训与发展

教师是 AI 辅助教育的关键执行者和领航者，提供适当的培训以帮助教师掌握 AI 工具的使用，并与 AI 系统协同工作，对于实现教育现代化至关重要。教师培训和发展不仅包括 AI 技术的操作和应用，还包括对 AI 教育理念和方法的理解，以及对 AI 伦理和治理的认识。通过培训，教师可以更好地利用 AI 技术提高教学效率，同时也可以更规范地指导学生使用 AI 工具进行学习。

8. 数据驱动的决策

教育机构利用 AI 技术收集和分析大量数据，以做出更加精准的教育决策。这些数据包括学生的学习成绩和表现、学习行为、习惯和偏好等。例如，通过分析学生的学习行为数据，教师可以发现学生在学习过程中的瓶颈和问题，及时调整教学方法和内容；同时，数据驱动的决策也可以用于教育资源的优化配置和管理，提高教育资源的利用效率和效果。

9. 应对多样化挑战

教育系统需要应对 AI 技术误用、数据隐私保护和过度依赖 AI 技术等挑战。AI 技术误用可能导致教育资源的浪费和学生学习效果的下降；数据隐私保护不足可能威胁到学生的个人信息安全；过度依赖 AI 技术则可能削弱学生与教师之间的互动和联系。为了应对这些挑战，需要确保 AI 技术的合理利用，并在实践中适时评估和调整策略。例如，通过制定相应的政策和指导原则，加强对 AI 技术的监管；通过加强教师培训和发展，提升教师的信息素养和技术能力；通过优化教学设计和方法，平衡技术使用和人际互动的关系。只有这样，才能确保 AI 技术在教育领域的应用能够真正发挥作用。

美国、欧盟、中国、新加坡等国家及联合国教科文组织（UNESCO）和世界经合组织（OECD），在人工智能教育应用方面已经涌现出很多代表性案例，如表 17.2 所示。综合这些经验，AI 在教育领域的应用，要求我们在实施过程中保持审慎态度，确保技术得到恰当的应用，并且在教育实践中持续进行评估和调整。

表 17.2　主要国家和组织 AI 教育应用的典型案例

组织／国家	典型案例	主要内容
英国	QAA《质量指南针》	英国高等教育质量保障署发布的报告，探讨 AI 在教育部门的影响及应对策略，指出 AI 的潜力与挑战。

续表

组织/国家	典型案例	主要内容
日本	AI在基础教育中的应用	在基础教育阶段引入AI技术，进行个性化教学和智能评估，如利用AI技术评估学生的英语水平。
新加坡	文殊中学ChatGPT辅助教学	运用ChatGPT等AI工具提供个性化学习反馈和答疑服务，展示AI在提升教学互动性和学生自主学习能力方面的潜力。
UNESCO	国际数字教育案例汇编	收录全球数字教育实践案例，包括AI在教育中的应用，为各国发展数字教育提供借鉴。
OECD	教育与技能展望报告	定期发布报告，包含AI在教育领域应用的趋势、挑战和策略。
中国	科大讯飞	利用AI技术提供学科智能评测、个性化学习推荐等服务，帮助学生提高语言能力和学习效率。
美国	Coursera在线课程平台	利用AI技术提供个性化学习体验，利用数据分析学生的学习行为，推荐适合的课程和学习路径，获得世界最高水平的教育。
欧盟	欧盟人工智能教育计划	欧盟成员国共同推进人工智能教育，通过制定教育政策、开发教学资源、培训教师等方式，提升人工智能教育的普及度和质量。例如，在欧盟内部推广智能教学系统，利用人工智能为学生提供个性化学习路径和实时反馈。

17.3 生成式人工智能赋能教与学

生成式人工智能（Generative Artificial Intelligence，GAI/GenAI）正以其强大的内容生成能力，深刻改变着教育领域，为教与学赋予了全新的活力与可能性。

GAI正深刻改变着教师的日常工作方式。借助大模型技术，教师能够轻松设计工作方案，从繁琐的规划中解脱出来；大模型还能辅助撰写工作总结，精准提炼教学成果与反思，提升总结效率与质量。在准备发言时，大模型则能智能设计发言提纲，确保条理清晰、重点突出。此外，GAI还提供了提示语工程设计与使用技巧的学习资源，帮助教师更好地运用语言艺术，增强互动沟通能力。这些功能展现了GAI助力教师减负增效的强大力量。

17.3.1 助力教师撰写工作方案

1. 使用GAI设计工作方案的主要技巧

（1）明确任务与目标

清晰定义需求：在使用大模型之前，首先要明确工作方案的具体任务和目标。这包括确定方案的目的、预期成果、实施范围等。清晰的需求定义有助于大模型更准确地理解任务，从而生成更符合要求的方案。

（2）准备高质量数据

数据收集与整理：大模型的训练和优化依赖于大量高质量的数据。为了设计出优秀的工作方案，教师需要提前收集和整理与任务相关的数据，包括历史案例、行业报告、政策文件等。这些数据将作为大模型生成方案的参考依据。数据清洗与预处理：在将数据输入大模型之前，需要进行数据清洗和预处理工作，以去除噪声和异常值，确保数据准确完整，提高大模型生成方案的质量和可靠性。

（3）选择合适的大模型与算法

了解大模型特点：不同的大模型具有不同的特点和优势。教师需要了解各种大模型在处理特定任务时的表现，以便选择最适合自己需求的大模型。调整参数与配置：大模型的性能和效果往往受到参数和配置的影响。教师可以根据自己的需求和资源情况，调整模型的参数和配置，以优化工作方案的生成效果。

（4）有效利用提示与引导

设计有效提示：提示语（Prompt）在大模型生成文本时起着关键作用。教师可以设计有效的提示语，引导大模型生成符合要求的工作方案。提示语应简洁明了，能够准确传达任务目标和要求。利用引导策略：在生成工作方案的过程中，教师可以采用逐步引导的策略，先让大模型生成框架和要点，再根据具体需要进行修改和完善。这种方式有助于提高工作效率和方案质量。

（5）持续优化与迭代

评估与反馈：在大模型生成工作方案后，教师需要对其进行评估，检查是否符合任务目标和要求。同时，可以收集用户反馈，了解方案的实际应用效果，以便进行后续的优化和迭代。持续学习与更新：教师需要保持对新技术的关注和学习，及时更新自己的知识和技能，以便更好地利用大模型设计工作方案。

2. 大模型帮助教师设计工作方案的示例

（1）提示语举例1

提示语：请基于本学期的教学目标，为"提升学生数学解题能力"项目设计一个详细的工作方案。方案中需包含但不限于以下几个部分：项目背景与意义、目标设定（具体、可量化）、实施策略（教学方法、活动安排）、资源需求（教材、教具、技术支持等）、评估与反馈机制。请确保方案具有可操作性，并能有效促进学生数学解题能力的提升。

（2）提示语举例2

提示语：请为小学五年级的数学教学设计一个以提升学生几何解题能力为核心的工作方案。方案需紧密围绕人教版（或具体使用的教材版本）五年级数学上册中关于几何的知识点，包括但不限于图形的认识、测量、图形的运动与位置等。请确保方案包含以下几个关键部分：

① 项目背景与意义。阐述在当前教育环境下，提升小学生几何解题能力的重要性和紧迫性，以及该项目对学生数学素养提升的具体作用。

② 目标设定。短期目标：通过一个月的集中训练，使 90% 的学生能够熟练掌握五年级上册几何章节的基本概念和简单解题方法。中期目标：在接下来的三个月内，通过持续的教学活动和练习，提升学生解决复杂几何问题的能力，使 80% 的学生能够独立完成课后习题中的几何题目。长期目标：培养学生的几何思维，激发学生对数学学习的兴趣，为后续的数学学习打下坚实的基础。

③ 实施策略教学方法。采用多媒体辅助教学，结合实物模型和动手操作，增强学生对几何图形的直观感受；采用分组讨论和合作学习的方式，促进学生之间的交流与合作。活动安排：设计一系列与几何相关的课堂活动，如几何图形拼图、测量比赛、图形设计大赛等，让学生在实践中学习和巩固知识。课后辅导：针对学习有困难的学生，提供个性化的辅导和支持，确保每位学生都能跟上学习进度。

④ 资源需求。列出实施该方案所需的教学资源，包括教材、教辅资料、教具（如几何模型、测量工具等）、多媒体教学设备，以及可能需要的外部专家支持等。

⑤ 评估与反馈机制。定期测试：每两周进行一次几何知识的小测验，及时了解学生的学习情况。作业检查：每天检查学生的几何作业，给予及时的反馈和指导。学生反馈：鼓励学生提出对教学活动的意见和建议，根据反馈进行教学方案的调整和优化。请确保生成的方案具有可操作性，能够在实际教学中有效实施，并切实提升学生的几何解题能力。

根据以上提示语生成 3000 字左右的工作方案，如图 17.2 所示。在实际应用中，也可以采用“逐步深入”的提问策略，依据大模型反馈的结果进一步调整提示语，直到获得满意的结果为止。

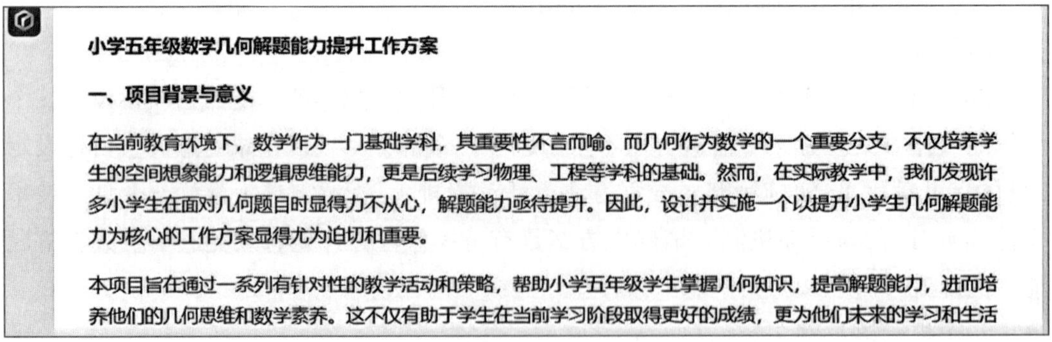
小学五年级数学几何解题能力提升工作方案

一、项目背景与意义

在当前教育环境下，数学作为一门基础学科，其重要性不言而喻。而几何作为数学的一个重要分支，不仅培养学生的空间想象能力和逻辑思维能力，更是后续学习物理、工程等学科的基础。然而，在实际教学中，我们发现许多小学生在面对几何题目时显得力不从心，解题能力亟待提升。因此，设计并实施一个以提升小学生几何解题能力为核心的工作方案显得尤为迫切和重要。

本项目旨在通过一系列有针对性的教学活动和策略，帮助小学五年级学生掌握几何知识，提高解题能力，进而培养他们的几何思维和数学素养。这不仅有助于学生在当前学习阶段取得更好的成绩，更为他们未来的学习和生活

图 17.2　文心 4.5 Turbo 生成的工作方案局部

17.3.2　助力教师撰写发言提纲

1. 大模型帮助教师设计发言提纲的主要技巧

（1）明确目标与主题

首要任务：清晰界定发言的目标和主题。大模型可以帮助教师梳理教学要点，明确希望通过发言达到的教学效果，如传授知识、激发兴趣、启发思考等。

（2）结构化内容

总分总结构：采用总分总的结构来组织提纲，即开头引入主题，中间详细阐述，结尾总结归纳。大模型可以提供这种结构的模板，帮助教师快速搭建提纲框架。层级分明：将内容细分为不同层级，使用标题、小标题和关键词来标记，确保每个部分都有明确的主题和重点。

（3）逻辑严密

逻辑连贯：确保提纲中的各个部分之间逻辑严密，内容间有一定的衔接和过渡。大模型可以通过分析教学内容和逻辑关系，为教师提供合理的连接词和过渡句建议。论据充分：在阐述观点时，大模型可以辅助教师寻找和整理相关论据，确保每个观点都有充分的支持，增强发言的说服力。

（4）突出重点和亮点

区分重点：帮助教师识别并突出提纲中的重点内容和亮点，以便在发言时给予更多的关注和强调。创新元素：为教师提供创新的思路和建议，如引入新的教学方法、案例或互动环节，使发言更加生动有趣。

（5）简明扼要

语言精练：辅助教师将复杂的教学内容简化为精练的语言，使提纲更加易于理解和记忆。避免冗余：在撰写提纲时，帮助教师识别和删除冗余的信息和重复的表述，保持提纲的简洁明了。

（6）融入多媒体元素

多媒体辅助：提醒教师在设计提纲时考虑融入多媒体元素，如图片、视频、音频等，以增强发言的吸引力和表现力。这些元素可以在发言过程中适时展示，帮助学生更好地理解和记忆教学内容。

（7）考虑听众需求

听众分析：辅助教师分析听众的背景、需求和兴趣点，以便在提纲设计中更加贴近听众的实际情况，提高发言的针对性和有效性。互动设计：在提纲中设计一些互动环节，如提问、讨论或小组合作等，以增强听众的参与感和兴趣，使发言更加生动有趣。

（8）迭代优化

反复修改：帮助教师反复检查和修改提纲，确保其逻辑清晰、内容完整、表达准确。在修改过程中，教师可以根据大模型的建议进行调整和优化，使提纲更加完善。

2. 使用大模型设计发言提纲的示例

（1）提示语举例1

提示语：请大模型协助我构思一个全面且精练的发言提纲。首先，我希望提纲能以一个引人入胜的开场作为起点，迅速抓住听众的注意力并明确发言的主题。然后，我希望大模型能帮我梳理出本学期教学工作的关键亮点和学生取得的显著成就，用具体事例和数据来支撑，展现教学成效。接着，我需要大模型帮助我规划新学期的教学目标与计划，包括如何促进学生全面发展、提升教学质量等方面的策略。最后，请大模型构思一个温馨而鼓舞人心的结束语，表达对学生的期望与祝福，同时强调家校合作的重要性，为发言画上圆满的句号。

（2）提示语举例 2

提示语：我作为高中部优秀教师代表，准备参加市级教师节表彰大会的发言。请大模型以我的视角，构思一段既体现教育情怀又展现教学成果的发言提纲并生成约 3 分钟的发言稿，如图 17.3 所示。首先，以对教育事业的热爱与敬畏为引子，简短表达成为优秀教师代表的荣幸与感激之情。然后，分享一两个在教学过程中感人至深的故事或案例，突出自己在引领学生成长、激发学生潜能方面的努力与成效，特别是如何帮助学生在高中阶段关键时期克服挑战、实现自我超越。接着，展望教育事业的未来，谈谈自己对于培养时代新人、传承与创新教育理念的思考与实践。最后，以积极向上的态度结束，表达对同行教师的敬意、对学生未来的美好祝愿，以及对社会各界支持教育事业的感激之情，号召更多人共同为教育事业贡献力量。

发言提纲及3分钟发言稿概要	3分钟发言稿概要：
	尊敬的各位领导、同仁，亲爱的同学们：
发言提纲： 一、开场致辞	大家好！站在这里，作为高中部优秀教师代表，我深感荣幸，也满怀感激。这份荣誉不仅是对我个人工作的肯定，更是对我们全体教育工作者辛勤付出的认可。我始终对教育事业怀揣着无比的热爱与敬畏，因为它关乎国家的未来，民族的希望。
• 表达对教育事业的热爱与敬畏 • 简述成为优秀教师代表的荣幸与感激 二、教学故事分享	在我的教学生涯中，有无数难忘的时刻，但最让我动容的，是那些与学生共同成长的瞬间。记得有一位学生，曾因学习困难而深感挫败，几乎要放弃自己的梦想。我与他一同分析原因，制定个性化的学习计划，鼓励他勇敢面对挑战。经过不懈的努力，他不仅克服了学习上的障碍，还在高考中取得了优异的成绩，实现了自我超越。这样的故事，让我更加坚信，教育的力量在于激发学生的潜能，引导他们走向成功。

图 17.3　文心 4.5 Turbo 生成的发言提纲及发言稿局部

17.3.3　提示语工程

大模型中的提示语工程（Prompt Engineering）是自然语言处理（NLP）领域的一个重要分支，利用人类先验知识和人工智能技术，通过设计高质量的提示语来驱动大模型完成任务。其不依赖于模型的权重更新，而是通过优化输入提示来引导模型生成更准确的输出。随着大模型的发展，如何有效地使用这些模型，特别是如何给出一个高质量的提示语，实现预期目标成为关键问题。

1. 提示语工程的主要内容

理解任务需求：在设计提示语之前，首先需要明确任务的具体需求，包括输入数据、输出格式和目标等。

设计提示语：根据任务需求，设计合适的提示语，包括背景信息、任务描述、期望输出等。提示语的设计需要考虑到模型的特性和能力，以及任务的复杂性和多样性。

评估和优化：评估模型的输出结果，并根据评估结果对提示语进行优化。优化过程可能包括调整提示语的表述方式、增加或删除某些信息、改变提示语的顺序等。

技术挑战：设计高质量的提示语需要一定的专业知识和经验，同时需要考虑模型的理解能力、生成能力和效率等因素。此外，随着任务复杂度的增加，设计有效提示语的难度也会相应增加。

2. 典型的提示语框架

（1）APE（Action，Purpose，Expectation）框架

将用户的请求分解为行动（Action）、目的（Purpose）和期望（Expectation）三个主要部分，使交互更明确和高效。这种框架适用于需要明确行动步骤、目的和期望结果的业务场景，如营销活动规划、项目管理等。

提示语示例：你作为一位旅游规划师，请为我规划一次为期一周的巴厘岛家庭游，考虑到孩子的兴趣和海滩活动的安排。我希望得到一份详细的行程安排，包括每日的活动建议、推荐的酒店和餐厅。

Action（行动）：规划一次为期一周的巴厘岛家庭游。

Purpose（目的）：考虑到孩子的兴趣和海滩活动的安排。

Expectation（期望）：我希望得到一份详细的行程安排，包括每日的活动建议、推荐的酒店和餐厅。

（2）OKR（Objectives，Key Results）框架

融合了OKR方法论，通过大模型设计提示，提高工作效率和质量。这种框架适合需要详细背景信息、角色设定和关键结果衡量的复杂任务，如企业战略规划、产品开发等。它包含背景（Background）、角色（Role）、目标（Objectives）和关键结果（Key Results）等关键结构字段。（注：OKR传统上不是直接用于设计模型提示的框架，但我们可以借鉴其思想来处理结构化的复杂的任务需求）

提示语示例（以项目管理为背景）：成功组织一场年度产品发布会。要求：确定并邀请所有关键演讲嘉宾；完成场地布置和技术测试，确保无技术故障；发布会当天吸引至少500名目标观众，并获得至少20家媒体的报道。

Objective（目标）：成功组织一场年度产品发布会。

Key Results（关键结果）：确定并邀请所有关键演讲嘉宾；完成场地布置和技术测试，确保无技术故障；发布会当天吸引至少500名目标观众，并获得至少20家媒体的报道。

（3）角色、背景、目标和任务框架（CHAT）

集中于角色（Character）、背景（History）、目标（Ambition）和任务（Task）四个核心部分，为用户与大模型的深度交互提供全面指导。这种框架适合需要角色扮演和详细背景信息的交互场景，如客户服务、教育辅导等。

提示语示例：你是一位高中历史老师，正在准备一堂关于二战的课程。你的班级由一群对历史事件充满好奇的学生组成。你的目标是激发他们的学习兴趣，并帮助他们深入理解二战的起因、过程和影响。请为这堂课设计一份详细的教案，包括引言、主要内容、互动环节和课后作业。

角色（Character）：你是一位高中历史老师。

背景（History）：正在准备一堂关于二战的课程。你的班级由一群对历史事件充满好奇的学生组成。

目标（Ambition）：激发他们的学习兴趣，帮助他们深入理解二战起因、过程和影响。

任务（Task）：请为这堂课设计一份详细的教案，包括引言、主要内容、互动环节和课后作业。

（4）BROKE 框架

BROKE 框架是一种用于设计高效提示词的方法，旨在提高大模型的工作效率和质量。这个框架由五个部分组成：Background（背景）、Role（角色）、Objectives（目标）、Key Results（关键结果）和 Evolve（改进）。

提示语示例：假设你是一名产品经理，需要利用大模型来协助你制定一款新产品的市场进入策略书，如图 17.4 所示。

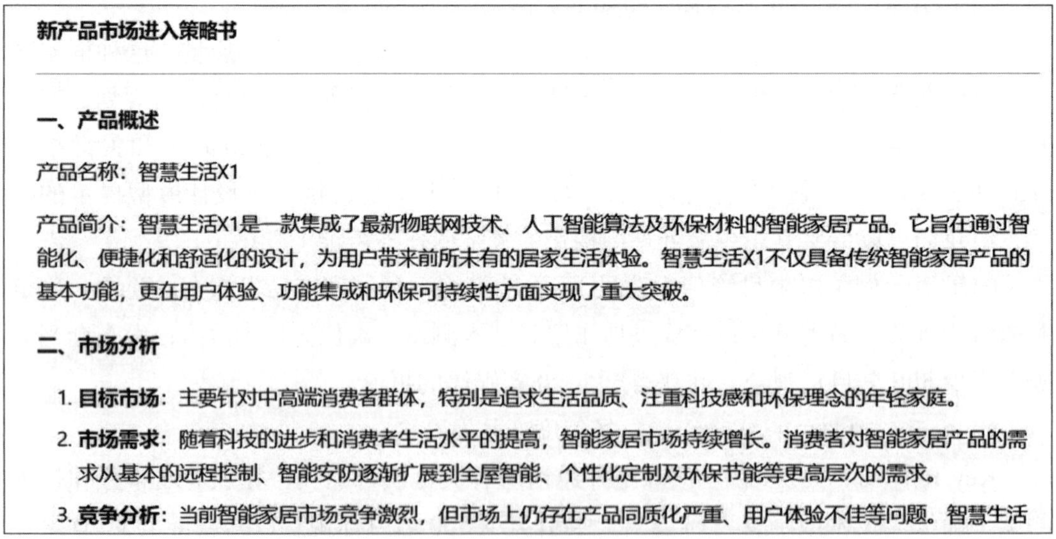

新产品市场进入策略书

一、产品概述

产品名称：智慧生活X1

产品简介：智慧生活X1是一款集成了最新物联网技术、人工智能算法及环保材料的智能家居产品。它旨在通过智能化、便捷化和舒适化的设计，为用户带来前所未有的居家生活体验。智慧生活X1不仅具备传统智能家居产品的基本功能，更在用户体验、功能集成和环保可持续性方面实现了重大突破。

二、市场分析

1. **目标市场**：主要针对中高端消费者群体，特别是追求生活品质、注重科技感和环保理念的年轻家庭。
2. **市场需求**：随着科技的进步和消费者生活水平的提高，智能家居市场持续增长。消费者对智能家居产品的需求从基本的远程控制、智能安防逐渐扩展到全屋智能、个性化定制及环保节能等更高层次的需求。
3. **竞争分析**：当前智能家居市场竞争激烈，但市场上仍存在产品同质化严重、用户体验不佳等问题。智慧生活

图 17.4　文心 4.5Turbo 生成的新产品策划书局部

Background（背景）：我们正在开发一款面向年轻消费者的智能家居产品，该产品集成了语音控制、环境感知和智能互联等功能。目前市场上已有类似产品，但我们在用户体验、性价比和智能化程度上有所创新。我们需要制定一份详细的市场进入策略，以在竞争激烈的市场中脱颖而出。

Role（角色）：请扮演一位经验丰富的市场策略顾问，基于你的知识和分析能力，协助我制定这款新产品的市场进入策略。

Objectives（目标）：我们的目标是明确产品的目标市场、定位、竞争优势、推广策略。请确保策略既具有创新性又切实可行，能够吸引目标消费者的注意并促进销售。

Key Results（关键结果）：我希望你能够提供以下关键结果：一份详细的目标市场分析报告，包括市场规模、增长趋势、消费者需求等；一个清晰的产品定位策略，明确我们的产品如何与竞争对手区分开来；一套具体的竞争优势说明，展示我们的产品为何值得消费者选择；一个可行的推广计划，包括营销渠道、预算分配和预期效果等。

Evolve（改进）：生成初步的市场进入策略后，我将仔细审查并提供反馈。如果某些部分不够详细或不符合我们的预期，请基于我的反馈进行调整和优化。我们可能需要多次迭代才能最终确定一份完美的市场进入策略。

【分享活动】除了上述已经介绍的提示语框架，你还知道哪些？请列举出来并选择其中一个提示语框架进行举例分享。

_____

_____

_____

17.3.4 高效生成教学资源

1. AI 生成图片

AI 生成图片的技术主要基于深度学习算法，特别是生成对抗网络（GANs）和扩散模型（如 Stable Diffusion）等。这些技术通过训练大量的图像数据，使计算机学会识别和模仿人类视觉艺术的规律，从而能够生成全新的、具有创造性的图像。在教育领域，AI 生成的图像可以丰富教师的教学手段，帮助学生更直观地理解抽象概念。例如，在生物学、地理学等课程中，教师可以利用 AI 生成的图像来展示复杂的生物结构或地理景观。

（1）通义万相生成图片

通义万相是阿里云推出的 AI 绘画创作大模型，支持通过输入不同的提示语来生成图片，包括基于文本或图像输入，生成多样化的创意图像并支持图像风格迁移和创意复用，满足用户在艺术创作、设计、营销等多领域的个性化需求。

提示语：晨光初破，山间小镇被轻纱云雾温柔拥抱，宛如水墨画卷铺展。金色阳光穿透薄雾，斑驳石板路记录时光。古建筑错落，飞檐雕梁，古朴庄重，诉说着千年故事。远山层叠，云雾缭绕，仙境般缥缈。树木葱郁，生机盎然，与小镇和谐共生。溪水潺潺，清澈见底，雾气与云朵相接，天地一色。小桥古朴，行人穿梭其间，欢声笑语添生机。此间，时光悠长，尘世烦恼尽忘，心灵得以净化。此景，不仅是自然赞歌，更是对宁静生活的深切向往，让人沉醉不已。根据以上文字生成的图像如图 17.5 所示。

图 17.5　通义万相 2.0 生成的图片

（2）Magic Eraser 删除图片

Magic Eraser（魔术橡皮擦）是一种基于人工智能的图像编辑工具，主要功能是从图片中删除不需要的物体、人物、文字等元素。用户只需上传图片，标记需要删除的部分，系统就会自动处理并生成干净的图片。以上图为例，删除小桥部分，如图 17.6 所示。

图 17.6　Magic Eraser 修复的图片

2. AI 生成音乐

AI 生成音乐是人工智能技术在音乐创作领域的一项重要应用,通过深度学习等算法,AI 能够模仿、创作甚至超越传统音乐创作方式。AI 音乐生成器可以分析大量音乐数据,学习各种音乐风格和流派,并根据用户的输入或需求,自动生成新的音乐作品。这些作品可能涵盖从简单的旋律片段到完整的歌曲,甚至包括复杂的编曲和和声。

(1)网易天音

网易天音 AI 音乐创作是一款音乐创作平台,在这里可以进行音乐创作,充分发挥自己的才华和能力,创作出各种好听的歌曲,满足不同用户的使用需求并给人带来更多的乐趣。输入关键词即可创作各种风格的歌曲,如图 17.7 所示。

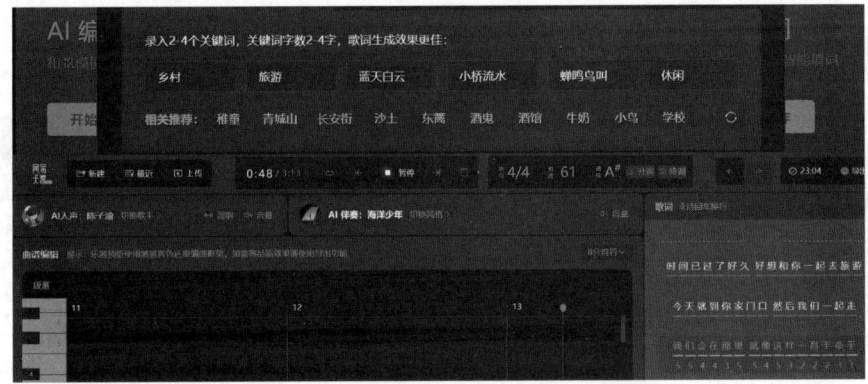

图 17.7　在网易天音输入关键词创作的歌曲

(2)SUNO 音乐创作助手

SUNO 音乐创作助手是一款利用人工智能技术进行音乐创作的工具,它能够提供多样化的音乐风格和流派选择,在短时间内创作出完整的歌曲,包括旋律、歌词和编曲,如图 17.8 所示。

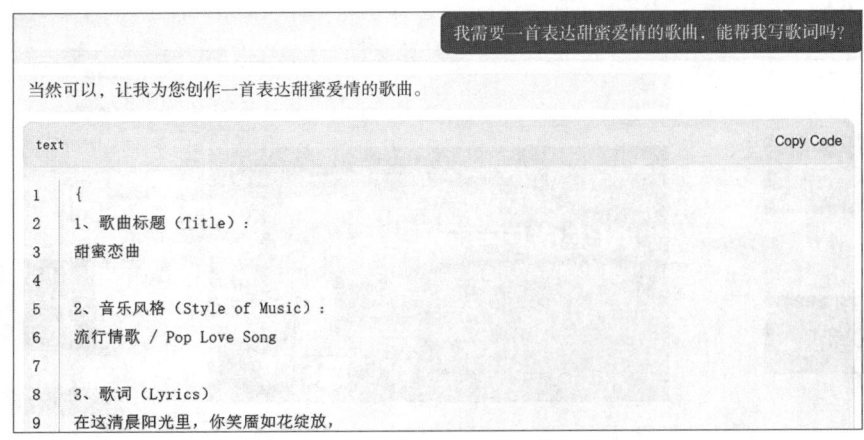

图 17.8　SUNO Maker 创作歌曲

3. AI 生成 PPT

AI 生成 PPT 是一种高效创新的内容创作方式。借助人工智能技术，用户只需输入关键词、主题或简要大纲，AI 便能自动分析并快速生成包含精美设计、图表、数据可视化及专业文字的演示文稿。这一过程节省了传统上制作 PPT 所需的大量时间与精力，能根据用户偏好和演示目标智能调整风格，使内容更加生动。AI 生成 PPT 正逐渐成为商务汇报、教育培训及日常演示的得力助手。

（1）讯飞智文生成 PPT

输入文本"AI 生成 PPT 是一种高效创新的内容创作方式，正逐渐成为商务汇报、教育培训及日常演示的得力助手"，选择相应风格生成 PPT，如图 17.9 所示。

图 17.9 讯飞智文根据文本生成 PPT

（2）美图 AI PPT

美图 AI PPT 是一款免费的 AI 智能在线 PPT 生成工具。可根据文字生成包含标题、大纲、内容及配图的完整 PPT。还能根据用户指令补充内容，灵活应对各种需求。支持在线分享与演示，更可下载为多种格式。以上面的文字为例，生成如图 17.10 所示的 PPT。

图 17.10 美图 AI 根据文本生成 PPT

4. AI 生成微视频

AI 技术正革新视频创作领域，能自动生成引人入胜的微视频。这些视频从创意构思到剪辑完成，全程无需人工深度干预。AI 能分析海量素材，精准捕捉情感与趋势，快速生成内容丰富、风格多变的短片。

即梦 AI 是一款由字节跳动旗下剪映团队研发推出的一站式 AI 创意创作平台，支持通过自然语言及图片输入，生成高质量的图像及视频。提供了丰富的 AI 创作功能，如 AI 绘画、智能画布多图融合、AI 视频生成及故事模式等，大大提升了用户的创作效率和体验度。输入文字"一艘航空母舰在大海航行，甲板上水兵在忙碌着，这时一群海鸥飞过了海面"，即可生成一段视频，视频截图如图 17.11 所示。

图 17.11　即梦 AI 根据文本生成微视频

5. AI 生成教学设计方案

AI 生成教学设计方案的过程高度智能化，系统首先收集并分析教材、教学大纲、学生特点等数据，依据教学目标和内容，自动筛选出相关知识点。通过算法优化，将这些知识点组织成教案的基本结构，涵盖导入、新授、巩固、小结等环节。最后，系统生成完整的教学设计方案，并支持教师根据实际需求进行调整和优化。这一过程极大地提高了教学设计的效率与个性化水平，为教育创新提供了有力支持。

匠邦 AI 是一款基于先进生成式人工智能技术的智能工具，专注于提升教师工作效率与教学质量。它具备多种功能模块，包括教案课件、论文课题、家校沟通、出题组卷等，能够辅助教师完成备课、科研、沟通等任务。匠邦 AI 通过智能写作、自动化生成等技术，减轻教师负担，使教师能更专注于教学本身，为学生提供更高质量的教育体验。选择相应课程、年级、单元即可生成教案，如图 17.12 所示。

《天地人》教案设计			
学科	小学语文	年级册别	一年级上册
教材	人教版	授课类型	新课讲授
教材分析	《天地人》作为一年级上册的开篇课文，旨在引导学生初步认识汉字，感受汉字的魅力，同时激发学生对自然、宇宙及人类自身的初步认识。本课通过"天、地、人"三个简单而富有哲理的汉字，引导学生进入汉字学习的世界，为后续学习打下基础。		
学情分析	一年级学生刚入学，对汉字学习充满好奇，但缺乏系统的汉字知识和学习方法。他们已有一定的口语表达能力，但书面表达能力尚待开发。学生对"天、地、人"这些概念有一定的生活经验和感性认识，但需要通过本课学习，将这些感性认识转化为对汉字的理性认识。		

图 17.12　匠邦 AI 生成的教案局部

6. AI 生成题库

AI 生成题库是教育领域的一项创新技术，根据教学目标、知识点难度及学生水平，自动化地创建高质量、个性化的试题集合。这种题库系统能够快速响应教育需求变化，生成覆盖广泛、题型多样的练习与测试题目，有效减轻教师负担，同时为学生提供精准的学习反馈和巩固练习。AI 生成题库提升了教学效率，促进了教育的个性化和智能化发展。以金数据 AI 考试系统为例，输入"新能源汽车知识问答"生成题库，如图 17.13 所示。

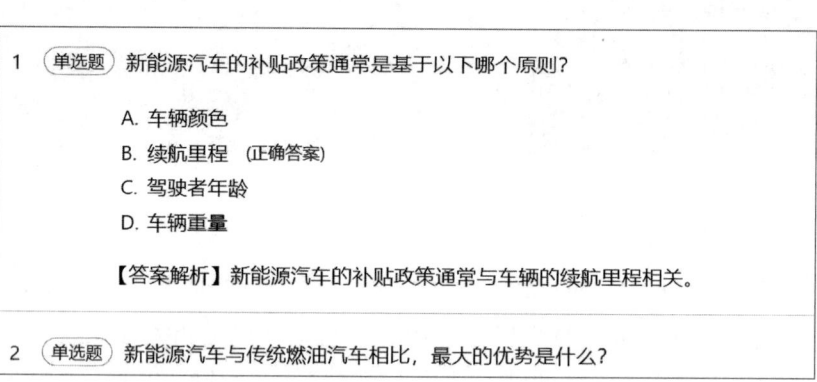

图 17.13　金数据 AI 考试系统生成的题库局部

7. AI 助力观评课

AI 观评课，通过智能分析技术，为教师教学提供精准反馈。它能捕捉课堂细节，分析师生互动情况，生成个性化评课报告，指出教学亮点与待改进之处。这一过程高效便捷，支持即时上传与分享，促进教师间的教学交流与学习。不仅减轻了教师的评课负担，更推动了教师专业成长与教学质量的持续提升。天工 AI 文档-音视频分析助手，以一段学生音频作业为例，可生成文字及脑图，如图 17.14 所示。

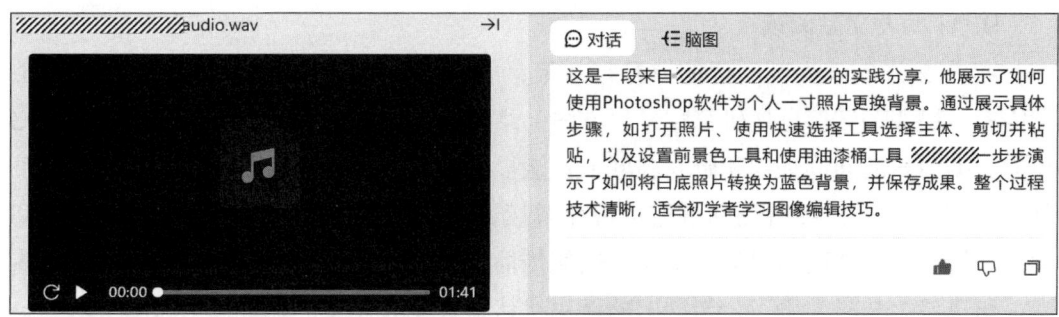

图 17.14　天工 AI 分析的音频

8. AI 助力问卷调查

AI 正深刻改变着问卷调查的方式与效率。通过自然语言处理与机器学习技术，AI 能够智能设计问卷，根据目标群体自动调整问题难度与表述方式，确保问卷既精准又易于理解。在数据收集阶段，AI 辅助的自动化系统能迅速分析反馈内容，剔除无效或重复信息，显著提升数据质量。AI 还能实时分析调查结果，生成可视化报告，帮助决策者快速洞察趋势与问题，为策略制定提供有力支持。AI 的引入不仅简化了问卷调查流程，还大大增强了数据收集的准确性和决策制定的时效性。

问卷星是一款功能强大的在线问卷调查工具，它简化了问卷设计、发布、收集与分析的全过程。用户无需编程知识，即可通过拖拽式界面快速创建问卷，支持多种题型与逻辑跳转，满足不同调研需求。支持多渠道分享，如社交媒体、邮件等，便于广泛收集数据。同时，它提供实时数据分析功能，帮助用户快速了解调查结果，并生成直观的数据报告，下面是《作业个性化智能评价反馈》问卷的部分智能分析结果，如图 17.15 所示。

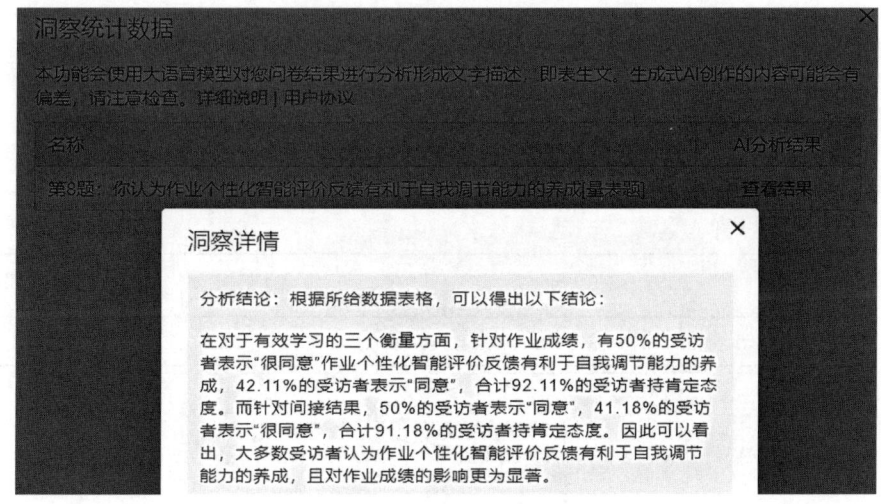

图 17.15　问卷星 AI 分析数据

9. AI 助力文献阅读

AI 深刻影响着文献阅读的体验与效率，能够自动解析学术论文、研究报告等文献内容，提取关键信息如研究背景、方法、结果及结论，为读者提供结构化摘要。AI 还能根据用户的阅读兴趣和研究领域，智能推荐相关文献，节省大量筛选时间。对于复杂数据或图表，AI 可辅助进行可视化解读，使信息更加直观易懂。提升了文献阅读的便捷性和精准度，促进了知识的快速传播与深度挖掘。

讯飞星火是科大讯飞公司推出的新一代认知智能大模型，它融合了深度学习、自然语言处理等多种先进技术，展现了强大的语言理解和生成能力。讯飞星火不仅能在对话交流中理解复杂语义、流畅回应，还能进行文本创作、知识问答、逻辑推理等多种任务，为用户带来更加智能、便捷的交互体验，下面是对《红楼梦》的主要概括，如图 17.16 所示。

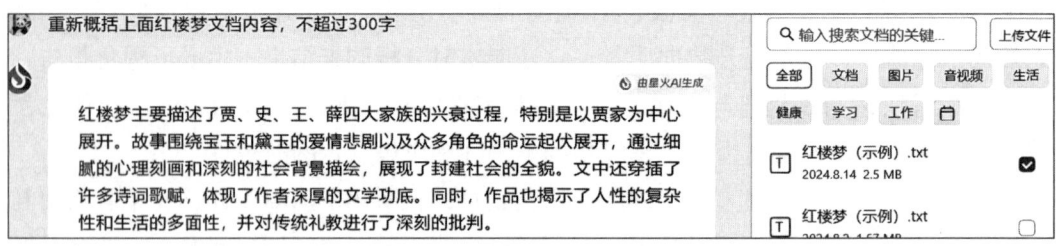

图 17.16　讯飞星火 AI 概括文本

需要注意，在实际教学中引入这些工具时，务必遵循国家对教育类 App 的管理规定与使用指南，同时紧密结合个人教学需求与实际情况，适时、适量地选择并灵活运用，旨在最大化促进教学效果与学习成效的提升。

【分享活动】除了上述已经介绍的辅助教师生成教学资源的生成式人工智能工具，你还知道哪些？请列举出来并选择其中一个工具进行分享。

_____

_____

_____

> 【研讨活动】作为中国自主研发的大模型，DeepSeek 快速崛起并风靡全球，这对我国人工智能教育应用有何意义？
> _____
> _____
> _____

本章作业

1. 用生成式人工智能辅助设计中小学试卷题目

结合自己的学科，任选教学单元和生成式人工智能平台，生成试卷。要求试卷题型合理、题量合理、难易合理，并给出参考答案和评分细则。提交一份试卷、试卷参考答案、生成报告，报告内容应包括人工智能大模型的名称、提示词、优缺点及应该遵守的伦理道德。

2. 用生成式人工智能辅助比较中小学教案

结合自己的学科，任选教学课题和生成式人工智能，自拟比较思路，进行教案生成比较。提交比较报告，附录生成式人工智能的名称、提示语框架、提示语、生成的教案。

参考比较思路：（1）选择一种提示语框架，应用不同的生成式人工智能，生成同一课题的多个教案，比较教案整体和局部质量，总结不同生成式人工智能的优势与局限。（2）选择一个生成式人工智能，应用不同提示语框架，生成同一课题的多个教案，比较教案整体和局部质量，总结不同提示语框架的优势与局限。

3. 撰写国内外中小学 AI 教育应用的典型案例调查报告

针对 AI 在中小学教、学、管、评、测、研等各个领域的应用，收集一个或多个典型案例，详细介绍典型案例的年份，所在国家、地区、学区或学校，使用的 AI 及其功能，应用过程和结果（场景），参考文献、相关网址等。提交调查报告。

第 18 章 虚拟现实与教育

学习目标

※ 了解虚拟现实的概念、特征、类别、技术环境；
※ 了解虚拟现实的教育应用类型、领域；
※ 探索学科虚拟现实教育资源建设与应用现状；
※ 培养数字教育资源思维，形成应用虚拟现实技术资源优化、改革与创新学科教育教学工作的意识。

18.1 虚拟现实

18.1.1 虚拟现实的概念

虚拟现实的定义有广义和狭义之分。广义的虚拟现实技术包括虚构实际（Virtual Reality，VR）、增强现实（Augmented Reality，AR）、混合现实（Mix Reality，MR）、拓展现实（Extended Reality，XR）、全息投影、裸眼3D、数字孪生等虚拟数字技术。狭义的虚拟现实技术特指虚拟现实（Virtual Reality，VR），是以计算机技术为核心，生成与真实环境在视、听、触感等方面高度近似的数字化环境。中国工程院赵沁平院士认为，虚拟现实技术在教育领域的应用正在逐步深化，其主要策略是利用计算机数字技术打造虚拟数字形象，模拟真实教育场景，核心价值在于突破真实物理教学场景的空间实体限制、通过沉浸式体验提升学习效果。

（1）VR。VR利用计算机图形系统、传感器、显示设备等，生成可交互的三维虚拟环境，为用户提供视觉、听觉、触觉等感官的模拟，使用户获得身临其境的体验。其核心目标是创造一种"人工环境"，让用户感觉完全置身于虚拟世界中。VR具有多感知性、沉浸感、交互性、构想性等特点。VR完全隔绝于现实世界，其代表性产品有很多，比如Oculus、索尼的PS VR、HTC的VIVE和三星的Gear VR，以及简约版的VR设备——谷歌的Cardboard等。VR最具代表性，本章后续的虚拟现实特指狭义虚拟现实，即 VR。

（2）增强现实。增强现实是一种将真实世界信息和虚拟世界信息"无缝"集成的新技术，它将现实世界难以体验到的实体信息（视觉、声音、味道、触觉等）用信息技术合成后叠加到真实世界里，使人类获得超越现实的感官体验。AR 环境是半真实半虚拟的世界。AR 领域最具代表性的产品是微软的 HoloLens。混合现实包括增强现实和增强虚拟，指的是合并现实和虚拟世界而产生的新的可视化环境，在新的可视化环境里物理和数字对象共存，并实时互动。混合现实的实现需要创造一个能和现实世界里的实物进行交互的环境，以实现和真实世界的交互及信息获取。VR 世界全部是虚拟的，AR 世界是虚拟和现实的叠加但没有交互，MR 是虚拟和现实叠加且有交互。MR 的代表公司是 Magic Leap。

（3）全息投影。全息投影技术也称虚拟成像技术，是利用干涉和衍射原理记录物体散射或发射的全部信息（包括光波的振幅和相位），从而再现物体的三维图像技术。全息投影技术可以使观察者在不同的方位和角度观察照片，都可以看到被拍摄的物体，其可以产生逼真的空中幻象，并可以和现实表演者产生互动，能够营造较好的演示效果。全息投影的关键技术是投影介质，理想的投影介质是空气，但因为技术难度较高，目前大多还在实验室阶段。当前商业上采用的投影介质还都是可以触摸的物体，主要分为三类：透明介质、全息柜、全息风扇。透明介质包括全息膜、烟雾等，肉眼无法看出该介质，从而可以让全息影像在介质上完美成像。全息柜经过装置在展柜上方或者下方的投影机或 LED 显现屏将光源折射到 45 度幻影成像膜上，将画面呈现到倒三角或正三角构造上，完成真正的 3D 平面虚拟场景。在全息风扇中，旋转中的显示晶体不断变化，因为人眼存在视觉暂留，因此可以形成完整连续的画面，通过显示达成一种 3D 全息成像的效果。全息风扇对灯珠的质量、芯片的数据运算能力都有较高要求。

（4）裸眼 3D。裸眼 3D 强调不借助可穿戴设备就能达到裸眼看 3D 动画的效果，其利用光栅原理进行投影成像，对观看角度和距离都有一定的要求。

（5）数字孪生。数字孪生是物理实体或系统的虚拟化映射，通过集成多学科数据与实时传感器反馈，实现全生命周期的动态模拟与优化。数字孪生的典型应用是虚拟数字人。数字孪生也可以通过录制的真实视频虚拟出对应的数字形象。

18.1.2　虚拟现实的特征

1. 沉浸性（Immersion）

沉浸性是指用户通过多模态感知通道与虚拟环境形成深度耦合，产生脱离物理空间限制的临场真实感。其本质是通过生物传感与数字仿真技术的协同作用，重构人类感官系统的输入信号，使大脑将虚拟环境认知为"可信存在的空间实体"。通过头显设备隔绝物理世界干扰，利用双目视差原理、空间音效等技术，使用户产生"身在其中"的错觉。沉浸性是虚拟现实系统的核心特征。

2. 交互性（Interaction）

交互性是指用户对模拟环境内物体的可操作程度和从环境得到反馈的自然程度。交互的实现手段包括两大类：手柄/手势控制虚拟对象的位移、旋转；利用力反馈手套模拟触觉压力，眼动追踪实现注视点渲染等。例如，手术模拟训练系统具有微小力反馈功能，也可以模拟抓取物体时的重量等感觉。

3. 想象性（Imagination）

想象性是指虚拟现实技术可以为用户提供的广阔想象空间。该技术不仅允许用户沉浸在真实或虚构的环境中，还能拓展人类的认知范围，体验到在现实世界中不存在或难以实现的环境和情境。

18.1.3 虚拟现实的类别

虚拟现实技术具有多种分类标准。从沉浸程度看，分为非沉浸式（桌面 VR）、半沉浸式（CAVE 系统）、全沉浸式（无线头显）。从交互模式角度看，分为控制器交互（HTC Vive）、自然交互（Leap Motion）、脑机接口（Neuralink 实验）。从应用领域角度看，可分为消费级（游戏/社交）、企业级（工业仿真）、专业级（军事训练）。

18.1.4 虚拟现实的技术环境

1. 头戴显示器

头戴显示器（Head-Mounted Display，HMD）是虚拟现实系统的核心显示设备，通过近距离双目立体显示技术，在用户眼前呈现虚拟三维场景，其设计直接决定了 VR 体验的沉浸感、舒适度和视觉保真度。HMD 通常包括显示面板、光学透镜、位置追踪系统、人体工学结构和散热与供电系统。其核心功能主要体现在四个方面，首先是视觉呈现功能，通过高分辨率显示屏和精密光学系统呈现立体图像；其次是空间定位功能，集成多种传感器实现精准的位置追踪；第三是交互功能，支持手势识别、眼动追踪等多种输入方式；最后是音频功能，多数设备配备 3D 空间音频系统以增强沉浸感。从技术架构来看，HMD 主要分为三类，如图 18.1 所示：第一类是 PC 端 HMD，如 HTC Vive Pro2，需要连接高性能 PC 或主机使用，提供高质量的视觉体验；第二类是一体式 HMD，如 Meta Quest 系列，内置处理器和电池，具备独立运算能力；第三类是手机式 HMD，如 Samsung Gera VR，利用智能手机作为显示和计算单元。

 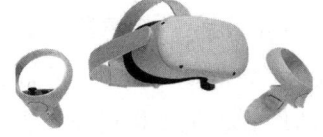 

HTC Vive Pro2　　　　　　　　Meta Quest　　　　　　　　Samsung Gear VR

图 18.1　HMD 分类

2. 追踪系统

VR 的沉浸感依赖于精准的空间定位，主要分为 Outside-in 和 Inside-out 两种方案。其中，Outside-in 追踪是通过外部基站发射红外激光，由头显/手柄接收并计算位置，优点是精度高（亚毫米级），适合大空间 VR（如 VR 体验馆），但这种方案安装较为复杂，需要固定基站。Inside-out 追踪是通过在头戴显示设备内置摄像头实时扫描环境，通过即时定位与地图构建（Simultaneous Localization and Mapping，SLAM）算法进行定位，优点是无需外部设备，便携性强，但在弱光或纹理单一环境中易失效。追踪与定位系统在 VR 中主要实现四大功能。首先，空间定位，精确计算用户在物理空间中的位置和朝向，实现虚拟空间与真实空间的坐标映射。其次，动作捕捉，实时追踪用户头部、手部及全身动作，将物理运动同步到虚拟环境。再次，交互控制，支持手柄、手势等输入设备的精准定位，实现自然的虚拟交互操作。最后，环境感知，通过扫描物理空间建立三维地图，实现虚拟物体的物理碰撞和遮挡效果。

3. 交互系统

虚拟现实交互系统作为连接用户与虚拟环境的关键桥梁，能够实现自然直观的人机交互、完成虚拟场景中的精准操作控制及提供多模态的感官反馈。该系统的核心功能主要体现在三个方面：首先是输入功能，通过手势识别、眼动追踪、语音控制等多种方式捕捉用户意图；其次是反馈功能，利用触觉振动、力反馈装置和温度变化等技术模拟真实交互感受；最后是环境响应功能，确保虚拟世界能够实时、准确地回应用户操作。从具体分类来看，交互系统可分为手柄控制器（如 HTC Vive 控制器）、手势识别系统（如 Leap Motion）、全身动作捕捉系统（如 Vive Tracker）、眼动追踪系统（如 Tobii 眼动仪）及新兴的脑机接口系统（如 Neuralink）等主要类型，各类系统通过不同的技术路径实现从简单操作到复杂交互的全方位覆盖，共同构建起完整的虚拟现实交互生态。

4. 计算平台

平台是支撑 VR 系统运行的核心算力基础，其核心在于为虚拟环境提供实时渲染、数据处理和系统协调能力。平台的任务有三个：一是高精度 3D 场景的实时渲染，确保 90Hz 以上刷新率的 4K 画面输出，同时支持动态光照、物理材质等高级渲染特性；二是多源传感器数据的融合处理，包括来自头显、控制器、环境传感器等多达十余个数据源的实时信息流，通过复杂的传感器融合算法实现亚毫米级的空间定位精度；三是系统资源的智能调度，需要精准调度图形管线、音频处理、物理模拟等多个并行计算任务，确保从用户动作到视觉反馈的全链路延迟控制在 20ms 的生理舒适阈值内。

5. 开发工具

虚拟现实开发工具是构建 VR 内容的核心生产力套件，其具体用途涵盖从场景建模、交互逻辑编程到最终内容发布的完整开发流程。如以 Unity 3D 为代表的跨平台引擎提供可视化编辑环境和 C# 脚本支持，核心功能包括物理系统、动画状态机和 XR 交互框架，特别适合快速原型开发；Unreal Engine 凭借蓝图可视化编程和 Nanite 虚拟几何体技术，在影视级画质表现上具有优势，其 Lumen 全局光照系统能自动生成逼真光影效果；3Ds Max 等专业建模工具则专注于高精度三维资产创建，支持多边形建模、UV 展开和材质烘焙等核心功能，为 VR 场景提供基础模型资源。这些工具根据应用场景可分为三大类：综合型 VR 开发引擎（Unity/Unreal）提供从编码到渲染的完整解决方案；专业建模软件（3ds Max/Maya）负责资产创建与优化；辅助工具链（Substance Painter/Blender）则负责材质绘制与后期处理。

18.2 虚拟现实的教育应用

18.2.1 虚拟现实教育应用的类型

1. 沉浸式知识学习

通过构建三维虚拟环境，可以帮助学生直观理解抽象或复杂概念。例如，微观宏观概念理解：近距离观察细胞器、病毒内部结构，观察天体、地壳运动；实验模拟：模拟物理、化学、生物实验过程并实现动态交互；时空穿越：观察不同时间空间的建筑、历史和文化事件。

2. 职业技能的实操训练

为高风险、高成本的专业技能培训提供低成本解决方案。例如，飞行模拟训练：通过虚拟飞行反馈系统训练飞行员；医疗手术模拟：医学生通过触觉反馈设备练习外科手术，系统实时纠正操作误差；机械操作训练：参训人员拆装虚拟的精密设备；消防演习训练：消防员在虚拟火灾、地震场景中进行消防应急训练。

3. 个性化学习

结合 AI 技术实时生成针对学生的学习元素并通过虚拟形象和学生进行交互。例如，自适应学习：AI驱动的虚拟现实系统根据学生反应动态调整内容难度，如数理课程中自动生成适合学生的立体几何形象；孤独症干预：通过虚拟可控的社交虚拟人让孤独症患者逐步适应社交互动；残障支持：视障、听障、肢体残疾人通过虚拟器官补偿系统在虚拟状态下完成活动目标；表演类专业虚拟排练：利用虚拟角色进行模拟反馈，帮初学者减少紧张情绪。

4. 跨空间整合教育资源

打破了物理空间限制，将不同地域的实际教学资源及不受时空限制的虚拟教育资源集成起来，实现复合教育场景，提高教学效果。例如，虚拟课堂互联：将不同学校的课堂及虚拟教学资源整合成一个统一的虚拟课堂，实现跨时空教学交互。

【分享活动】选择或扩展虚拟现实教育应用的一个类型，提供一个场景及其参考网址。示例：沉浸式知识学习——生物课上，学生可以利用"The Body VR：Journey Inside a Cell"应用，该应用可通过血液旅行发现血细胞如何工作，如何将氧气传遍全身。

_____

_____

_____

18.2.2 虚拟现实教育应用的领域

1. 沉浸式历史与文化体验

VR在教育领域最具革命性的应用之一，是其能够提供沉浸式历史与文化体验，使学生超越传统课堂的时空限制，直接"进入"历史事件或文化场景之中。情境认知理论（Situated Cognition Theory）认为知识并非孤立存在，而是嵌入在特定的社会、历史和文化背景中。VR通过高度仿真的三维环境、空间音频和交互式叙事，使学生能够在认知、情感和行为三个层面深度参与学习过程。第一，从认知层面看，VR能够将抽象文化符号具像化，甚至以第一人称视角亲临历史文化场景，如图18.2所示。例如，学生在学习"古希腊民主制度"时，仅依靠文字描述或二维插图难以真正理解雅典公民大会的运作方式。而通过VR，学生可以"置身"于雅典卫城，观察公民辩论、投票的过程，甚至可以参与决策。这种具身认知体验能够有效强化记忆编码，促进长时记忆的形成。第二，从情感层面看，VR为学生提供身临其境的感受并能够有效激发共情，这是传统教学难以实现的。美国艺术家米尔克（Milk）将其称为"终极共情机器"。第三，在行为层面，VR 具备的交互性允许学生进行主动探索，而非被动接收信息。例如，在"古埃及文明"课程中，学生可以自由探索虚拟金字塔内部结构，通过交互方式了解建筑原理和古埃及文化。这种探索式学习有效促进了学生的意义建构过程，实现知识的内化。

图 18.2　VR 在沉浸式历史和文化体验中的应用

2. 科学实验与探索模拟

虚拟现实在科学教育中的应用，主要体现在科学实验与探索模拟两方面，如图 18.3 所示。虚拟实验室能够为学生提供逼真的数字化实验场景，还原真实实验过程，甚至微观不可见的实验现象，实现抽象概念具象化。另外，虚拟实验室还可支持与虚拟实验器材进行直接交互，帮助学生熟悉实验过程、掌握实验步骤、分析实验数据和发现实验规律。利用虚拟实验室可帮助学生从实践中获取知识，再用知识指导实践，实现认知与实践的螺旋上升。其中，虚拟实验室能够模拟多感官体验，使学生获取与真实实验过程中相似的感知体验，包括视觉、听觉、触觉、力觉等，实现从实践到理性认知的第一次飞跃。另外，虚拟实验室具备的构想性可支持将学生的实验设想投射到虚拟实验场景中，学生可大胆验证自己的实验猜想并不断修正，有助于激发学生的创新激情和释放创新活力，实现认知对实践的指导，即第二次飞跃。不仅如此，虚拟实验室的应用还有助于解决实验教学资源分布不均、资源利用效率不高的问题，切实提高实验教学质量。

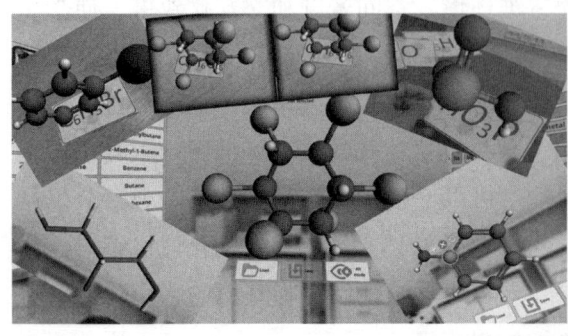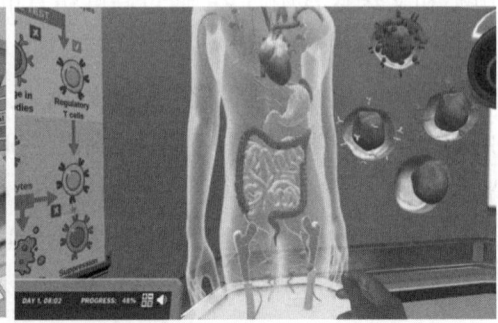

图 18.3　VR 在科学实验和探索模拟中的应用

3. 医学教育与解剖学训练

虚拟现实在医学教育中的应用正在深刻改变传统临床技能培训模式，特别是在解剖学学习和手术模拟方面，如图 18.4 所示。传统的医学训练高度依赖尸体解剖和临床实习，但尸体标本资源有限，且无法提供病理状态下的动态解剖观察。此外，临床实习还存在伦理风险和操作机会不均等问题。VR 技术的引入为医学生提供了可重复、可量化及个性化的训练环境。在解剖学教育方面，VR 突破了传统二维图谱和实体标本的局限，允许学生通过具身交互"拆解"虚拟人体，逐层观察肌肉、血管、神经的立体结构关系。这种三维空间认知训练能够显著提升学生对复杂解剖结构的理解效率。在手术技能培训方面，VR 提供了无风险的试错环境和全流程的模拟体验，学生可反复练习手术操作，且系统还会实时反馈力度、角度和深度的误差，这种即时反馈机制符合技能学习的"刻意练习"原则，可有效帮助学生掌握手术技能。VR 在急诊医学训练中同样具有优势，例如 Oxford Medical Simulation 平台构建了虚拟急诊室，学生需在时间压力下处理心肌梗死或创伤性气胸等病例，这种高保真情景模拟能有效训练临床决策能力和团队协作能力。

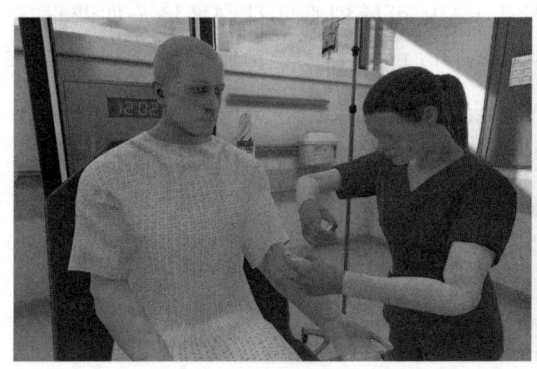 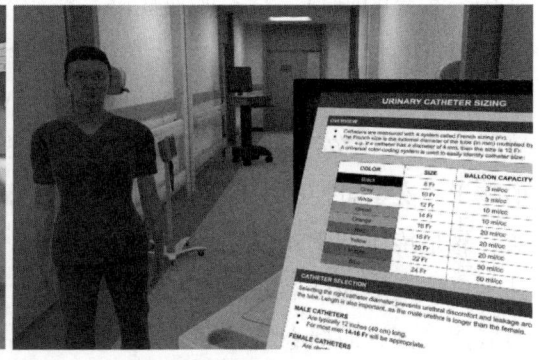

图 18.4　Oxford Medical Simulation 虚拟医学平台

4. 语言学习与跨文化交际

虚拟现实为语言学习提供了情境化、社交化、情感化的全新范式，解决了传统课堂"脱离真实语境"的核心痛点，如图 18.5 所示。基于社会文化理论和任务型语言教学法，VR 通过模拟真实社交场景，让学生在意义驱动的交互中自然习得语言能力。在口语交际训练方面，VR 有助于学生克服"语言焦虑（Language Anxiety）"等问题。例如，Mondly VR 允许学生在虚拟巴黎咖啡馆中与智能代理进行对话，逼真的对话情景激发学生的临场感和内部动机。另外，由于是在虚拟场景中，学生在对话过程中出现的错误也不会引发真实社交压力。不仅如此，逼真的学习情景还能够激活学生大脑中的镜像神经元系统，促进语言动作的具身模仿。在跨文化交际方面，语言学生可以通过 VR 进入三维虚拟的跨文化情景中，在真实文化语境下理解社会习俗。这种跨文化沉浸（Cross-Cultural Immersion）比传统课堂中的"文化对比"教学更具深度，更有效培养文化敏感度。当前，多模态 VR 交互已实现跨越式发展，有效整合语音识别、表情捕捉、体感交互及人工智能等技术，使虚拟角色能对学生的语调、表情做出实时反应，进一步逼近真实人际互动。

 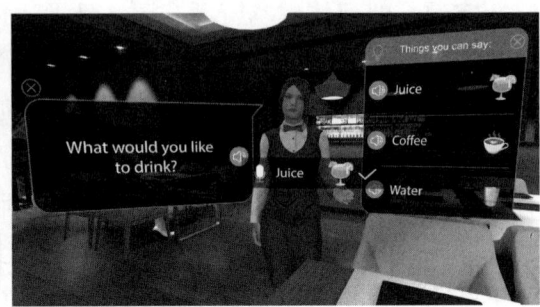

图 18.5　Mondly VR 语言学习应用

5. 特殊教育与个性化学习

VR 为特殊教育提供了感官可调、节奏可控、反馈可视化的创新解决方案，帮助有特殊需求的学生（如孤独症谱系障碍、听力/视觉障碍、智力或肢体残疾等）突破传统教育的限制。对于孤独症谱系障碍学生，VR 可模拟真实社交情境（如课堂互动、超市购物、公共交通），让学生在安全环境中反复练习社交规则和情绪识别。对于视觉障碍学生的空间导航与认知训练，VR 结合 3D 音效和触觉反馈，模拟真实环境（如街道、教室），能够帮助学生提前熟悉陌生空间布局。VR 在特殊教育中的价值在于"安全可控的失败"——学生可在虚拟世界中犯错、修正，最终迁移能力到现实，这是传统课堂难以实现的。不仅如此，VR 结合眼动信息追踪、化身动作捕获等技术可采集更加精准的多模态数据。例如，注意力数据、情感数据、认知状态数据，与肢体语言、面部表情等学习行为数据相结合，可对特殊学生的学习状况进行准确建模和分析，生成学生画像，为特殊学生提供学习环境构建、学习资源配置、学习伙伴推荐等个性化学习支持和服务，满足学习需求。

6. 职业培训与技能实践

在职业培训与技能实践中，面临着硬件设备数量不足、更新换代速度慢、实践安全风险高、教学成本高、教学模式落后等问题，导致实践环节严重缺失，直接影响技能培训效果。VR 应用于职业培训可通过专家行为建模和情境化练习，加速学生从新手到专家的技能转化。首先，VR 构建的数字化虚拟教学场景，能够摆脱对各类硬件设备的依赖，为学生提供数量充足且功能先进的仪器设备，满足教学与实践需求。其次，在 VR 实践环境中，学生可反复进行技能训练，无须考虑设备损耗、硬件成本及存在的安全风险等问题，有效解决"三高四难"问题。最后，VR 能够实现真实场景和虚拟场景的无缝切换，有助于突破传统教学模式的限制，实现多场景融合的混合教学模式。未来，数字孪生技术将进一步使 VR 培训与真实设备数据同步，实现技能培训——现实实践的无缝衔接。

【分享活动】选择或扩展虚拟现实教育应用的一个领域，提供一个场景及其参考网址。示例：科学实验与探索模拟——生物课上，学生可以利用"The Body VR：Journey Inside a Cell"，通过血液旅行发现血细胞如何工作并将氧气传遍全身。

_____
_____
_____

本章作业

1. 调查中小学学科虚拟现实资源

结合自己的学科，调查适合中小学师生的虚拟现实资源，不限于知识学习、技能训练、情感体验、其他教育类型，不限于VR、AR、MR、XR、全息投影、裸眼3D、数字孪生、其他技术类型。提交一份调查报告，报告内容应包括虚拟现实的名称、教育分类、技术分类、推荐理由、链接地址等，不少于5个。

2. 国内外中小学虚拟现实教育应用典型案例的调查报告

针对虚拟现实在中小学教、学、管、评、测、研等各个领域的教育应用，收集一个或多个典型案例，详细介绍典型案例的年份，所在国家、地区、学区或学校，虚拟现实及其功能，应用过程和结果（场景），参考文献、相关网址等。提交一份调查报告。

第 19 章 现代教育技术与课程融合

学习目标

※ 了解现代教育技术与课程融合的内涵和领域；
※ 了解现代教育技术与课程融合的目标；层次和策略；
※ 了解现代教育技术与课程融合的典型教学模式；
※ 培养数字教育思维，形成应用数字技术解决教育教学问题，以及改革、创新与发展教育教学的意识。

19.1 现代教育技术与课程融合的内涵和领域

19.1.1 现代教育技术与课程融合的内涵

课程融合是对课程目标、课程设计与开发、课程实施与评价等诸多要素进行系统性的考量，强调使用整体和辩证的观点来研究教育过程中各要素之间的关系。

现代教育技术与课程融合，就是将现代教育技术有效地融合于各个学科的教学过程，实现一种既能发挥教师主导作用又能充分体现学生主体地位、以培养学生创新精神和实践能力为特征的新型教学方式。这一观点能够把学生的主观能动性和创造性充分发挥出来，使以教师为中心的传统课堂教学结构发生根本性变革，从而达到改善教学效果的目的。

在理解现代教育技术与课程的融合时，应重点从三个方面着手。首先，课程教学应该在数字化的环境中进行（多媒体环境、网络环境、人工智能环境）；其次，应该用经过现代教育技术处理后的课程内容来充当学生的课程学习资源；最后，应该借助现代教育技术来推动学生学习方式的变革。对于教育教学改革而言，一个最为基本的要求就是促进学生学习方式的改变，因此现代教育技术的加入应将重心放在改变学习方式上，推动学生的学习由被动接受向自我要求式的主动探究转变。

19.1.2 现代教育技术与课程融合的领域

现代教育技术与课程融合从整体上看由三个主要的领域构成。首先，对学生来说，应该将现代教育技术作为学习的对象，学习现代教育技术课程，并掌握相应的现代教育技术知识。因此，可以将融合看作在教学的同一过程中来融合现代教育技术课程的教学目标和教学任务等。其次，在开展课程教学活动时，教师应该充分发挥现代教育技术所具备的教学手段或教学工具的作用，在进行现代教育技术与其他课程融合的过程中，将其视为教学的一种重要手段或工具，借助现代教育技术，促使教学过程更加多元化，提升教学的质量和效果。最后，学生在学习的过程中，也应该充分发挥现代教育技术作为认知工具的重要作用，在学习时利用现代教育技术来进行自主学习、探究学习，把握好自己学习的主体地位，这对于丰富和完善学生已有的认知结构具有非常重大的意义。因此，基于以上三个主要领域，现代教育技术与课程融合具体可以体现在以下方面。

1. 现代教育技术作为学习对象

现代教育技术作为一门专门的课程。第一，像学习其他学科一样，学习现代教育技术的相关知识和技能，包括现代教育技术概述、理论基础、运用现代教育技术获取和处理资料等。第二，培养学生利用现代教育技术解决课程问题的能力，这不仅包括解决本课程问题的能力，还包括解决其他学科课程问题的能力。例如，在本课程案例中引入其他学科问题，学生也能够运用现代教育技术进行合理解决。第三，助力学生了解现代教育技术的用途及其对社会的影响，使学生知道运用现代教育技术能够做什么，不能做什么。

2. 现代教育技术作为演示工具

现代教育技术作为演示工具是其在课程融合中最初的表现方式，教师可以选择合适的计算机辅助教学软件等制作演示文稿或多媒体课件，或者使用图表或动画等呈现动态变化过程，形象直观地进行课程内容讲解和演示。这种表现方式主要应用于集体授课形式，教师是教学活动的主导者，现代教育技术在课程中的作用是辅助教师进行教学。通过将现代教育技术作为演示工具，计算机开始逐渐代替幻灯、投影、黑板和粉笔等传统媒体，赋予了独特的教育功能。

3. 现代教育技术作为评价工具

现代教育技术作为评价工具可以轻松实现课堂教学中的过程性评价和发展性评价。例如，通过在线测量平台（Kahoot、雨课堂等）能够实时收集学生的学习数据，生成可视化分析报告；利用学习管理系统能够记录学生作业提交、课堂互动等全过程行为数据，构建多维度学习档案；结合人工智能算法能够对主观题作答质量、课堂专注度进行智能分析等。这种技术赋能的评价方式突破了传统以学业成绩审核学生优异程度的单一评价方式，推进了"以评促学"理念的有效落地。

4. 现代教育技术作为自主学习工具

由于以学生为主体的教学观念发展，教师和学生在教学过程中的角色发生了根本性变化，教师不再只是传统的教学上的组织者，而是学生自主学习的设计者、帮助者和管理者，学生也由传统的被动学习变为了学习的主动建构者。这时，现代教育技术能够帮助学生根据自己的学习情况个性化地选择学习内容、调整学习进度，进行自主探究式的学习。

5. 现代教育技术作为交流协作工具

将现代教育技术作为交流协作工具引入课堂教学过程中可以实现师生之间、生生之间的情感传递和信息交流。新兴技术的发展为交流协作提供了强有力的支持，使教师和学生有机会在课堂内外通过网络就教学内容主题或教学过程中存在的问题展开探索和讨论。例如，教师能够利用互联网上的电子邮件或视频会议等工具对学生进行指导；学生能够利用聊天室或在线论坛等就自己的观点或困惑进行自由表达和交流。这时，通过现代教育技术实现的各种对话和讨论活动，有利于培养学生的创造性思维和团队协作精神。

6. 现代教育技术作为个别辅导工具

为学生提供精准化、个性化的学习需要个别辅导工具的支持。例如，通过智能教学系统（Knewton、松鼠AI系统等）实时诊断学生学习难点，根据知识图谱动态推送针对性的练习和学习资源；通过构建数智化学习资源库（可汗学院微课、学科虚拟实验室等），允许学生根据自身认知水平反复观看教学视频、进行仿真实验操作；利用教育大数据分析工具（学习行为分析系统、智能阅卷平台等）精准定位知识盲区，并在移动终端推送分层资源等，能够帮助学生实现一对一式的知识内化，使因材施教得以从教学理念转化为可操作的教学实践。这种方式既保留了传统个别辅导的优势，又借助新兴技术实现了辅导效率的提升。

7. 现代教育技术作为资源库构建工具

通过整合云端存储、知识图谱和人工智能等技术，教育者能够创造多模态的数智化资源库。一方面，可以构建学科主题资源库，将文字、音视频、3D模型等资源按学科逻辑进行结构化组织；另一方面，可以搭建开放型资源共享平台，支持教师跨校共建精品微课，学生上传创意作品，形成"共建—共享—再生"的生态循环。这种资源库不仅突破了传统的书本、教材的静态局限，更通过智能标签系统实现了知识的网状联结，进而帮助教师和学生利用现代教育技术直接访问丰富有效的信息资源，促进教育公平。

8. 现代教育技术作为探索发现工具

现代教育技术与课程融合的目的不仅是培养学生对资源的处理和加工能力，更是强调应着重培养学生探索问题、发现问题及解决问题的能力。在探究型课堂中，教师不是把知识直接传授给学生，而是利用现代教育技术将所需掌握的内容以数智化资源的形式进行呈现，例如借助虚拟实验软件进行高危/高成本实验的反复验证、利用编程平台建立数学模型验证假设等，将抽象的概念转化为可操作的探索过程，让学生通过自己的思考和实践来形成知识的概念或者发现某些原理等。

9. 现代教育技术作为知识构建工具

现代教育技术革新了知识组织与表征方式，思维可视化软件（XMind等）能够帮助学生建立概念网络，实现碎片知识的系统化整合；协同编辑平台（腾讯文档、Notion等）能够支持多人实时共建知识图谱等。在课堂教学中利用这些现代教育技术作为知识构建工具，可帮助学生实现对大量知识进行整合的目的，提高学生在数智化环境下的知识构建能力及对信息资源的应用能力。

10. 现代教育技术作为情境创设工具

一定的行为总是伴随着行为发生所依赖的情境，因此若要求学生理解和掌握某种行为，最好的方法是创设相同的情境，让学生拥有极其真实的情境体验。例如，在课堂教学中可以利用多媒体技术、网络技术等将需要呈现的课程内容以多媒体、超文本等方式进行集成、加工，转化为数字化学习资源并创设相应的情境，或者依托虚拟现实技术、混合现实技术等构建沉浸式、具身化的学习情境。学生在这类情境中进行探究、发现，有助于实现对知识的深层次理解，促进高阶思维能力的形成。

> 【研讨活动】除了以上角色，在现代教育技术与课程融合中，现代教育技术还可以扮演什么角色？结合自己的学科专业，举例说明。

19.2 现代教育技术与课程融合的目标、层次和策略

19.2.1 现代教育技术与课程融合的目标

现代教育技术与课程融合的根本目标是在课程目标的指引下，选择合适的现代教

育技术工具创设数智化教育环境，推进教育数智化进程，促进课程教学方式的根本性变革，其最高目标是培养学生的创新精神和实践能力。具体目标包括以下四个方面。

1. 改变传统的教与学观念

在教育观念和教育理论的指导下，教师应当将计算机、网络、人工智能等先进的现代教育技术作为教学环境创设的工具与促进学生认知的工具，应用到各个学科中，从而改变传统的以教师为中心的教学观念，向以教师为主导、学生为主体的教与学观念变革。

2. 培养学生掌握新型学习方式

海量信息的涌现，极大程度上改变了学生的学习和认知方式，使学生的学习方式由传统的被动接受型学习转变为自主学习、探究学习与合作学习。学生摆脱了以往只能单纯依靠教师讲授或课本知识的依赖，能够通过数智化教学平台、利用数智化教学资源，以及在线探究及合作等形式进行自主学习，从而促使学生的学习成为一种发现信息、探究知识、生成知识及展示知识的过程。这些新的学习方式要求学生学会全面利用数字资源、自主通过互联网展开各种探究和交流。因此，现代教育技术与课程融合要求学生掌握新型学习方式，学会利用现代教育技术自主地进行发现学习，进行信息判断、分析、获取、传递、处理和应用，实现自主探究和创造性的学习。

3. 培养学生的信息素养

当学生的信息素养达到一定程度时，他们才能够及时理解接收到的信息中所蕴含的知识，将其内化于心，完善自己的知识结构。要提高学生的信息素养，一方面，需要培养学生获取、加工和利用信息的能力。另一方面，要为学生打好扎实的信息文化基础，使学生具备对信息内容进行理解和批判的能力，以及较好的信息伦理和法律意识，从而适应信息社会的学习、工作和生活。

4. 培养学生终身学习的态度和能力

在教育信息化时代，由于知识的更新速度加快、各种学习资料可以全球共享、学科与学科之间的渗透性变强等，出现了一系列虚拟课程和虚拟学校。现代教育技术使得人们脱离了时间和空间的束缚，可以随时随地进行学习。这些社会结构与科学技术的巨大进步，使学生不得不努力提高自己的学习能力和实践能力，具备终身学习的态度，主动地探索知识并将其付诸日常实践，实现自我认知结构的不断更新。将现代教育技术与课程进行融合，需要重点改变传统的教学方式，实现教与学过程的个性化、自主化、协同化，从而培养学生的学习能力和终身学习的态度。

19.2.2 现代教育技术与课程融合的层次

1. 以知识为中心的课程融合

以知识为中心的课程融合阶段仍然强调以教师的讲授为主，教师仍然是教学活动的主导者，而学生只是知识的被动接收者。整个教学过程主要是教师按照教材的课时和安排要求来设计教学活动，现代教育技术引入的目的是帮助教师减轻教学负担，制作CAI课件，学生被封闭于教材和课件之中，因此与传统的课堂教学相比没有实质性的进步。

2. 以资源为中心的课程融合

以资源为中心的课程融合阶段的核心特征是教学资源的多元化、开放性和交互性。教师不再局限于利用现代教育技术制作课件，而是借助互联网、教育云平台、多媒体资源库等构建跨学科、跨时空的学习资源网络。这一阶段强调以学生的学习为主，教师成了学生学习的指导者、帮助者和组织者，现代教育技术可以作为学习资源的载体和协作工具等，支持学生进行个性化学习和跨时空互动，这打破了传统课堂教学的边界，实现了学生自主学习能力和信息素养的全面提升。

3. 全方位课程融合

全方位的课程融合阶段是现代教育技术与课程融合的高级阶段，技术不再局限于工具或资源，而是深度融合到教学的每个环节中，充分发挥现代教育技术的作用，重构教育生态。这一阶段以"智慧教育"为核心，教师转型为学习设计师和指导者，利用数据洞察学生需求，设计跨学科融合课程；学生成了自我导向的终身学生，通过智能设备和技术支持实现个性化和智能化的学习，这大大提升了教学效率和教育公平性。但值得注意的是，目前在全方位课程融合阶段中过于依赖技术可能弱化师生之间的情感互动，且数据安全和隐私问题还需重点解决。

4. 三个阶段的比较与总结

根据三个阶段的特点，从技术定位、师生关系、学习目标和评价方式四个维度进行比较，如表19.1所示。从以知识为中心到以资源为中心、再到全方位的课程融合这一递进过程，体现了现代教育技术从"工具赋能"到"生态重塑"的演进逻辑，推动了教育回归"育人"本质。

表 19.1　三个阶段的具体比较

比较阶段 \ 比较维度	技术定位	师生关系	学习目标	评价方式
以知识为中心的课程融合	辅助工具	单向传授	知识掌握	总结性评价
以资源为中心的课程融合	资源平台	双向互动	能力建构	过程性评价
全方位课程融合	生态重构	多主体协同	素养发展	过程性评价 发展性评价

19.2.3　现代教育技术与课程融合的策略

1. 从教学理念上进行课程融合

现代教育技术与课程融合是现代化教育的重要研究领域，必须以现代化的教学理念为基础。现代化教学理念认为知识不是客观、无形的东西，而是由每个人主观的创造出来的，它具有情境性、相对性、社会性及工具性等特点。根据该教学理念可知，教学不是让学生被动接收客观的知识，而是要在一定的教学情境中，让学生通过自主探究、交流互动等方式主动地进行知识的意义建构。因此，在进行课程融合时必须充分利用现代教育技术为学生创设有利于意义建构的学习情境，为其提供一定学习任务、学习资源和学习工具的支持，以便提升学生主动建构知识和解决问题的能力。

2. 从教学目标上进行课程融合

无论是以现代教育技术本身作为教学对象的课程，还是各类学科课程，都有清晰的教学目标，在进行现代教育技术与课程融合时，需要充分考虑二者教学目标的一致性。以现代教育技术本身为教学对象的课程，其教学目标中通用部分主要是培养学生掌握利用现代教育技术进行知识检索、自主探究、交流讨论及问题解决的能力。在不同的学科课程，例如语文、数学、英语、物理、化学等不同类型的课程中，虽然各自教学目标不同，但通用部分均要求学生学会自主学习、积极参与、互动探究，并在学习过程中真正内化知识。这些不同学科之间具有内在联系的教学目标是我们在进行现代教育技术与课程融合时需要重点关注的部分，以便在融合过程中利用现代教育技术将二者关联起来，从而通过融合实现在教学目标上双赢的目的。

3. 从教学内容上进行课程融合

将现代教育技术与课程内容进行融合，需要突破传统教材的静态呈现方式，重构知识体系的表达逻辑。在融合时应以学科课程内容及学科核心素养为导向，充分运用现代教育技术将抽象概念具体化、微观现象可视化、复杂过程动态化。例如，通过虚拟仿真技术展现分子运动模型、利用数据可视化工具分析历史发展趋势、借助三维建模还原地理地貌特征等，这不仅能够开拓课程内容体系，而且能为学生的探究性学习提供多样化的学习资源，使得知识呈现既符合学科逻辑又契合认知规律。但是在融合过程中还需要注意两个问题，其一是将现代教育技术与课程内容进行融合时必须基于教学目标，其二是在融合时所采取的现代教育技术必须是学生已经掌握或熟知的技术，否则将会增加学生在学习过程中的认知消耗。

4. 从教学方法上进行课程融合

现代教育技术与课程融合的关键在于革新传统教学方法，构建以学生为中心的多元化教学模式。现代教学方法强调师生互动、生生协作及个性化学习路径的设计。借助现代教育技术需要能够打破时空限制，实现课程教学过程的动态调整与优化。例如，通过智能教学平台开展翻转课堂时，学生可以在课前自主观看微课视频完成基础知识学习，在课上利用虚拟仿真、在线协作工具进行自主探究与实践应用。教师可以依托数据分析实时掌握学生学情，实施分层指导，选择合适的技术工具进行资源推送，帮助学生实现个性化学习。同时，混合式教学、游戏化教学等模式还能够激发学生的参与热情，促进高阶思维能力的培养。因此，在教学方法上融合现代教育技术，需要注重技术工具与教学活动的有机结合，形成课前导学、课中内化、课后扩展的闭环，从而更好地实现学生对于知识的意义建构。

5. 从教学评价上进行课程融合

将现代教育技术与课程进行融合时需要考虑教学评价体系的变化，现代化教学评价强调从结果导向转向过程导向，因此借助现代教育技术实施课程评价时应该关注评价的过程化、动态化和个性化。例如，在课程教学过程中，教师可以利用电子档案袋记录学生的成长轨迹、借助可视化仪表盘呈现学习画像、结合自适应测评系统生成个性化诊断报告、通过协作学习评价量表捕捉小组成员互动质量与贡献等。这些过程性评价既有利于辅助教师及时了解学生学习情况，又能够引导学生自主反思学习策略，能够从过程性、发展性评价的视角有效跟踪学生的认知与能力发展水平，为教师优化教学设计提供数据支撑。

19.3 现代教育技术与课程融合的典型教学模式

教学模式是指在一定的教育理论或教学思想指导下，为实现特定教学目标而设计的系统化、可操作的教学活动框架。它通过整合教学内容、方法、组织形式和评价等要素，为教师提供了结构化的教学路径。

19.3.1 翻转课堂教学模式

在现代教育技术与课程深度融合的背景下，翻转课堂（Flipped Classroom）作为一种突破传统教学模式的新型教学模式，在全球范围内引发教学理念与实践的深刻变革。所谓"翻转"就是将传统教学中"教师在课上讲授知识，学生在课下内化知识"的过程进行翻转，即形成了学生在课前借助教师制作、上传的教学视频或开放性的网络资源进行自主的学习，师生在课上探讨问题、教师进行个性化指导的课程教学模式。这种以"先学后教"为核心的教学模式，通过重新进行课堂内外的时间分配，将知识传递与内化的流程进行了翻转，为学生个性化学习、深度互动和创新能力的培养提供了全新路径。

翻转课堂教学模式的核心理念是进行时空重构与角色转换。传统课堂一般以教师讲授、学生接收为基本结构，知识输入集中在课堂时间完成，而翻转课堂则利用在线学习平台等现代教育技术的支撑，将知识传授环节前置到了课外，教师可以提前录制微课视频或设计学习任务给学生，学生通过自主观看视频、查阅资料的方式完成对知识点的初步理解与掌握。课堂时间则转化为了师生共同解决问题的实践场所。这种时空重构打破了"教室即知识灌输场所"的固有逻辑，使教师从知识的讲授者转型为学生学习的引导者，学生则从知识的被动接收者转变为学习的主动探索者。

翻转课堂教学模式主要有两个特点。第一，强调学生是教学的主体，推行差异化教育，倡导个性化学习，利用教学微视频进行在线学习并提供反馈，能够让学生清楚地了解自己对知识的掌握程度，这样既可以充分调动学生自主学习的积极性，又能够照顾到学生的个体差异；第二，将培养学生的创造力视为教学的最终目标，通过设计项目式学习任务、协作探究活动、真实案例研讨等创新型课堂教学环节，能够引导学生运用课前习得的基础知识进行自主探究和协作交流实践，为学生创造力的培养提供动力。

典型翻转课堂的实施一共包含四个关键环节：课前资源推送、课前自主学习、课堂实践探索和课后拓展升华。在翻转课堂教学模式下现代教育技术与课程教学之间的关系如图 19.1 所示。

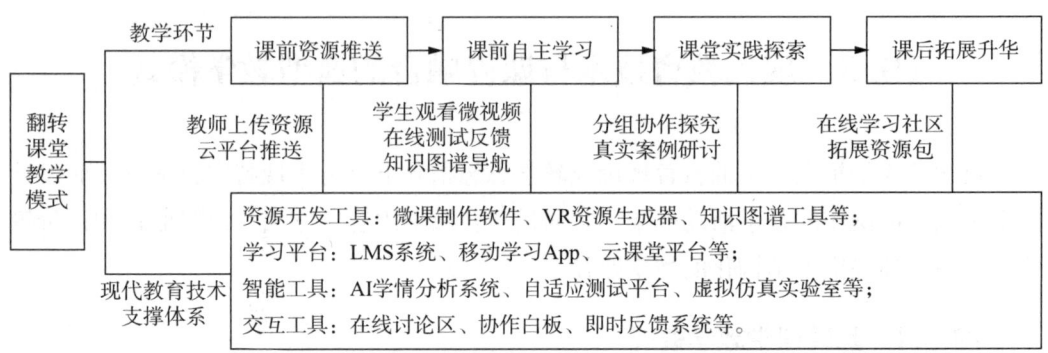

图 19.1 "翻转课堂教学模式"下现代教育技术与课程教学的关系

19.3.2　MOOC 教学模式

在现代教育技术与课程深度融合的浪潮中，MOOC 以其开放性、灵活性及资源共享性的突出优势，成了教育创新的重要实践。MOOC 教学模式打破了传统课堂的时空限制，通过互联网平台实现了优质资源的全球共享，改变了教与学的结构和关系。MOOC 的核心理念是"以学生为中心、以技术为支撑、以开放为特征"，通过整合在线学习、互动讨论、智能评估等模块，为教育的公平化、个性化及学生终身学习提供了资源保障和技术支撑。

MOOC 教学模式的核心在于通过现代教育技术赋能实现教育的普惠性，由于传统课堂受限于物理空间和教师资源的分配，而 MOOC 依托在线平台，可将国内外名校，如哈佛、斯坦福、清华、北大等顶尖高校的课程资源开放给全球学生，从而推动了教育资源的去中心化。同时，MOOC 学习强调学生的自主权，学生可以自由地选择学习内容、安排学习进度,并通过反复观看视频、参与在线测试等方式实现知识的深度内化,这使得教师的角色从知识传授者转变为了学习设计者,需要统筹课程资源开发、学习路径规划及学习行为分析等,以便满足技术支持下学生在MOOC中多样化的学习需求。

这种教学模式主要有四个特点。(1)大规模与开放性,MOOC以"零门槛"吸引了全球学生的参与,单门课程注册人数可达数万甚至百万,这种规模效应不仅降低了教育的成本,而且促进了全球学生跨文化、跨地域进行交流。例如,Coursera平台上的"机器学习"课程曾经就吸引超过180个国家的学生进行参与,形成了多元化的在线学习社区。(2)模块化与灵活性,MOOC课程通常采用模块化设计,将知识体系拆分为10~15分钟的、短小精悍的专题模块,每个模块围绕特定知识点展开,并配套习题、讨论区、拓展阅读等资源,形成了完整的学习闭环,学生可根据自身基础知识选择恰当的学习路径,利用碎片化时间完成知识积累。例如,edX平台的课程就允许学生自主跳过已掌握的内容,直接进行项目实践环节。(3)数据驱动与智能反馈,基于学生学习行为数据的实时采集与分析,MOOC平台可生成个性化的学习报告,进行学习进度预警等,便于学生及时了解知识掌握情况并调整自己的学习进度。例如,学堂在线通过人工智能算法为学生推荐适配的学习资源,并自动批改作业,实现了学生个性化的学习。(4)交互的多元化,在论坛讨论、同伴互评等交流板块的支持下,MOOC平台不仅能够满足学生自主学习的需要,而且通过协作学习还能促进其对知识的深化。例如,中国大学MOOC课程中,学生可通过论坛提问并参与话题讨论,教师或其他同学能够与其进行深度的交流,从而实现了学生的协作学习。

MOOC教学模式一般包括课程设计、自主学习、协作探究、评价反馈四个关键环节,在该模式下现代教育技术与课程教学的关系如图19.2所示。

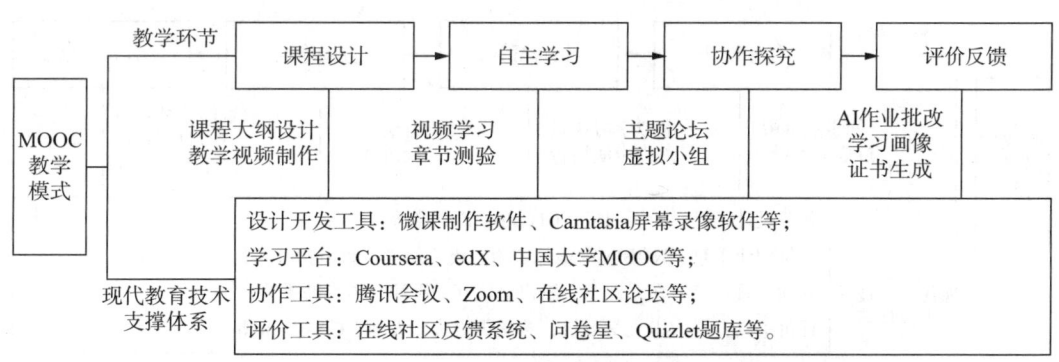

图19.2 "MOOC教学模式"下现代教育技术与课程教学的关系

19.3.3 游戏化教学模式

游戏化教学模式是一种利用现代教育技术手段将游戏设计元素融入教学活动的创新

教育模式，它旨在通过任务挑战、即时反馈、角色扮演等机制，重塑传统课堂的知识传递路径，使学习过程从被动接受转变为主动探索，从而激发学生的内在学习动机并提升其学习参与度和学习效果。这种教学模式不仅能够解决传统课堂中学生参与度低、学习动力不足的问题，更是通过虚拟游戏情境的创设推动了学生高阶思维能力的培养。

游戏化教学模式的核心理念可概括为以动机激发为导向、以情境构建为载体、以动态反馈为纽带。其教育逻辑体现在三个方面。一是将学习目标转化为可量化的游戏任务，利用成就系统和奖励机制激发学生的内在动机；二是通过叙事性场景构建知识应用的真实情境，促进学生知识迁移和问题解决能力的提升；三是借助大数据技术实现学生学习行为的可视化分析，为个性化学习和指导提供依据。例如，在设计编程课程时可以通过设置"代码闯关""技能徽章"等游戏机制，将枯燥的编程语法学习转化为具有挑战性的角色成长体验，能够更好地帮助学生掌握编程知识并完成学习任务。

这种教学模式主要有四个特点。一是任务驱动的激励机制，可以通过积分系统、成就徽章和等级晋升等游戏元素，将学习目标转化为可视化的进阶路径。例如，让学生通过每日完成学习任务获得经验值，解锁新关卡和虚拟奖励，能够形成持续学习的内在驱动力。二是情境化与沉浸式体验，通过借助虚拟现实、人工智能等技术构建虚拟学习场景，将抽象的知识具象化，能够让学生在探索中直观地理解知识内容。三是实时反馈和动态调整，游戏机制可通过实时答题排行榜或音效反馈等呈现学习效果，激发课堂竞争氛围，在此基础上，有利于教师根据学生的表现动态调整教学策略和知识难度。四是社交互动和协作竞争，通过设置组队任务完成榜、小组积分排行榜等机制，促进学生在团队实践中协作学习，能够更好地培养学生的沟通交流能力。

游戏化教学模式一般包括任务设计、情境导入、互动参与、评价奖励四个关键环节，在该模式下现代教育技术与课程教学的关系如图19.3所示。

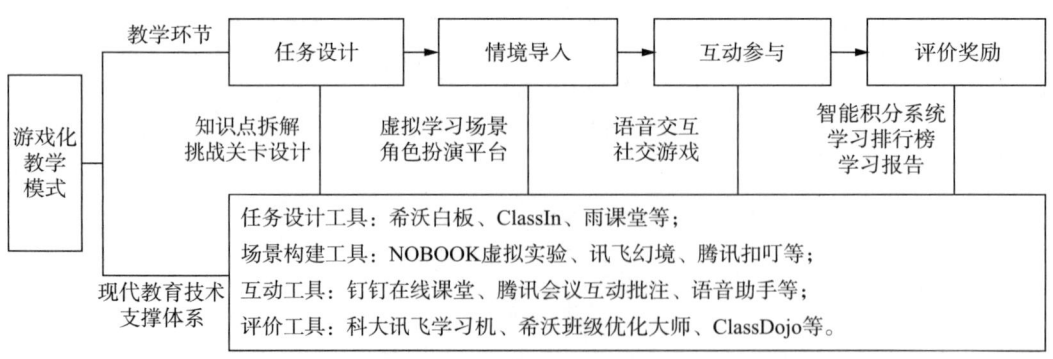

图19.3 "游戏化教学模式"下现代教育技术与课程教学的关系

19.3.4 情境探究型教学模式

情境探究型教学模式是指教师通过创设真实问题情境，引导学生开展主动探究，获取信息、提出问题、吸收知识，帮助学生在解决问题的过程中实现知识建构与能力发展的教学模式。该教学模式的理论根基可以追溯至杜威的做中学理念和维果茨基的最近发展区理念。杜威强调经验在认知发展中的核心地位，认为学习应该发生在真实的问题解决过程中；维果茨基的最近发展区思想则为教师搭建认知支架提供了理论支撑。在该教学模式下教师根据教学目标和学生认知水平，利用现代教育技术手段创设具有真实性、启发性和挑战性的学习情境，引导学生通过观察、分析、实验和反思等探究活动进行学习，实现对知识的深度理解和实践能力的提升。因此，这种教学模式强调了学习内容与真实世界的联结，注重培养学生的问题解决能力和批判性思维，在该教学模式中学生也从学习的被动接收者转变为了主动构建者、教师从知识传授者转型为情境设计者及认知脚手架搭建者。

情境探究型教学模式包含了三个关键要素，其一是情境的具身性，要求教学环境的设计必须与学科核心概念形成认知映射，既保留了现实问题的复杂性特征，又能够通过结构化处理形成可操作的学习路径；其二是探究的协作性，强调了通过小组协作、角色分工等方式建立学习共同体，在学生观点的碰撞中培养其批判性思维；其三是反思的系统性，通过设置阶段性反馈和引导，促使学生在问题解决的过程中持续调整认知策略，从而推动知识从机械记忆向迁移应用转化。

这种教学模式具有三个显著的特点：一是情境的真实性与多维性，情境创设需要贴近现实生活或学科实践，涵盖视觉、听觉或触觉等感官通道。例如，在化学课堂中通过虚拟实验室模拟危险实验，学生可以直观观察化学反应过程，这种与真实情境类似的教学情境创设能够促进学生从多角度分析问题，培养系统性思维。二是问题的开放性与递进性，在设计问题时以开放性的问题来驱动探究过程。例如，教师在"碳中和"主题项目中，设计从全球变暖成因、到碳排放核算方法、再到区域减排方案的递进问题链，学生利用现代教育技术工具进行数据收集、模型构建与方案讨论，能够逐步深化对跨学科知识的整合能力。三是评价的多元性与过程性，可以采用过程性评价与成果展示相结合的方式，关注学生在问题探究过程中的思维发展和行为表现。例如，通过学习档案记录学生的探究路径，结合自我评价和同伴互评来综合评估其问题解决能力与创新性思维。

情境探究型教学模式一般包括创设情境、问题探究、知识构建、迁移应用、多维评价五个关键环节，在该模式下现代教育技术与课程教学的关系如图19.4所示。

除了以上四种典型的教学模式之外，现代教育技术与课程的融合还涌现出了许多其他的创新模式。例如，项目式学习（PBL）通过真实课题驱动学生开展跨学科探索，培养问题解决能力；混合式学习将线上资源与线下教学进行有机整合，实现了教学时空的弹性延伸；差异化教学借助智能分析技术，为不同学情的学生提供了个性化学习路径等。

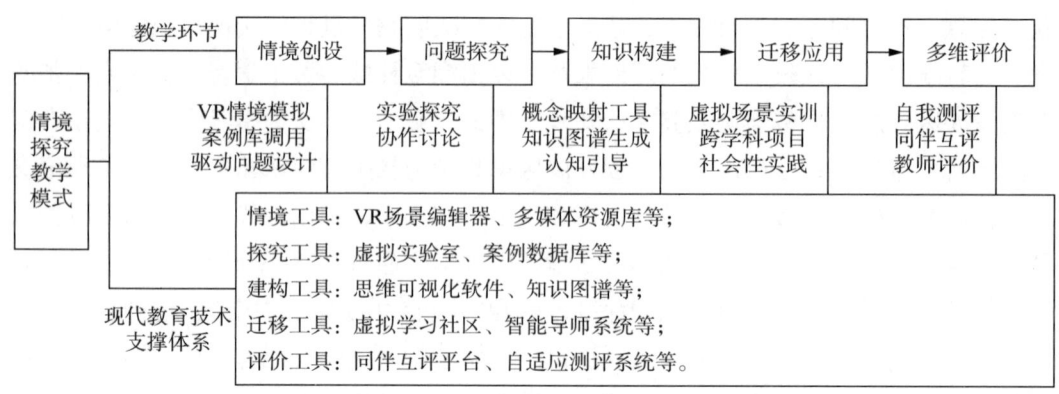

图 19.4　情境探究型教学模式下现代教育技术与课程教学的关系

本章作业

绘制现代教育技术与中小学课程教学和学习融合的思维导图

结合自己的学科，应用 XMind、百度脑图等工具，绘制现代教育技术与中小学课程教学和学习融合的思维导图。思维导图必须包括本章提及的现代教育技术的十个角色，可以拓展现代教育技术的角色。每个现代教育技术角色至少列举一个教学微场景，教学微场景需要具体、可操作、可复制，并且明确工具、用法和成效。

第 20 章 未来教育

Chapter 20

学习目标

- ※ 了解未来教育的概念、特征和关键技术；
- ※ 了解未来学校、未来学习中心、教育元宇宙的概念、特征、要素及结构；
- ※ 了解未来教师的角色定位与专业发展方向；
- ※ 了解未来教学与学习模式；
- ※ 培养数字教育思维，形成应用数字技术优化、改革与创新教育教学工作的意识。

20.1 未来教育的内涵

20.1.1 未来教育的概念

未来教育是对更高品质和更新形式教育的追求和期待，目标是促进学生全面发展，以适应未来社会和人类的需求。未来教育建立在智能技术泛在化的基础之上，创造出具有主动智能特征的新型教育环境，使其能做到智能感应、虚实融合、数据驱动、泛在嵌入、实时通信、云网融合、自然交互、生态服务等。在此基础上，未来教育提供优质且多样化的服务，包括按需供给的优质教育资源、大规模的个性化教育模式、人人平等的学习机会、素养导向的人才培养、学生发展为本的教育评价、育人为本的数字教师、动态开放的学校组织、人机结合的现代教育治理、大规模社会化协同的教育公共服务、泛在终身的学习形态。简而言之，未来教育的愿景是构建一个更加个性化、灵活、包容且高效的学习生态系统，强调终身学习、跨学科融合、批判性思维与创新能力的培养，其主要特征如表 20.1 所示。在这个系统中，技术不仅是工具，更是促进教育公平、提高教育质量、激发学习动力的关键力量。

表 20.1 未来教育的主要特征

特 征	描 述
个性化学习	根据学生的兴趣、能力和学习进度定制学习内容与路径
灵活性与包容性	提供多样化的学习时间和地点选择，支持不同背景学生的学习需求
终身学习	鼓励并支持个体在整个生命周期中不断学习和成长
跨学科融合	打破学科界限，促进知识整合与创新
创新与批判性思维	培养解决问题的能力、创新思维及批判性思考习惯

20.1.2 未来教育的关键技术

1. 关键技术

（1）AI。AI 在教育中的应用日益广泛，包括智能辅导系统、个性化学习路径推荐、自动批改作业等，极大提高教学效率和学习体验。

（2）大数据与学习分析。通过收集和分析学生的学习数据，教师可以更精准地了解学生的学习状态，调整教学策略。

（3）VR/AR。为学生提供沉浸式学习体验，特别是在历史、科学、技能培训等众多领域。

（4）云计算与在线教育平台。使得优质教育资源得以广泛共享，支持远程和协作学习。

（5）区块链技术。可以用于学历认证、学习成果记录等方面，提高可信度和可追溯性。

（6）跨学科与融合教育技术。STEAM 教育融合了科学、技术、工程、艺术和数学等多个学科，旨在培养学生的跨学科整合能力和创新思维；PBL（Problem based learning）强调学生围绕真实世界的问题进行探究，通过团队合作完成项目，培养解决实际问题的能力。

（7）微学习与碎片化学习技术。通过短视频和互动模块，学生可以利用碎片化时间进行学习，逐步建立学科知识体系。移动学习应用使得学习更加便捷，学生可以随时随地进行学习，提高学习效率。详情如表 20.2 所示。

表 20.2 关键技术教育应用案例

关键技术	应用案例
AI	美国亚利桑那州立大学使用 Knewton 自适应学习平台，数学课程通过率从 64% 提高到 75%；科大讯飞"智慧课堂"，通过自然语言处理（Natural Language Processing，NLP）技术分析课堂语音和文本数据，生成学生知识掌握热力图，推荐分层作业。
大数据分析	猿辅导、作业帮通过分析学生练习数据，生成个性化错题本，并推荐针对性练习。

续表

关键技术	应用案例
VR/AR	Google Expeditons，通过提供互动和沉浸式的学习体验，帮助学生更好地掌握知识，例如教师可以引导学生"参观"埃及金字塔、大堡礁或人体解剖模型等；百度 VR 课堂，通过 VR 还原圆明园、敦煌莫高窟等场景，辅助历史与艺术教学。
云计算	中国大学 MOOC、学堂在线、国家智慧教育公共服务平台等在线教育平台，提供大规模开放在线课程。
区块链	欧洲 GDPR 合规教育数据管理，学校使用区块链加密存储学生数据，如成绩、健康信息等；重庆市终身学习学分银行，运用区块链技术保障学分数据不被篡改。

2. 发展趋势

教学是未来教育的核心，技术促进教与学是思考未来教育的基点。2022 年 9 月，英国咨询和投资公司 GP Bullhound 发布了《2022 全球教育科技报告》，将该报告与 2021—2023 年地平线报告中的关键技术与实践进行对比，以深入理解数字化学习的发展状况、趋势和应用。与美国高等教育信息化协会（EDUCAUSE）发布的《地平线报告（教与学）》相比，《全球教育科技报告》更加关注数字化转型中技术的发展与未来，具体包括科技发展原因、优势、趋势、全球数据指标、全球顶尖教育科技公司等，分析了多种技术对教育带来的变革，新增了游戏学习、网络安全、社交媒体和协作平台等多种技术，同样强调了人工智能、混合学习、微证书等常态化内容，详情如表 20.3 所示。

表 20.3 2021—2023 年地平线报告与 2022 全球教育科技报告关键技术与实践比较

年份与报告	关键技术与实践 1	关键技术与实践 2	关键技术与实践 3	关键技术与实践 4	关键技术与实践 5	关键技术与实践 6	关键技术与实践 7
2021 年 EDU-CAUSE 地平线报告（教学版）	AI	混合和混成课程模式	学习分析	开放教育资源	微证书	高质量开展在线学习	
2022 年 EDU-CAUSE 地平线报告（教学版）	基于 AI 的学习分析	用于学习的 AI 工具	混合学习空间	混合/远程学习模式主流化	微证书	混合/远程教学专业发展	
2023 年 EDU-CAUSE 地平线报告（教学版）	用于预测性和个性化学习的人工智能应用	生成式人工智能	打破学习模式之间的界限	混合弹性	微证书	给学生归属感和联系感	
2022 全球教育科技报告	异步学习	自适应学习和 AI	增强现实、虚拟现实和沉浸式学习	游戏化和基于游戏的学习	专业许可、技能提升和微证书	网络安全，特别是小学和中学	社交媒体和协作平台

3. 人文关怀

尽管技术应用带来了诸多机遇，但也面临着数据隐私、数字鸿沟、技术依赖等问题。应对这些挑战需要政策制定者、教育机构、技术开发者和教师共同努力，制定合理的数据保护政策，加强数字素养教育，确保技术公平访问。同时，未来教育过度依赖技术会造成人与自然、人与人之间的进一步割裂，以及人和技术的异化。对此，有学者提出用自然教育赋能未来教育，推动教育高质量发展。自然教育和未来教育虽然概念不同、内涵有别，但这些都是后工业时代由于科技飞速进步而产生的教育理念和形态的变革。未来教育着眼于将5G、人工智能、大数据、云计算、区块链等新兴技术与教育深度融合，提高教育效率，扩大教育公平，实现教育高质量均衡发展。自然教育则着眼于对人与自然、人与人关系的反思，研究自然规律和人的发展规律，培养具备自然素质、热爱自然和人类的合格国际公民。以自然教育赋能未来教育，促进未来教育和自然教育的深度融合，有益于推动未来教育的高质量发展。

20.2 未来学习环境

20.2.1 未来学校

未来学校作为智能时代背景下的新议题，其概念也在不断演变。约翰·杜威1915年的著作《学校与社会·明日之学校》中提及了许多在那个时代具有未来构想的学校，例如葛雷学校、帕克学校、村舍学校、森林小学校等，很大程度上阐明了杜威脑海中所构想的未来学校的样貌。如今，教育变革的深化再次引发教育界学者对未来学校的重新构想。朱永新指出，未来学校将会是学习中心，学生的学习时间并不固定，教师来源及其角色更为多样化。尚俊杰认为，未来学校发展包含三层境界，即信息化加持下的基础设施、技术赋能下的学习方式和教育流程的重构。

在智能时代背景下，未来学校是指学校的结构性变革，借助技术与课程、空间的融合，构建个性化学习支持体系，使每一位受教育者都能获得专属的个人学习路径。未来学校的未来性体现在三个方面：（1）学习空间的相互融通，借助信息技术，学生学习的空间不限于学校，而能真正实现"随处可学"；（2）学习方式更加多元化、灵活化、个性化，学生的学习不再局限于课堂听讲的方式，也不再受时空与地域的限制，同时基于大模型的智能平台将助力大规模个性化学习的实现；（3）学校、教师的地位及角色转变，学生在人工智能机器人与教师联袂执教的新型双师课堂中成为学习的主人，教师将从烦琐的教学任务中脱离出来，更多地转向决策与评价。

全球科技领域知名观察家罗伯特·斯考伯（Robert Scoble）在《即将到来的场景时代》中断言，未来25年就是场景的时代。面向未来的教育需要打破学习场景的边界，从形式到内容以学生为中心进行空间重构。美国思想家亨利·戴维·梭罗

(Henry David Thoreau)在《种子的信仰》中写道"如果你在地里挖一方池塘,很快就会有水鸟、两栖动物及各种鱼,还有常见的水生植物,如百合等。你一旦挖好了池塘,自然就会有东西往里填。"受此启发,项建达在《指向未来教育的无边界学校构建》中提出"无边界学校",把好学校比喻为一方"池塘",办一所"好学校"其实就是在为学生创造一个好的生态环境,提供适宜的阳光、空气、水分、养料,让他们快乐、幸福地成长。借助信息科技,未来学校的边界将无限拓展。

20.2.2 未来学习中心

当前形态的学校在技术的驱动下会进化为未来学校,以满足未来基础和高等教育阶段学生的需求,而人类终身学习的需要呼唤未来学习中心的创生。构建未来学习中心被视为促进未来教育发展的关键举措,旨在通过不断创新和改进学习环境,为学生提供最佳的学习体验和教育资源。未来学习中心不仅是传统学校的延伸,更是一个汇聚各种教育资源和专业知识、跨学科、灵活的学习平台,满足人类终身学习需求,提升应对快速变化的技术、经济和社会环境的适应性、创新及变革能力。

朱永新在《未来学校:重新定义教育》一书中指出,"今天的学校会被未来学习中心取代"。未来学习中心的超前性决定了其独特的结构组成,"去标准化、个性化、定制化将会成为未来的学习方向"。在功能属性上,未来学习中心提供一种集教学空间、设施和教育资源于一体的环境;在目标设定上,未来学习中心主要为教师和学生群体服务,其核心目标是优化学生的学习成果并提升教学效率;在技术支持层面,未来学习中心利用智能科技和数字化手段,为学生提供兼具创新性和前瞻性的教学设计及实践机会;从用户体验来看,未来学习中心侧重于课程建设和教学实践体验;在组织管理层面,未来学习中心作为一个机构或部门,与学校、信息中心等各个部门,乃至社会保持紧密合作,以确保该组织能够适应不断变化的市场和环境。

未来学习中心的结构要素涉及教育理念、空间设施和资源供给三个方面。(1)未来学习中心需要突破传统理念的窠臼,进行创新性的理念突破。它的核心宗旨是"无限相信教师和学生的潜能",具体体现在以学生为中心,以核心素养提升为目标,以人本化和开放性为原则。(2)未来学习中心的空间设施不仅从教室、图书馆等传统学习环境扩展到电影院、游乐场等休闲场所,还将突破物理空间的藩篱,集物理空间、虚拟空间和想象空间于一体,颠覆性重塑学习环境,革新教育形式。未来学习中心将逐渐摆脱孤立的学习空间设施,更加注重用户、设备、环境的互联和共享,以实现资源共享和交叉学习,从而激发社群的活力和集体力量,为教师和学生创造更多的选择与机遇。(3)未来学习中心的资源供给,不仅涵盖传统的教育资源,如教材、教具等,还包括新型的、与信息技术紧密相连的教育资源,如在线课程、数字化教材、虚拟现实教学环境等,表现出融合性、多元性和个性化等特点。

20.2.3 教育元宇宙

1. 元宇宙及其教育价值

元宇宙是对现实世界时间与空间的突破，它借助数字孪生、人机交互、虚拟现实等技术，将现实世界映射到赛博空间，将虚拟环境与真实场景无缝关联，并延伸到"此时此地"的真实空间，让生活在真实世界的人对虚拟世界触手可及，以主角的视角体验、感知、参与甚至影响时空之外的世界，也让时空之外的世界获得被改造和被创造的新可能。元宇宙基于拓展现实技术提供的沉浸式体验、基于数字孪生技术生成的现实世界模型、基于区块链搭建的社会经济体系，可支持每位用户进行代码编辑和内容生产，具有时空性、真实性、独立性、连接性等特点。随着技术的不断成熟，元宇宙已涉及工业、文旅、教育、游戏、互联网、房产等多个应用领域。

元宇宙的本质特征有三个方面。（1）元宇宙是现实个体所生活的时空环境的延伸，在时间维度上连接过去与未来，将过去和未来的真实世界投射、连接到个体现在所生活的时空环境；在空间维度上连接此地与"彼处"，将"彼处"的真实世界投射到个体所生活的"此地"环境，延伸空间活动范围。（2）元宇宙将现实个体此时此地生活的时空环境与时空延展的虚拟世界进行连接，生活在此时此地的人，能够感知和进入彼时彼处的世界，并与之发生互动、形成联系。（3）元宇宙创造了一个超越时空规则的虚拟世界。在这个虚实连接的世界，于个体而言，现实个体可以穿梭时空并以主角的身份体验不可能的多样人生；于世界而言，真实世界可以以突破某些物理规则的方式被改造与创造。

元宇宙的教育价值有三个方面。（1）"境身合一"体验知识产生过程。元宇宙超越时空规则，复现了人类真实社会生活场景，给学生提供"穿越"到知识产生情境中的机会，在具体的情境中，亲身体验知识的产生、发展与习得，让个体在有限生命周期内，获得更多的主观生命体验，延展生命的实践价值。（2）"角色转变"提升学生主观能动性。在元宇宙创造的超越时空规则的虚拟实境下，学生可以是其中的看客甚至主宰者，主动参与、积极互动甚至自我构建知识，在参与中感知、在交互中领悟、在批判中反思，真正获得全身心的学习体验，提高对学习的渴望与学习兴趣。（3）"知行合一"改造教育实践范式。在教育这一垂直领域，元宇宙在教学创新实践中天然具有不可替代的重要价值。元宇宙通过真实的社会场景赋能，为创新实践教育提供富有现实感的实践平台，在实践中认识世界，再实践再认识，从而改造世界。总之，元宇宙弥合了真实世界与虚拟世界的鸿沟，为学生带来知识呈现形式的演变、知识学习体验的拓展和现实生活世界的延伸。

2. 教育元宇宙及其作用机制

教育元宇宙是集人工智能、5G、区块链、数字孪生等多种新兴技术搭建的虚实融合的数字化教育环境，它提供学生多学科、多类型的教育资源和教学方式，采用动态化、智能化的学习评价方法，促进学生知识与技能的全面提升。当前教育元宇宙主要集中于情境化教学、游戏化教学、教师培训等应用场景。早在2006年，美国已建立全球第一所虚拟高中（美国高中）；2020年，纽约大学基于增强现实技术建立"NYU校园"，并在校园中举办了3D艺术展；2021年，斯坦福大学开设了第一门面向元宇宙的课程。在国内，2021年10月25日，第四届"京津冀—粤港澳"青年创新创业大赛艺术与科技赛道"元宇宙特别计划"启动仪式在清华大学举行，该计划以"艺科元宇宙"为主题，运用罗布乐思（Roblox，罗布乐思是一款由腾讯运营的多人在线3D创意社区，用户可以自由创作和体验各种虚拟世界，还可以参与教育活动和开发者社区）或其他技术载体进行概念设计表达，呈现未来科技馆、未来博物馆、宇宙探索、未来城市、文化遗产等方向的设计作品。还有研究者基于国家智慧教育的顶层战略布局构想未来教育发展，提出"元宇宙＋智网空间站"，以承载未来教育在虚拟课堂建设、新型数字产品和职业技能培训等重点方向的发展内容。教育元宇宙的作用发挥有赖于三方面机制。

（1）教育资源的共建共享机制。教育元宇宙通过MR（混合现实）、VR（虚拟现实）、DT（数字孪生技术）等先进技术所创设的虚拟教学空间有助于打破地域、时间、语言等多种限制，实现了跨地域、跨文化、跨学科的传播。对教育资源的再分配不再是优质教育资源集中于发达地区，边远乡村在教育元宇宙所创设的虚拟空间中也可以享受到优质教学服务。不同区域的教师可以通过教育元宇宙所创建的虚拟空间进行教学经验、教学课件的分享，共同探索教育教学新模式。教育元宇宙所提供的线上教学资源、共建共享空间可以解决边远地区及乡村地区教育质量不高的问题，同时可以创造"虚拟元人"作为教师的助教，提供技术操作上的帮助，优化教学流程。学生也可以通过虚拟现实技术对学习过程中所遇到的难题进行场景重置和画面重现，反复学习，以达到纾困的目的。

（2）无障碍沟通机制。线上教学日益普及，但人们对其褒贬不一。原因在于线上教学使得学生更多是隔着屏幕倾听教师的授课，是否理解，理解多少，理解得是否存在偏差等相关教学问题难以得到很好的解决。在教与学的过程中，师生之间互动匮乏，学生的学习过程也更像是一种被动式观影。利用数字孪生技术、脑机接口技术可以将人类投影于虚拟空间中，构建人类的虚拟化身，搭建一种面对面的交互环境，实现面对面的交流。元宇宙中面对面的交流模式，会使师生减少一些现实中身份、年龄等社会关系的束缚，多一些倾心交流、一吐为快的自由。

（3）个性化的沉浸式体验机制。利用数字孪生技术、虚拟现实、增强现实等虚拟仿真技术对现实进行拟像化，营造沉浸感、临场感的氛围，并根据课程特色和师生的个性化需求开展智能化教学，提高课堂"点头率"，激发学生内生学习动力。教育元宇宙所形成的虚拟教学场景既是来自现实世界的教学场景，也是一种超越现实世界的理想化的教学场景建构。教育元宇宙所提供的精准供给式教学服务是对教育资源进行有针对性的对比和筛选，学生最后选择的是符合自身需要的优质资源，有助于激发学生的学习兴趣，促使其对知识达到内化于心的效果。此外，根据课程教学的要求，动态模拟课程所需的实践环境能为学生提供具身学习的条件，运用 VR 设备进入虚拟训练场景，培养其实操能力，为学生提供了可重复实践的试错平台。

20.3 未来教师角色与发展

20.3.1 未来教师的角色担当

2021 年，联合国教科文组织（UNESCO）发布《从教师政策到优秀教师：培训手册》，为保障教师发展提出指导性的政策、程序和措施，期望促使教师具备有效履行其职责所需的信息、态度、能力，将教师培养为有能力、会反思的终身学生。该手册提出，教学是一个终身学习的过程，高效的教师应将教学看作一种学术努力（academic endeavor），而不只是向学生灌输或传递知识的过程。为了应对未来教育的需求和挑战，优秀教师必须具备围绕"课程、教学或模式、教学资源、评估"四大模块的核心素养；另外，强调教师应对教学实践进行反思，积极参与教育政策的制定和学校管理，加强不断学习、再学习的能力。该手册对未来教师核心素养的要求进行了较详细的分类说明，提出未来优秀教师应担当起六个重要角色。

（1）课程设计者（teachers as curriculum designers）。未来教师应具备制定有效课程的能力，设计有意义的教学活动。学习成果是目的（产品），而学习活动是达到目的的手段（过程），教师要确保学习过程作为一个有意义的组织可以传递给学生。

（2）学习设计者（teachers as learning designers）。未来教师应具备创建有效学习环境的能力。作为学习设计师，教师应能够自主设计课程，提供有意义的学习经验。针对不同的学习环境，教师能制定不同的教学策略（如合作学习），做到灵活变通、因地制宜。另外，面对数字技术对教育的巨大影响，未来教师必须广泛了解信息技术，将数字技术有效地应用到教学工作中，并能持续适应信息技术的改革和发展。

（3）资源开发者（teachers as resource developers）。未来教师应具有设计和开发教育工具的能力。应从学生的日常环境和文化中获取相关教学资源和学习资源，在教学过程中应用情景学习与经验学习等方法，开发更适合学生和教学环境的有效教学资源。

（4）学习诊断者（teachers as learning doctors）。应了解学生的心理和社会背景，能对学生进行正确、恰当的评估，并给予公平、有效的反馈。

（5）反思实践者（teachers as reflective practitioners）。要求教师在日常的教学活动中，反思教与学的结果，以便采取下一步改进教学的行动。这种反思行为，是教师研究自身教学行为以提升学生学习成果的开端。作为一种探究性质的自我反思，反思的本质可能是基于多年的教学经验，也可能赖于教师之间的交流与分享。

（6）政策驱动者（teachers as policy drivers）。要求未来教师应成为国家一级和学校一级教育政策的积极执行者和制定者。未来教师应关注教育政策，审视和反思教育政策在教育体系中的作用。反思自己作为政策实践者的角色，不仅仅是作为教育政策的执行者而被动接受，更应在实践教学中多多思考、反思，形成经验与意见，"反哺"教育政策。在学校层面发展政策素养，参与学校管理、规则制定等，针对问题能够提供有效的应对措施，并积极主动实施，在实践过程中使教育政策的举措有效地适应学校的实际情况。

20.3.2 未来教师的专业发展方向

未来学校的发展，不局限于将技术层层叠加在传统教室之上，更重要的是利用技术改变传统教师的角色，扩大教师的影响力。未来教师的多重角色设定无疑给教师专业发展带来巨大压力。教师角色再造需要教师树立合作意识，正确认识并积极应对技术发展对教师职业的冲击，更需要教师强化转型意识，发挥其在学生成长过程中的独特作用。

（1）由"全才"变为"专才"，传统教师从孤立无援的"全能型多面手"成为具备高效支撑体系的"专业人员"。传统的教师行业，因为没有比较专业的分工，所以教师们每天疲于应对查找资料、设计教案、制作课件、上课、批作业、组织学生课外活动、对学生进行心理辅导和家长交流等。不同于传统的教育过程，由于个体需求的多样化，未来的学校更是开放性的场所，汇聚了具有各类学科和专业特长的教师，还有大量的辅助学习的教师和技术工具。教师将从单独的个体化教学转变到群体化辅助教学。教师不再是单独地完成全部教学任务，而是由教学支撑团队全方位地支持其完成教学环节。团队中既包括专注于内容设计和课程建设的专家，又有负责指导的小班班主任；既有设计动手实践的工程试验教师，还有评判作业或设计评估模式的教师。日益分化的劳动分工将强化传统教师的专业化程度，从而提升教师工作效率和教育质量。

（2）由"教学者"变为"辅导者"，传统教师从"教的专家"转向"学生学习的辅助者、设计者和引导者"。师生互动关系实现从单向灌输到辅助引导的转变。与传统观念和实践不同的是，未来学校和教学应该适应于学生，而不是让学生屈从于预先设定的教学内容和规则。未来的教师将不再局限于传授知识,而是帮助学生去发现、组织和管理知识,引导他们而非塑造他们,致力于为每个学生提供学习支持。教师不是以知识权威的形象出现,而是与学生建立新型关系,更加注重与学生的互动和知识的建构,成为学生学习过程中的辅助者。另一方面,随着技术的发展,教学方式不仅仅局限于"粉笔+黑板",而是多种设备共同使用,将抽象化思维和概念与具象化的现实相结合,给学生更加丰富多彩的学习体验。VR、AR与教育的结合,使教师角色也发生改变,不再是知识的输出方,而是一个知识世界的导游,引导学生去探索更多的知识。信息技术使课堂和外部世界的严格界限被打破,教师完全可以将教育过程延伸到现实世界,在内容方面建立起所授课程和学生日常生活之间的某种联系。

(3)由"教练"变为"导师",传统教师从"专业训练的指导者"转换为"学生人生发展的向导"。对于学生而言,学校不仅是学习知识的地方,更是其社会化的场所。教师不再仅集中于知识的传递,从专注于"教书"回归到"育人"的本质。在现有的学校体系下,教师需要完成教学全过程的各项活动,就可能会出现一种情况,在最需要做的事情——分析学生的个性化问题并给予个性化指导方面力不从心。传统教育较少关注受教育者的个体化需要,个性化教育要求接受教育更加自主、学习内容更加多样、学习方式更加灵活、教育进程的范围更加宽泛。随着技术的发展,课程知识的传授和指导可以更多地交由在线教育平台来完成,这样教师就可以空出更多的时间来充当个性化导师角色。教师需要更加关注学生的情感体验,把更多的时间和精力放在关注孩子的心理成长和综合素质提高层面上,给予学生更多的人文关怀,努力成为学生"心智的激励唤醒者"和"精神导师"。

【研讨活动】为适应个体化教学向群体化辅助教学的转变,教师将从传统的"全能型多面手"转变为细致分工的专业人员,未来某一科目或教学项目的教师团队应有哪些主要成员,分别承担什么任务,有何素质要求,请给出你的思考。

_____
_____
_____

20.4 未来教学与学习模式

《2022 全球教育科技报告》深入探讨了推动数字化学习领域发展的七大主要趋势，包括异步学习、自适应学习和人工智能、增强现实、虚拟现实和沉浸式学习、游戏化学习、社交媒体和协作平台、网络安全及专业许可、技能提升和微证书。

趋势一：走向全纳教育的个性化学习——异步学习。异步学习是一种基于网络技术的教学模式，即教学和学习的发生各自独立，允许学生按照自己的节奏和时间安排学习内容，与传统的学习相比，具有更大的灵活性和个性化的特点。

趋势二：推动数字教育的智能化引擎——自适应学习和人工智能技术。自适应学习是指一种能够根据学生的学习情况和学习需求自动调整教育内容和学习方式的方法，它利用数据驱动的方式从学生那里收集信息，以更好地满足个性化需求。人工智能利用机器学习等其他技术来增强对学生数据的收集，根据对数据的洞察力创建检测模式，通过识别学生需求，为学生提供提示和干预。

趋势三：身境合一——增强现实、虚拟现实和沉浸式学习。虚拟现实（VR）通过数字技术建立一个虚拟的环境，该环境可以在视觉、听觉、触觉等方面高度模拟现实环境，用户可通过相应的设备进行互动和影响。增强现实（AR）又称混合现实，可以把计算机生成的虚拟信息叠加到用户所能观察到的真实环境中，借助设备来感知虚拟信息，通过将真实环境和虚拟信息放置到同一画面和空间中，不仅可以延伸视觉体验，也可以加强用户对真实世界的感知能力。这两种技术都可以使得用户有身临其境的感觉，但 AR 是将虚拟场景添加到真实场景中，而 VR 则是通过模仿构建真实场景，让学生在虚拟环境中得到沉浸感，AR 工作原理如图 20.1 所示。

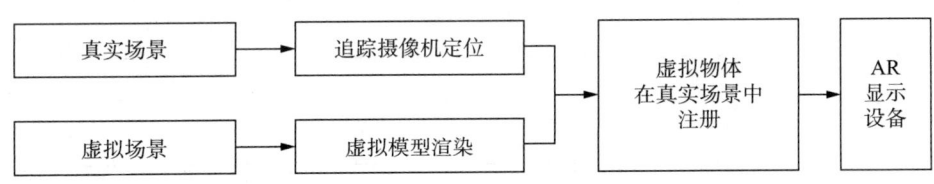

图 20.1 增强现实的工作原理

趋势四：增强学习投入——游戏化和基于游戏的学习。游戏化学习是一种旨在通过游戏策略和元素来激发学生学习动力的教育方法。将游戏策略融入学习过程，可以影响学生的学习动力、参与度、学习效果和整体学习体验。游戏的趣味性和灵活性使得学习过程更有吸引力和互动性，学生的学习热情和学习投入、自信心也随之增加。基于游戏的学习在儿童早期教育中一直很受欢迎，而今在其他领域也开始兴起，如高等教育和技能学习。

趋势五：实践终身教育——专业许可、技能提升和微证书。微证书又称为微认证，是指在特定的知识或技能领域获得认证，是验证潜在员工的技能集。随着企业成本的不断增加，近年来企业更加注重招聘具有专业许可、技能提升证书的专业人士，这是一种更高效、更具成本效益的雇佣方法。未来需要许可或专业证书的职业也持续增加，专业证书可以让劳动者在特定行业轻松应聘。在全球范围内，已有许多公司和大型组织创建了微证书项目，开始推行微证书认证和专业许可模式。

趋势六：筑牢数字教育未来——网络安全，特别是在小学和中学。随着学校转向技术、设备和数字化，学生面对网络犯罪的隐患也在增加，也给数据保护和隐私带来了新的风险。比如在英国，41%的小学、70%的中学和92%的高等教育学院在过去12个月内发现了漏洞或攻击。因此，安全的数字基础设施和充分的员工培训将越发重要。除了最常见的网络攻击，还有会议入侵、网站和社交媒体的破坏，以及物联网漏洞等，这些网络安全问题给数据保护带来了一定的挑战。

趋势七：助力个性化学习——社交媒体和协作平台。社交媒体和协作平台对教育领域的影响越来越显著，曾经被视为分散注意力的社交媒体成为所有数字交互的纽带。社交媒体则可以让学习超越课堂，丰富学生的学习体验、补充教学资源。未来生活的很大一部分发生在这个"数字世界"中，它可以让学习超越课堂。越来越多的研究证明，它们有着显著的改善学生学习体验、提高教学效果的作用。

【分享活动】总结和反思自己的小学、中学和大学学习模式，简要分析利弊，提出改进的方向，指出技术可以发挥的突破性、创新性作用，向全班同学分享。

20.5 未来教育的典型探索

20.5.1 国外探索

1. 密涅瓦大学

密涅瓦大学（Minerva University）成立于 2012 年，2014 年首批学生入学，是一所颠覆传统高等教育模式的创新型大学。密涅瓦大学依托认知科学和教育技术研究设计课程，核心理念是培养具有全球视野、批判性思维和解决复杂问题能力的未来领袖。学校无固定校园，学生四年内在全球 7 个城市（如旧金山、柏林等）轮流学习，深度融入当地社会与文化。密涅瓦采取颠覆性的"完全在线＋线下实践"课程设计，核心课程通过自主研发的"主动学习平台"（Fully Active Learning）在线进行，强调实时互动与深度学习；线下通过城市资源开展实践项目。实行小班制与主动学习，每节课不超过 20 人，学生需全程高频参与讨论、辩论和即时反馈，课堂无被动听讲。教授角色转为"引导者"，利用平台实时追踪学生注意力、发言质量等数据。密涅瓦大学被称为"高等教育的未来实验室"，其模式挑战了传统大学的三大支柱——固定校园、标准化课程和单向授课。它通过技术赋能、全球化场景和主动学习，重新定义了"大学教育"的价值链。

2. Sora Schools

Sora Schools 成立于 2020 年，是一所代表未来教育趋势的全虚拟中学，以其个性化、项目制的学习模式和全球化协作平台而闻名。Sora Schools 定位于面向全球学生的全虚拟中学（覆盖初中至高中阶段），无实体校园；采取弹性学制，学生按能力而非年龄划分学习阶段；学生群体以美国学生为主，同时接收国际学生，采用英语教学；获得美国 Cognia 教育认证机构认可，颁发正式中学文凭。核心特色在于全虚拟学习环境，自主研发的虚拟校园平台，集成视频会议、协作工具（如实时文档编辑）、项目管理面板和 3D 虚拟场景（如科学实验室、艺术工作室），学生可随时随地登录学习，课程时间根据全球时区灵活安排。采取兴趣驱动的项目制学习，课程设计完全以跨学科项目替代传统学科课程，例如"设计火星实验室"（融合物理、工程、生物和艺术）；"用 AI 解决社区垃圾问题"（整合编程、社会学与数据分析）。创新亮点包括去年级化，打破传统的年级划分，学生按兴趣和能力自由成长；技术深度整合，利用 VR/AR 模拟实验场景（如化学分子结构拆解），增强沉浸式学习；与真实世界连接，项目多与联合国可持续发展目标或企业需求挂钩，例如为初创公司设计 App 原型。Sora Schools 代表了"教育 3.0"的探索——虚拟化、去中心化、兴趣驱动。它用技术打破物理边界，以真实问题激发学习动力，重新定义了"学校"的形态。尽管面临自律性和社交性挑战，但其模式为未来教育提供了"无边界协作"和"终身学习能力培养"的重要范本。

3. 42Network

42Network 成立于 2013 年，在巴黎开设了第一个校区，此后已发展到包括 32 个国家/地区的 56 个校区。42Network 拥有 20000 多名活跃学生的全球社区，以其独特的点对点、游戏化学习方法而闻名，旨在培养独立性、协作性和关键问题解决能力。学院完全免费，无学费、无教师；学制灵活，通常需 2~5 年完成（平均是 3 年），学习节奏由学生自主决定。不要求学历或编程经验，18 岁以上即可申请，学员背景多元（如厨师、艺术家、退伍军人等）。学院采取"无教师、无课程"的自主学习模式，实行项目闯关制：学习路径由 1500 多个编程项目（从易到难）构成，例如，初级：编写简单算法（如俄罗斯方块）；高级：开发操作系统内核或 3D 游戏引擎。同伴互评：所有项目需通过其他学生的代码审查才能晋级，强调协作与批判性思维。校区配备高性能计算机、电竞椅、睡眠舱，鼓励学生沉浸式学习（可通宵编程）。学生自发组织黑客马拉松、技术讲座，甚至参与校区管理规则制定。创新亮点首先在于去中心化教育，学生自选项目顺序，通过"游戏化"进度条追踪成就（如解锁新技能徽章）。其次是反精英主义：不看出身，仅凭能力晋级，吸引大量非 STEM 背景转行者。第三是全球化网络：可在全球分校间自由转学（如从巴黎到东京），接触多元技术生态。42Network 重新定义了技术教育——以实战代替课堂，以社区代替教师。其模式尤其适合自学能力强、追求快速就业的"非传统学生"，但也对自律性和抗压能力提出了极高要求。作为全球极客文化的标志性存在，它不仅是一所学校，更是一场教育民主化实验。

20.5.2 国内探索

1. 北京十一学校的"走班制"

北京十一学校自 2011 年起率先在公立教育体系内推行"走班制"改革，这一创新实践源于对传统"一刀切"教育模式的深刻反思。作为北京市重点完全中学，学校以"创造适合每一位学生发展的教育"为核心理念，通过全面取消行政班级、实施选课走班，真正实现了从"以教师为中心"向"以学生为中心"的范式转变。这一改革不仅打破了延续数十年的固定班级授课制，更重构了学校的组织形态，使个性化学习从理念变为可操作的实践，为国内基础教育改革树立了标杆。学校构建了包含 400 余门课程的"课程超市"，实施学科分层教学；采用"学科教室+导师制"替代班主任制；开发智能选课系统实现"一生一课表"。这些举措使个性化学习从理念变为可操作的实践，让因材施教真正落地。十一学校的改革取得了显著成效，在保持优异升学成绩的同时，学生创新能力和综合素质显著提升，近年来在各类科创竞赛中获奖数量增长300%。该校经验已被教育部纳入《普通高中课程方案》，推动全国范围内选课走班制度的实施。作为中国基础教育改革的"试验田"，十一学校的实践不仅证明了个性化教育在公立学校的可行性，更深刻影响了国家教育政策的制定方向，其探索对推动我国教育现代化具有重要启示意义。

2. 深圳南方科技大学附属中学"高中-高校贯通培养"

深圳南方科技大学附属中学是由南方科技大学直接承办的创新型公立高中，于2020年正式创办。学校依托南科大优质科研资源，在全国首创"高中-高校贯通培养"模式，旨在打破基础教育与高等教育的壁垒，培养具有科研素养的创新人才。作为深圳市教育综合改革试点项目，学校承载着探索拔尖人才培养新路径的重要使命。学校构建了"学术导师+项目学习"的特色体系，为每位学生配备南科大教授作为学术导师，开展课题研究；开设"未来班"，整合STEAM课程与IB教育理念；共享大学实验室资源，开展量子计算、人工智能等前沿领域研学。课程设置强调学科交叉，60%以上为研究型、实践型课程，实现高中与大学课程的无缝衔接。办学以来，学生已累计发表SCI论文12篇，获得国际科创竞赛奖项50余项。2023年首届毕业生中，85%进入双一流高校深造，其中30%获得南科大等高校的"直通计划"资格。该校模式已辐射大湾区多所中学，成为基础教育与高等教育协同育人的典范，为我国拔尖创新人才培养提供了新的实践样本。

3. 上海闵行区实验小学"数字孪生学校"

上海闵行区实验小学于2022年启动全市首个基础教育"数字孪生学校"建设项目，作为上海市教育数字化转型试点工程的重要组成部分。学校依托闵行区"智慧教育示范区"优势，构建了实体校园与虚拟空间深度融合的新型教育生态，旨在探索元宇宙技术在小学教育场景中的创新应用。项目由区教育局统筹，联合华东师范大学等高校共同研发，总投资超过2000万元。学校打造了三维建模的虚拟校园系统，重点开发了三大特色场景：虚拟科学馆支持沉浸式实验探究，历史场景还原系统实现"穿越式"学习，AI教研中心提供智能备课与学情分析。创新采用"双师课堂"模式，实体教师与虚拟助教协同授课，并运用区块链技术建立学生数字成长档案。平台已上线8大学科、200多节VR课程，实现90%常规课程的数字化改造。项目实施后，学生高阶思维能力提升27%，教师信息化教学达标率100%，相关成果获2023年全国教育信息化创新案例一等奖。学校已与浙江、江苏等地10所小学建立"数字孪生教育联盟"，其经验被纳入上海市教育数字化转型三年行动计划，为全国基础教育元宇宙应用提供了可复制的实践范式。

本章作业

1. 设计未来教育的微场景

从未来学校、教室、教师、学生、管理者、家长中选择一个角色，设计未来教育的微场景。（1）如果选择未来教室，需要使用PPT或者相关工具，设计二维或三维的未来教室，标明要素名称和功能。提交设计作品。如果应用生成式人工智能辅助生成，还需提交生成式人工智能的名称、提示语。（2）如果选择其他角色，需要使用第三人称详细描述他或她一天（从早到晚）的未来教育活动。提交一份设计文本。

2. 国内外未来教育典型探索的调查报告

聚焦教、学、管、评、测和研等各个领域的宏观层面，收集国内外一个或多个未来教育的典型探索，详细介绍典型探索的年份、所在国家、地区、学区或学校、未来教育实践过程和结果、参考文献、相关网址等。提交一份调查报告。

参考文献 | REFERENCES

[1] [加] 西蒙斯. 网络时代的知识和学习——走向联通 [M]. 詹青龙, 译. 上海: 华东师范大学出版社, 2009.

[2] [美] 安德森等. 布卢姆教育目标分类学: 分类学视野下的学与教及其测评 [M]. 蒋小平等, 译. 北京: 外语教学与研究出版社, 2009.

[3] [美] 巴巴拉·西尔斯, 丽塔·里齐. 教学技术: 领域的定义和范畴 [M]. 乌美娜, 刘雍潜, 译. 北京: 中央广播电视大学出版社, 1999.

[4] [美] 基思·索耶. 剑桥学习科学手册 [M]. 徐晓东, 等, 译. 北京: 教育科学出版社, 2010.

[5] [美] 罗素, S. J., 诺维格, P. 人工智能: 一种现代的方法 [M]. 殷建平, 祝恩, 刘越, 陈跃新, 译. 3 版. 北京: 清华大学出版社, 2013.

[6] [美] 乔纳森·伯格曼, 亚伦·萨姆斯. 翻转课堂与慕课教学: 一场正在到来的教育变革 [M]. 宋伟, 译. 北京: 中国青年出版社, 2015.

[7] [美] 乔纳森·伯格曼, 亚伦·萨姆斯. 翻转学习: 如何更好地实践翻转课堂与慕课教学 [M]. 王允丽, 译. 北京: 中国青年出版社, 2015.

[8] [美] 萨尔曼·可汗. 翻转课堂的可汗学院: 互联时代的教育革命 [M]. 刘婧, 译. 杭州: 浙江人民出版社, 2014.

[9] [美] W. 迪克, L. 凯瑞, J. 凯瑞. 系统化教学设计 [M]. 庞维国, 译. 6 版. 上海: 华东师大出版社, 2007.

[10] [苏] 维果茨基. 维果茨基教育论著选 [M]. 余震球, 选译. 北京: 人民教育出版社, 2005.

[11] 陈晓慧. 教学设计 [M]. 2 版. 北京: 电子工业出版社, 2009.

[12] 重庆市聚奎中学. 学习的革命: 翻转课堂——聚奎中学的探索与实践 [M]. 成都: 西南交通大学出版社, 2015.

[13] 郭炯. 智能技术教学应用 [M]. 北京: 科学出版社, 2024.

[14] 郭庆光. 传播学教程 [M]. 2 版. 北京: 中国人民大学出版社, 2011.

[15] 何克抗. 教育技术学 [M]. 北京：北京师范大学出版社，2009.

[16] 何克抗. 信息技术与课程深层次整合理论：有效实现信息技术与学科教学深度融合 [M]. 2版 北京：北京师范大学出版社，2019.

[17] 胡小勇. 生成式人工智能：教师应用指南 [M]. 广州：广东教育出版社，2025.

[18] 黄荣怀等. 人工智能与未来教育发展 [M]. 北京：科学出版社，2023.

[19] 李晖旭. 打造有灵魂的课堂——教师语言技能及培养策略研究 [M]. 长春：吉林人民出版社，2019.

[20] 李芒等. 教育技术学学科地图 [M]. 北京：北京大学出版社，2020.

[21] 联合国教科文组织. 人工智能与教育：政策制定者指南 [M]. 北京：教育科学出版社，2021.

[22] 南国农. 中国电化教育（教育技术）史 [M]. 北京：人民教育出版社，2013.

[23] 聂凯，杨晓飞. 信息化视域下现代教育技术理论与实践研究 [M]. 长春：吉林人民出版社，2019.

[24] 尚俊杰. 未来教育重塑研究 [M]. 上海：华东师范大学出版社，2020.

[25] 施良方. 学习论 [M]. 北京：人民教育出版社，2008.

[26] 宋光辉，张鸿军. 现代教育技术与应用 [M]. 南京：南京大学出版社，2020.

[27] 鄢月钿. 教师的语言艺术 [M]. 长春：吉林大学出版社，2010.

[28] 杨霞，李园. 教师语言文字表达与应用 [M]. 北京：北京师范大学出版社，2013.

[29] 于俊，程礼磊，程明月. 大模型应用开发：核心技术与领域实践 [M]. 北京：机械工业出版社，2024.

[30] 张诗亚，周谊. 震荡与变革——20世纪的教育技术 [M]. 济南：山东教育出版社，1995.

[31] 赵玉青. 现代教育技术与课程整合研究 [M]. 北京：化学工业出版社，2023.

[32] 朱永新. 未来学校：重新定义教育 [M]. 北京：中信出版集团，2019.

[33] 高楠，刘革平，谢涛，等. 沉浸式虚拟现实对学习者知识迁移效果及效率的影响研究 [J]. 远程教育杂志，2023(01).

[34] 顾小清. 面向信息化的教师专业发展模式研究与展望 [J]. 中国电化教育，2003(08).

[35] 顾小清，宛平，王龚. 教育元宇宙：让每一个学习者成为主角 [J]. 华东师范大学学报(教育科学版)，2023(11).

[36] 何克抗. 建构主义教育思想的新发展及其现实意义 [J]. 电化教育研究，2021(5).

[37] 何克抗. 关于我国教育技术学研究现状和教育变革着力点的思考 [J]. 电化教育研究，2018(08).

[38] 黄涛，黄文娟，张振梅. 人工智能何以赋能教师专业发展：理论模型与实践路向 [J]. 现代远程教育研究，2025(01).

[39] 焦建利，汪晓东，秦丹. 技术支持的教师专业发展：中国文献综述 [J]. 远程教育杂志，2009(01).

[40] 金莹. 元宇宙时代教师发展与角色嬗变的困境与突破 [J]. 中国教育信息化，2023(10).

[41] 寇曦月. 全球视野下未来教师核心素养探析 [J]. 基础教育参考，2023(11).

[42] 李嘉豪，胡雪萍. 元宇宙与教育的深度共融及其现实启示 [J]. 牡丹江大学学报，2023(08).

[43] 李艳，陈琳，朱福根. 国内虚拟仿真实训：现状、研究及启示 [J]. 现代远距离教育，2023(06).

[44] 刘邦奇，聂小林，王士进，等. 生成式人工智能与未来教育形态重塑：技术框架、能力特征及应用趋势 [J]. 电化教育研究，2024(01).

[45] 刘会. 智能时代背景下未来学校的发展路径探析 [J]. 中国现代教育装备，2024(10).

[46] 刘俊. 智慧教育环境及其实现方式设计 [J]. 中国电化教育，2013, (12).

[47] 刘三女牙，郝晓晗. 生成式人工智能助力教育创新的挑战与进路 [J]. 清华大学教育研究，2024(03).

[48] 迈克·沙普尔斯，肖俊洪. 移动学习：研究、实践和挑战 [J]. 中国远程教育，2013(03).

[49] 唐烨伟，庞敬文，钟绍春，王伟. 信息技术环境下智慧课堂构建方法及案例研究 [J]. 中国电化教育，2014, (11).

[50] 田慧生. 时代呼唤教育智慧及智慧型教师 [J]. 教育研究，2005(02).

[51] 王鉴. 教学智慧：内涵、特点与类型 [J]. 课程.教材.教法，2006(06).

[52] 王文静. 情境认知与学习理论：对建构主义的发展 [J]. 全球教育展望，2005(04).

[53] 吴砥，李环，陈旭. 人工智能通用大模型教育应用影响探析 [J]. 开放教育研究，2023(02).

[54] 项建达. 指向未来教育的无边界学校构建 [J]. 中国基础教育，2024(10).

[55] 徐子燕，石中英. 人工智能时代的真理问题与教育责任 [J]. 教育研究，2024(10).

[56] 余亮，陈时见，赵彤. 大数据背景下数字教育资源服务的内涵、特征和模式 [J]. 电化教育研究，2017(4).

[57] 曾媛，黄志南，薛瑾等. 国家中小学智慧教育平台应用情况、典型模式与赋能策略 [J]. 中国电化教育，2023(11).

[58] 张优良，尚俊杰. 人工智能时代的教师角色再造 [J]. 清华大学教育研究，2019(04).

[59] 朱永新，王鹏飞. 未来学习中心构建的价值意蕴与路径 [J]. 人民论坛·学术前沿，2023(18).

[60] 祝智庭，戴岭，姜浩哲. 学科整合教育：教育强国建设的内生新动能 [J]. 中国远程

教育, 2025(05).

[61] 祝智庭, 贺斌. 智慧教育：教育信息化的新境界 [J]. 电化教育研究, 2012(12).

[62] 世界数字教育联盟标准化委员会. 教育大模型总体参考框架.2025.

[63] 中国教育科学研究院. 全球数字教育发展指数 2025.2025.

[64] 中华人民共和国教育部.《教师数字素养》教育行业标准.2022.

[65] 中华人民共和国教育部. 中国智慧教育白皮书.2025.

[66] 新华社. 从惠民举措看数字教育红利加速释放 [EB/OL]. https://baijiahao.baidu.com/s?id=1832259114385992798.

[67] 新浪网. 国家教育数字化成绩单 建成世界最大教育资源库 [EB/OL]. https://finance.sina.com.cn/roll/2023-02-15/doc-imyftpra9076247.shtml.

[68] 中华人民共和国教育部. 教育部关于印发《中小学教师教育技术能力标准（试行）》的通知 [EB/OL]. http://www.moe.gov.cn/srcsite/A10/s6991/200412/t20041215_145623.html.

[69] 中华人民共和国教育部. 教育部办公厅关于印发《中小学教师信息技术应用能力标准（试行）》的通知 [EB/OL]. http://www.moe.gov.cn/srcsite/A10/s6991/201405/t20140528_170123.html.

[70] 中华人民共和国教育部."国家中小学智慧教育平台"建设与应用有关工作情况介绍 [EB/OL]. http://www.moe.gov.cn/fbh/live/2022/54251/sfcl/202203/t20220301_603272.html.

[71] 中华人民共和国教育部. 教育部办公厅关于印发《国家智慧教育公共服务平台接入管理规范（试行）》的通知.[EB/OL]. http://www.moe.gov.cn/srcsite/A16/s3342/202208/t20220819_653868.html.

[72] 中华人民共和国教育部. 教育部关于发布《教师数字素养》教育行业标准的通知.[EB/OL]. http://www.moe.gov.cn/srcsite/A16/s3342/202302/t20230214_1044634.html.

[73] Dale E.Audio Visual Methods in Teaching(3rd Edition)[M]. International Thomson Publishing, 1969.

[74] Hassan, R. Digitality, virtual reality and the 'empathy machine'[J]. Digital Journalism, 2020(2).

[75] Lorenzo G, Lledó A, Arráez-Vera G, et al. The application of immersive virtual reality for students with ASD: A review between 1990–2017[J]. Education and Information Technologies, 2019(1).

[76] Lungu A J, Swinkels W, Claesen L, et al. A review on the applications of virtual reality, augmented reality and mixed reality in surgical simulation: an extension to different kinds of surgery[J]. Expert review of medical devices, 2021(1).

[77] Macnamara A F, Bird K, Rigby A, et al. High-fidelity simulation and virtual reality: an evaluation of medical students' experiences[J]. BMJ simulation & technology enhanced learning, 2021(6).

[78] Yu Z, Duan P. Meta-analyses of anxiety, motivation, performance, satisfaction, and self-efficacy in virtual reality-assisted language education[J]. Foreign Language Annals, 2024(2).

[79] EDUCAUSE.2024 EDUCAUSE Horizon Report: Teaching and Learning Edition.2024.

[80] GP Bullhound.GP Bullhound Insight Education Technology: An Intro to What's Moving the Market.2022.

[81] OECD.Back to the Future of Education: Four OECD Scenarios for Schooling.2020.

[82] Partnership for 21st Century Skills.Framework for 21st Century Learning.2009.

[83] UNESCO.From Teacher Policy to Quality Teacher: A Training Manual.2021.

[84] UNESCO.Reimagining Our Futures Together: A New Social Contract for Education. 2021.

[85] UNESCO.Future of Teaching: Core Pedagogical and Professional Standards.2020.

[86] Audrey Watters. The First Teaching Machines[EB/OL]. http://hackeducation.com/2015/02/038/the-first-teaching-machines.

[87] Matthew J. Koehler.Using the TPACK Image[EB/OL]. https://matt-koehler.com/tpack2/using-the-tpack-image.